青年学术丛书·历史
YOUTH ACADEMIC SERIES-HISTORY

近代青海民间商贸与社会经济扩展研究

勉卫忠 著

人民出版社

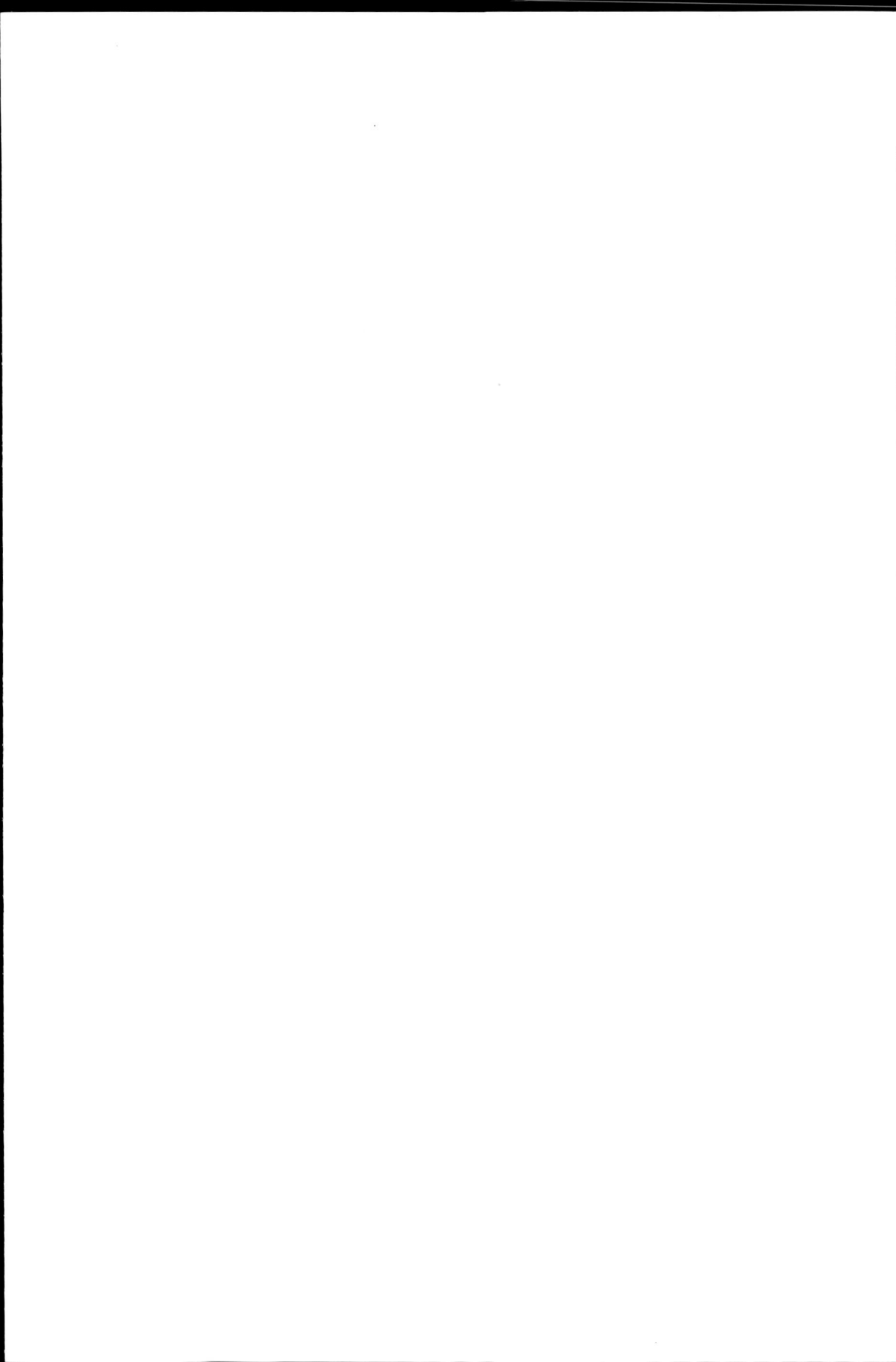

目　录

导　　论

一、选题的意义

从民族关系看。青海地处我国西北、青藏高原东北,其东部的河湟地区是农牧镶嵌的过渡地带,其独特地理位置在西北和青藏高原中占有十分重要地位。青海具有城市、农村、牧区、民族、宗教等独特的人文地理特征,境内有汉、回、藏、蒙、撒拉、土等世居民族。

从历史演进的角度看,各民族的关系整体过程的基调是趋向融洽与和谐的。尤其是近代以来,伴随着青海民间商贸的发展,境内各民族的交往与互动充分加强,尤其是信仰藏传佛教的蒙、藏、土民族和信仰伊斯兰教的回、撒拉、保安两大系统的群体在青海从未出现过全局性的民族关系紧张和严重的民族分裂事件。因此,学术界往往将其作为研究民族地区民族关系稳定团结的样板而加以关注。然而青海境内的各民族有着不同生产方式、不同宗教信仰、不同语言及文化背景,那么要探寻他们之间的和谐共生,就要探寻其间互动的动力、根源和基础——民间商贸,这种历史上形成的各民族互补共生模式保证了各民族的生存和发展。民间商贸在统一的多民族国家形成中有着极为特殊的历史作用和贡献,在加强牧区与内地的经济文化等方面的交流,促使藏区经济繁荣,消除某些政治上的离心力,则是其他事业无法取代的,因而从民间商贸与民族经济开发的角度探寻近代以来青海各民族间的经济交往与融合,对解读历史上乃至今天青海各民族间社会经济生活的稳定与民族团结就有着独特的重要意义。

从区域经济发展看。在当前中国近代经济史的研究中,区域城市发展和区域经济早期现代化的研究备受瞩目,相当部分国内城市史专家、学者在论述中国城市早期现代化的动力机制问题时认为:近代中国城市发展主要靠工业的崛起,或走的是一条因商而兴,继而因工而盛的道路,强调工业化才是城市化和城市现代化的命脉所在。然而当我们把目光聚焦于青海时,发现青海城市在其步入近代化的过程中,不仅起步时间比沿海地区差了半世纪之久,而且商业力量在当地城市发展中的作用也远大于工业,并长期占据主角位置。自皮毛贸易兴盛以来,青海走上了因商而兴的道路,却未能像东南沿海沿江地区那样随即走上因工而盛的道路,相反新式工业发展极为缓慢,商业经济在城市经济发展中所占比重依旧居于高位。青海作为民族聚居大省,由于近代城市工业的落后,因而商业的发展对其尤具重要意义。近代青海城镇商业的发展,直接或间接地推动了广大农牧业地区的经济开发。城乡商业贸易的开展为各民族农牧民产前生产生活资料的获得,产后产品的销售提供了稳定渠道,导致其生产消费体系逐渐由封闭走向开放。民间商贸的开展还推动了民族地区城镇市场兴起,为各民族利用农牧资源参与市场竞争创造了条件,同时也为其生产资金、技术、各种信息的获取奠定了基础。城镇商业的发展和商业网络体系的建构,所产生的巨大辐射聚集力,在农牧民族生产者与市场间构建起一座桥梁,使小生产者的产品变成流通的商品,逐步扩大了其生产的内容和范围,进而导致民族地区生产领域扩大、农牧产品商品化程度提高,经济作物广泛种植、手工业生产种类、数量商品化进一步增长等。同时,伴随着商业的渗透,在各民族共同体内部产生了一种迥异于传统的生产生活方式与商业制度。在此基础上,他们原有封闭落后的意识形态发生变化,出现了较为显著的职业分化。由此可见近代青海城镇商业发展与民族经济开发之间有着较为密切的关系,近代青海农牧过渡地带的区域城市发展呈现出与东南沿海城市以及中部不同的轨迹模式,作为内陆民族地区的一个典型,通过对它的个案考察,有助于同时弄清该类城市早期现代化的普遍问题,丰富近代中国不同类型城市与区域经济发展的关系研究。故而对青海农牧过渡区域城市发展与区域社会经济变迁的探讨,有利于通过历史与现状的有机联系,完整地揭示出青海区域社会经济历史发展演变的脉络,从而更好地为本地区乃至全国当前的各项经济建设提供历史借鉴与智力支持。

总而言之,如今新的世纪刚刚开始,在西部大开发契机下,国家又提出了支持青海等省藏区经济社会发展各项政策,随着这项政策的启动,青海生态、资源、区位等在国家的战略地位更加突出。当前青海正抓住这一千载难逢的良机,把加大对周边省区各民族民间的经济往来合作与推进农牧区城镇化建设,作为实现对外开放,促进城乡经济一体化发展,实现生态立省,构筑高原生态安全的屏障,转变农牧业发展方式,提高农牧业综合发展能力,提高区域发展支撑能力,加快优势特色产业发展,培育新的经济增长点的一个重要环节。本书对民间商贸与民族经济发展主题的探讨有助于我们深化对当前青海农牧区生态保护、经济开发及城镇化发展的决策思考,为实现藏区人与自然的和谐发展,为加快青海藏区和全省发展、增加各族人民的福祉无疑具有一定的借鉴和启迪意义。

二、相关研究回顾及突破点

与本书相关的研究主要包括青海商贸研究和全国其他地区的近代商贸研究两部分。青海商贸的研究是本书研究的基础,是本书回顾分述的重点。后者主要是借鉴方法和理论,不作论述。而鉴于青海商贸研究在视角、方法等上面的滞后,本书还要积累近代经济史研究涵盖的近代区域城市史、近代商业网络、边疆民族经济史三大方面的方法和理论,而且海内外学者已有若干专题研究陆续出版发表,这些研究在许多相关领域做了有益的探索,一些方法和见解值得借鉴。

本书认为与近代青海民间商贸相关主题的研究主要涵盖民族贸易和各专题研究两大方面,近几十年来,随着研究的不断深入,学者们在这方面做了有益的探讨,已有若干专题研究陆续出版发表,这些相关领域探索的方法和见解值得借鉴。

(一)民族贸易研究

历史上,青海由于独特的地理和人文环境,境内居住着以回族为主体民族的包括撒拉族、保安族、东乡族在内的信仰伊斯兰教的以复合型经济为模式、以商业为特点的生产方式的穆斯林群体民族和以藏族为主体民族其中包括青海蒙古族在内的以典型的游牧生产方式为主的信仰藏传佛教的民族群体。他们之间的经济状况、生产方式、生活习俗、宗教信仰等都存在着较大差异,整个地区可划分为农耕区和游牧区两大类型,很难形成像内地一样的统一市场,各民族间只能通过商品交换互通有无,各取所需。所以民族商贸在这里有着举足轻重的地位,故而历代的统治者制定"茶马互市"以限定农牧民之间的商贸交往,清前期国力强盛,将整个青海蒙藏牧区纳入到统一的多民族国家之中,遂于雍正十三年(1735 年)停止"茶马互市",沿袭千年的官方专营的"茶马制度"的种种限制被取消,从此自由的民间贸易出现了,因此清代前期青海地区民间贸易就是历史上西北民族贸易的延伸与发展。近几十年来,关于民族贸易的成果颇丰,多数文章集中在回藏贸易上。

有关专论回藏贸易史的论文只有几篇,如高占福、喇海青《甘、青两省回藏贸易问题探讨——也谈开发青藏高原的途径问题》(《甘肃民族研究》1988 年第 3—4 期)一文标志着回藏贸易史研究的开始,该文力求为现实经济服务,寻找回藏贸易的历史规律性。分析认为回藏贸易发生的客观原因是河湟特殊的经济地理位置,探讨了回藏贸易的历史渊源,为我们简述了回藏贸易的历史过程,并为进一步探索回藏贸易史打下了基础。张世海《民国时期安多地区的回藏贸易》(《回族研究》1997 年第 2 期)一文对民国时期安多地区回藏贸易的规模品种及贸易方式做了详尽介绍,并描述了这种贸易活动的繁荣趋势,为我们的深入探讨奠定了基础。马平《近代甘青川康边藏区与内地贸易的回族中间商》(《回族研究》1996 年第 4 期)一文,专题讨论了回藏贸易中回族商人问题,回顾了近代以来甘青川康边藏区的回藏贸易史,指出回族中间商的历史作用与功绩。勉卫忠《清前期河湟回藏贸易略论》(《西北第二民族学院学报》2005 年第 2 期)利用大量的第一手史料系统地梳理了清朝前期河湟回藏贸易史,探讨了新型回藏贸易的商业城镇,回藏贸易的商品、交易的方式、商道、运输工具及驮价,也指出了回藏贸易的历史地位及作用。另《清前期河湟回藏贸易的渊源及商人》(《青海回族十年文集》,民族出版社 2005 年版)一文对清前期河湟回藏贸易的历史渊源和商人的组成及商人的作用做了粗浅的论述。在《回藏贸易中的盐业问题》(《盐业史研究》2007 年第 3 期)一文中指出明朝至民国时期在河湟回藏贸易中青盐逐渐成为河湟回族商人转口贸易的大宗商品之一,尤其到了民国时期这宗生意基本上掌握在青海回族商人手里,他们在河湟商品贸易中以雄厚的资金和善于经营的竞争能力,几乎垄断了青海青盐的收购和转口贸易。硕士论文《清末民初河湟回藏贸易变迁》对清末民初时期河湟回藏贸易的研究指出,在外国资本主义的刺激下这种经济形态发生了前所未有的变迁,迎来了它繁盛的黄金季节,原来的商业网络不仅得到了恢复,而且随着回族商人移民的大量涌入藏区,清前期兴起的回藏贸易的新型商业城镇更加繁荣,西宁逐渐成为河湟最为重要的回族商贸中心和回藏贸易的商品集散中心,更是青海东部的中心商业城市。这时又出现了新型的回藏贸易的寺院城镇、军事城堡及其集市,这些新的商业网络点的出现逐渐使回藏贸易延伸至更远更深的藏区,从而把整个藏区纳入到回藏贸易的网络之中。回族内部不仅出现了脱离农业而专门从事商业的商人阶层,而且其规模随着贸易的繁荣不断地扩大,回商中不仅有倾倒地方的官僚巨商和商业资本家,也有走街串巷的小商小贩,整个民族都参与到了回藏贸易的黄金季节之中。回族商人在这些新的商业城镇及周边地区安家立业,逐渐形成了自己新的回族商业社区,回藏贸易巩固了回族商业社区,奠定了河湟回族的居住格局。

　　除以上专题论文外,在回族经济史、地方史以及族群研究中涉及的有关回藏贸易史的研究,较为重要的有十几篇。其中段继业《青藏高原地区藏族与穆斯林族群的互动关系》(《民族研究》2001 年第 2 期)一文指出了以回藏贸易为形式的回藏两族间的互动的深层次根源则是两种生产方式的互补共生需要。李德宽《西北回族"复合型经济"与宏观地缘构造的分析》(《回族研究》2003 年第 4 期)一文指出西北回族经济是一种"复合型经济",探讨了回藏贸易产生的宏观地缘结构,说明以回藏贸易为主的商业对复合型经济结构的形成起了至关重要的作用,回藏贸易促使西北城市商业网络的形成。刘晨光《青藏高原地区藏族与回族经济合作的深层次分析》(《青海社会科学》2002年第 1 期)一文简述了藏族与回族经济合作的历史与现状。妥进荣、张世海《论回藏关系》(《回族学论坛第一辑·回族学与 21 世纪中国》)一文简述了河湟回藏贸易的历史现状,寻找历史规律为回藏民族关系的发展提供了历史借鉴。马学贤的《青海传统民族贸易中的回族商贸经济的形成与发展》(《青海社会科学》2004 年第 4 期)一文论述了历代青海回族商人的经商情况,经商的地域范围,经营的形式、内容、方法以及经营品种在不同时期的发展变化。高占福、喇海青的《甘肃临夏和青海东部地区回族的商业贸易》(高占福《西北穆斯林社会问题研究》)一文从历史上寻求临夏和海东地区的商业贸易,简述了两地之间的回藏贸易的发展史。喇海青的《河湟回族经济史研究》(《青海回族》1995 年年刊)一文对河湟回族经济的历史发展及其特殊形式和今后的发展前景进行了论述。还有杨作山的《清末民初的青藏贸易及其历史地位》(《宁夏大学学报》1999 年第 1 期)等。

回藏贸易史被正式提出及研究是在 1986 年著名社会学家费孝通教授西北考察之后开始的,之前虽没有过正式深入探讨,但由于回族贸易历史悠久,作用特殊,时时充满生机和活力,也很早被国人注意到,在汉文文献的正史、实录、地方志及私家著作中都能找到有关回藏贸易的零星记载,但遗憾的是大量的藏文文献中并无任何有关回藏贸易的历史记载。时至今日,回藏贸易已成为一个传统的选题,但由于文献资料的缺乏和零散,只能让研究者扼腕叹息。

(二)各专题研究

皮毛贸易。清代晚期以来,随着中西贸易的不断深化和扩大,青海对外贸易的内容也发生了实质性的变化。其中在古代多被弃之不用的毛类(主要是羊毛和驼毛)成为青海输出数量最多、价值最大的商品,而传统的输出商品,如皮类等商品被进一步大规模地开发出来,输出规模得到了超常规的发展。这种变化一改青海无大宗商品出口的状况,变中转地为重要的原材料出口地。对青海社会经济发展的影响至为深远,远远超过了古代茶马贸易对青海经济社会发展所产生的影响,是清代晚期及民国时期西北民族社会变迁的主要内容。目前所见涉及对青海皮毛贸易研究的论文有:喇琼飞《民国时期回民皮毛生意》(《宁夏大学学报》1989 年第 2 期);〔美〕詹姆斯·艾·米尔沃德《1880—1909 年回族商人与中国边境地区的羊毛贸易》(《甘肃民族研究》1989 年第 4 期);樊如森《天津开埠后的皮毛运销系统》(《中国历史地理论丛》2001 年第 1 期);吴松弟、樊如森《天津开埠对腹地经济变迁的影响》(《史学月刊》2004 年第 1 期);渠占辉《近代中国西北地区的羊毛出口贸易》(《南开学报》2004 年第 3 期);胡铁球《近代西北皮毛贸易与社会变迁》(《近代史研究》2007 年第 4 期)。专题研究只有一篇,即胡铁球《近代青海羊毛对外输出量考述》(《青海社会科学》2007 年第 3 期)。本书根据地方志、实业统计、海关统计、征税局统计及学者有关青海羊毛输出量的记载,采取估计推算、互相核对方法,最后确定了近代青海各个时段羊毛输出的基本情况。但没有把皮毛贸易作为近代青海社会变迁史的一个重要因素来研究,没有讨论皮毛贸易的地位以及引起的社会变迁。

商人研究。对商人的研究一直较薄弱,青海本地研究者极少涉及,省外研究者由于对青海特殊的人文地理环境缺乏了解,再加上文献资料的缺乏和零散,只能间接涉及,都是就事论事,很难深入下去。目前对青海商人的研究主要集中在青海特有的商人歇家上,国内专文研究歇家主要有王致中《歇家考》（《青海社会科学》1987年第2期）;马明忠、何佩龙《青海地区的歇家》（《青海民族学院学报》1994年第4期）;李刚、卫红丽《明清时期山陕商人与青海歇家关系探微》（《青海民族研究》2004年第2期）。这三篇是前几年的研究成果,最近两篇为胡铁球、霍维洮《歇家概况》（《宁夏大学学报》2006年第6期）;胡铁球《"歇家牙行"经营模式的形成与演变》（《历史研究》2007年第3期）。上述两篇认为前三文基本上都把歇家概念定为青海地区一种特殊的"行店"或"商铺",其中前两文认为歇家最早产生于清初,第三文认为青海歇家起源于明代,但没有征引史料说明,且认为歇家是山陕商人在青海地区独创的市场中介组织（行店）,显然值得商榷。马安君《近代青海歇家与洋行关系初探》（《内蒙古社会科学》2007年第5期）一文经初步探讨,指出歇家早在洋行进入之前就已活跃在青藏地区,洋行没有使歇家买办化,二者只是特定时空中的商业合作伙伴,歇家的衰落与洋行也无直接联系,青海地方官僚资本的商业垄断才是歇家退出历史舞台的根本原因,不能因为歇家曾与洋行合作过就否定其在近代西北民族商贸中的重要地位。

宗教寺院商业。河湟地区的少数民族主要信仰藏传佛教和伊斯兰教,佛教寺院和清真寺遍布全省,由此,寺院商品经济较为发达并形成了自身的特点。这一领域的代表性成果有李峰《明清时期青海地区藏传佛教寺院商品货币经济新成分的生产和发展》（《中国藏学》2001年第1期）;李峰和李海英《近现代青海地区清真寺寺院商品货币经济形态浅析》（《青海师范大学学报》2003年第3期）;李建国《近代西北地区藏传佛教寺院经济浅探》（甘肃省历史学会编:《史学论丛》第10集,2003年版）等。

城镇商业。近代青海城镇一般都占据重要的地理位置,人口集中,是多民族的物资集散地和商品流通枢纽。研究近代青海商贸史一定要与城镇的发展史结合起来。此类文章有陈新海《清代青海的城市建设与商业经济》（《青海民族学院学报》1997年第2期）;刘景华《清代青海的商业》（《青海社会科学》1995年第3期）;曲青山和阎东锋《论近代西宁商业的资本构成、经营形式和历史作用》（《社会科学参考》1991年第2期）;马征《论清代"环海商都"———丹噶尔商贸之兴衰》（《青海社会科学》2003年第4期）及勉卫忠《寺院城镇的兴起及其功能》（《柴达木开发研究》2008年第2期）。马安君

《民国时期青海城镇市场述论》(《西藏研究》2008 年第 3 期)一文指出民国时期青海的城镇市场在原有基础上有了一定发展,虽然许多地方仍不尽如人意,但还是对传统的军事和交通重镇模式有所突破,商贸业的顺利运营在城镇发展过程中起着越来越突出的作用。文章以西宁、湟源、结古、鲁沙尔 4 个具有代表性的城镇市场的发育状况为例,指出它们各自的发展缘由与特点,并归纳出民国时期青海城镇市场的总体特征,以期对此领域有较为明晰的认识和科学的总结。

另外,关于青海商贸研究的综述有马安君《20 年来近代青海商贸研究综述》(《西北第二民族学院学报》2007 年第 3 期)一文较为详细地总结近代青海商贸研究 20 年来取得的成果。并对相关成就进行梳理和归纳,发现研究中出现了内容不均衡、拓展性研究欠缺、视野不够开阔、方法较为单一等问题。指出今后应注重史学理论与史料的紧密结合,运用多学科方法,多角度、多层面地去进行创新研究。涉及近代青海商贸的专著有 10 余部,均为青海经济史研究的大家之作,虽然侧重点不同,结论有差异,但史料翔实,论证有力,是后学者的必读之作。如翟松天《青海经济史近代卷》(青海人民出版社 1998 年版)一文系统全面地论述了近代青海商贸业的发展、青海商业的阶段性和特点,指出:近代前期以传统民族贸易为主,20 世纪前 30 年以私商从事的民间贸易为主,40 年代则以官僚垄断资本为主。特点是畜产品在交易中占重要地位,广大牧业部分保留以货易货的贸易形式始终贯穿于三个阶段。其他相关专著还有崔永红《青海通史》(青海人民出版社 1999 年版);王昱和聪喆《青海简史》(青海人民出版社 1992 年版);杨景福《青海商业志》(青海人民出版社 1989 年版)。另外,在关于西北经济史涉及青海商贸的有谷苞主编《西北通史》第四卷,(兰州大学出版社 2005 年版)青海经济部分。王致中、魏丽英《明清西北社会经济史研究》(三秦出版社 1989 年版)一书的第 7 章和第 8 章,论述了近代甘、宁、青市场和青海歇家及丹噶尔城的商贸状况;《中国西北社会经济史研究(1840—1949)》(三秦出版社 1992 年版)下册第 13 章,以近代河曲藏区贸易为例,对近代西北商业进行了类例研究。林永匡、王熹《清代西北民族贸易史》(中央民族学院出版社 1991 年版)一书第 8 章第 2 节,阐述了甘、宁、青地区的民族民间贸易,指出清统一西北后,此地的民族民间贸易进入新的发展阶段。魏永理《中国西北近代开发史》(甘肃人民出版社 1993 年版)

一书的第5章,讨论了西北近代贸易事业的开发问题,对研究近代青海商贸具有重要参考价值。此外,李清凌《西北经济史》(人民出版社1997年版)、李明伟《丝绸之路贸易史》(甘肃人民出版社1997年版)、姜守鹏《明清北方市场研究》(东北师范大学出版社1996年版)等著作都对近代青海商贸问题有所涉及。

(三)突破点

综上所述,近年来青海商贸研究的相关内容已引起部分学者专家的关注,在一些论著中已有一定涉猎,其中有一些很值得借鉴的方法和见解。但由于受研究对象和范围所限,和本书直接相关的研究还比较零散,其研究的系统性和全面深入性还远远不够,许多研究仍停留在问题的表层或问题的某一层面上。这一方面是由于近代青海复杂的政治背景、经济构成和民族关系,再加上长期遗留的传统问题,导致学者们在有些问题上很难达成共识,形成定论,在某些问题上由于种种限制,只能就事论事或泛泛而谈,在某些问题上还不够深入,甚至留下了空白。另一方面是由于有关青海历史文献的缺乏其资料仍然散见于各种论著、文献、及档案材料当中,还有待于收集、挖掘和整理,这在很大程度上分散了研究者的精力,再加上学术界对近代城市史、民族经济史的研究起步较晚,加之本书选题跨越城市史、经济史、民族史三个分支学科领域,客观上增加了研究难度,而这些研究领域无论在理论或研究体系上均处于探索阶段,可供参照借鉴的东西太少,无疑增加了研究的难度系数。这些都使得直接与本书研究有相关的研究内容迄今为止未能得到广泛的重视,还没有见到专门的相关研究,这不能不说是一个缺憾。

通过对上述国内外与本文相关研究主题的详细分析考察,以上的不足虽然是种缺憾,却为学者们提供了钻研的空间,这也正是我们要继续努力尝试解决的问题,本书预期在以下三个方面实现突破。其一,新史料。研究历史最主要就是史料占有及其突破,本书收集了过去前人没有注意到的青海地方特色的第一手文献资料,使得研究能顺利开展,提高研究成果的学术深度。主要历史资料包括有本人长期以来在青海的各地社会历史调查所收集的口碑资料以及相当数量的稀有罕见的地方文献、档案史料,寻找了大部分民国时期有关青海的调查游记等资料。其二,新思路。本书以为现实经济服务为出发点,摒弃了长期以来因近代青海复杂的政治背景、经济构成和民族关系导致的研究视角、方法方面的滞后,本书长期积累了近代经济史研究涵盖的近代区域城市史、近代商业史、边疆民族经济史三大方面方法和理论,本书拟借助跨学科的理论和方法及近年来研究领域的崭新视角,以清朝、民国时期国家——地方社会变迁场域中的青海民间贸易兴起的社会因素为背景,以民间贸易和地方民族经济扩展的互动关系为主线,采取各学科相结合的研究方法,深入细致探讨以各级城镇市场为依托,由各族商人为主导的民间商贸的变迁过程和运行机制,从而揭示其对青海地方民族社会经济扩展的历史绩效,对我们深化对当前青海农牧区生态保护、经济开发及城镇化发展的决策思考,为实现藏区人与自然的和谐发展,为加快青海藏区和全省发展、增加各族人民的福祉无疑具有一定的借鉴和启迪意义。其三,新领域。目前区域城市史的研究着力点大多偏重于经济较发达的东南沿海沿江地区,对内陆边疆民族地区城镇发展关注甚少,且当前仅有的少量研究成果也多集中在北部边疆地区,对于农牧过渡地带及牧区腹地的城镇发展关注更少。本书以近代青海民间商贸与民族经济扩展为主题,一方面从农牧区民族经济开发视角来研究区域城镇史;另一方面从区域城镇发展角度探讨农牧区民族经济史,两者的有机结合,衍生出新的学术增长点,实现了研究视点的新突破。

三、研究思路与方法

本书力图在前人研究成果的基础上,按照上述研究思路,重点对下述几个问题进行探讨。

其一,分析近代青海民间商贸兴起的历史基础与嬗变动因。放眼国际、国内时局变化,主要论述前近代青海河湟民间商贸的兴起和繁荣使原来彼此孤立的农牧经济区域开始有了一定的经济联系,为近代青海民间商贸兴起奠定了基础。近代以来的皮毛贸易刺激并带动了青海商业的发展,皮毛贸易带动了相关商业行业的发展,大量的皮毛外运,各族人民或生产、或转运、或销售积累了大量的财富,这些额外增加的收入主要用来购买省内外及国际市场上的生产和生活消费用品,致使青海的商业、金融运转正常,也使输入商品剧增、人民购买力旺盛,皮毛贸易是整个青海经济社会运转的中心力量。总之,前近代青海河湟民间商贸的兴起、繁荣和近代青海皮毛贸易的"引擎"等要素的合力推动了近代青海民间商贸形成与发展。

其二,各级城镇民间商贸的变迁及其市场发展。包括西宁——区域中心城市市场逐渐形成和中心市镇崛起及市场发展、集镇兴起及市场发展三个方面的内容。繁荣的商业促使西宁市井文化的产生与丰富,并刺激了西宁向近代化方向转变与发展,近代新的社会因素也在西宁竞相驻足,西宁正从一个中小城市,向中等城市发展。尤其1929年青海建省后,西宁作为青海的首府,成为全省的政治、经济、文化中心,逐步发展成为西北地区区域性城市,这是商业发展的必然结果。西宁区域中心城市市场的形成对青海其他城镇的经济发展起到了很大的推进作用。寺院城镇和军事城堡还有少数县治所在近代青海市镇市场体系的中级市场,中心市镇上连区域中心城市市场,下通基本集镇市场和农牧区集市,既是当地周边农牧区的商贸中心,对附近市场具有一定的支配力,同时又是一定范围内(一县或数县)的贸易中心和货物集散地。在商品流通中处于承上启下的重要位置,它的普遍兴起和发展对集镇网络的形成,乃至全省性统一城镇市场网络体系的构建具有重大意义。近代以来由于各级集镇市场的蓬勃发展,对带动青海农牧区商品经济发展和促进青海城乡统一商品市场的形成起了很大的作用,逐渐在青海地区形成了一个层次结构分明且组织严密的集镇网络。它们作为商品流通中的重要一环,上连大中城市,下通广大农牧区,由此在全省范围内与大中市镇共同构建起了一个相当完备的城镇商业市场网络。

其三,城镇商贸与农牧民社会经济的变迁。主要论述了河湟地区城镇商贸促进各民族的和谐共生;城镇商贸巩固发展了回族城镇聚居区;城镇商贸的辐射与牧民生活渐变三个方面的内容。河湟地区城镇商贸促进各民族的和谐共生表现在城镇商贸促进了各民族间的经济交往和社会融合,多种文化在这里碰撞、融合、共生,这一切为民族间经济交往与地区经济开发创造了条件。城镇商贸为农牧民经济的扩展提供了生产技术、资金和信息。近代集镇在河湟各民族地区人们之间的联系加强、信息流通量的扩增、新文化和新思想的传播和交流的频繁,同时促使人们思想和社会变化的加快,无疑发挥了极为重要的作用。另外,民间商贸的触角已延伸至农牧民各民族各传统社区,涉及千家万户的汉、回、土、撒拉、藏、蒙等少数民族,使他们昔日高度封闭的生产——消费体系也就与社区外部的区域城市市场体系产生了联系,逐渐走向开放。城镇商贸巩固发展了回族城镇聚居区,近代城镇回族聚居区的分布,通常与商人和商人资本的分布是成正比的。凡是商人和商人资本集中的地方,同样也是城镇回族聚居的地方。城镇回族聚居区的分布与社会商品经济和商品流通的发展同时也成正比例关系。城镇商贸的辐射与牧民生活渐变,从牧民家庭消费中的生活资料消费的渐变反映出牧区对农耕区的产品依赖从单一向多样性的方向不断发展,也反映出其消费结构的变化在不断加大和深化。商贸的频繁往来直接催生了普通牧民的经商意识,牧民掌握了一些基本的经商之术,而且分析了其资本的组成方式和经营模式。从牧民农业为生产方式的扩大和畜牧生产的结构调整两个方面论述了商贸对牧民生产结构的影响。

其四,民间商贸网络的形成及其运行。包括以西宁为中心的城镇商贸网络体系的形成和民间商贸运行两节的内容。第一节从区域的生产中心、交通运输中心、商品集散中心和金融中心几个方面论证了青海河湟流域的西宁成为左右全局的全省性经济中心城市和以西宁为中心的城镇商贸网络体系的形成及其该网络三个方面的特征。第二节论述了民间商贸运行方式和交易方式,以输出皮毛、食盐、输入茶叶三种商品的流通为例,通过个案分析从理论与实践上清晰全面地揭示近代青海城镇商贸网络内部的运行机制。

其五,民间商人及农牧民家庭经济的扩展。首先以全新的视角划分了商人的构成及其特征。依据青海近代的人文特征,以省内外商人和民族划分更为合理,有省内外汉族商人、回族商人、藏族商人和寺院商业、洋行等,他们或为行商、坐商,或为批发商、零售商、小商小贩,或从事过载行业、大小行业商铺(店)、歇家等行业支撑着近代青海商贸的正常运转。其次论述了商人的商贸活动引起的农牧民家庭经济的扩展,具体体现在:1. 农牧民家庭农牧业经营领域的扩大,具体探讨了商人的商贸活动刺激了商业性农业和牧业的出现和发展;2. 农牧民非农牧经济的成长,包括农牧民家庭成员副业性质的家庭手工业和出门"搞副业"从事其他兼业两种形态;3. 商人资本支配下的农牧民生产经营方式。

在研究理论方法上,本书主要承继历史学、经济学、地理学等领域的研究理论与方法,除主要运用历史学的研究方法外,进一步运用城市史学、民族学、宗教学、社会学等学科领域的相关理论。力求在马克思辩证唯物主义和历史唯物主义论指导下,尝试借鉴交叉学科的理论和方法对以上主题展开探讨,在围绕这一主题的系列研究中,以求在理论方法上有所突破的同时,做到言之有据、立论公允。收集史料归类整理,史料是历史研究的基础和依据,是论证的立足点、解释的工具和理论的载体,史料是开展历史研究的基础,以往对近代青海城镇及民族经济发展方面研究由于历史的原因,一些城镇经济和少数民族的资料,特别是关涉民族经济方面的资料相当零碎且不易收集,对一些问题前期研究也不多,因而自考虑选题伊始,就把资料收集作为论文创作的中心任务之一。力争在掌握大量历史文献资料的基础上深入青海民族地区进行实地调查,做到宏观分析和微观个案相结合究视,故在着力挖掘爬梳众多档案文献资料、地方文史资料的同时,亦放宽了历史研野,把历史实物和口碑资料都纳入史料的收集范围之中。先后开展了多次历史调查与田野考察,各方面多渠道收集各种资料,做到文字与非文字史料的相互验证。做到史论结合,系统论述,采取史论结合的方式进行整合和推理。

第一章 近代中后期民间商贸发展的
历史基础与嬗变动因

第一节 近代青海民间商贸发展的历史基础
——清中前期青海河湟民间商贸的兴起和繁荣

青海河湟地区的民间贸易始于宋代盛行于西北的"茶马互市"①。"茶马互市"起源于唐宋,发展于明朝,衰落于清朝。明中叶以后,有河湟回族参与的民间茶马贸易日益兴盛,遂成为各族贸易往来的主流,而这种贸易中,"河湟回族在农牧两大经济区中充当了媒介,起了纽带的作用"②。正是这一媒介基础在明代的确立,才出现了清代前期河湟地区民间贸易的快速发展,此乃是历史上西北民族贸易的延伸与发展。有清一代,疆域辽阔,前期国力强盛,将整个藏区纳入到统一的多民族国家之中。马匹易得,用不着设立茶马司以茶易马,控制"蒙、番",于是在雍正十三年(1735 年)停止"茶马互市",沿袭千年之久的由官方专营的"茶马制度"的种种限制终被取消,给民间自由贸易的发展带来了新的契机,从而民间贸易迅速崛起。伴随着新兴商贸城镇的崛起、市场发育和经商队伍的扩大及商品种类和交易额的增加。

一、新兴商贸城镇的崛起及市场发育

清初河湟地区贸易在明后期发展的基础上得到了进一步提升,最显著的标志是由于民间贸易的自由促使在湟水谷地涌现出了西宁、多巴、白塔儿(大通县城关镇)、丹噶尔(湟源)等中外贸易的商业城镇,民间商贸的市场有了长

---

① 参见勉卫忠:《清前期河湟回藏贸易略论》,《西北第二民族学院学报》2005 年第 3 期。
② 费孝通:《临夏行》,载《瞭望》1987 年第 23 期。

足发育。其中青海回族发挥了不可替代的关键性作用。

西宁 宋、明时期，西宁由于长期设置茶马司，便成为河湟各族之间贸易集散中心，史载宋时西宁东城居住有"陷羌及陷人之子孙，夏国降于阗，四统往来商贾之人数百家"①。到了明代"西宁诸部落，无不以马易茶"，足见商业贸易的繁荣。清初，经历了元、明300年的休养生息，河湟地区包括回族在内的各民族人口持续繁衍增长，更因明王朝后期对西北茶马贸易经济政策的不断调整，西宁逐渐成为繁荣的商贸都市。《秦边纪略》记载："今西宁边外，凡西域诸国，骆驼、马骡往来不绝于道"②，因而出现："卫之辐辏殷繁，不但河西莫及，虽秦塞犹多让焉。自汉人、土人而外，有黑番、有回回、有西夷、有黄衣僧，而番回特众，岂非互市之故哉！城之中牝牡骊黄伏枥，常以万计。四方之至四境之牧不与焉，羽毛、齿草、珠玉、布帛、茗烟、麦豆之属，负提辇载，交错於道路。出其东门有不举袂成云挥汗成雨乎！"③其注有云："西宁城内外皆辐辏，而城东为最。黑番强半食力为人役，回回皆拥资为商贾，以及马贩、屠宰之类。"④

清初，在西方传教士以及探险家的游记中，我们也能看出当时西宁城商贸市场繁荣的场景。"青海地区，西宁（Selim-Sibing）在纪尧姆·伊斯利1705年的地图上作Sinin，在祈尔歇的书中作Synim，在斯特伦堡的书中作Selin或Sinin。"⑤公元1774年，孟加拉总督哈斯厅（Warren Haseings）派遣乔治·波格尔（George Bgle）出使扎什伦布寺的班禅时，来到了西宁，并对城中的商业贸易做了描述："从中国中原输往西宁的产品有大量的茶叶，各种绸缎和织锦，'外来手帕'（它是以一块中原产的白色或闪光的布制成的，人们作为'哈达'（tatas）而使用的，在西藏各种情况下都有要奉献的披巾的，每个若想在该地区生活并遵守当地风俗的人都必须携带大批这类'哈达'）、丝绸、皮货、瓷器、玻

---

① 陶宗仪：《说郛》卷三十五，李远《青唐录》、《青海地方旧志五种》，青海人民出版社1989年版，第10页。

② （清）梁份：《秦边纪略》卷一，青海人民出版社1987年版，第64页。

③ （清）梁份：《秦边纪略》卷一，青海人民出版社1987年版，第63—64页。

④ （清）梁份：《秦边纪略》卷一，青海人民出版社1987年版，第68页。

⑤ ［法］布尔努瓦著，耿昇译：《西藏的黄金和银币——历史、传说与演变》，中国藏学出版社1999年版，第48页。

璃器皿、鼻烟壶、刀具和刀具装饰、烟、银币（talent 塔兰，他们将世人称为马蹄银或银锭的白银为银币）。在西宁，中原人采购黄金（西藏产品）、珍珠、珊瑚、法螺号、来自孟加拉的毛织品和其他某些进口纺织品、被子、真正的藏羊毛制品。"①10 年之后，即公元 1784 年，又派遣忒涅（Sanvel Turner）出使该寺班禅，忒涅同样途经西宁，他写道："汉人前往那里（西宁）向藏族人出售商品：金银丝织锦、普通丝绸、缎子、黑茶、烟草、银锭、水银、朱砂、瓷器、乐器、貂皮、黑狐皮和干果。他们作为回报而获得黄金、藏产、毛织品、金刚钻、珍珠、珊瑚、麝香、羊皮、从孟加拉进口的水獭皮、来自孟加拉的杂品。"②足见民间商贸的繁荣。

多巴　多巴也是在清初民间商贸的发展中，逐渐兴盛起来的，"多巴，在西宁西五十里，今互市地也。黑番、回回筑土室成衢，为逆旅主人，凡九曲、青海、大通河之夷为居，垄断远而西域回夷为行贾者，皆于是乎？"③其注文认为此前"即律例亦不载及，多巴岂为市口未久乎？今皆番回居住，主事者夷人达赖下宰僧一，麦力干宰僧一，中国反不设官焉。"④"其地名不著于昔，盖新创也。居然大市，土屋比连，其廛居逐未，则黑番也；出而贸易，则西宁习番语之人；驮载往来，则极西之回与夷也；居货为贾，则大通河、西海之部落也；司市持平，则宰僧也。"⑤另外清人冯一鹏在《塞外杂识》中记载："西宁之西五十里日多坝，有大市焉。细而珍珠、玛瑙，粗而氆氇、藏香，中外商贾咸集。一种缠头回子者，万里而来，独富厚于诸国，又能精鉴宝物，年年交易，以千百万计。"

另外，在当时的俄文文献和某些地图中经常出现多巴，如在杜赫德（Dahalde）神父的插图中就标有"多巴"。⑥ 另外，斯特伦堡德书中，多巴和西

　　① 克雪芒・R. 马罕（Clementsr Marknam）：《波格尔出使记和马格拉萨札记》，伦敦特鲁布纳书局 1876 年版，第 6 页。转引自［法］布尔努瓦著，耿昇译：《西藏的黄金和银币——历史、传说与演变》，中国藏学出版社 1999 年版，第 183 页。

　　② ［英］涅忒（Smucal Turner）：《出使西藏札什喇嘛记》，伦敦尼科尔出版社 1800 年版，转引自［法］布尔努瓦著，耿昇译：《西藏的黄金和银币——历史、传说与演变》，中国藏学出版社 1999 年版，第 184 页。

　　③ （清）梁份：《秦边纪略》卷一，青海人民出版社 1987 年版，第 63—64 页。

　　④ （清）梁份：《秦边纪略》卷一，青海人民出版社 1987 年版，第 77—78 页。

　　⑤ （清）梁份：《秦边纪略》卷一，青海人民出版社 1987 年版，第 77—78 页。

　　⑥ ［法］杜赫德（J. B. Dahalde）：《中华帝国全志》，巴黎勒梅尔西埃（P. G. Lelnerior）书局 1735 年版，4 卷本。转引自［法］布尔努瓦著，耿昇译：《西藏的黄金和银币——历史、传说与演变》，中国藏学出版社 1999 年版，第 48 页。

宁为同一城："多巴西宁,又叫西宁",①足见多巴尽管是一个小集镇,但其繁忙的民间贸易往来,地位也是非常突出,俄国人同时把它与西宁看做从事大规模交易的中国城市。

　　白塔儿　白塔儿也是清初的几十年里发展起来的。其民间贸易一点也不亚于多巴,因其接近河西各镇便于商贸,故而回部于"清雍正间或由河州或由甘、凉或由西宁府属各邑渐次迁入日增日显",②商业贸易更为火爆。城中"则汉、回错杂,各为村落……西方之夷,往来如织"。③ 城中"回人生性勤俭,能耐劳苦……喜作零星贸易兼充经济牙会……县属家道殷实,回为最焉"。④ 白塔城的商品来自三个区域,即藏区、西域、中原,这都与其所处的地理位置有关。藏区的畜产品为"马、骆驼、犏牛、牦牛、羊",西域为"镔铁、金刚钻、球琳矸、琅琐福、五花毯、撒黑刺、阿魏、哈刺、若木、绿葡萄"⑤,中原的生活用品应有尽有,商业"往来如织"。

　　另外,兴起的商业城镇还有丹噶尔,"丹地惟东路系通省郡(时属甘肃)大道,余皆毗连青海(今日月山以西地区),壤接蒙番,山径峡路,四通八达"。⑥ "以丹地原为东科旧寺,自明末商贸渐集,与蒙番交易,有因而世居者;番族亦渐次开垦,牧而兼耕,各就水土之便,筑室家成村落焉。⑦"清初,朝廷为控制青海和硕特蒙古各部,特规定开边外那拉萨特地方(今日月山)为集市,以官兵督守,禁止私入边墙,又限定每年阴历二月、八月为贸易之期⑧。后因蒙藏物质需求的不断扩大,茶叶、布匹等必需品之交易又无限制,那拉萨特地狭,已不适应进行较大规模的民族贸易,清廷则改其于西宁口外的丹噶尔进行。"丹

---

①　[法]杜赫德(J. B. Dahalde):《中华帝国全志》,巴黎勒梅尔西埃(P. G. Lelnerior)书局1735年版,4卷本。转引自[法]布尔努瓦著,耿昇译:《西藏的黄金和银币——历史、传说与演变》,中国藏学出版社1999年版,第48页。

②　(民国)刘运新修,廖徯苏等纂:《大通县志》第二部,民国八年甘肃政报局排印本,第28页。

③　(清)梁份:《秦边纪略》卷一,青海人民出版社1987年版,第68页。

④　(清)《采录大通县乘帙稿》,温州市图书馆据馆藏抄本油印本,第10页。

⑤　(清)梁份:《秦边纪略》卷一,青海人民出版社1987年版,第68页。

⑥　(光绪)张庭武修,杨景升纂:《丹噶尔厅志》卷五,清宣统二年甘肃官报书局排印本,全文同。

⑦　(光绪)张庭武修,杨景升纂:《丹噶尔厅志》卷一。

⑧　《清世宗实录》卷十八。

城创建于雍正时"①,之后,民间贸易的自由吸引了大批的各族商人前来经商,这样,又一商业城镇快速发展了起来。具体的市场发育情况我们将在后面的寺院城镇具体论述。

总之,清中前期,处在农牧分界线上的新兴商贸城镇西宁、多巴、白塔儿、丹噶尔等商业发达,随着城镇人口剧增,街市规模凸显出来,如西宁"骡马驴市,在石坡街。菜果市,在道署西。柴草市,在本城大什字。石煤市,在本城大什字土地祠前。石炭市,在驿街口。东关粮面口市,自史家大店起,至柴家牌楼上。粮面下市,自东稍门起,至西纳牌楼上"②,又如多巴"其地名不著于昔,盖新创也。居然大市,土屋比连,其廛居逐末,则黑番也;出而贸易,则西宁习番语之人;驮载往来,则极西之回与夷也;居货为贾,则大通河、西海之部落也;司市持平,则宰僧也"。③ 可见市场发育已经颇具规模,民间贸易高度繁荣。

二、商人队伍的扩大

清中前期,活跃在青海河湟地区从事民间互补性商贸的商人,比以前相比不但人数增多,民族、国籍各异,而且商人的职能和门类也是更为齐全,大致可分为长途行商、短途小商贩、国际商人、歇家,还有牙人、屠宰商等。

首先,本地回族商人的兴起。在民间贸易中"最活跃的是回族商人",由于回族受伊斯兰教的影响,本生"善营利",颇重视经商,故而在民间贸易中处于支配的地位。另外,回族在河湟各地落户,明代已经形成,"亦农亦商"的社会经济形态,回族从事商业活动几乎是全民性的,在民间贸易的各行各业中都有他们的身影。回族商人最大特点是"习番语之人",回族商人大都娴熟藏语,这不仅是因为回族居住地与藏区接近,"至接近蒙、藏之处则多用蒙、藏语",更为重要的是回商要深入藏区做生意,如不懂得藏语(安多),势必对经商不利。至今在河湟回族中还流行一句谚语,叫"学了藏语值银子",可见学会藏语利于回藏贸易。回商的适应力极强,既能深入藏区又能南下入中原,最远可达拉萨,《西藏志》说:"至市中货物商贾,有缠头回民贩卖珠宝,其布匹、

---

① (光绪)张庭武修,杨景升纂:《丹噶尔厅志》卷五。
② (乾隆)杨应琚:《西宁府新志》卷九。青海地方志资料类编,青海人民出版社1987年版,第247页,全文同。
③ (清)梁份:《秦边纪略》卷一,青海人民出版社1987年版,第68页。

绸缎、绫锦等项皆贩自内地。"[1]

随着民间贸易及商业城镇的发展,为适应贸易发展的需求,在各商业城镇出现了"歇家","初设不知始于何时?当在顺、康之世。嗣后,西宁、大通、贵德、循化等地,俱有官歇家之开设,与各地蒙番交易;粮茶、烟酒、布帛等物为出口之大宗;而以皮毛、牲畜、鹿茸、麝香等物易入之。[2]"回藏商人积极参与其中,"黑番、回回筑土室成街,为逆旅主人",回藏各族商人修盖房屋,开设旅店,为四方商人提供住所,成为歇家。歇家"其家属能操蒙、番语,常衣蒙、番衣,亦有私相结婚者。其人在不蒙不番不汉之间,杂于毛皮革履中,指为蒙,若亦蒙,指为番,若亦番焉"。[3] 白塔儿"回人生性勤俭,能耐劳苦,喜作零星贸易,充经济牙会",可见不蒙、不番、不汉的回族歇家占主要地位,歇家的出现正好与回族商业社区的出现相吻合,不能不说回藏贸易的逐渐兴盛,才出现了歇家之开设。仅在丹城(湟源),歇家凡40余户,由此可知在青海境内歇家数量是可观的,"蒙、番出入,群就之御装,盖招待蒙、番寄囤番货之所也。完纳赋税,歇家为之包办,交易货物,歇家为之介绍,渔利甚多,蒙、番安之,而寄居之汉族多与之通声气。旅行出关,必令代办驮马,乃可沿途畅行,得其一纸护符,且可邀蒙番货之保护也。"[4]由此可知,"歇家"营业,一是接待过往收买货物的回、蒙、藏等商人,为之屯放物品;二是代理售货人向官府缴纳税款;三是为买卖双方充当中介,收取费用;四是为客商代办驮马运输。总之,歇家原是懂少数民族语言,既经商又干公的衙役之类,后来发展成青海民族贸易中特有的一种商业经纪人,货栈店主、牙会、翻译身份为一体的居间商人。由此可见,由回族参与的歇家对清前期民间贸易的稳步发展提供了一个中转店的角色,大大方便了回族商人特殊饮食之不便与边远蒙番商人的衣食住行与屯放货物,有利于各族之间的贸易往来。各大商业城镇的回商除修盖房屋,成为歇家

---

① "缠头回民(也可认为其中许多人并不缠头,缠头巾在18世纪广为流行),可能应将此视为甘肃穆斯林界已有了一定基础的穆斯林商人,因为他们来自中原"(持这种观点的学者颇多),参见[法]布尔努瓦著,耿昇译:《西藏的黄金和银币——历史、传说与演变》,中国藏学出版社1999年版,第194页。

② 竟凡:《历代汉番茶马互市考》,《开发西北》1935年第3卷第5期,《西北民族宗教史料文摘·青海分册》(上),第226页。

③ (光绪)徐珂撰:《清稗类钞·羌海歇家》,中华书局1984年版。

④ (光绪)徐珂撰:《清稗类钞·羌海歇家》,中华书局1984年版。

外(既坐商),有些回商还从事贩卖牛羊,以及屠宰业,"回回皆拥资为商贾,以及马贩屠宰之类",随着河湟回族深入牧区从事贸易者越来越多,至道光初年,出现了规模化的"羊客",这些"羊客"深入蒙藏民族居住地进行贸易,活跃了内地与青海牧区的经济交流。回族"羊客"将其从牧区贩来的牛羊运至各商业城镇回族居住区"屠宰或就地便售,或转运中原,成为百年不变的城市回族经济活动的某些特征。总之,回族"商业,本地人皆系小本经营"①。

其次,藏族经商意识的加强。世人皆知,青藏高原的藏族大多数信仰藏传佛教,因而一般视屠宰、经商从事手工业为"不洁"行业,重精神文化,轻经济文化。因而没有专门的经商者,但单一的游牧经济本身不能完全解决游牧民自身生存和畜牧业经济发展的需要,因而蒙藏商人一般由部落头人和寺庙僧侣担当,但平民蒙藏商客也比较多。同样,藏商也是在各大商业城镇修盖客房,成为歇家,供往来商人居住方便"其廛居逐末则黑番也"。藏族商人大多数是集货商,"居货为贾。则大通河西海之部落也",即在各部落头人的主持下,他们将部落各个家庭剩余的畜产品统一收购运至各商业城镇,统一向外销售,之后又购买各自所需运回部落"岛番数万人……其常入内地者,每至冬,结伴驱驼马羊,使负岛中产物,踏冰而渡。购买量茶与布匹,足一发之食田"②,仅丹城的藏族平民商人"每日上市专售蒙番零货,其善于经营者,八口之家亦恒赖于温饱焉"③。另外,各大寺院经商活动频繁,形式多样。各寺院或公或私经营均是资本雄厚的大宗买卖,获利丰富。1774 年,波格尔来西宁时就注意到了寺院经商,其写到"西宁有克什米尔商人的某些经纪人,各大寺院喇嘛们的经纪人,虽然原则上讲,僧侣们不能经商。但正如德希德里所指出的那样,他们事实上却醉心于经商。"④"各寺院在青藏线上的长途贩运就十分频繁,寺僧收买骡马,驮运丝绸、藏枣、氆氇等返青销售,往返万里,历尽艰苦,

---

① (光绪)邓承伟修,来维礼等纂:《西宁府续志》卷十,青海印刷局、西宁新生印刷厂排印本,《青海地方志资料类编》,青海人民出版社 1987 年版,全文同。

② (光绪)徐珂撰:《清稗类钞·青海商队》,中华书局 1984 年版。

③ (光绪)张庭武修,杨景升纂:《丹噶尔厅志》卷五。

④ [法]布尔努瓦著,耿昇译:《西藏的黄金和银币——历史、传说与演变》,中国藏学出版社 1999 年版,第 183 页。

每年随能往返一次,但获取利润颇丰。"①

再次,山陕商人的加入。从明清时期,山陕商人成为仅次于徽商的商人势力后,在清朝前期随着清朝大一统完成过程中,随军远来河湟地区从事于对藏区的贸易②,清雍正十三年(1735年)沿袭千年的官方专营的"茶马制度"的种种限制被取消后,民间贸易迅速崛起且填补其空白,山陕商人逐渐成为民间贸易商人的重要组成部分。

最后,国际商人的到来。如在多巴集市上"垄断远而西域回夷为行贾者,皆于是乎……驮载往来,则极西之回与夷也"③。另外清人冯一鹏在《塞外杂识》中记载:"西宁之西五十里曰多坝,有大市焉。细而珍珠、玛瑙,粗而氆氇、藏香,中外商贾咸集。一种缠头回子者,万里而来,独富厚于诸国,又能精鉴宝物,年年交易,以千百万计。"这里所指"西域回夷"、"极西之回与夷",当指中、西亚穆斯林商人和西方其他国家的商人。本地藏族、回族修盖房屋开设旅店,为四方的商人们提供住所,使多巴出现街市;其以坐收旅店费等为进项者多为藏族,承揽生意的则多是能兼操阿拉伯、波斯语或藏、蒙古等语的汉、回经纪人;驮载货物长途跋涉之人则是远道而来的中、西亚穆斯林商人和西方其他国家的商人,那些出售畜产品者,大多是近边海北、海西等地来的蒙、藏族牧民,而管理市场、掌握度量的人员,则是蒙古台吉手下的宰僧(即总管)……在这里,人们看到,最活跃的是回族人,最敦厚的是藏族人,最公道的是蒙古人,而最引人注目的则是外国商人,尽管民族不同,国籍有别,语言、肤色、服饰各异,但在丝绸之路中国河西走廊西厢的河湟地区,由于种种历史机缘的不期而遇式巧合,千载难逢地形成纯民间中外贸易卫星市场,"中外商贾"、"往来如织","举袂成云",《秦边纪略》的如上记述,为我们描绘了一幅和谐欢腾、其乐融融的河湟行商图④。

---

① 崔永红、张得祖、杜常顺:《青海通史》,青海人民出版社1999年版,第389页。
② 李刚、卫红丽:《明清时期山陕商人与青海歇家关系探微》,《青海民族研究》2004年第2期。
③ (清)梁份:《秦边纪略》卷一,青海人民出版社1987年版,第77—78页。
④ 喇秉德:《赭墨集》,民族出版社2005年版,第115页。

三、商品种类和交易额的增加

从前文所论我们已知,河湟各镇所处特殊的地理位置,不仅云集了藏区的畜产品和土特产品,更是云集了从中原转入藏区的生活必需品。河湟各镇,可谓是一个中转站,旱码头,而河湟回族则是往返农牧区的大商船,充当了媒介,故而学术界称这种贸易方式为"东引西进"①。随着城镇民间商贸发展和经商队伍的扩大,农牧区交易的商品种类和交易额也比之前代有所扩展。

首先,西进(输出)商品。其中的大宗为皮毛。较为一般的则是牛、羊、马的皮毛和骆驼毛等。仅在丹噶尔城皮毛业就十分繁荣,不仅成交量巨大,而且品种也很繁多,根据《丹噶尔厅志》每年的成交量成千上万,总价值为32万两之多,而其中的羔羊皮、羊毛数量大,故而"西宁毛"、"羊羔皮"享誉全世界,颇受外商的青睐。较为珍贵的皮毛则为"貂鼠、白狼、艾叶豹、猞猁狲、毛狐、沙狐、鹿、麋"②等皮毛,转销量也是空前。乾隆八年(1743年)六月至九月,西蒙商队进藏熬茶在丹噶尔进行的贸易中以珍贵皮毛为多,其情况根据川陕总督庆复在该年八月为办理丹地贸易事务的奏折中,所附《准噶尔货物皮张数目清单》所载,归纳见表1-1。

表1-1 准噶尔货物皮张数目清单

名称	数量(张)	单价	总价
沙狐皮	28293	4 钱	11317 两 2 钱
银鼠皮	60463	1 钱 2 分	7255 两 5 钱 6 分
狼皮	807	上 5 钱、下 2 分 2 钱	392 两 3 钱
豹皮	299	钱头 1 两 5 钱下 5	438 两 5 钱
猞猁狲	679	头 3 两中 2 钱五分下 1 钱 8 分	1691 两 9 钱
扫雪皮	2603	2 钱 3 分	598 两 6 钱 9 分
羊羔皮	45271	上 9 分下 4 分	3955 两 5 钱 8 分
貂皮	892	上 1 钱 2 分	900 两

---

① 费孝通:《临夏行》,《瞭望》1987 年第 23 期。

② (清)梁份:《秦边纪略》卷一,青海人民出版社 1987 年版,第 77—78 页。

续表

名称	数量（张）	单价	总价
黄狐皮	62490	上 9 钱中 7 钱下 2 钱	51639 两 1 钱
灰鼠皮	1624	白 7 分黑 4 分	84 两 5 钱 8 分
共计			78233 两 4 钱 1 分

资料来源：档案《为奏闻事》附《准噶尔货物皮张数目清单》，乾隆八年八月二十二日，庆复奏。

　　从表 1-1 中可知，仅这一次贸易，总的银价为 78233 两 4 钱 1 分，可见清前中期的皮毛贸易比前代有了长足发展。这些珍贵的皮张被河湟回族皮匠加工精制成社会富有阶层所需的"领袖、缘裘、褥"等，转向内地寻求高价，就说其中的"褥，可避诸虫，其香虽久不散"①，颇受藏族、蒙族和内地贵族的青睐，市场广阔，经久不衰，可谓是独特的民族手工业制品。除了皮毛业外，"牝牡骊黄"的交易量也是巨大的，仅在西宁就"伏枥常以万计"。

　　藏区的生物性药材资源也在逐步开发。河湟"附近均产皮毛而药材次之"②，畜产药材鹿茸、麝香较为名贵，驰名中外。藏区的麝香最能吸引回族的先民来藏区贸易。早在阿拉伯帝国时代，据雅库比的《阿巴斯人史》（成书于872 年）书中说："最好的麝香是吐蕃麝香，其次是粟特麝香，再次是中国麝香。"马苏第《黄金草原与珠玑宝藏》一书（943 年）说："有麝香羊生存的吐蕃地区和中国地区相互毗邻，构成一个不可分割的整体，然而吐蕃麝香比中国麝香质量好。③"据《中国大百科全书》记载，青海湖（库库诺尔）的麝香非常丰富，在中国的外贸中需求量很大。④ 清中前期丹噶尔城"麝香自蒙番猎取来售，经商人贩至各省销售……每年约二百余元，净每两售银至二十两，共约银二千两"⑤。植物药材大约有 20 余种，其中以甘草、冬虫夏草、当归、大黄等为主。其中"惟大黄为一大宗"。青海藏区的大黄以质优量高而独占鳌头，乾隆

---

①　（清）梁份：《秦边纪略》卷一，青海人民出版社 1987 年版，第 77—78 页。

②　（光绪）邓承伟修，来维礼等纂：《西宁府续志》卷十。

③　［法］费琅，耿昇、穆根来译：《阿拉伯波斯突厥东方文献辑注》上册，中华书局 1989 年版，第 67 页。

④　［法］阿里·玛扎海里著，耿昇译：《丝绸之路——中国—波斯文化交流史》，中华书局1996 年版，第 526 页。

⑤　（光绪）张庭武修，杨景升纂：《丹噶尔厅志》卷五。

年间"俄罗斯多食鱼,须大黄以解鱼毒,特派头人专司收买,散给属下,官卖济众。恰克图贩卖大黄者独有一家,系西宁回民,俄罗斯最为信服,以商贩此勿能售也"①。"又谕:多尔济喇布坦等奏本年西宁寄什密尔回民应贩大黄至恰克图与俄罗斯交易逾限未到、恳请饬催一折。每年西宁贩运大黄至恰克图与俄罗斯交易向有定限,自应依限运至恰克图与俄罗斯交易。乃此项大黄并未运到,上年复有亏欠,殊属非是。著交陕甘总督瑚松额、西宁办事大臣德楞额将本年应贩大黄务须饬催迅速贩往,嗣后务令拣购精良,于每年七、八月间运至恰克图以备交易,不得稍有亏欠"②,可见大黄成为河湟回族商人转口贸易的大宗商品之一,而且这宗生意基本掌握在青海回族商人手里,他们不仅在西宁、多巴、白塔儿市场,而且在河西各镇以及中国与中亚地接壤的边境贸易中,以雄厚的资金和善于经营的竞争能力,几乎垄断了青海大黄的收购和出口贸易,"每年约出四五万斤至十余万斤不等"③。

矿产资源黄金与青盐的开发。青海是我国产金的重要区域之一,清代无论是地方志书,还是外国传教士、探险家以及商人的游记中都有记载。青海河湟各地金矿数较多,当时开矿者有蒙藏人,也有回族人,吸引外国人来此探险也是以黄金为最大诱惑。"西藏向其所有邻出售黄金,西宁是这种黄金流通的贸易中心之一。"④世人皆知,青海以出产盐而闻名于世,是产盐的大省,故而青海出产的盐称为"青盐",颇受西北各省尤其是河湟各镇各族人民青睐。早在清代乾隆七年蒙番就已将青盐运到丹噶尔。河湟"民间所食青盐出于青海地方,距西宁五百余里,内地人不能前往,惟蒙古驮载至县属之丹噶尔地方,与汉、番民易换布匹、炒面等物。"⑤再"经商贩运到西宁、碾伯一带销售","每年约盐升三百余石,每升官价二钱三分,其银八千两。"⑥

除以上藏区的特有大宗商品外,当地还有各种工艺品流向河湟转运中原,

---

① 冯家升、程溯洛、穆广文:《维吾尔族史料简编》(下),民族出版社1981年版,第439页。
② 喇秉德、马小琴:《青海回族史料集》,青海人民出版社2002年版,第106页。
③ (光绪)张庭武修、杨景升纂:《丹噶尔厅志》卷五。
④ [法]布尔努瓦著,耿昇译:《西藏的黄金和银币——历史、传说与商业活动》,中国藏学出版社1999年版,第48页。
⑤ (乾隆)杨应琚:《西宁府新志》卷十七,《青海地方志资料类编》,青海人民出版社1987年版,第227页。
⑥ (光绪)张庭武修,杨景升纂:《丹噶尔厅志》卷五。

如皮绳、皮靴、股皮、口袋、毛褐、毛毡、酥油、小刀、皂矾、毡帽、毛领袖、裘、褥、毛袜、花毯以及各种首饰,大大充实和丰富了市场,传播了民族文化。

其次,东引(输入)商品。茶叶可谓是藏区人民生活的必需品,有"宁可三日无粮,不可一日无茶"之说。从前文已知,民间贸易源于"茶马互市",从唐至清各族贸易中茶一直是一大宗,任何商品都无法代替。清前期,"茶马互市"虽然走向了衰落,但随之而起的民间贸易仍然以茶为大宗商品,故而始受清廷的特别管制。雍正十三年,改征茶封税款,"各族商人纳税银向官府请引","商人由产地将茶先运至兰州,给官盘验并指定贸易地区,方可往售"①。其中西宁茶司额设茶引9712道,由商人纳税销茶,按"每年引一税茶十封,以一封交茶,九封折银"②的比例进行,在西宁每道准运官茶15封(75斤),西宁茶司全年征银28164.8两。③ 蒙藏以畜牧业为主,也兼营一些农业,种植青稞,但产量极为低下,就连西宁周围在清代时"山高风烈、五谷不能遍生"④,因而余者需次从河湟各地调运而来。河湟回族将青稞制成炒面,小麦制成挂面输入藏区,如丹城转入的麦面"自宁属各乡运来,每年约市量五千余石"。青稞"每年约市量二千石。小黄米每年约市量百余石,近自宁属各乡运来全资本境食用每升二钱,共银二千两"⑤。可见,粮食的输入也是非常大的。

生活用品的输入逐步加大。日用百货中的布匹、哈达、缎子、铁锅、铜器(锅、罐、茶壶)、瓷器、陶器、纸张、酒、木炭、马鞍以及一些杂货如书籍、图画、笔、墨、香、表、棉花、玻璃器皿等,皆由内地输入。这些商品数量可观,销路较广,利润丰厚,河湟回族尤其喜欢贩卖这些生活用具。例如哈达,"每年约万余条",大布"每年约一千卷,杂货共约三百余担等"⑥ 此外,东引商品中,也不乏从外国引入的商品,如"琐福、撒黑刺、五花毯,皆羊绒织成,产于失剌思安、各鲁、撒马儿罕诸国。阿魏之最臭者,西域诸国皆产"⑦。

---

① 党诚恩、陈宝生主编:《甘肃民族贸易史稿》,甘肃人民出版社1988年版,第43页。

② (清)升允等修,安维峻等纂:《甘肃新通志》卷二十二。

③ (清)文孚著,魏明章标注:《青海事宜节略》,青海人民出版社1993年版,第100页。

④ 刘郁芬修,杨思等纂:《甘肃通志稿·民族八实业》,《青海方志资料类编》,青海人民出版社1987年版,第322页。

⑤ (光绪)张庭武修,杨景升纂:《丹噶尔厅志》卷五。

⑥ (光绪)张庭武修,杨景升纂:《丹噶尔厅志》卷五。

⑦ (清)梁份:《秦边纪略》卷一,青海人民出版社1987年版,第77—78页。

综上所述,清前中期民间贸易的自由促使湟水谷地涌现出了西宁、多巴、白塔儿(大通县城关镇)、丹噶尔(湟源)等新兴的回藏商业城镇,但因政治、经济、自然地理及交通运输条件等诸多因素的制约,前近代青海统一全省性经济中心城市尚未诞生。在这一大的经济环境下,农牧区交易点上的这些城镇市场便承担起出售外共同体商品的"贸易港"职能。可见当时靠近河湟游牧区内部以及农区广大地区没有一个商品交换的固定场所,无论农耕民族还是游牧民族主要是到城市集市场进行贸易,河湟各民族早期交易作为共同体之间外部交易也就零星地出现在这些城镇集市,由于各城镇之间相对独立,城镇商业经济基础和交通条件等方面因素的制约,此时的民间商贸的延伸性和扩张性较弱,不同城镇商业网络间的商贸交流处于相当稀疏的状态。同时由于缺乏坚实的商品生产做基础,各个城镇及农牧区商业网络系统一定程度上还存在着潜在的不稳定性。这些城镇虽然在为青海内部农牧区居民服务方面表现出了较高效率,如市场发育加快、经商队伍急剧扩大,商品种类和交易额也在不断的扩展,但由于这些城镇数量有限,再加上赶集路途较远,使得各民族间大规模的民间贸易没有广泛展开。此种交易情形除了具有从异地获取少量财物的功能外,根本无法在其内部展开渗透或整合。尽管如此,通过以上农牧区商品的流通,原来彼此孤立的农牧经济区域开始有了一定的经济联系,为近代青海民间商贸兴起奠定了基础。

第二节　近代青海民间商贸嬗变的动因及条件
——皮毛贸易为本地区商贸发展的主"引擎"

近代青海民间商贸快速升温的巨大动力则是皮毛贸易的兴盛,皮毛贸易逐渐成为青海经济发展的主"引擎",直接带动了近代青海的整体商业经济的发展,促使青海社会与经济发生了剧变。鸦片战争及随后的一系列列强对中国的侵略战争,彻底打开了清王朝闭关自守的大门,在外国资本主义的影响下,中国的社会经济发生了极其深刻的变化。由于受西方资本主义国家推销商品,掠夺原料的需要,从事商品流通活动的商业成为发展变化的最大领域,青海民间贸易作为特殊的商品流通也顺应了历史发展的潮流相应的发生了变迁。

　　清末,随着民间商贸的进一步自由化和 1895 年青海皮毛开始大量东运,皮毛贸易逐渐成为当时青海地区贸易发展的主"引擎",形成了青海城镇市场网络体系与世界市场的接轨,不同程度地改变了原先各区域的商品结构、需求关系及其市场流通层次低、流向单一的状况,致使青海旧有分散城镇市场体系解体。从 19 世纪 80 年代后期开始,外国皮毛洋行通过天津、北京的商人在青海收购羊毛,本地一些商人将青海羊毛用骆驼或皮筏沿黄河东运,经河套、张家口运往天津,直接售予英、法、俄、德等国商人。清光绪二十一年(1895 年)左右,英国买办在张家口开设的洋行,通过甘肃的驼帮大量采购青海羊毛,"套毛中西宁毛在中国羊毛中纤维最长,有八寸,在套毛中居首,且有光泽,与外国羊毛交织,则为最适原料,每年输出甚多"。[1] 故国际市场上的"西宁毛"名声渐长。清朝末年,英、美、俄、德等国商人接踵而至,在青海设立洋行,并由西宁扩延到湟源、贵德、俄博(祁连)等地,数年间增至近 30 家,其主要业务是收购羊毛,《青海畜牧业经济发展史》说"根据当时一些畜牧业产品的销售数额推算,清朝同治、光绪年间,青海每年销售羊毛共达八百五十万斤左右"。到了清末民初,青海地区的羊毛产量和出口量都有增加,"青海地区羊毛出口额约占全国羊毛出口量的百分之五十,年平均出口量总计在一千余万斤左右,青海羊毛成为当时西北地区对外贸易的主要商品"[2]。仅湟源一地,年集散羊毛达到 400 万斤上下。1900—1929 年是青海历史上羊毛贸易的黄金时期。近代,从 1885—1945 年的不同阶段青海羊毛输出量如下页图 1-1 所示。

　　从表 1-1 可以明显看出,近代青海羊毛输出量一直是上升剧增,其中第五阶段和第七阶段分别因国际经济危机和抗日战争而下降。第一阶段为清前中期到清末 1881 年以前,青海羊毛的商品率和利用率都很低,绝大部分听凭羊只自行脱落、腐化变质,1881—1885 年,青海羊毛被外国资本家发现,很快打入国际市场,到 1885 年青海羊毛输出量达到了 250 万斤;第二阶段从 1885—1910 年,为大规模扩张阶段,年输出量从 250 万斤急剧扩张到 1000 余万斤;第三阶段为 1910—1918 年,为平稳发展阶段,其年均输出量在 1250 万

----

[1]　王自强:《中国羊毛之探讨》,《新青海》第 2 卷第 10 期。
[2]　《中国贸易通志》,转引自任斌:《洋务运动时期的青海工商业》,《青海民族学院学报》1983 年第 3 期。

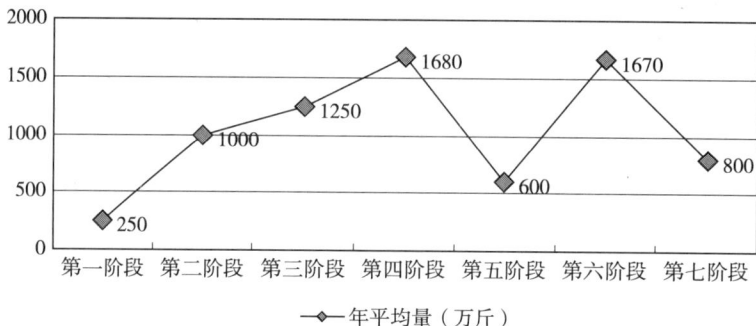

图 1-1 1885 年到 1945 年的不同阶段青海羊毛输出量

资料来源:据胡铁球《近代青海羊毛对外输出量考述》一文整理,《青海社会科学》2007 年第 2 期。

斤左右;第四阶段为 1919—1929 年,为鼎盛阶段(除 1920 年、1926 年),年均输出量在 1680 万斤左右;第五阶段为 1930—1933 年,为急剧衰退阶段,年均输出量为 600 万斤左右;第六阶段为 1934—1937 年,为恢复性鼎盛阶段,年均输出量为 1670 万斤左右;第七阶段为 1937—1945 年,为持续委靡阶段,年均输出量(包括内销)在 800 万斤左右。[①]

另外,民国时期,青海的羊毛产量及出口量在全国占有重要的地位。青海的牧草场面积是全国之最,据《甘宁青三省羊毛之生产》一文的统计当时青海总面积为 776192 平方公里,其中牧地面积为 659763 平方公里,占总面积的 85%,占甘、宁、青三省可牧面积的 69%。每只羊的单产量也是可观的,"每只羊之剪毛量,青海剪毛稍高,约在二斤至三斤之间。甘肃各地大都剪毛两次,每次剪量常不及一斤。扯平计算西北羊只每羊仅能产毛二斤"[②]。青海省所产羊毛不仅数量多,且质量最为优良,近代中国出口最好质量的羊毛均来自青海地区。"中国之最良羊毛皆出自此省,市场上有两种最良羊毛,特别适合于欧美之出口。第一种曰西宁毛,以其纤维之长及线细显著;第二种曰甘州羊毛,质较粗,但特别适合于世界市场。除此以外,尚有平番毛及武威羊毛,为织

[①] 参见胡铁球:《近代青海羊毛对外输出量考述》,《青海社会科学》2007 年第 2 期。
[②] 张之毅:《西北羊毛业调查》,《中农月刊》1942 年第 3 卷第 9 期。

地毯之特品,输出为织地毯之用。"①据俄国人克拉米息夫的调查,此三地所产羊毛的输出数量如下:西宁毛 100000 担,甘州毛 70000 担,平番毛及武威毛80000 担。国际市场上西宁毛最受欢迎,这是因为青海羊毛的优点主要有:

柔韧卷曲,富于弹性,以显微镜观察之,毛之组织,成波状锯齿形,富于鳞片;

毛业密生;

羊体健壮,粗毛死毛较少、染制不成困难,可为制造上等呢绒之需;

色泽透明,洗刷染色甚易;纤维细柔,长度适宜,机械纺织,甚为便利。

所以"统观以上数条,可知青海羊毛之品质,虽不及美国及澳大利亚等处美利奴羊之质,然在国内羊毛中,实首屈一指"。②

可见大面积、多产量、高质量的羊毛为迅速崛起的羊毛贸易提供了生产和供给基地。

据 1934 年的统计,青海省的羊毛产量大约为 166000 担,甘肃省大约是80000 担,绥远和察哈尔大约 64000 担,外蒙古 52000 担,河北省约 38800 担,四川省 33000 担,宁夏省 30000 担,热河省 27000 万担,山西、陕西两省 26000万担,山东省 20000 担。③ 青海羊毛产量与中国各省羊毛产量如图 1-2 所示。

从图 1-2 中可以看出,1934 年的统计尽管缺少新疆和东北地区的产毛量,但从上述省份和地区来看,青海羊毛产量占全国各省羊毛产量之最,比羊毛产量第二位的甘肃省还要高出一倍以上,由此可见青海当时的羊毛产量之丰富。

可见,大规模的皮毛产品出口无疑使皮毛商品成为青海最大的财富来源,在青海所有的输出商品中皮毛类占有绝对的主导地位。早在清末,据《丹噶尔厅志》记载经丹噶尔输往内地的商品价值约 45.05 万两白银,其中皮毛类共为 34 万两,约占总输出价值的 75.47% 。到 1906 年据《湟源县志·商业》记载,青海湟源一地"蒙番"每年输出货物总值为 79.77 万两白银,其中羊毛输出为 44 万两、驼毛输出为 6000 两,各种皮类输出为 20.25 万两,皮毛共输出

---

① [俄]克拉米息夫(W. Karamisheff)著,王正旺译:《中国西北部之经济状况》,商务印书馆1933 年版,第 32 页。

② 王自强:《青海羊毛事业之现在及将来》,《新青海》1933 年第 1 卷第 4 期。

③ 张之毅:《西北羊毛业调查》,《中农月刊》1942 年第 3 卷第 9 期。

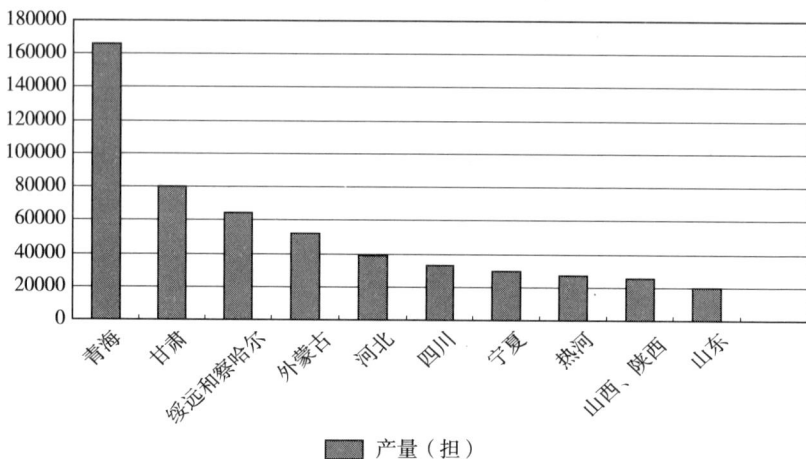

图 1-2 中国各省羊毛产量比较

资料来源:魏英邦:《中国羊毛事业之概况》,《实业统计》1934 年第 2 卷第 2 号。

64.85 万两①,占其总输出价值的 81.3%。即便在国际经济危机爆发,皮毛输出最不景气的 1932 年,青海西宁输出商品总额为 2204680 元,其中毛类为 1476960 元,皮类为 116360 余元,皮毛类共为 1593320 元②,约占其输出总值的 72%。足见皮毛出口已是青海输出商品的中流砥柱。

通过上文分析可知青海皮毛输出占整个商品输出总值的 80% 以上,即便在不景气的 1932 年也约占其输出总值的 72%,皮毛生产成为了青海牧业经济的基础。而且此时,以西宁的物价为基数计算,1935 年青海农作物产值为 22652896 元。农牧区产值合计 94816296 元,其中牧业占 76.11%,农业占 23.89%。1936 年,农业歉收。如以 1935 年产量、1936 年价值计算,则农作物价值为 28212615 元。农牧业产值合计 100376015 元。其中农业占 28.11%,牧业占 71.89%。③ 足以说明皮毛输出已成为青海的经济基础。那么皮毛收

---

① 周希武:《玉树调查记》,青海人民出版社 1986 年版,第 142 页。上述数据胡铁球据其"青海蒙番每岁进口货物一览表"计算。

② 顾执中、陆治:《到青海去》,商务印书馆 1934 年版,第 304—306 页。上述数据据其"民国二十一年青海西宁输出情形一览表"计算,其中毛类原数据为 14769600 元。其计算有误,胡铁球改为 1476960 元。

③ 参见谷苞主编:《西北通史》第四卷,兰州大学出版社 2005 年版,第 259 页。

入又占青海财政税收多少？我们下文分析：

> "全省大半人口是生活于畜牧的,因此城市的繁荣与存在不但赖于畜牧副产品,全省最大宗的羊毛,即全省政税收入的大部。依省当局公开报告:近年市况每年皮毛收入为五十万零二千余元,就是青海四万余石田赋,折银征粮及开垦地价收入,每年为二十一万二千五百余元,尚不及皮毛税收之巨……可知羊毛是青海全省经济的重心了。"[1]

青海在 1932 年、1933 年、1934 年的整个财政收入分别为 843182、846062、875172 元,其中皮毛等营业税收为 460085、460085、510617 元,分别占整个税收的 54.56%、54.37%、58.34%,这还不包括契税等商业税,可见青海从皮毛经营中所收的税额至少占其全部税收的 55% 以上,而青海田赋的比重,在1932 年、1933 年、1934 年分别为 31%、30.01%、33.50%。[2] 抗日战争爆发伊始,青海省政府奉命全面停止了所有皮货的东运出国,但 3 年后"本省财政向极困难,抗战以来,商业尤为萧条,税收更形锐减,若一律禁运出境,势必影响税务,使本省财政益受困难,兹特令饬各税局除依照前令禁运羊毛、驼毛、羊皮三项外,嗣后如运其他土产各货,有运往兰州销售者,准予照章收税放行,以裕税收,而维商务。"[3]可见禁运皮毛已经严重影响到了青海的财政收入,开禁后,不但青海的土特产品大量东运出口,而且继续禁运的羊毛、驼毛、羊皮等,也是禁而不止,据《西宁商业志·货物》1941—1948 年经西宁东运货物平均运出数量表,青海平均东运出口的皮张就有 450150 张,7 年间共东运皮张3151250 张,这不包括羊毛的数量。可以确切地说在近代以前,皮毛没有开拓为主要输出商品以前,青海的赋税与中国内地其他地区一样,田赋占整个税收的 80% 以上,当皮毛被开发为主要输出商品以后,田赋占全部税收的比例锐减,而以皮毛为主的营业税迅速上升,占据了税收的半壁江山,可见皮毛输出是改变青海税收结构的主要因素之一,自然它也是青海财政税收的支柱。

正因为皮毛商品在青海经济发展中占有如此重要的地位,它逐渐成为整

---

①　张元彬:《一蹶不振的青海羊毛事业》,《新青海》1933 年第 1 卷第 9 期,第 7 页。

②　充一:《陕甘宁青绥五省之财政》,秦孝仪主编:《革命文献·抗战前国家建设史料———西北建设(三)》第 90 辑,台北中央文物供应社 1981 年版,第 283 页。

③　《青海省政府令》,转引自《西宁商业志》,兰州大学出版社 1991 年版,第 62 页。

个青海商业、金融运行的"引擎",各行业的兴衰无不以绒毛行为转移,当外汇低落,皮毛上涨,地方活动;外汇上涨,出口货不快,皮毛疲落,地方滞塞。因此如果这部"引擎"性能良好,皮毛出口旺盛则整个青海的商业、金融就繁盛,"皮毛一动百业兴"就是皮毛出口带动整个青海商业经济不断发展的真实写照。但一旦这部"引擎"出了故障,整个青海的商业、金融便死气沉沉,毫无生机。如20世纪30年代初期,因世界经济危机及皮毛捐税过重等其他原因,我国皮毛出口严重受阻,从图1-1《近代青海羊毛各阶段年平均输出量》可以看出青海羊毛从第四阶段(1919—1929年)的年均输出量在1680万斤左右急剧衰退到第五阶段(1930—1933年)的600万斤左右,减少了1080万斤,羊毛输出量的剧减波及了青海的商业、金融,马上使得青海社会经济变得死气沉沉。此时调查游历青海的顾执中、陆诒等先生,每到一处并谈到商业、金融时,无不发出因皮毛出口严重受阻而使商业、金融难以运行的感慨。

拉卜楞:"全境赖以活动的皮毛商业既经停滞,全境经济情形也很枯竭";湟源县"不过近年因为羊毛贸易锐减的缘故,现金在市场上极为缺乏",及"皮毛阻隔,因之金融拮据,市面停顿";

西宁:"皮毛等项大宗货物,因国际发生经济恐慌,及东北事件发生波及平津以来,此间之此项大宗货物,凡昔日以平津为销售之尾闾者,今则大受影响,各商店在平津一带订购之货款,既无现洋偿还,亦乏皮毛作抵,彼此交困,坐待穷迫,而有效之解决办法,尚不知从何说起,故商业的凋敝,将愈趋愈不了";

乐都:"年来商业衰落,亏本倒闭,时有所闻,加以羊毛业一落千丈,银根绝紧,商业大受影响。"[1]

皮毛出口受阻不仅动摇了青海的商业、金融基础,也动摇了整个青海的经济基础,皮毛滞销而使输入商品剧减、人民购买力疲敝。

"青海产毛的牧民,以及毛业的商人,既已全部陷入危困之境,全省整个经济基础,急剧的破裂,这样一来,人民生活日益艰难,其惨苦情形真不堪言状!"[2]

---

[1] 顾执中、陆诒:《到青海去》,商务印书馆1934年版,第105、166、375、308、219页。
[2] 张元彬:《一蹶不振的青海羊毛事业》,《新青海》1933年第1卷第9期,第8页。

"皮毛大跌之时……商业欲其振兴,货物欲其销畅,实为不可能事,据调查民国二十二年秋季运青货物,仅及五百余担,较之往年运到两千余担之数,不过四分之一,且各货到省之后,物价大形跌落,省内金融困乏,人民购买力疲敝。"①

可见,青海皮毛的出口大幅下滑,青海省消费和牧业增长的稳定性受到影响,进而影响到青海全省的经济稳定运行。

总而言之,近代青海皮毛贸易刺激并带动了青海商业的发展,皮毛贸易不仅带动了相关商业行业的发展,如运输业——收购、择晒、打苞、驮运、筏运等分支行业,同时也带动了与其相关的商业服务业,如车马、饭馆、脚户、茶水、清真小吃、理发、修理等。与此同时,皮毛出口拉动消费增长方面发挥重要的外部引力作用。大量的皮毛外运,各族人民或生产,或转运,或销售,积累了大量的财富,这些额外增加的收入主要用来购买省内外及国际市场上的生活和生产消费用品,生活资料来源的稳定及其商贸本身吸引也是促进青海在近代人口呈稳步上升趋势的主要原因之一,见表 1－3,1929—1949 年年均增长率在3%左右②。

表 1–2　1929 年建省前青海人口统计

年份	户数	人口	资料来源
清咸丰三年(1853 年)	—	874418	《西宁府续志·田赋》
清光绪三十四年(1908 年)	80045	361255	《甘肃通志稿·民族志》
清宣统元年(1909 年)	80396	367114	《甘肃全省新通志·建置志·贡赋》
民国元年(1912 年)	78698	367737	《内政年鉴·警政篇·户籍行政》
民国十七年(1928 年)	99564	428605	《甘肃通志稿·民族志》

---

① 张得善:《淘金建设青海疑义》,《新青海》1934 年第 2 卷第 11 期,第 5 页。

② 卢艳香:《民国时期青海省人口统计研究》,《青海人口研究》,民族出版社 2008 年版,第579 页。

表1-3　建省后至新中国成立前青海省历年人口估算

年份	人口估算数	年份	人口估算数	年份	人口估算数	年份	人口估算数
1929	821251	1930	845894	1931	87271	1932	897410
1932	924332	1934	952062	1935	980624	1936	1010042
1937	1040344	1938	1071554	1939	1103701	1940	1136812
1941	1170916	1942	1206044	1943	1242225	1944	1279492
1945	1317876	1946	1357413	1947	1398135	1948	1440079
1949	1483282	—	—	—	—	—	—

资料来源:卢艳香:《民国时期青海省人口统计研究》,《青海人口研究》,民族出版社2008年版,第581页。

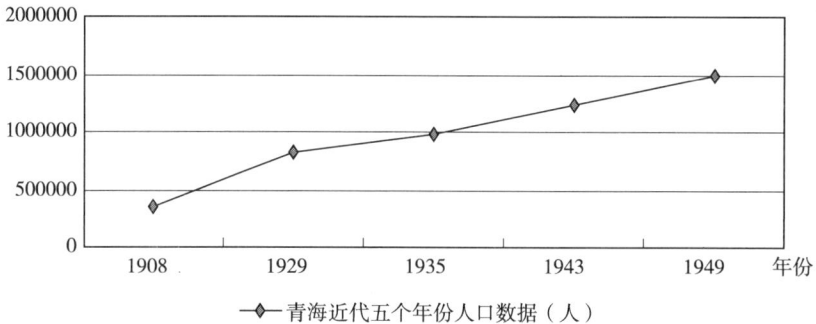

图1-3　近代青海人口增长图

　　人口经济学认为:"人口是从古到今人类社会所发生一切问题的根源"①,人口与经济关系依然如此,生产力的发展主要靠人力,人口数量的增减往往成为经济盛衰的重要标志。人口猛涨为商品销售提供了广阔的消费市场,刺激了城市商业的繁荣,加速了青海农牧区输入商品剧增、人民购买力旺盛,致使青海的商业、金融运转正常,皮毛贸易是整个青海经济社会运转的中心力量。

　　另外,河湟近代史上各族势利的角逐消长,在清末投靠清廷的马氏家族崛起,入驻青海,也为民间贸易的发展提供了安定的社会环境。以往研究者对马氏家族入住青海都持否定态度,但纵观清末民初阶段,马麒主政青海时期

————————————

　　①　[韩]金日坤:《人口经济学》,延边大学出版社1993年版,第1页。

(1912—1931年)所采取的一系列"拓边"政策是有利于当时青海社会经济发展的①,马麒是当地的地方官员,又是一位回族地主兼大商人,更能了解当地的实际情况,所采取的一系列开发政策无不对当时的民间贸易有着促进的推动作用。马麒任循化参将时,即开始在循化、河州等地先后开设商号,着手贩运青海等地的畜产品。他出任西宁镇总兵后,扩大了贩运羊毛等土特产品出口的规模。同时采取了一系列措施对民间贸易的发展铺平了道路,比如1913年,马麒下令调查甘宁大路,设立了新式邮政,代替旧日驿站。② 又于1931年,接通了由西宁经平番至兰州的长途电话,加快了商业信息。③ 在金融方面,1913年,甘肃银钱局停办,马麒废止地方币票,改用通行银票,发行一两和二两银票④,推动了青海地区的金融和商业的发展。不同时段修建驿站及各式公路大道,保护来往商队,为民间商贸的发展提供了安定的社会环境。

综上所述,近代以前,青海河湟地区的传统民间商贸既从事农牧之间的民族贸易,又以零星和频繁的城乡贸易、跨省贸易作为封建小农经济的补充,起着方便人们生活和调节封建生产和再生产的作用。近代以后,由于西方资本主义国家推销商品、掠夺原料的需要,从事商品流通活动的商业成为发展变化的最大领域,青海民间贸易作为特殊的商品流通也顺应了历史发展的潮流相应的发生了变迁。青海的近代商业,首先是由羊毛贸易的外输直接引起的。羊毛贸易的存在及其巨大的活动能量,促使青海传统的商贸逐渐发生了变化,主要表现为新的商业行业的产生、新的商业环节的出现和原有商业行业改组的变化,从而使青海的商贸出现了一个新旧并存、农牧区发展极不平衡的局面,具体诸如内外商贸的扩展、商贸发展的新趋向、城镇商贸的渐趋繁荣、新兴商业行业的出现等,我们将在后面几章中穿插论述。

对近代青海的新兴商贸活动我们必须强调,资本主义因素虽然在不断增多,但这一时期的青海商贸还不是本地区自身经济发展变革的必然结果,而是由从事进出口贸易,经销外国货物和把青海牧区畜产品和生物资源变为世界市场商品的结果。因为,它虽然的确有所发展,却由于经济基础还没有变质或

① 郭弘:《马麒青海"殖边"的历史评述》,《甘肃民族研究》1999年第3期。
② 青海省志编纂委员会:《青海历史纪要》,青海人民出版社1987年版,第277页。
③ 青海省志编纂委员会:《青海历史纪要》,青海人民出版社1987年版,第331页。
④ 青海省志编纂委员会:《青海历史纪要》,青海人民出版社1987年版,第299页。

变化得十分缓慢,因而还摆脱不了它对旧生产关系的依附,还不能完成历史所要求的转化过程。也就是说,它还不是近代产业资本在运动中分离出来的典型职能资本,还没能完全变为从属于产业资本,为产业资本服务得商业资本形态。这样的地区特点是与沿海地区大不相同的,在研究中应特别加以关注。

第二章　各级城镇民间商贸的
变迁及其市场发展

　　皮毛贸易的兴起,青海农牧区自然经济逐步受到了一定的冲击。于是,伴随着农副产品商品化程度的加深,青海地区旧有的经济结构不断分解,新经济因素不断滋长,城镇市场结构已开始由少层次、无中心的较封闭的地方区域性市场,逐渐转化为开放的、全国乃至世界市场体系的一个组成部分。

　　近代青海城镇市场体系是一个内涵丰富,多层次市场组合而成的网络体系。这种城镇市场体系依据其规模、性质大体上可分为城市市场与集镇市场两大部分。城市市场由区域中心城市市场组成。集镇市场则根据它们的规模、功能与商务状况大抵可分为中心市镇市场和基本集镇两种类型。近代青海羊毛贸易的兴起随之带动的青海民间商贸的繁荣,促进了以上不同层级城镇市场的较大发展。

第一节　西宁——区域中心城市市场
逐渐形成及其城市变迁

　　第一章中我们已知清前中期,处在农牧边界的西宁已经发展成为了河湟地区最大的民间贸易新型城镇。到了清末、民国时期西宁在清前中期发展的基础上,民间商业更加繁荣,繁荣的商业促使西宁市井文化的产生与丰富,新的社会因素也在西宁出现,为青海建省奠定了政治、文化、经济基础。1929年青海建省后,省府西宁向近代化方向转变与发展,西宁逐渐发展成为青海和西北区域的中心城市。

一、商业的繁荣

清末民初,西宁虽没有兴起近代工业,但却因"西宁毛"名誉世界,丰厚的毛原料资源吸引了外国和全国各族商人的到来,西宁被纳入了世界资本主义的体系之中,成为世界瞩目的毛原料供应和商品倾销的集散中心,在羊毛贸易的刺激"引擎"之下,西宁吸引了大量的从事商贸贸易的商人前来西宁经商,他们的纷至沓来为西宁带来了近代资本主义的因素和商业的信息。西宁商业的繁荣主要表现在商人的发展与壮大和新的商业行业的出现及西宁作为中心城市其商品流通辐射的范围不断在扩大而且其商品结构也发生了变化。

1. 商人的发展与壮大

首先,在西宁的商业发展中回族商人的主导地位是显而易见的。清末民初,西宁回族内部不仅出现了脱离农业而专门从事商业的商人阶层,而且随着商业的繁荣经商的人数快速膨胀,从事的商业行业也较为齐全,当时西宁所有行业中都有回族商人忙碌的身影。回商中不仅有资金雄厚倾倒地方的官僚巨商和商业资本家,也有走街串巷的小商小贩,几乎整个民族都参与到了商业贸易的黄金季节之中(具体在第四章有专论),进入民国初期西宁回族聚居的东关地区逐渐成为了当时城市的商业中心。马麒是清末民初时期发展起来的最大青海官僚巨商,他不仅是官员,更是一位商人,非常重视商业在青海的发展。他任循化参将时,即开始在循化、河州等地先后开设商号,着手贩运青海等地的畜产品。出任西宁镇总兵后,于 1915 年在西宁东关设了"德顺昌"商号(后改德兴店),经营羊毛、皮张、布匹、百货、茶叶等贸易,不仅扩大了羊毛等土特产品的东运出口,而且也增大了省外商品的输入的规模。在此后的历年施政中始终采取自由贸易的政策,并采取了一系列措施铺平了西宁商业贸易的发展道路:比如 1913 年,马麒下令调查甘宁大路,设立了新式邮政,代替旧日驿站;1914 年,架起了平番(今甘肃永登)至西宁的电报线,成立了西宁电报局;1920 年,开通了由西宁至兰州的电报;1931 年,西宁电报局添置了一架无线电报发报机,以辅助有线电报之不足;[1]同年,接通了由西宁经平番至兰州的长途电话,加快了商业信息;[2]在金融方面,1913 年,甘肃银钱局停办,马麒废止

---

[1] 青海省志编纂委员会:《青海历史纪要》,青海人民出版社 1987 年版,第 277 页。

[2] 青海省志编纂委员会:《青海历史纪要》,青海人民出版社 1987 年版,第 311 页。

地方币票,改用通行银票,发行一两和二两银票,推动了西宁乃至整个青海地区的金融和商业的发展。① 经数年发展,在西宁回族商人聚居的东关地区逐渐成为民国时期的商业中心。当时西宁的商业网以"道门街"为集中点(即现在回族聚居的东大街)尤其是东城门口(即湟光到东稍门)最为繁华,而城中大什字一带则次之。② 清末民初,"西宁较大的商业为过载业、绸缎业、布匹业。西宁商业以长途贩运为主,行商占有较大的比重,因而与之有关的过载行业处于重要地位……按其经营范围又分为山货过载行店和布匹过载行店。山货过载行店集中在东关"。③ 到了 20 世纪 30 年代中期,东城门口建立了中山市场,"城关划分为三区,街市共二十九条,最热闹市为中山街,商店林立,凡日用等物,应有尽有"④,当时东关的商业有小的鞍子铺、匣子铺、回民小饭馆、牛羊杂碎铺等,有一家大的批发零售商叫富顺昌,是尕马四开的,另外有几家大的家庭商贩在当地收购各种皮张,自做(用人工)发往天津、汉口、张家口、包头等处销售。回来则运布匹、杂货等,这些生意人回民较多。⑤ 西宁东关的回族大商人有"沈复隆、何郁、马生禄、马升、米福贵、冶生录、刘善,马彦春等"。⑥ 西宁回族巨商有苏兆泉(1860—1923 年),清末在西宁东关大街进化巷开设"泉生涌"皮坊,此后不断扩大投资规模,专做马褂、皮衣,闻名海内外,"后又在西宁东关南小街口占店铺面五间设立'泉泰涌'国货号,专门经营京、津、沪、汉的绸缎、呢绒、布匹、五金、钟表、自行车等百货,并在京、津、沪、汉设立分号"⑦,回族工商业家马辅臣是当时西宁乃至青海最大的商业资本家⑧,东关的回族商人"将皮货销往上海、武汉、成都、天津等地,回来带上布匹、绸缎、丝织品等在西宁出售。土产杂货类经营方面,凡品种齐全者多为东关回族……把带来的百货批发给零售商而得利,如刘雨村、马长麟、马廷令、苏香亭

① 青海省志编纂委员会:《青海历史纪要》,青海人民出版社 1987 年版,第 299—300 页。
② 《青海省商业资料卡片一》,青海省档案材料案卷第 143 号。
③ 翟松天:《青海经济史近代卷》,青海人民出版社 1998 年版,第 240 页。
④ 林朋侠:《西北行》,宁夏人民出版社 2000 年版,第 108 页。
⑤ 《青海省商业资料卡片一》,青海省档案材料案卷第 143 号。
⑥ 王生孝:《西宁东关大寺及有关资料》,《西宁城东文史资料》第一辑。
⑦ 苏昌滋:《东关"泉生涌"皮毛庄创始人苏兆泉轶事》,《西宁城东文史资料》第二辑。
⑧ 李文实:《怀念马辅臣先生》,《青海文史资料选辑·缅怀集》,1989 年。

等人。① 另外,西宁小商小贩是私营商业中人数最多的一个阶层,其中一半以上为回族。据青海省政协工商联小组资料,"西宁地区小商贩户数约占商业户数的95%,从业人员约占商业总人数的77%"。② 到了1931年8月马麒过世之后,德兴商店由马麟和马麒的三子马步瀛接管,除直接经营羊毛、皮张布匹、百货、茶叶等贸易外,所有入省大宗货物,统由其经营批发。至此,青海地方回族官僚资本逐步形成,后马步芳接管并在抗日战争中逐步垄断青海的商业。西宁回族大小商人同样受到回族官僚资本的排挤压榨,艰难地发展着。据民国二十三年(1934年)统计,当时河湟地区大的商业资本家就有25家,全系回族,资本金额约1500万元,中等商人107家(回七汉三),资本金额约570万元。③ 另从商人资本流向教育看,据《青海回教促进会调查表》可知当时西宁的回族商人就有1400人④,西宁回族商人的发展壮大为西宁的商业繁荣注入了新的力量。

其次,外商队伍扩大和本地商人兴起。近代从洋行进入青海收购羊毛开始,省内市场逐步扩大,西宁贸易繁盛,省外商贾云集西宁市场,除山陕帮以外,此时"四川成都帮,山东、河北的大中商号,湖北黄陂商人,河南商人,宁夏吴忠堡客商,陕南及汉中商客"⑤等接踵而至,他们或长途贩运,或从事载行、批发商、零售等。此外,津帮商人也开始进入西宁市场,主要经营羊毛、皮张,且全部用于出口。⑥ 进入民国,西宁本地商人不仅日益增加,而且经营规模和资金总额超越了外商,如裕丰昶上商号1928年起"经营沙金数量逐年上升,在本市商界中达到了领先地位;收购猪鬃数量也是逐年上升,抗战时期全省猪鬃几乎被该号垄断;大黄收购数量也远远超过了山陕帮商人",到了1942年,西宁"由山陕商人开设的四家老字号早已消失,'裕兴昌'商号由末班上升为头班"。⑦

---

① 穆建业:《回忆西宁皮货业作坊》,《西宁文史资料》第一辑。
② 杨景福:《青海商业志》,青海人民出版社1989年版,第134页。
③ 翟松天:《试论青海解放前的社会性质》,《青海社会科学》1987年第4期。
④ 文郁:《青海省宗教的调查》,《海泽》1934年第6,7期。
⑤ 天顺:《廖氏兄弟与裕丰昶》,《青海文史资料集粹·工商经济卷》,2001年,第164页。
⑥ 廖霭庭:《解放前西宁的商业和金融业》,《青海文史资料选辑》第一辑。
⑦ 天顺:《廖氏兄弟与裕丰昶》,《青海文史资料集粹·工商经济卷》,2001年,第170页。

表 2-1　近代西宁各业商户发展变化情况

时间		数量	资料来源
清末时期	光绪十八年（1890 年）	100 余家	天顺：《廖氏兄弟与裕丰昶》，《青海文史资料集粹·工商经济卷》
民国时期	民国九年（1920 年）	478 家	廖霭庭：《解放前西宁的商业和金融业》，《青海文史资料集粹·工商经济卷》
	民国二十七年（1938 年）	1686 家	《西宁市志·商业志》
	民国三十二年（1943 年）	1208 家	《西宁市志·商业志》
1949 年初		1118 家	《西宁市志·商业志》

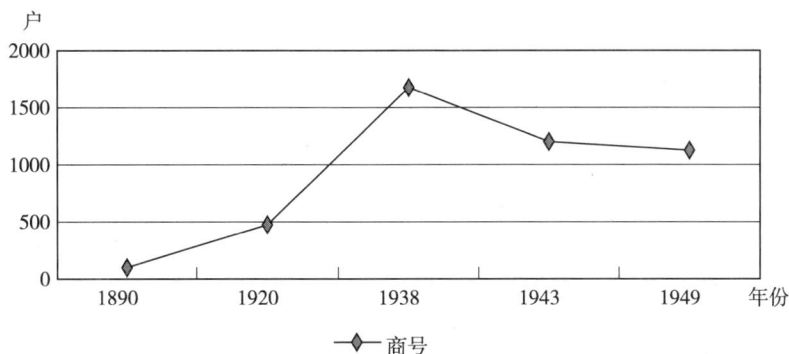

图 2-1　近代西宁各业商户发展变化

资料来源：据表 2-1 整理所得。

从表 2-1 可以看出，1890 年西宁共有各业商号 100 余家，1920 年发展到478 家，在抗日战争爆发时的 1938 年为 1686 家，达到历史最高，1920—1938年 18 间增加了 1208 家，足见这些商号的大量出现，说明城市中经销各式商品的新式行业体系基本形成，对繁荣城市经济发挥了作用。

2. 新的商业行业出现

在羊毛贸易繁荣带动之下，青海已成为西方资本主义国家商品输出和原料供应地，对外羊毛贸易急剧发展，给河湟商业的发展带来了深刻的影响，青海近代的新式商业随之出现。新式商业有别于传统商业，传统商业主要为内向型格局下的商品流通服务，商业组织和经营方式被束缚在传统经济体制框架内,它在社会经济中是独立于生产者而存在的,进行交换的两极是独立的生产者而不是产业资本。当时商人财富首先作为资本,是一种独立存在的资本形态。而在资本主义生产方式下,商业资本的地位已经改变,它主要从属于产业资本,成为产业资本再生产过程中的一个职能资本和组成部分。① 清末民初,由于青海经济发展相对滞后,青海商业主要集中在西宁,而且仍以旧式为主,商人资本在封建制度的束缚下活动范围有限,依旧独立于生产者而存在,还没有变为从属于产业资本,为产业资本服务的商业资本形态,仍以贱买贵卖的方式或依靠封建特权,既剥削小生产者又剥削消费者。直到进入民国中后期,随着资本主义因素在青海河湟地区经济中的不断成长,近代新式商业才得以在西宁进一步发展,但一开始时还处于伴随对外羊毛贸易的迅猛增长而主要从属于外国资本主义产业资本的状态。与清末民初时期的旧式商业相比,新式商业在性质上已发生了根本变化,它不仅表现在为国际产业资本和本国产业资本服务,因而扩大了活动对象和范围,而且资本主义的经营方式和管理制度也逐步地开始应用于商业经营中。大量资料显示,西宁原有的商业资本,也开始发生分化、组合,商业活动更多地与进出口贸易和国际市场发生联系,经营商品也多为机制工业品,于是西宁城中一些与对外贸易发展密切相关的新兴商业行业和商业机构相继产生。这些新兴的商业行业不仅资金规模雄厚,在行业分工上更为细密,更趋向专业化,而且在资金构成、经营方式和手段上均有别于传统商业。如在资金构成上,多为股份制,实行有限经营。在经营方式上除了现货交易外,还有赊购、包销代销和期货交易,批发商业亦占有较大比重,并且具备了现代化的营销方式。

下面对当时各主要商业行业和总的商业的发展情况作些分析。

过载行。由于青海地处西陲,交通极为不便,过载行这种特殊的行业进入近代以来始终为商业之首,故发展极为旺盛,尤其进入民国后期到达了鼎盛。

---

① 马克思:《资本论》第 3 卷,人民出版社 1975 年版,第 297—301 、366—367 页。

表2-2　过载行发展变化

时间	种类	数量(户)		备注
清末	山货	4	9	福盛店、庆泰店、洪顺店、义成店,均在东关大街
	布匹	5		聚益、福盛、福兴、德源、水丰,均在城内
民国	过载行店	22	29	从业人员193人,资金330万元
	运输行店	4		从业人员32人,资金30万元
	瓜果店	3		从业人员11人,资金11万元
新中国成立初期1951	全年的销售额超过3000万元			

资料来源:据《西宁商业志·行业》和任景民《西宁的过载行业》整理所得。表中资金均按人民币折合计算。

从表2-2可以看出,清末西宁过载行主要分为山货过载行和布匹过载行两种,行店数量也较少,从业人数不多,到了民国初期过载行业划分也更为专业化,出现了专门为商业服务的运输行店和瓜果行店,民国时期西宁市先后有过过载行店29户,从业人员236人,资金371万元,从清末的9户发展到了29户,无论行店还是从业人数都达到了历史最高。而且到了新中国成立初期的1951年,由于社会稳定、市场恢复,物资交流更加活跃,使过载行的经营业务有了充分发展的机会,仅1951年的销售额就超过3000万元。

过载行的增多,也意味着通过过载行店输入西宁的省内外商品种类的增加和地区范围扩大。请看表2-3和表2-4。

表2-3　过载店出售的省外特色商品种类及其产地

产地	商品
苏杭	绸缎
津沪	斜布、市布、扣布、百货、烟、糖、日用五金制品等
陕西、山西、河南	土布、麻,西安的文具、白方纸、五色彩花纸,陕西三原和山西的各种口径的铁锅、柿饼
河北安国、安徽亳县、陕西汉中、四川成都	中药材、调料、贡川纸、绣花丝线、花生
甘肃	天水、临洮的蜂蜜,成县、礼县、会县的改山纸、黑白纸、麻纸,连城的各种竹制品,河西走廊的木碗、木勺、蓬灰、棉花,兰州的水烟丝和烟叶,窑街的焦炭和粗瓷缸、盆、罐、瓶

产地	商品
湖南	砖茶、茯茶
广东	小商品
宜兴、唐山、景德镇	各种精致瓷器
宁夏、新疆、西藏	各种粮、谷米、大米、糯米、各种豆、瓜子、核桃、红枣、芝麻、胡麻,铜灯、哈达、手火炉、香、蜡、黄表、鞭炮,藏靴、藏刀、车马挽具,毯子葡萄干、哈密瓜干、藏斜、氆氇、各种金银首饰
英、印度	洋瓷器(菜盒、锅、碗、勺)、洋斜布、洋缎、洋线、鱼油、蜡、纸烟
俄国	帼子皮、呢绒布、坎布
日本	花织贡呢、洋线、粗线、色什布、改连纸、甲罗绸

表 2-4　过载店出售的省内特色商品种类及其产地

河湟农业区		牧区玉树果洛等
产地	商品	
贵德	长把梨	
循化	花椒、各类水果	
化隆	花椒	皮毛、皮货、酥油、蕨麻、牛羊肉、蘑菇、发菜、虫草、贝母、鹿茸、麝香、羌活、秦艽、大黄、雪莲等
民和	西瓜	
尖扎	酥梅梨	
乐都	各种水果	
海西	枸杞	
海北	菜子油	

资料来源:任景民:《西宁的过载行业》,《西宁城中文史资料》第三辑,1990 年,第 130 页。

从表 2-3 和表 2-4 可看出,过载行这个行业经营的业务范围较广,接触面宽,不仅在省内有广泛的往来业务基础,在省外也同天津、上海、河南、河北、安徽等很多省市有经营业务往来。它们经营的业务,对西宁和青海省内外的物资交流,方便人民生活、生产,促进西宁和青海地方经济的发展等方面,都不同程度地起到积极作用。

百货业。清末民初,西宁市场上已有从内地等转销来的日用杂货,但数量不多,且多为杂货店。百货业的前身是杂货店,主要经营省外及本地区的农副产品和手工业产品,这种杂货店的经营规模大多较小,资本也少,货品不多,以零售业务为主。"民初前后,西宁殷实商店约有 300 多家,按资金大小、纳税多寡分为 7 班,其中资金雄厚的秦帮'泰元涌'、'德合生',晋帮'世诚和'、'德兴旺'等四家商号为头班,主营商品是茶布百货及羊毛大黄等。"①进入民国后,随着商品输入的不断增多,省外日用百货流通的深入,对日常生活品的商业需求也相应扩大了。于是专门负责销售外来百货的行庄在西宁纷纷发展起来,并一度发展成为商业行业中举足轻重的力量,其中尤以百货业的发展最为显著。比如"庆盛西'和"裕丰昶"商号都是清末起家,到民国发展起来的西宁最为著名的商号,"庆盛西""于 1900 年左右开业,原有资本白银 1200 两,至 1933 年资金发展到 3 万银元,折银 2.1 万两"。②又"1929—1930 年是鼎盛时期,一时百业振兴,商业繁荣,号里营业额由原来日均收入一二百元余银币陡增到 300 元,最高达到 400 元左右,全年收入达八九万元上下。在 1931 年营业铺面由原来的两间扩充为 5 间,又分里暗外明,明 3 间为花素布匹、百货,暗 2 间为绸缎、呢绒。"③而裕丰昶"开设于 1927 年。老根子为南大街的裕后长,开设于清光绪十九年(1893 年),有资本 10 万银元。"④杂货店朝着现代的百货店方向发展已是历史的潮流,同时专门以综合经营为主的百货批商号亦大量出现,并逐渐成为商业发展中的主流。据《西宁商业志》统计,1949 年 9 月以前,西宁市百货(包括布匹)业商号除去官僚资本约有 40 余家,见表 2-5。

表 2-5 民国时期西宁著名商号

商号	经理	商号	经理	商号	经理	商号	经理
恒庆栈	李跃亭	洪丰店	杨子英	昌顺德	赵三品	德源隆	吕益三
晋和祥	赵进臣	积泰昌	黄兴恒	昌发隆	胡子九	自立水	—
福兴和	罗文章	巨益店	王盛齐	三义合	陈子见	礼益德	戴春山
福丰和	张泰安	协生祥	叶华安	益盛丰	王悦	新兴恒	王良臣
庆泰西	张吉甫	福盛店	范美如	永盛魁	申子才	温泰元	陈义齐

① 天顺:《廖氏兄弟与裕丰昶》,《青海文史资料集粹·工商经济卷》,2001 年,第 164 页。
② 《西宁市志·商业志》,兰州大学出版社 1990 年版,第 53 页。
③ 邢克庄:《昔日庆盛西》,《西宁城中文史资料》1991 年第四辑,第 70 页。
④ 《西宁市志·商业志》,兰州大学出版社 1990 年版,第 53 页。

续表

商号	经理	商号	经理	商号	经理	商号	经理
福兴栈	—	泰元涌	—	永盛懋	申海天	同兴永	—
天顺栈	—	裕丰昶	廖蔼庭	俊德永	韩俊臣	德恒昌	丁子兴
敦庆公	—	庆盛西	邢克庄	金盛合	—	德庆厚	赵相臣
瑞兴栈	张昆山	德盛魁	赵墨林	诚志兴	—	永吉昌	关海如
秀发涌	—	德兴成	杨仁山	广义恒	甘高臣	—	—

资料来源:《西宁市志·商业志》,兰州大学出版社 1990 年版,第 53 页。

表 2-5 中的百货商号大多不仅注重门面的装饰和商品的陈列摆设,而且在商品销售上,广告及各种促销手段亦得到广泛运用。如 1913 年,"设立西宁电报局,西宁商界得以通过电报、电话传递商业信息",再如 1929 年,"2 月 10 日《新青海报》创刊,西宁的商家开始在报纸上刊登商业广告,传播商业信息"①。1934 年"骞清和在东大街开设'云青书店',并兼营印刷业,印刷表册、信笺、请柬、广告等"。② 1938 年开始,为了加强联系和交流商户经理还制作名片,"西宁人张毓麟在南大街开设铅印铺一间,有小元盘机两台,仿宋及楷体字模各一套,专印名片为业,盛行一时"。③ 当时西宁资金最为雄厚的"裕丰昶"结合青海省情,采取的促销方式有:

在农村设点布店建立农业区经营网点。邮政发货,积小成大。增加民族特需用品,大量收购农牧副产品发运外省。

架上不存连日货,对花色陈旧、式样过时、不适合当地消费习惯和消费水平的冷背呆滞商品和外形质量已发生变化的残损商品,及时地由柜台零售人员按质削价处理。

把小商小贩变成经营活动的一支力量,利用他们走村串户、经营灵活的特点,委托收购农副产品,传递信息,作为商店联系农村牧区的桥梁和纽带④。

---

① 《西宁市志·商业志》,兰州大学出版社 1990 年版,第 10 页。
② 陈邦彦:《解放前西宁的书店及印刷业》,《西宁文史资料》第四辑。
③ 陈邦彦:《解放前西宁的书店及印刷业》,《西宁文史资料》第四辑。
④ 天顺:《廖氏兄弟与裕丰昶》,《青海文史资料集粹·工商经济卷》,2001 年,第 162 页。

这些促销方式对商品销售起到一定的促进作用。百货业经营规模之大，实为近代青海城镇商业中一股不可忽视的力量。发达的批发商业适应了近代大规模商品流通的要求，推动了西宁城市市场交易层次的提高。

医药业。随着城市人口不断增加，为市民服务的医药业也发展了起来，中医药店逐渐发展壮大，西医、西药此时传入并在医药行占有重要地位，私人诊所也因市场需求发展了起来。"1914年，西宁基督教福音堂开设诊所，以西医诊疗疾病，西医开始传入青海。"[1] "1929年春季，西宁天主教堂在县门街主办公教医院，设有内外科、妇科。"[2] 在西医传入的同时，西药业也接踵而至，从1932年开始，西宁相继出现一些西药方，如"谢刚杰设立的青海大药房、王发兴的寿昌药房、高瑞峰的华美大药房、陈信之的新太和药房、金子常的复原药房、陈子元的国泰药房等"。[3] 与此同时，西宁地区陆续出现了专门为市民服务的私人诊所，"计有海仙医院、振铎医院、时民诊所、复康诊所、惠宁诊所、仁济诊所、普济医疗所等"。[4] 私人诊所里牙科的开设也成为城市商业繁荣的重要标志，"建省后，由留日学牙医的李海亭开办了牙科诊所，才算是治牙病的一个诊所"。[5] 民国时期西宁的医药业商号发展变化见表2-6。

表2-6 民国时期西宁医药业发展变化表

时间	中药商户（家）	西药商户（家）	合计
民国二十七年（1938年）	20	5	25
民国二十八年（1939年）	24	7	31
民国三十三年（1944年）	29	11	40
合计	73	23	96

资料来源：根据《西宁商业志·行业》整理所得。

除过载行、百货业和医药业外，据《西宁市志·商业志》载西宁新划分专门性的商业销售行业还包括食品业、茶叶业、五金业、饮食业、理发业、旅店业、

---

① 青海省科技史志办公室编：《青海科学技术志》，青海人民出版社1993年版，第479页。
② 刘子方：《解放前青海卫生事业概况》，《青海文史资料选辑》第七辑。
③ 刘子方：《解放前青海卫生事业概况》，《青海文史资料选辑》第七辑。
④ 刘子方：《解放前青海卫生事业概况》，《青海文史资料选辑》第七辑。
⑤ 青海省科技史志办公室编：《青海科学技术志》，青海人民出版社1993年版，第479页。

浴池业、照相业、洗染业、杂货业、文具书店业、蔬菜业、摊贩业等诸多行业,见表2-7。

表2-7　新划分专门性的商业销售行业

业别	家数	业别	家数
过载业	29 家	旅店业	车马店30多家
百货业	40 余家	浴池业	3 家,回民水塘多家
食品业	52 家	照相业	9 家
茶叶业	14 家	洗染业	7 家
医药业	28 家	杂货业	63 余家
五金业	5 家	文具书店业	4 家
饮食业	70 多家	蔬菜业	10 余家
理发业	30 家	摊贩业	700 余家

资料来源:根据《西宁商业志·行业》整理所得。

主要行业商号发展情况见表2-8。

表2-8　1949年以前西宁食品业主要商号情况

商号	经理	资金(银元)	经营品种
恒聚成	张世锡	5000	花色糕点、腌制品、酱醋、加工制品
荣聚兴	戴迎贤	3000	海菜食品店
福聚成	张福安	3000	酱园
恒兴号	—	3000	—
稻香村	牟光汉	2000	食品厂
忠信诚	丑辉英	2000	食品店
新丰义	尉培安	1000	酱园
万盛马	马进良	1000	清真食品
文盛玉	马玉山	1500	食品店
康家牛肉店	—	数百	牛羊肉
陈家肉食店	—	数百	牛羊肉
峻福号	—	—	卷烟杂货店

资料来源:根据《西宁商业志·行业》整理所得。

3. 辐射范围的扩大和商品结构的变化

清末民初,西宁的商品结构不仅发生了深刻的变化,而且其商品流通辐射的范围也在不断地扩大。清前期,河湟农业区不仅集市少,而且多为一乡一地的贸易中心,交换方式也很简单,虽有商人的介入,但商品交换一般不是为卖而买而是为买而卖,农民通过市场出卖自己的产品,然后买回自己必需的生产、生活用品。这种交易充其量只能算是农民之间或农民和手工业者之间的余缺调剂,产品无法向更远的地方流通,也没有超出河湟谷地农业区。同样农牧区的牧民当时交换不仅受到清廷的严格定点控制,而且目的只是为了得到最基本的生活物资,农业区的商品无法畅通地流向藏区。到了民国初期,在西宁的带动下集市兴起于农牧区,不仅有了一定量固定的坐商,还有了一定数量的行走于各集市之间的行商,他们开设店铺,出卖洋货及收购农牧产品,或从事贩运活动,把农牧产品运往各城镇,然后汇集于西宁,然后购回农牧民需要的生活日常生活物品,商品流通辐射范围的扩大。如1929年青海建省后,西宁著名的商号"裕丰昶""这时外埠进货基地扩大,从汉口、西安、成都的上货邮包已发展到一定数量,批发业务早已由本市下伸到湟源、贵德、互助、大通、湟中、上五庄、门源、恰不恰等农村牧区的县镇,业务蒸蒸日上"。[①] 到了民国中后期,西宁商业辐射已经深入到了青海藏区腹地,如都兰县"外来回汉商人,皆来自西宁、湟源一带,夏季携蒙番必需之物如茶、烟、酒、布、针、线、糖等入境,往各帐贩卖,及冬时则收各类毛皮及鹿茸、麝香等以归,年只一次输出之品,以羔皮、羊毛、狐、狼、熊、豹、野牛皮、麝香、鹿茸为大宗"。[②] 这样在西宁繁荣的商业经济活动的辐射促动下,农牧区集市的商品交换更是突破了区域界限,而与外界发生了密切的联系。

由于西宁已成为农牧区商品流通体系中的集散中心,于是洋货、藏货等商品首先通过西宁,开始大量输入农牧区的集市上。本地的土特产品也被逐渐开发利用成为商品进入集市,再汇集到西宁,西宁市井的商品结构逐渐发生了变化。"民国初年间,西宁经营的商品,仅限于湖北的宽面土府布,梭布、湖南茯茶、四川丝绸、宁夏大米等少数品种。民国八九年以后,随着外地商人的增

---

① 天顺:《廖氏兄弟与裕丰昶》,《青海文史资料集粹·工商经济卷》,2001年,第168页。
② 林鹏侠:《西北行·美哉都兰》,宁夏人民出版社2000年版,第136页。

多,商品亦转变为多种多样。如人马弓斜布、九龙洋布、采石机德国段、斜纹缎、哈机布等。其他日用针织品,如洋袜子、毛巾、香皂、牙膏、纸烟等,也逐渐增多。"①如从西藏输入西宁的"藏货每年由藏商运来,共约千余包。其中氆氇居十分之五,藏香居十分之二,药材如藏红花为数最少,余如藏茜、藏枣、奶桃之类,共约十分之三"②,还有洋布充斥市井,当地土特品的商品化,改变了西宁商品结构比例单一的局面。本地商品利用开发,首先就是"西宁毛",早在"一八八一年以前,青海羊毛的商品率和利用率都很低,除少量羊毛被蒙古和藏族牧民用来搓绳、编织帐篷、制毡等外,用于交换的为数很少,绝大部分听凭羊只自行脱落、腐化变质"③。到了19世纪70年代,青海羊毛被外国资本家发现,很快打入国际市场,清末在丹噶尔"每斤时价二钱"。"皮毛出口逐步带动了农牧等土特产品,就连羊腿皮(羊下肢的一截小皮,宽1寸许、长3寸左右)也被收购,粮油价格节节上升。"④另外,青海湖的湟鱼这时也被商品化,走上了集市"鱼产于青海,名曰'湟鱼'。冬夏两季取之,以售于西宁,然后转运兰州一带"⑤。湟鱼"产于青海,无鳞,而背有斑点,故又名无鳞鱼。每年冬至前后,由蒙古人捞取到丹城出售,销路最广"。⑥ 门源回族的特色产品奶皮也进入市场,"酥油奶饼(以犏牛奶乳制成,俗呼为奶皮)获利亦多"⑦。而此时占城市人口一半的回族的清真食品也在民国初期形成了,"汉回多从事商业,务农者较少,通行大道,开旅店和饮食店者甚多,均于门首悬一小木牌,题曰'清真',或更于其上绘一碗,以示售卖茶饭"。⑧ 清真糕点"万盛马"以及全市人民都爱吃的清真"羊杂碎"这时也逐渐火爆起来。⑨

① 廖霭庭:《解放前西宁的商业和金融业》,《青海文史资料选辑》第一辑。
② (光绪)邓承伟修,来维礼等纂:《西宁府续志》卷十。
③ 任斌:《洋务运动时期的青海工商业》,《青海民族学院学报》1983年第3期。
④ 天顺:《廖氏兄弟与裕丰昶》,《青海文史资料集粹·工商经济卷》,2001年,第164页。
⑤ (清)康敷镕:《青海记》,《青海方志资料类编》,青海人民出版社1987年版,第332页。
⑥ (光绪)邓承伟修,来维礼等纂:《西宁府续志》卷十。
⑦ (光绪)邓承伟修,来维礼等纂:《西宁府续志》卷十。
⑧ 魏崇阳:《西北巡礼》,《新亚细亚》1934年第8卷第5期。
⑨ 陈新泰:《传统民族糕点"万盛马"》,《西宁城东文史资料》第一辑。

表 2-9　1941—1948 年经西宁东运货物平均运出数量

品名	单位	数量	运往地区
羊毛	担	60000	张家口、北平、天津
羊羔皮	张	300000	同上
老羊皮	张	80000	同上
狐皮	张	3000	同上
猞猁皮	张	800	同上
狼皮	张	1700	同上
豹皮	张	100	同上
熊皮	张	150	同上
狗皮	张	3000	同上
野牛皮	张	3000	同上
驼毛	担	700	兰州
鹿茸	架	800	张家口、北平、天津
麝香	枚	2000	同上
大黄	担	2000	同上
沙金	两	70000	兰州、宁夏
虫草	市斤	1700	张家口、北平、天津
甘草	担	1000	同上
硼砂	担	300	山西、绥远
菜子油	担	5000	兰州
木材	—	—	同上
羌活	—	—	同上
党参	—	—	同上

资料来源:《西宁商业志·物价》,兰州大学出版社 1990 年版。

从表 2-9 可以看出,青海本地土特产品得到了充分开发,原来羊毛、药材、水中的鱼类等丢弃之物也成为引人注目的货物,进入出口商品的行列,大量进入西宁市场然后周转内地再出口国际。相反,内地商品以相反方向源源不断输入到西宁(参看过载行经营商品表)。商品在河湟谷地或牧区—西宁—中原的区域或国内流通,已经转变为汇集到中心城镇西宁,然后转入国际市场,这样,农牧区的集市便被纳入了以西宁为中心的商品流通体系之中,成为国际商品流通体系最底层的一部分。由上可知,土特产品与省外货的双向流通主要由以西宁为中心的洋货分销网和土特产品收购网所承担。输入货物由西宁中心城市市场经省内各级城镇中介市场源源不断输往广大农牧区市场直达农牧民手中,是一个由高到低依次递减的城镇市场层次序列,通过批发、零售的层层环节,产品亦逐渐由集中到分散。而出口农、牧、副土产则由农牧乡村市场沿相反方向逐层向上运往西宁中心城市市场,是一个由分散到集中的逆向运动过程。大批量土洋货商品的对流,改变了原先商品单向流动的局面,它在为西宁提供幅员辽阔的经济腹地的同时,也推动了广大农牧区域内城乡市场的发育。

  西宁市井上的商品结构不仅发生了变化,而且其在西宁的销售量也是巨大的,我们以西宁县商会皮货商业同业会于民国二十年(1931 年)9 月上旬的商情调查见表 2-10。

表 2-10 民国二十年(1931 年)9 月上旬西宁商情调查

品名	沙金	白禹州布	白镇平布	白醴泉布	白改机布	长稍毛蓝	太白洋布	白扣布
日	两	疋	疋	疋	疋	疋	板	板
1	245000	10000	10500	8900	12000	10600	77000	95000
2	250000	10000	10500	8900	12000	10600	78000	96000
3	250000	10000	10500	8900	12000	10600	78000	96000
4	250000	10000	10500	8900	12000	10600	78000	96000
5	240000	10000	10500	8900	12200	11000	80000	95000
6	240000	10500	11000	9400	12400	10600	78000	96000
7	240000	10000	10500	8900	12500	10600	78000	96000
8	245000	10000	10500	8900	12500	10600	78000	96000
9	248000	10500	10500	8900	12500	10600	78000	69000
10	248000	10500	11000	9300	12800	11000	90000	10000

续表

品名	花纱布	色丝布	色细斜布	阴丹麻	西安广呢	闰良广呢	棉花	大米
日	板	板	板	板	板	板	市斤	公斗
1	46000	155000	155000	140000	65000	45000	2600	6000
2	47000	155000	155000	150000	65000	45000	2600	6000
3	47000	155000	160000	150000	66000	45000	2600	6000
4	47000	155000	165000	150000	66000	45000	2600	6000
5	47000	155000	160000	150000	65000	45000	2600	6000
6	50000	155000	165000	130000	66000	48000	2200	6500
7	47000	155000	165000	130000	66000	45000	2600	6000
8	47000	155000	170000	130000	70000	45000	2600	6000
9	50000	160000	170000	140000	70000	50000	2600	6000
10	50000	160000	170000	140000	70000	50000	2600	6000

资料来源:青海省档案馆藏:《青海省商会联合会、西宁县商会皮货商业同业会章程、商情调查表》。

从表2-10可以看出,1931年9月上旬仅仅10天的时间西宁市场上的沙金、大米、棉花及各种外来布匹的销售量都是数以万计,足见其商业的繁荣。另据1929年西宁县商会统计,每年输入商品价值约620万银元,输出商品约1550万银元。[①] 繁荣的商业,新的生产财富的方式促使城中各族居民的传统的农商、牧商兼营的价值观受到前所未有的挑战,西宁作为传统回藏商业的城镇逐步向近代商业城市转变,"青海多产皮毛、鹿茸、牛黄、麝香,售于西宁"。[②] 可见西宁已成为河湟最为重要的民间商贸中心和商品集散中心,为青海建省奠定了经济基础,更是青海东部的中心商业城市。

二、市井文化的产生

西宁城中率先兴起的商贸业刺激了西宁向近代化方向转变与发展,最为显著的便是西宁市井文化的产生与丰富,这是商业发展的必然结果。

---

① 崔永红、张得祖、杜常顺:《青海通史》,青海人民出版社1999年版,第682页。

② 刘郁芬修,杨思等纂:《甘肃通志稿·民族八实业》,《青海方志资料类编》,青海人民出版社1987年版,第238页。

1. 市民市井生活的主角

新的商业贸易刺激了城中一成不变的社会分工,西宁脱离农业的市民人口增多,"民国十八年城内究有多少户,不得而知,而民国二十一年的调查,城内则有七千一百九十户,三万二千四百八十六人。固近年来西宁城内人口增得过速,民国十八年即以折半计之,亦有三千五百余户,一万六千余人,这些以不属于农村,应该是除外的"。[①] 与内地和牧区商贸活动频繁,流动人口往来不断,尤其以回族的流动为多,西宁"在此回民之中,土著尚不足十分之二,其余则由各地移植者",其中因经商仅从"临夏移来十分之三"[②],"汉回多从事商业,务农者较少"。[③] 在商业贸易的带动之下,许多人脱离农业成为真正的市民,市井快速发展起来,到民国中期西宁城市居民"据最近统计,约七千余户,三万人",其中回族城市居民"约三千余户,一万余人,几占全数之半"。[④] "1933 年,在城中大新街与饮马街之间设立了西宁市场,市场两侧建有两层小楼,地层为铺面,楼上设茶肆或酒店雅座,场内有商铺、食品店、饭馆、戏院、妓院等场所,以及说书、卜算各色人等,较为繁华。"[⑤]"在东大街到东关大街的布店、土产杂货、药材等行业也大多数从事批发业务。斗行设在城内斗行街、礼让街及东关大街。杂货铺、面粉铺、酒坊、醋坊等散布在有些街巷中。"[⑥]每逢春节即便是大商号关门了,街上"男女儿童,俱新衣新服在街上往来,或看玩具,或买糖果,或作掷钱等游戏,或放鞭炮,大有新气象"。[⑦]可见围绕市井供需关系,城中的职业遍地开花,五花八门,因时而生,因事而生。

1947 年,据南京第二历史档案馆存档资料,西宁市有社会劳动人口 48553人,其中农业人口 3266 人,占 6.73%;从事工矿业的人口 5057 人,占10.42%;商业人口 4670 人,占 9.62%;公务人口 5200 人,占 10.71%;人事服

---

① 《西宁县农村经济》、《青海各县农村经济》,丘咸初稿,民国二十三年版。西藏青海省图书馆地方文献部。
② 高文远:《青海省垣回民概况》,《突崛》1933 年第 1 卷第 3 期。
③ 魏崇阳:《西北巡礼》,《新亚细亚》1934 年第 8 卷第 5 期。
④ 马鹤天:《甘青藏边区考察记》,甘肃人民出版社 2003 年版,第 205 页。
⑤ 赵珍:《近代青海的商业、城镇与金融》,《青海社会科学》2002 年第 5 期。
⑥ 巢生祥:《湟川杂撷》,青海人民出版社 2002 年版,第 38 页。
⑦ 马鹤天:《甘青藏边区考察记》,甘肃人民出版社 2003 年版,第 172 页。

务人口 2521 人,占 5.19%;交通运输业人口 175 人,占 0.36%;其他人口 224
人,占 1.40%;无业人口 26984 人,占 55.58%。从社会劳动者职业分类看,从
事行政管理等公务的人员和工矿业、商业的人数占的比例最大。到了 1949
年,青海省非农人口 14.4 万人,绝大部分集中在西宁市,消费性人口比重大,
无业人口众多。① 这些无业人口为了在城市生存,可以通过卖货、卖力、卖艺、
卖色、卖智、卖乖、卖巧,以至卖恶、卖奸、卖无赖而获得生存的形式、取得生存
的权利,这样西宁就真正有了独立文化意义的"市民"特殊阶层。②

表 2-11　常见的市井行业

种类	市井行业
常设店铺	百货店、杂货店、土产店、澡塘、清真饭馆、旅店、钟表店、当铺、陈醋店、粮面店、商行、商栈、药店等
手艺匠作	皮匠、藏靴匠、面匠、缝纫、铁器、木工、皮毛、银匠、酿造、榨油、磨面、砖瓦、石灰、屠宰、理发、镶牙、照相
食品摊贩	酿皮、羊杂碎、干鲜瓜果、糕点、拉面、面片、馍馍、蜜馓、麻花、干炕焜馃、凉面、凉粉、酸奶、茶水、甜醅
江湖杂术	戏曲、杂技、八角鼓、说书、耍把戏、拉洋片、唱曲儿、倒江水等
自由职业	教师、医生、郎中、跑街、藏客、邮差、牙人、传教士、军人、僧侣、道士、道姑、喇嘛、阿訇、驮运、贩运、货郎担、吊郎子、斗行、背背儿
"吃歪饭"	贩私盐、做媒、老鸨、卖淫、抓煤渣等

资料来源:据青海各地方志、文史资料整理。

由表 2-11 可知,近代西宁职业构成趋向复杂,社会分工日益细致专门
化,新的职业大量出现。职业构成状况不仅确定了西宁的城市经济结构,而且
决定着西宁城市社会现代化的进程。

2. 回族商业市井文化的产生

民国初期政治环境的安定及皮毛贸易的兴起,为回族商业贸易的发展创
造了社会条件,广大回族经商积累财富,当人口数量达到一定程度时就出资修
建清真寺,那么围寺而居的回族商业市井也就形成了,这样在东关回族聚居的

① 崔永红、张得祖、杜常顺主编:《青海通史》,青海人民出版社 1999 年版,第 751 页。
② 周时奋:《市井》,山东画报出版社 2003 年版,第 28 页。

地区形成了新的繁荣的回族商业市井，"出城至东关一游，各大店均在其地"。① 回族"大半居东关一带，及东南北三梢门外"②，其标志就是东关清真大寺的修建，回族清真寺不仅是宗教的场所，而且一开始就与回族穆斯林的日常经济生活密切相关，因而清真寺也就成为回族聚居区中心和凝聚力的标志。"民国初年（1912 年）甘督赵惟熙委任河州回族世家马麒任西宁镇总兵时在回族群众的迫切要求下，原东关清真大寺的孕穆阿訇（马进春）和赫奴阿訇（马福海），提出重建西宁东关清真大寺的倡议，马麒即捐资为倡，西宁地区的回族绅士、乡老沈复隆、何郁、马生禄、马升、米福贵、冶生录、刘善、马彦春等出面赞助，并采取分等摊派和出外募化的办法，共筹集白银万两。民国二年（1913 年）五月动工，国民三年（1914 年）五月竣工。"③围绕于城中的"海乙寺"（中心寺）——西宁东关清真大寺，逐渐成为当时的经济中心，经济中心通常是进行重要商业活动的场所，在许多情况下是一条中枢街道，当时西宁的中山市场就设立在离东关大寺不远的湟光大道旁。

西宁回族商业市井文化与伊斯兰教的要求是一致的，尤其在空间组织和构造方面，市井一般为公共部分和私人部分，两部分的功能是不一样的。清真寺是市井的中心，尤其民国初期伊赫瓦尼教派在青海兴起，西宁东关清真大寺就成为"海乙寺"（中心寺），各种宗教设施、巴扎（集市）、回族小学围绕其周围，它们也是回族市井的公共部分。市井的公共部分一般都分布在城镇宽敞的交通要道上。清真寺是西宁回族市井文化的一种重要的制度，也是其文化的形态要素之一。西宁东关大寺是当地的"海乙寺"（中心寺），每逢礼拜五的聚礼以及开斋节、古尔邦节的会礼都在该寺举行，它不仅是祈祷的场所，而且也是交流社区新闻的场所和论坛，其周围地区更是商人进行商业活动的便利场地。除西宁东关大寺外，西宁还有"大寺十七，中寺十四，小寺二十七，共五十八所"④。清真寺伊斯兰教宗教学校的中心，在那里招收满拉（宗教学员）进行系统的伊斯兰教宗教学学习，"每寺内均设有教长，俗称阿訇一人，总理寺内一切，并教授该区儿童习回文及经典等"，其中西宁东关清真大寺的教育

---

① 马鹤天：《甘青藏边区考察记》，甘肃人民出版社 2003 年版，第 172 页。
② 马鹤天：《甘青藏边区考察记》，甘肃人民出版社 2003 年版，第 205 页。
③ 王生孝：《西宁东关清真大寺及有关资料》，《西宁城东文史资料》第一辑。
④ 马鹤天：《开发西北》，《西北考察记》1935 年第 4 卷第 6 期。

功能比较有名,"城之东关之清真寺,规模较大,组织完善,闻内有大学学员二十余名。此所谓大学者,即系训练阿訇之储才所,俟毕业后,即分派各县各区寺内服务"①。清真寺也是社区内为穆斯林群众兴办实事、济贫帮困和提供服务的场所。民国初期,安居乐业的回族在马麒的倡导下积极创办回族近代新式教育,在西宁回族建立了学校,成为近代回族市井文化的形态要素之一,也是回族商业市井中的公共部分。1913 年,在马麒的倡导下,西宁东关设立回民同仁小学。在东关富商的资助下"将东关社学巷口魏家的房子两院,赵万万家的前后两院,马启旺家的一院买为校产扩建校舍,广收学生,并在同仁小学背面北关街新辟操场一处,对学生加授体育课"。② 此后青海河湟回族社区内的教育事业很快兴盛了起来,到了 1922 年 5 月成立宁海回教教育促进会,以促进回族青年学习科学文化知识,宣扬回教真谛为宗旨。③ 青海西宁此时回族教育"渐入佳境",据林朋侠记载:"近来回民极力提倡教育,促进文化,境内设有青海回教促进会,目的在普及回民教育及促进回教文化。三年来增设高级小学三处,初级小学三十处。又凡回民在二十家以上者,均设小学一处。提倡教育之精神,可谓已渐入佳境。"④据黄伯达《青海的回民教育》一表可知,西宁 1934 年时回族小学情况见表 2-12。

表 2-12　西宁 1934 年时回族小学情况

县别	高小	初小	民众学校	教生数	教职员数	全年经费
西宁	3 所	23 所	1 所	1976 人	52 人	34000 元

资料来源:黄伯达:《青海的回民教育》,《开发西北》1934 年创刊号。

环绕在市井中心区周围的居民区是社区的私人部分,私人部分中的小巷一般曲折狭窄,无规则,常常结束在死胡同里,巷的两边犹如阿拉伯童话名著《一千零一夜》中所描述的,鳞次栉比的房顶层层叠叠伸展开去,一所所四合院连接在一起,只有绿色的清真寺唤醒楼高高耸立其间。临大道的私人商铺

①　林鹏侠:《西北行·回民能不需教育欤》,宁夏人民出版社 2000 年版。
②　陈新泰:《西宁东关回民社学的创设及演变》,《西宁文史资料》第四辑。
③　青海省志编纂委员会:《青海历史纪要》,青海人民出版社 1987 年版,第 288 页。
④　林鹏侠:《西北行·回民能不需教育欤》,宁夏人民出版社 2000 年版。

就自然成为街市。

西宁回族商业市井的产生与繁荣不仅扩大了城区规模,更为城市带来了大量的人口、资金和伊斯兰文化,促进了城市的整体发展。

三、新因素进入市井

西宁商业经济的繁荣,城市人口的不断增加,与外界社会文化交流的频繁,再加上马麒的倡导,近代新的社会因素也在西宁竞相驻足。

随着工商业人群的壮大及流动人口的增加,城市的商业消费也出现了某种量与质的变化。如在娱乐消遣方面不仅传统的商业消闲娱乐活动得到继承,而且还出现了一些新的消闲娱乐内容,如戏曲、话剧、电影、照相、书店等。

表 2-13　民国时期西宁的照相馆

照相馆	经理	地址	备注
鸿雪	—	西大街	店员 2—3 人,歪脖照相机、三角架各一,资金 300 银元
真记	郑宪亭	大新街	民国二十一年开业(1932 年),店员 4 人
范寿成	范寿成	—	—
华英	周跃南、刘凤池	莫家街	店员 10 人,座机 1 台、歪脖照相机 3 台,摄影室为玻璃墙、顶,采光较好,资金 2000 银元
美新	张香甫	大十字	座机,摄影室的壁、顶为玻璃
永丰	王怀安	东大街	民国三十七年(1948 年)年开业
国光	丁培基	大新街口	照相兼镶牙
葆真	—	—	后迁兰州
世泰	—	—	

资料来源:《西宁商业志·行业》,兰州大学出版社 1990 年版,第 58 页。

清末,由于西宁地处边陲,书店事业不仅落后而且处于停滞状态,进入民国后,随着新思潮的冲击,学制的改革、新式学校的建立,"商务、中华、开明等书馆的课本,也被采用但其采购运输发售都是私商垄断,由于此项新兴事业的发展,利润客观,外地关系较多,条件逐渐成熟,书店印刷也得到发展,始成行市"。[1]

---

[1]　陈邦彦:《解放前西宁的书店及印刷业》,《西宁文史资料》第四辑。

书店的兴起,增加了人们阅读内容,丰富了娱乐生活。

表2-14　近代西宁的书店发展变化

时间	店名	店主	经营内容
1922年	盖世书店	吴秀山	售《三字经》、《百家姓》、《弟子规》、《四书》、《共和国初小课本》及西安石印的《秦腔剧本唱词》、《古文谐风》
1926年	合兴书馆	陈仁轩	专售中小学课本、其他书籍、兼营文具
1932年	天兴成书店	骞清和	售《辞源》、《字典》,小说、兼营印刷业
1934年	青云书店	骞清和	专售小说如《三国志》、《水浒》、《聊斋》、《三侠五义》等,兼营印刷业
1935年	东亚书店	毕子彦	各类图书,增添商务、中华书刊多种及地舆出版社的世界和中国地图册
1938年	铅印铺	张毓麟	专印售名片
1939年	朔光书店	袁耀亭	中外小说、课本
1939年	春明书店	祁伟、祁俊	小说、文具
1940年	新运书报社	张克刚、张克义	出租书籍,兼售报刊
1940年	西北书店	骞清和	书籍、图片,兼营印刷业
1945年	中国文化服务社西宁分社	孙昌龄、沈克敬	书报有《大公报》、《中央日报》、《西京日报》、《和平日报》等

资料来源:陈邦彦:《解放前西宁的书店及印刷业》,《西宁文史资料》第四辑。

现代化商业服务业也逐步发展起来,如餐饮业和浴池业等,在西宁历史上,出现了第一个公共浴池业。"民国十三年(1924年)河北商人某(据说已六旬)来西宁,在观门街路西创设一个简易小型浴池,该池只容七八个人,设备简陋,多为外地商人洗浴,本地人尚未成习。其时西宁浴池业,开始萌芽,生意尚佳。"①到了30年代,西宁本地人也逐渐能接受这一新的服务业,比较舒适的浴池业,据《西宁商业志》记载的餐饮和浴池等新的有"瑞福池、海清池、玉清池",另外回民的水塘在东各地区随处可见。同时,餐饮业也有了很大发展,并形成了地方风味菜品,此时约有饭馆和菜馆六七十家,仅小桥就有9家,足见餐饮业之发达,而且经营的饭菜花样多,改变着市民的饮食内容,如福义

---

① 陈邦彦:《解放前西宁浴池业简况》,《西宁城中文史资料》第一辑。

园饭店的名菜有"兰州风味:峰尔里脊、道参海参、烤乳猪、烤肋条;山西风味:东洋粉鸽蛋、蒲笋鸽蛋、黄焖鹿筋;下马点心、凉糕、牛奶醪糟、三鲜饺",再如同春饭店"以卤肉、袋式火烧饼最享盛誉。羊肉泡馍、各种拉面、红豆稀饭等亦具特色"。①

此外与商业服务息息相关的医院、电力、汽车运输、邮电、通讯、报纸、幼儿园、公园等社会新因素逐渐萌芽并发展起来。可见随着商业贸易的发展兴盛,西宁人口聚集,社会劳动人口中非农业人口逐年增加,消费性人口比重加大,无业人口与日俱增,商业贸易和手工业集中,从而使得城市组织结构日益复杂多样,有近代意义的居民娱乐场所如图书馆、公园、影戏院、旅店、医院、澡塘等也开始出现。

由上文可知,清末、民国时期的西宁商业贸易繁荣,而且繁荣的商业促使西宁市井文化的产生与丰富,并刺激了西宁向近代化方向转变与发展,近代新的社会因素也在西宁竞相驻足,如近代教育初步萌芽,西宁率先示范,民国初年,有一大批知识分子在马麒的招聘下来到青海,掀起了办学热潮。1912年,首将蒙古学堂改为宁海蒙番学校,招收蒙藏学生,以藏文为必修课程;1920年,添设师范甲种讲习科;1924年,又改名为宁海蒙番师范学校②,以"培养宁海区小学教育师资,开化蒙番民族,增进宁海文化,启牖新知,养成优秀人才为宗旨"③。分蒙文、藏文班,开设国文、英语、史地、生物、化学、矿物等新式课程,一改往昔旧式教育规章,成为青海第一所近代新式学校。1913年,青海第一所女子学校在西宁成立,名为"甘肃西宁县立女子小学校";1920年,该校增设师范科,1929年,改称青海省立第一女子师范学校④,大力提倡女子教育。与此同时,青海的民族教育也开始起步。到1923年,宁海各地新建蒙藏小学达20余所,学生800多人⑤。1913年,在马麒的倡导下,西宁东关设立回民同仁小学。1922年5月,成立宁海回教教育促进会,马麒自任会长,以促进回族青年学习科学文化知识,宣扬回教真谛为宗旨。为了大力普及回民教育,青海

① 《西宁市志·商业志》,兰州大学出版社1990年版,第56页。
② 青海省志编纂委员会:《青海历史纪要》,青海人民出版社1987年版,第256页。
③ 杨效平:《马步芳家族的兴衰》,青海人民出版社1986年版,第72页。
④ 赵仰仑:《青海解放前的中等学校简况》,《西宁城中文史资料》第一辑。
⑤ 李得贤:《解放前青海中等学校教育的概况》,《青海文史资料》第八辑。

的职业化教育也着手兴办。1920 年,创办了宁海职业学校,翌年私立医学训
科学校设立;1925 年,创建宁海筹边学校①,聘请内地部分专业教育人才讲学,
旨在为开发青海培养一批新式的人才。1928 年,成立西宁职业学校,设有毛
纺织等专业;1930 年,成立西宁初级工科职业学校,后增设农业科,改称省立
农业学校②。在此期间,青海的私立学校也应运而生。1924 年,马麒创办了私
立锐威学校("锐威"为马麒的将军封号),黎丹创办了私立无我学校("无我"
是黎丹的号),一时各县官绅、名流皆景从仿效,捐资办学,青海民办私立小学
共 100 余所③。建省前后西宁初等教育发展概况对比见表 2-15。

表 2-15　建省前后西宁初等教育发展概况对比

县名	1910 年			1928 年		
	初等小学堂（所）	高等小学堂（所）	学生总计（人）	初小数（所）	高小数（所）	学生总计（人）
西宁	5	1	37	约100	10	3124

资料来源:(民国)刘郁芬修,杨思等纂:《甘肃通志稿·教育二·学校》。转引自崔永红等:《青海通
史》,青海人民出版社 1999 年版,第 787 页。

随着商业和教育的振兴,各种新思潮也纷至沓来,传播到青海偏远的角
隅,也最先在西宁驻足。1920 年,在马麒的倡导下,黎丹等人在西宁组织了藏
文研究社,编辑出版了《汉藏小辞典》、《翻译名义集》等书④。一些学者还深
入民族地区实地考察,开展民族研究工作。周希武的《玉树土司调查记》、《甘
肃民族史》,朱绣的《西藏六十年大事记》、《海藏纪行》等著述,都是这个时期
青海学者留下的珍贵遗产。1927 年 3 月,召开了西宁地区 7 县平民教育促进
会,倡导新文化。翌年 2 月,成立了平民新剧社,演出话剧《家庭鉴》,揭露了
旧家庭的黑暗,抨击了封建制度,反对缠足;又演出《瞎子》和《卖烟膏》两剧,
宣传扫除文盲和禁烟,在社会上引起了强烈的反响。⑤ 1928 年,创办了青海第

① 杨效平:《马步芳家族的兴衰》,青海人民出版社 1986 年版,第 72 页。
② 邓靖声:《解放前青海职业教育片断》,《青海文史资料》第八辑。
③ 杨效平:《马步芳家族的兴衰》,青海人民出版社 1986 年版,第 72 页。
④ 杨效平:《马步芳家族的兴衰》,青海人民出版社 1986 年版,第 72 页。
⑤ 青海省志编纂委员会:《青海历史纪要》,青海人民出版社 1987 年版,第 298 页。

一所医院——平民医院;1930 年,在平民医院的基础上,设立了青海省立中山医院,成为青海建立正式医院之始,标志着青海近代卫生事业的启航①。1929年,在国民军进驻青海之后,创办《新青海》日报(1932 年称《青海日报》),该报发刊词中提出的任务是"为建设新的青海,打破西宁的闭关封锁阵线,沟通文化军政交流,当好舆论喉舌,掀起前进高潮"。② 为了启发民智,当时还举办了巡回文库,开设讲演所、阅报室、图书馆等,开通地方风气颇有声色。"妇女解放"、"蒙、藏与汉、回民族平等"、"民主共和"、"农工解放"等新名词第一次为人们所知。五四运动的爆发,激起了西宁学生的爱国热忱,他们走出课堂,手持五色纸旗,高呼"打倒卖国贼"、"还我青岛"、"誓死反对二十一条"等口号,宣传"抵制日货"③,向人民群众进行爱国主义教育。"五卅"运动纪念日,西宁上演了话剧《朝鲜亡国恨》,宣传反帝,不忘国耻④。正是举办教育,致使青海"开通智识,使獉獉狉狉之民各有自治之能力,发爱国之思想,而成良好之国民。教育普及,民智日开"。⑤ 新思潮的到来无疑为青海建省奠定了人文环境方面的基础,使西宁逐渐成为青海的文化中心。

综上所述,随着商业贸易的发展兴盛,西宁人口聚集,社会劳动人口中非农业人口逐年增加,消费性人口比重加大,无业人口与日俱增,商业贸易和手工业集中,从而使得城市组织结构日益复杂多样,西宁正从一个中小城市,向中等城市发展,城市的近代化道路是因商而兴。尤其 1929 年青海建省后,西宁作为青海的首府,成为全省的政治、经济、文化中心,随着商业的发展,逐步发展成为西北地区区域性中心城市,之后的商业发展使其成为青海最早受到西方势力冲击,最先引进物质文明与科学技术的窗口。西宁的商贸使青海全省经济发展被迫纳入到世界市场运行轨道,通过对外经济交往,在确立了自身的性质与经济功能定位的同时也促以城镇为主的商品市场与流通网络产生不同程度的演变与整合,进而推动了整个经济布局根据世界市场的需要发生转

---

① 张琪:《解放前青海省卫生事业概况》,《青海文史资料》第六辑。
② 青海省志编纂委员会:《青海历史纪要》,青海人民出版社 1980 年版,第 117 页。
③ 青海省志编纂委员会:《青海历史纪要》,青海人民出版社 1980 年版,第 103 页。
④ 青海省志编纂委员会:《青海历史纪要》,青海人民出版社 1980 年版,第 111 页。
⑤ 《北洋政府时期青海历史资料》,中国科学院历史研究所第三所南京文史资料整理处选编,1951 年油印本。

变——青海的商贸经济重心逐渐在东北部河湟地区逐渐形成。西宁区域中心城市市场的形成对青海其他城镇的经济发展起到了很大的推进作用。

第二节 中心市镇崛起及其市场发展

近代青海的中心市镇大部分是由寺院和军事城堡还有由少数县治所发展而来的。它是近代市镇市场体系的中级市场,聚集有相当规模的人口。它一般具有较大市场规模,商业也颇为繁盛,具有相当的消费、生产和批发能力。且往往占据有优越的交通地理位置,是一定范围内协调商品交易的中心市场。中心市镇上连区域中心城市市场,下通基本集镇市场和农牧区集市,既是当地周边农牧区的商贸中心,对附近市场具有一定的支配力,同时又是一定范围内(一县或数县)的贸易中心和货物集散地。在商品流通中处于承上启下的重要位置,它的普遍兴起和发展对集镇市场的形成,乃至全省性统一城镇市场体系的构建具有重大意义。

一、寺院城镇兴起及其市场发展

清末民初,在农牧边界有些城镇的形成和宗教有着紧密的关系,即城镇起源于佛教寺院,寺院在前城镇在后,但不是因为寺院是政治中心,而主要是因为寺院及其周围牧民的经济需要,作为河湟民族贸易延伸与繁盛的河湟民间商贸兴起是农牧边界寺院城镇兴起的根本动力。"寺院城镇"现象,早已为人们所知,人类学家于式玉教授在 20 世纪 30 年代来藏区考察时就发现:"各处寺院建立起来之后,一部分老百姓为了供应活佛差役,也就离开游牧的大队,来到寺旁定居下来,内地的商人,为供给寺院用品……也同他们一起住下来。以后,收买皮毛的商人,也从四方聚居到此。百姓、商人乃形成今日寺旁的村庄。"①这些村庄中的一部分由丁地处便利的交通要道,商业逐渐繁荣,吸引大量的商客到来,后来演变为城镇,特别民国时期政权组织定居于此时,城镇就不可避免地出现了。当代学者对此也有共识"普遍考察藏区城镇我们可以得到这样的结论:大多数藏区城镇是以寺庙为依托发展起来的,这是藏区城镇发

---

① 于式玉:《于式玉藏区考察文集》,中国藏学出版社 1990 年版,第 44 页。

展的一个特点。"①"起源于宗教寺院的城镇,这是青海小城镇形成的第二种类型,也是最具特点的一种类型。"②藏区无数的寺庙,为什么有些没有形成城镇呢? 我们在梳理较大的寺院城镇丹噶尔、拉卜楞和后期形成的湟中县鲁沙尔镇、结古镇等较为典型的城镇之后从中寻找答案。③

丹噶尔(湟源县城) 丹噶尔即古湟源城,此地原为东科寺旧址,"以丹地(丹噶尔,即今湟源县城)原为东科寺旧址,自明末商贾渐集,与蒙番贸易,有因世而居者……而成村落焉"。④ 至清初,清廷为控制青海和硕特蒙古各部,特规定开边外那拉萨特地方(今日月山)为集市,以官兵督守,禁止私入边墙,又限定每年阴历二月、八月为贸易之期。后因蒙藏物质需求的不断扩大,茶叶、布匹等必需品之交易又无限制,那拉萨特地狭,已不适应进行较大规模的民族贸易,清廷则改其西宁口外的丹噶尔进行。雍正三年(1725 年)将原多巴的"茶马互市"移至丹地,丹地由此得到前所未有的发展机遇。雍正五年(1727 年)为适应民族贸易及军事防务等需要,筑丹噶尔城一座,那么新筑丹城自然是民族贸易的所在地,设防也是为了已成为贸易中心的地点之利益。紧接着雍正十三年(1735 年)沿袭了千年的官方专营的"茶马互市"的种种限制被取消,这样民间自由贸易兴起,至此丹城的贸易活动开始了真正意义上的市场交易,这样民间商贸的又一城镇快速发展起来。随着贸易的兴盛,到乾隆九年(1744 年),西宁道金事杨应琚奏请在此添设县丞一员,其理由是丹地"距府城九十里,路通西藏,逼近青海,自移多坝(即多巴)市口于此,为汉、土、回民,并远近番人暨蒙古往来交易之所,至关重要"⑤,县丞一职的设置是贸易之所需,此时丹噶尔已成为各族贸易的重镇,且在民间贸易中起着中转站的角色。特别是"至于回教,因谋工商生业,来丹旅行者。"⑥可见丹城的回族因商业贸易而落居该城,丹城贸易的逐渐兴起吸引来了大量的回族商人来此,并定居,道光、咸丰之际,丹噶尔一地,仅回、撒两族人口就达数千户之多⑦,他们大

---

① 于敬尧等:《走向富裕之路的探索》(内部),1992 年,第 198 页。

② 段继业:《青海社会文论》,青海人民出版社 2001 年版,第 108 页。

③ 参见勉卫忠:《寺院城镇的兴起及其功能》,《柴达木开发研究》2008 年第 2 期。

④ (光绪)张庭武修,杨景升纂:《丹噶尔厅志》卷一。

⑤ (乾隆)杨应琚:《西宁府新志》卷三十四。

⑥ (光绪)张庭武修,杨景升纂:《丹噶尔厅志》卷五。

⑦ (光绪)张庭武修,杨景升纂:《丹噶尔厅志》卷三。

多都是因经商贸易而从狄道(今甘肃临洮)、河州及巴燕戎(今青海化隆)等地陆续迁来的①。他们的到来又促进了丹城的贸易的发展。到嘉庆、道光之际,"以丹地商业特盛,青海、西藏番货云集,内地各省商客辐辏,每年进口货价二十万两之多"。② 足见丹城民间贸易达到了极盛。所以于道光九年(1829年)改主簿为同知,设丹噶尔厅,"为理商也"③,这是典型的因寺而商,因商聚邑的藏区城镇兴起一例。

1900年起,在国际皮毛贸易的引擎之下,丹噶尔的民间商贸快速升温,据《丹噶尔厅志》记载:

> 当时县城经商者有1000余人,资以食者4000余人;从事手工业者400—500人;资以食者2000余人。

1906年,每年商品购销贸易总额上升到80万两。

1911年,经商人数不断增加湟源从事商业经营者1364人,从事各种手工业者1124人,而且"城内店铺林立,东关、西关和南城台也因商业繁盛歇店密布而无隙地④。

1918年,湟源年集散羊毛200万公斤,约占全省出口量的一半。

1924年,集散羊毛到达250万公斤,总价值约白银100万两。每年交易的各类皮张在30万张。

1927年,羊毛集散增至375万公斤。县城大中小商、手工业者达到千余家,资金总额白银500万两以上,大商户有万盛奎、宝盛昌、福兴源、顺义兴、德兴成、福兴连等,每家资金有白银10万两至40万两,当时县城商市较嘉庆、道光更为兴盛,被称为"小北京"。⑤

从1929年开始直到新中国成立前,丹噶尔的民间商贸逐渐走向了下坡路,但作为近代青海一个重要中心市镇,由于其占据着优越的交通地理位置,协调着商品交易,上连区域中心城市西宁市,下通基本集镇市场和乡村

---

① 乐斌:《撒拉回众滋事办理完竣地方肃清折》(咸丰九年十二月二十九日),见《撒拉族档案史料》,青海民族学院研究所编印,1981年。

② (光绪)张庭武修,杨景升纂:《丹噶尔厅志》卷五。

③ (光绪)张庭武修,杨景升纂:《丹噶尔厅志》卷五。

④ 《湟源县志·商业》,陕西人民出版社1993年版。

⑤ 《湟源县志·商业》,陕西人民出版社1993年版。

集市,是当地周边农牧区的商贸中心,对附近市场具有一定的支配力,同时又是一县或数县的贸易中心和货物集散地,在商品流通中处于承上启下的重要位置。

拉卜楞镇① 拉卜楞寺是和硕特蒙古河南亲王察罕丹津出资于康熙四十年(1711年)建成的。建寺以来,常年络绎不绝的朝拜者和频繁举行的各种庆典、法会,为经济交流和商贸往来创造了便利条件。地处农牧边界的拉卜楞寺,渐渐成为农业、畜牧业和手工业产品的集散地。到清末民初,由于寺院开放塔哇,吸引了甘青以及山西、陕西的回族、汉族商人来做行商坐商,商户多达800多家,市场逐渐兴盛。来拉卜楞经商的皮毛商以河湟各城镇的回族商人为多,"惟回民势力侵入拉境,则乃最近之事实,而大多来自河州西宁府。"②随着商业的繁荣"自民六年设治局以来,地方骤加繁荣,商业日见发达"。③"民国十六年甘肃省政府以其地扼四省之咽喉,不仅为中藏货物交换之区,且系军事正教上之要地,设之以县,屯之以兵,地方骤加繁荣,商业益见发达。"④在拉卜楞"各商号资本在十万元以上者,皮毛商品十分之四,资本十万以下者,皮毛商品甚多,约一百三十余家。此项皮商多系青海及临夏回民官绅经营"。⑤"回民势力,直到最近,始深入拉卜楞一带,至于今日,已执拉卜楞商业之牛耳。"⑥范长江《中国的西北角》一书载"拉卜楞的商业权十之八九在回人手中",说明回族商人的进入对该地的商埠的出现存在正相关的关系,也就是说,回族商人聚居在哪里,哪里的商业就会兴旺,并会并入到大的商业网络中成为一个新的结点新的商业城镇,享受网络资源,降低交易各方的成本,从而提高经济效益。

---

① 民国十六年(1927年)划归甘肃,但其始终是青海的黄南、果洛牧区的商业辐射中心。
② 李式金:《拉卜楞之民族》《边政公论》1947年第6卷第1期。
③ 陈圣哲:《拉卜楞经济概况》,《甘肃贸易》1943年第2、3期。
④ 丁明德:《拉卜楞之商务》,《方志》1936年第9卷第3、4期。
⑤ 陈圣哲:《拉卜楞经济概况》,《甘肃贸易》1943年第2、3期。
⑥ 葛赤峰:《拉卜楞民族史话》,《新西北》1941年第5卷第1、2期。

表 2-16　1936 年前由拉卜楞每年输出主要货物平均额

名称	数量	均价（元）	总价（元）	名称	数量	均价（元）	总价
羊毛	12000000 斤	14.00	168000.00	熟羔皮衣	965 张	2.50	2097.50
狐皮	4200 张	14.00	58800.00	牛	1300 头	15.00	19500.00
白羔皮	64500 张	1.00	64500.00	羊	15000 头	2.50	3750.00
羔叉皮	12000 张	1.80	3600.00	羊肠子	32000 根	0.26	8320.00
猞猁皮	830 张	18.00	14940.00	蘑菇	72000 斤	0.50	3600.00
狼皮	1200 张	12.00	14400.00	酥油	19200 斤	0.15	4800.00
羊皮	25000 张	0.60	15000.00	鹿茸	33 架	60.00	1980.00
獭皮	2850 张	0.30	8550.00	麝香	720 颗	10.00	7200.00
黑羔皮	3500 张	2.15	7589.50	羊油	3000 斤	0.15	3150.00
獾皮	1300 张	2.70	3510.00	牛油	7500 斤	0.15	1250.00
狗皮	1350 张	3.00	4050.00	角麻	350 升	1.80	630.00
马	1500 匹	35.00	52500.00	—	—	—	—

资料来源：丁明德：《拉卜楞之商务》，《方志》1936 年第 9 卷第 3、4 期。

表 2-17　1936 年前由拉卜楞每年输入主要货物平均额

名称	数量	均价（元）	总价（元）	名称	数量	均价（元）	总价
松茶	1600 包	48.00	76800.00	斜布	500 板	2.00	5500.00
茧绸	6000 包	7.00	42000.00	色粗布	1800 匹	2.10	3780.00
副茶	2500 块	2.80	32200.00	青盐	135000 斤	0.12	16200.00
黄潦	5800 斤	0.20	2200.00	青油	62000	0.20	12400.00
青蓝市布	280 板	12.00	3360.00	酒	7650 斤	0.50	3825.00
纸张	24000 合	0.80	19200.00	糖类	9200 斤	0.55	5060.00
各种彩缎	250 匹	50.00	12500.00	面粉	200000 斤	0.07	14000.00
瓷器	32 担	32.00	10240.00	挂面	5600 斤	0.10	1120.00
官布	120 板	17.00	2040.00	纸烟	2300 条	2.80	6440.00
棉花	7200 斤	0.65	4680.00	铜器	35 担	36.00	1160.00

资料来源：丁明德：《拉卜楞之商务》，《方志》1936 年第 9 卷第 3、4 期。

从表 2-16 和表 2-17 观之，"吾人即知拉卜楞虽云地处僻缴，而在商业上确为牧地货物输出之集合地，又是腹地货物输入之分散地。每年共出口货值五五三点五九二元,入口货值三八八点八〇五元,出入相较年可有一六九点七八七元之盈余。"①足见在抗日战争爆发前,自由贸易阶段拉卜楞镇的民间商贸的繁荣。

鲁沙尔镇 鲁沙尔镇的形成,无疑离不开塔尔寺,在塔尔寺建造以前鲁沙尔地区是一片牧场,明嘉靖三十九年(1560年)塔尔寺开始修建,经明、清两代陆续扩建,成为众多的经堂、佛塔僧舍组成的规模宏大的建筑群。

由于塔尔寺在藏传佛教地区的特殊地位,吸引了无数的僧侣和信徒前来朝拜,而且"为数众多的活佛在塔尔寺修建起大小不等的私人公馆(西藏称拉章、佑宁寺称昂、拉卜楞称昂欠、塔尔寺称噶尔哇),拥有众多侍从和办事员。塔尔寺的各个噶尔哇交错参差,紧挨殿堂,使塔尔寺形同城镇"。② 更为重要的是塔尔寺每年有四次大的庙会,牧业区各地甚至西藏的许多藏族群众都远道而来参加"塔尔寺每年正、三、六、九月的四次'观经大会',其中以正月十五、十六为最盛。届时到会者不下五六万人,据说最盛时可达十万人。这些人名义上是朝拜,而实际上多为交易,以其所有,易其所无。内地商人亦多来此,大多能说蒙语或藏语,交易以银元为主。"③可见建寺以来,常年络绎不绝的朝拜者和频繁举行的各种庆典、法会,为经济交流和商贸往来创造了便利条件,塔尔寺的兴盛吸引来了民间商贸中最为活跃的回族商人,到此经商定居逐渐形成自己的聚居区,回族商业聚居区的形成,不仅加固了聚居区,而且促进了鲁沙尔的商业贸易的发展。"清以后蒙古、藏、土等民族来塔尔寺朝拜者增多,逐步发展成为民族贸易集镇。民国元年至二十年(1912—1931年)商业兴盛,成为畜产品和民族宗教用品的集散地,出现了商号、手工作坊、服务行业等。"④"本县商人中,回民约占百分之六七十,其次为汉族,少数富有的藏民也从事商业,塔尔寺的喇嘛都多少兼营商业,有的甚至以此为生。"⑤1943年起

---

① 丁明德:《拉卜楞之商务》,《方志》1936年第9卷第3、4期。
② 青海社会科学院编:《塔尔寺概况》,青海人民出版社1987年版,第27页。
③ 李化方:《塔尔寺之宗教源流与蒙藏社会》,《西北论坛》1947年第1卷第2期。
④ 王恒生主编:《百县市经济社会调查——湟中卷》,中国大百科出版社1996年版,第20页。
⑤ 中国科学院民族研究所、青海少数民族社会历史调查组编:《青海湟中县回族社会历史调查报告》,《青海回族调查资料汇集》,1964年。

开始作为县城,使政治中心与宗教中心合二为一,发展成为西宁周边地区的重镇——鲁沙尔镇。

鲁沙尔的"坐商:资金较厚,设号挂牌,最早的在清光绪年间开设,如德盛隆、璞成珍、顺盛元、永顺兴、福兴堂等"。到了民国初期,"坐商有较大的发展,商号增加到近30家,以后有的倒闭,有的又兴起,逐步增加到1949年的坐商49户"。

表2-18 1945年鲁沙尔商业店铺统计

行业店铺	从业人员	资金（银币）元	行业店铺	从业人员	资金（银币）元
杂百货	116 人	257700	饮食业	53 户	4760
医药	17 人	21900	钟表修理	2 户	400
畜产品	33 人	7000	枪支修理	6 人	1200
粮食斗行	11 人	900	梁房	5 人	1100
牛羊肉	36 户	20000	旅店	12 人	37000
油坊	6 户	1500	理发	4 人	240

资料来源:《湟中县志·经济·商业》,青海人民出版社1989年版。

"到解放前夕鲁沙尔的商户有140户,其中坐商49户,行商23家、摊子商68家。"而且"这些商户经营棉布、绸缎、中药、五金、杂货、旅店、理发、饮食、屠宰。经营者大多数是当地人,也有少数外籍人,有的以商兼农,有的以农兼商,或以手工业兼商。"①

隆务镇 隆务镇的真正起源是隆务寺。该寺建于元朝大德五年(1301年),当时此地居民十分有限,但到明清时已发展成一个拥有僧人2300多人的大寺院。这么多的僧众和每年从各地涌来的信徒在完成宗教义务后干脆就此安营扎寨,逐渐形成了一个人口相对密集、经济活动相对集中的较大聚落,使隆务寺的人口达到空前的规模,于是围绕着寺院经济需要的一些经济活动应运而生,"畜牧、土特产品和许多生活用品贸易交换,主要依靠甘肃的回回民

---

① 张生佑、赵永年:《建国前鲁沙尔镇的工商业概况》,《青海文史资料选辑》第十七辑,第81页。

族进行的,这些回回民族,起初往返于藏族地区与内地之间"。① 六世夏日仓活佛高瞻远瞩,别具慧眼,发现和充分发挥了回族的这种特殊的历史作用,"为满足隆务寺和附近居民的生产生活需要,在寺院附近修建了一些铺面,从外地招来了八十个工匠和小商小贩,藏民族称之为'客哇加曲',即八十个能人,八十个人中多半数是回族,这部分从客居变成了定居,并且携亲带友,迁来许多回民,形成了隆务镇回族。"②商人的到来,商城的落成,商贾和手工业者的累增,逐渐形成真正的城镇。

到了 1949 年,隆务镇有"商铺 56 户(保安 5 户)。其中,一等商铺 3 户,每户纳税 775 万元;二等商铺 9 户,每户纳税 575 万元;三等商铺 10 户,每户纳税 425 万元;四等商铺 11 户,每户纳税 325 万元;五等商铺 5 户,每户纳税 250 万元;六等商户 20 户,每户纳税 205 万元(以上均为新币)"。③ 据 1952 年同仁县工商科社会调查:到 1949 年底,坐商 16 户,共有流动资金白洋 21995 元,其中主要经营布匹的 5 户,流动资金共 11121 元;经营百货业者 11 户,有流动资金 10874 元。小本经营的摊贩不到 20 户。④

值得注意的是,在以隆务寺为中心形成聚落之前,离隆务镇十几公里的保安城,从明代以来一直是黄南的政治中心,明中叶,西海蒙古曾控莽剌、捏工二川,屡侵边境,于是明神宗万历二年(1574 年)在铁城山北麓易地扩建城堡,内设守备,专司操守,不兼屯政,置都指挥管理同仁 12 族。在上西门上留下砖刻一方,题书"重建保安。万历二年吉月"等字,从此称保安城,也称保安站,取意边防"保安"表达了边防平安之意。据万历二十八年(1600 年)八月《王廷仪碑》保安"东通边都,西接归德,南邻捏工、莽剌,北抵果木、黄河",控扼交通孔道。明朝筑此城用意可想而知。当时的保安人主要居住于保安城、下庄和尕撒尔三个地方,时称"保安三庄"。⑤ 明代以后保安城曾经长期是黄南地区的政治经济中心。大约在清咸丰、同治年间前后,保安城内的清朝地方官员,采用"分而治之"的反动政策,挑拨土、藏、汉等族与保安人之间的关系。因

① 青海地方志丛书:《同仁县志·回族》,三秦出版社 2001 年版。
② 青海地方志丛书:《同仁县志·回族》,三秦出版社 2001 年版。
③ 青海省档案馆藏:《同仁县税捐稽征处三十八年度隆务、保安两集营业牌照税化名册》。
④ 《黄南州志·商业》,甘肃人民出版社 1999 年版。
⑤ 参见勉卫忠:《保安族的故乡保安城》,《中国穆斯林》2004 年第 6 期。

此,时常发生冲突,民族关系日益紧张,民族隔阂不断加深,保安人的灌地用水经常被截断,农业生产受到极大影响,保安城中的保安人时常被袭杀。更有甚者,清朝地方官员利用当地隆务寺宗教上层对信奉伊斯兰教的保安人的不满和意欲吞并的野心,唆使他们强迫保安人改信藏传佛教。当保安人听说如若不从将尽洗保安城,为保全保安人欲举族东迁,另寻安身之地。正当保安人积极准备东迁之际,在少数头人唆使煽动下,部分藏兵和土族持械袭击保安人,毫无准备的保安人不少人被杀害,这样保安人含泪离开了祖祖辈辈辛勤建立起来的家园向东迁徙。但直到新中国成立前保安一直是黄南的政治中心,新中国成立后县治州府迁置隆务寺所在地,并在其基础上发展为今日黄南重镇——隆务镇。迁址的最大原因,也就是起决定作用的无疑是隆务寺所在地区经过发展其规模大大超过了保安地区,保安城逐渐失去了往日的辉煌。总的来说,隆务镇的形成经历了这样的过程:隆务寺—以隆务寺为中心的人口聚落—同仁县与黄南州政治中心隆务镇。很明显,隆务寺是隆务镇的起源,而隆务寺逐渐演变成隆务镇靠的是围绕隆务寺的经济活动对人口的自然吸引,而不是神权政治中心的人为控制的。

　　结古镇　结古镇最早的起源是结古寺,但结古镇真正发展起来的原因是结古寺独特的地理位置。结古镇,藏语“结古多”,“多”为集散地,地处四川、西藏、青海三省区的交界处,是三省的交通要道和贸易集散之地,且“结古为玉树二十五族走集之地,然商贾多川边客番,及川、陕、甘汉人、土人经商者少”。① 说明清末民初自由的民间商贸使结古繁荣起来,它被纳入了青海商贸城镇网络体系之中,成为一个商贸的节点。它的商贸主要是过境商贸,不同于内贸,和河湟农区的集镇是不同的,结古镇之所以成为藏区重镇,其根本原因是它所处的地理优势,商品交换的所需是形成结古镇的直接原因。

　　民国初期,据结古镇商会会长所述,马鹤天先生各方调查所得如下:“玉树无专卖商号,多系陕、甘、川、康等处之行商、自各地携货物来售,售罄后将玉树土产运往内地。故均在家中,无一铺面。但玉树贸易全赖此流动商人之往返,此外为来往西藏之茶商。”②“玉树市上较大的商号,约三十余家,资本大者

_____

① 周希武:《玉树调查记》,青海人民出版社1986年版,第95页。
② 马鹤天:《甘青藏边区考察记》,甘肃人民出版社2003年版,第290页。

约十万元,系寺院资本,走前藏拉萨及西康,以茶为主。陕商六家,以世隆昌为较大,亦即汉商中较大者,多余康人。"①行商经常路过的就有回族西道堂"青海玉树商队,经理敏学忠,青海果洛商队,经理马建元",到了民国后期,西道堂也在结古镇设立"青海玉树天兴隆"商号,经理敏学义②,而且"结古共有手工业163户,997人;商户59户,176人;屠宰业9户,32人"。③ 尽管结古镇的商贸买卖并没有铺面,但就据马鹤天先生民国二十六年五、六、七三个月商品输出入主要货物平均表可知三个月的交易中输出总价值为52987.8元,输入总价值为177010.8元,入超达10余万元之多,足见当时的商贸的繁荣、市场的活跃、交易量之大。按玉树出入山税局征收的税额推算,每年进出货物,当在百万元左右。商品"来自川、康、西宁者,以食物、用品为最多,洋货次之,而玉树洋货之入口,大部分来自印度,英货约占全年输入品百分之四十,日货约占百分之十,即英、日外货,约占每年入口货二分之一"。④ "布与杂货80%为英、日货"。印度的茶叶和大米,这时也进入结古市场,有些国货如绸缎、纸烟则经由海上运往印度,然后翻山经西藏进入玉树。

表2-19 结古镇商品来源情况

来自地区	商品
来自西藏者	有:氆氇、藏红花、靛、阿味、磠砂、鹿茸、麝香、茜草、野牲皮、羊皮、羔皮、藏糖、硼砂、桦木碗、藏枣、乳香、雪莲、腊珀、珊瑚、铜铁丝、铜铁板及条、铜锅、铜壶、颜料、药材、小刀、碱灰、桑皮纸、经典、洋瓷器、洋斜布、洋缎、洋线、鱼油、蜡、纸烟、帽子皮、呢绒布、坎布等。(按:上述商品后3种为俄货,其余多为英印货,真正的西藏货物仅氆氇、经典、鹿茸、麝香、雪莲、皮张等少数品种)
由四川打箭炉来的有	茶(每年自打箭炉发运10.8万引,计9万驮,1080万斤。其中5万余驮经结古运入西藏,其余在川边和青海南部销售)、洋布、绸缎、纸类、生丝、哈达、酱菜、海菜、糖、瓷器、白米、熟牛皮、纸烟、孔雀石(出自陕西)等
由甘肃西宁、洮州来的有	铜铁锅、铜火盆、锅撑、白米、麦面、挂面、大布、葡萄、红枣、柿饼、瓷碗等

---

① 马鹤天:《甘青藏边区考察记》,甘肃人民出版社2003年版,第278页。
② 于享:《中国伊斯兰教西道堂史略》,《西道堂史料辑》,1987年,第24页。
③ 该书编写组:《玉树藏族自治洲概况》,青海人民出版社1985年版,第58页。
④ 马鹤天:《甘青藏边区考察记》,甘肃人民出版社2003年版,第290页。

续表

来自地区	商品
玉树地区出产的有	鹿茸、麝香、冬虫草、大黄、知母、贝母、野牲皮、牛羊皮、羊毛、食盐、沙金等

资料来源:周希武:《玉树调查记》,青海人民出版社 1986 年版,第 95 页。

结古镇不仅商品种类繁多,更为值得注意的是它是青海牧区唯一长时间货币流通的城镇,二三十年代,"玉树使用的货币是川圆,为原四川康定(打箭炉)或甘孜铸造,含银 0.312 两。将川圆劈为 1/2、1/4 或 1/6,称破洋,做找零用。价值多则以秤为单位,每秤银 50 两,合 160 川圆。"①足见结古镇商贸的繁荣程度。

除以上五座典型的寺院城镇外,还有都兰县城察汗苏与都兰寺,海西州德令哈与阿拉腾德令哈寺……但因地理位置和经济基础等各方面原因,民间商贸兴起后这些寺院城镇的发展步伐并不一致,因而始终未能出现各个寺院城镇齐头并进的局面。而是由丹噶尔、拉卜楞、结古三个寺院城镇因其独有地理优势,商贸兴起后地理位置愈加凸显,不仅是本地区商品总的集散中心,而且对全省各区域城镇也具有很强的吸引力,逐渐具有了足够的辐射力将本省商品引向省内外乃至国际市场。

前文我们已论及藏区寺院星罗棋布,成千上万的寺院为何大多数并没有演变成城镇? 寺院城镇兴起的根本原因是什么? 通过对以上四城镇的梳理我们简要的小结如下。

首先,寺院城镇起源的基础是以佛教寺院为依托的,都要经历这样一个过程:佛教寺院—以佛教寺院为中心的人口聚落—地区经济中心—地区政治中心—城镇。很明显,佛教寺院是各城镇的最初的起源。其次,寺院城镇起源的基础寺院一般是当地的宗教中心,是当地政教合一统治的中心,影响非常地大。其中的塔尔寺和拉卜楞寺最为有名,只有这样的寺院才能举办各种庆典和法会,短时间聚居成千上万的朝拜者。再次,除宗教中心外,寺院还必须位于交通要道且演变成经济中心,交通方便有利于商品的交换,经济活动的活跃

---

① 谷苞主编:《西北通史》第四卷,兰州大学出版社 2005 年版,第 265 页。

对人口有着自然的吸引力。最后,推动寺院城镇兴起的根本动力是民间商人为主导的皮毛贸易。"值得一提的是,明清时代青海藏传佛教的寺院经济开始固定发展后,有些藏传佛教寺院附近率先由回族开办商店,使那些地区繁荣起来,他们经营藏靴、藏刀、鞍镫抚具、氆氇、哈达、宗教用品,以及饮食业,如黄南藏族自治州首府隆务镇,湟中县县城鲁沙尔镇都是这样发展起来的。"①寺院经济兴盛吸引来大量的回族商人移民,定居发展自己的商业社区,商业社区的形成有利于更好的进行贸易;反之贸易的兴盛巩固了各个城镇的回族聚居区。

寺院城镇的历史功能概括为:首先,各民族共生的家园。由上述可知,寺院城镇的形成也就是回族商业社区的形成伊始,城镇中清真寺与藏传佛教寺院共同耸立,回藏两族、伊斯兰教与藏传佛教共同和睦的共存于一个城镇,无疑是一个历史奇迹。纵观历史,城中藏族和回族居民的经济生活方式明显地反映出二者之间的互补性,历史上建立了稳定的民族分工、协作和交换模式。回族所做的恰恰是当地藏族所需要的而自己不能做、不便做、不愿做的,如茶贸易、藏式品、宗教用品、屠宰、运输及建筑等,这种经济互补的方式是两族在城镇之中最基本的生存手段,也是寺院城镇兴起、兴旺的经济基础与依托更是动力所在。城中回藏两族在文化上长期相互适应、相互学习、相互渗透,寺院城镇无疑为形成民族文化和谐交融长期共存提供了历史的平台,成为两族和而不同的民族关系发展的历史浓缩点。

其次,民族商贸活动的大舞台。以寺院为主导的寺院城镇经济活动是牧区经济的强有力的补充,其对牧区经济的带动、刺激、辐射功能是很明显的。寺院每次举办的大型宗教活动,如法会、宗教节日庆典等,往往成为经济活动的大舞台。宗教搭台,经济唱戏的情况在古代就已存在。清代前期塔尔寺每年有四次大的庙会,牧业区各地甚至西藏的许多藏族群众都远道而来参加"塔尔寺每年正、三、六、九月的四次'观经大会',其中以正月十五、十六为最盛。届时到会者不下五六万人,据说最盛时可达 10 万人。这些人名义上是朝拜,而实际上多为交易,以其所有,易其所无。内地商人亦多来此,大多能说蒙语或藏语,交易以银元为主。"到清末民初,在拉卜楞由于寺院开放塔哇,吸引

---

① 谢佐主编:《青海民族关系史》,青海人民出版社 2001 年版,第 38 页。

了甘青以及山西、陕西的回族、汉族商人来做行商或坐商,商户多达800多家,贸易的繁荣,促进了各地区间的经济文化的交流,拉卜楞市场在200多年的时间里始终是西北地区商贸大市场的组成部分,在黄河南农牧商品交流体系中,发挥了中枢的作用,促进了这个地区生产和社会的发展。1990年举办的大法会,聚众10万人,经济交易成交额惊人。可见建寺以来,常年络绎不绝的朝拜者和频繁举行的各种庆典、法会,为经济交流和商贸往来创造了便利条件。

再次,民族历史文化的宝库。寺院城镇是依托较大寺院发展起来的,其历史文化根基很厚重,其保护和弘扬民族宗教历史文化的功能显而易见。隆务镇是国务院1994年公布的中国第九十九个国家级历史文化名城,也是青海省唯一的一个。隆务镇的文化很有特色,不仅有隆务寺的宗教文化,而且城郊附近有名扬中外的热贡艺术。湟中县鲁沙尔镇塔尔寺不仅是著名的佛教圣地,而且也是一座古代文化艺术的宝库,是全国重点文物保护单位,塔尔寺精美的建筑、雕塑、绘画、堆绣、刺绣等,都有很高的价值。其中的酥油花、绘画、堆绣,被誉为塔尔寺的艺术“三绝”。寺院城镇兴起及其后的建设与设施的完善,对集中保护和发展民族文化起着举足轻重的作用。

最后,生态保护功能。寺院城镇的兴起有利于生态环境的保护。僧众和每年从各地涌来的信徒在完成宗教义务后就在寺院附近安营扎寨,逐渐造就了一个人口相对密集、经济活动相对集中的较大聚落,使寺院周围的人口达到空前的规模,于是围绕着寺院经济需要的一些经济活动应用而生,“一部分牧区老百姓为了供应活佛差役,也就离开游牧的大队,来到寺旁定居下来”①,无疑以寺院为中心的寺院城镇吸收大量的游牧民,从而使从事牧业经济的人口迁入城镇,从事其他经济手段生存下了,如丹噶尔城中“营商业者约有千人,资以食者四千余人”。② 这无疑便是今日所称的生态移民。城镇回商及时地收购牧民的牲畜,减少草原上牛羊的存栏数,降低草场的承载量,减少对草山的过度放牧,达到休养生息的作用,促进生态环境的保护。

---

① 于式玉:《于式玉藏区考察文集》,中国藏学出版社1990年版,第44页。
② (光绪)张庭武修,杨景升纂:《丹噶尔厅志》卷五。

二、军事城堡功能的转型及市场的发展

以西宁为中心,在民间商贸的辐射带动下,随着商人的大批迁入,河湟农业地区的一些政治军事城堡也繁荣了起来,其地方政治军事中心的功能变得越来越弱,本来作为其附属的集贸、经济功能越来越强。清朝前期,循化城、贵德城、巴燕戎格城这三座城设在黄河沿岸,深处众番之中,最初设城只考虑到如何"弹压群番",并没有考虑城的经济功能,即城内设有公署、街道,但无市。循化城东西城门对开,有东西大街,循化厅同知署设在东大街,主簿署设在同知署西。贵德城南北城门对开,有南门街、北门街等街道。巴燕戎格城是东西城门对开,有东、西大街,巴燕戎格厅通判署,设在城中心大街上。后因各厅所辖熟番、生番及撒拉和城中驻军生活需要,商业贸易不可或缺,这才重新设市。循化城将临街的营房都租赁给守军的亲属或城中的回民"始立街市"。① 贵德县城在清前期只是一个军事城堡,"所治向无市集,不使银钱"②,到了清中后期,随着人口的增加,商业贸易的发展,城堡变成农牧民经济交换之地已是必然,于是专门用来为农牧民进行商品交换的集市"经金事杨应琚、知府刘洪绪、所千总彭錕创设。每旬以三、八为期,一月六集。青蛛白选,始有识者"。③在"民元以来,临夏商人到此营商,年有增加,直至现有约数十家。"④再如大通县白塔城(城关镇)清雍正三年修筑,城呈长方形,周围长五百五十八丈。设东、西两座城门。⑤ 虽然清前期已经是较为繁荣的回藏贸易的商业城镇,而且城中"则汉、回错杂,各为村落⋯⋯西方之夷,往来如织"。⑥ 但作为军事城堡的军事防护功能依然很强。

到了清末,随着对牧区的逐步开禁,皮毛贸易的兴起,民间商人大批迁入,这些军事城堡开始热闹起来,相应地其功能也发生了变化,其地方政治军事中心的功能变得越来越弱,本来作为其附属的集贸、经济、功能越来越强,这类小城镇有城关镇(大通县)、三角城(海晏)、河阴镇(贵德)、巴燕镇(化隆县)、浩

---

① (清)龚景翰纂修:《循化志》卷三《营讯》,青海人民出版社1981年版。
② (乾隆)杨应琚:《西宁府新志》卷九。
③ (乾隆)杨应琚:《西宁府新志》卷九。
④ 马梦鹤:《青海省贵德县回民概况》,《突崛》第2卷第6期。
⑤ 《甘肃通志》,《图考》,《大通县志》卷二《建置·城池》。
⑥ (清)梁份:《秦边纪略》卷一,青海人民出版社1987年版,第77—78页。

门(门源县)、永安(门源县)、积石镇(循化县),在民间商贸的发展刺激之下,这些军事城堡吸引了大批的商人前来从事贸易,商埠随之扩大,商品贸易逐年增长。如民国中期贵德县城已是"青南地区重要的皮毛集散地,所以商业发达,市场繁荣,商业贸易仅次于西宁、湟源,居青海第三位。据有关资料记载,1937年以前,贵德工商户最高就达到过400余户。洋行、山陕商帮也渗入贵德,这在当时仅有38000余口的小县中,是可赞叹的"。[①] 可见当时河阴镇的商业和市场是相当发达。

表2-20 贵德较为有名的商号

行业	商号名称							数量
布匹百货业	振兴德	德元祥	镒盛德	万盛荣	天顺兴	芳茂德	福兴源	86个
	玺兴源	玺兴德	三益合	双盛福	玉合成	玉合荣	益泰祥	
	三益统	三益丰	永盛德	福庆和	福庆公	福庆魁	福庆德	
	隆盛源	全茂盛	荣庆和	统益隆	益兴成	荣盛昌	长发祥	
	长发荣	元德泰	有庆成	天顺和	春成德	晋益丰	万顺号	
	新盛源	锦益祥	德顺魁	德顺祥	林兴旺	恒盛隆	天兴店	
	全盛德	泰兴和	瑞生昌	仁义昌	天兴店	禄恒祥	积福玉	
	自力成	玉兴成	德茂和	德兴和	德顺魁	德顺祥	聚成源	
	元兴昌	兴盛福	三义公	二合成	万亿合	泰远涌	福泰兴	
	玉泰兴	光盛林	光盛马	德全昌	万兴昌	德泰兴	全庆德	
	三泰和	万顺隆	德顺成	复兴隆	晋泰恒	德合成	永兴德	
	仁益德	元兴德	新泰兴	福兴和	双盛福	安泰长	秀盛德	
	德兴荣	福顺永	—	—	—	—	—	
医药界	寿春堂	资生堂	桂生堂	万春堂	安泰堂	福育堂	济生堂	7个
总计	95个							

资料来源:解成林:《解放前贵德的工商业》,《贵德文史资料》。

再如巴燕镇(化隆县)。"光绪二十八年(1902年)巴燕戎城内所设德布茶商号'积福当'是资金最雄厚的一家当铺"。到了"民国十八年(1929年),

---

① 解成林:《解放前贵德的工商业》,《青海文史资料集粹·工商经济卷》,2001年,第327页。

化隆县城有大小铺户 30 余家,其中茶、布零售商 7 户、小杂货铺 15 户,小摊贩 5 户、打铁铺 4 户,除专业商户外,大都是农、工、商兼营,总资金在一万元左右"。由于商业的兴盛,面对新的市场和商机,同年"临夏客商兰、锁两家在化隆县城开设批发行"。到了民国二十二年,"全县商业总资金约 2 万元左右"①,比民国十八年的 1 万元翻了一番。"经营品种有所增加,商号多从湖南、四川、陕西、兰州等地运进一些丝绸、洋货、药品、砖茶等出售。尤以丝织品种类较多,有斜纹缎、花湖绸等;棉布有斜纹布、府绸、卡叽布、直贡呢等。洋货中以日货为最多,最兴隆的商店是杂货店。"新中国成立初期,巴燕镇商号和药铺有:"惠民、自强、玉顺元、鸿发源、麟盛祥、麟盛源、义顺成、慈丰永、庆盛福、永成德、元顺、淋盛源、永丰镒、永兴隆、福顺通、永兴魁、祥顺元、正义华、德胜馆、福顺馆、宝盛馆、吉庆当、同和福、信泰药房、锦泰堂、穆民药房、庆胜堂、永裕服装店、诚真服装店、同生馆、德盛店、同春堂等共 43 户。另外,有无字号茶布行 38 户,杂货行 121 户,工业行(铁匠)13 户,饭馆 5 户,当铺 1 户,药房 4 户,寄售所 1 户,店家 4 户。"②还有门源回族自治县浩门镇。"据 1911 年调查,门源有小商小贩 30 余户,其中卖烤馍、开饭店、摆小摊的占三分之二,商店只有几家,主要经营茶、布、(小土布)、盐、棉线、铁器等日常用品的交易。"③可见商人的到来促进了城堡商业的发展,亦很活跃,商人的到来对城堡商埠的出现存在正相关的关系,商人聚集在那里,那里的商业就会兴旺。总之,在民间商贸的辐射带动下,随着商人的大批迁入,河湟农业地区的一些政治军事城堡也繁荣了起来,其地方政治军事中心的功能变得越来越弱,本来作为其附属的集贸、经济功能越来越强。

三、县治所城镇的市场繁荣

位于河湟农区的碾伯镇(乐都县)、川口镇(民和县)、威远镇,在皮毛贸易的引擎下商业颇为繁盛,具有相当的消费、生产和批发能力,不仅固定经营店铺增

① 《化隆县志》,陕西人民出版社 1994 年版,第 326 页。
② 该书编写组:《循化回族自治县概况》,青海人民出版社 1984 年版,第 112 页。
③ 中国科学院民族研究所、青海少数民族社会历史调查组编:《青海省门源回族自治县回族社会历史情况调查报告》,《青海回族调查资料汇集》,1964 年。

78

多,而且城镇市场无论在上市商品数额或是经商人数等方面均达到了相当规模。

首先,固定经营店铺增多。随着商品经济在清末民初时不断发展并逐渐由城市向农村渗透,致使农村的县治所城镇的民间商贸内容日益丰富,店铺数量不断增加,城镇中以工商为业的常住人口亦较大增长。从清末民初起,城镇上农民和手工业者以及小商小贩的交易活动已不占主要地位,而是一些商人开设的行庄和店铺垄断了商场。如在碾伯镇全成泰商号"在从事经商中积累了雄厚的资金,在一定程度上控制着全县的市场和资金流动"。① 据《乐都县志·商业》载1945年乐都县商业情况调查表显示,在碾伯镇的固定商铺有50多家,主要分布于城内和东关地区,主要经营布匹、白杂货、医药、副食品、土特产、饮食服务业等。清末,山西、陕西、河南、四川等省客商陆续来川口镇经商,川口镇1930年建县前"仅川口镇已有外籍坐商20余户,本地商人一般为小本生意"。这反映出当时侨居该镇的商人已具有相当之数量,经营着一定规模的商业,业已成为川口镇较大的社会阶层。川口镇商业发展情况如下:

1930年前,10余家店铺,从业人员约30余人。

1935年前后,全县私营商号近50户,其中渊发明、厚致富两家,拥有资本2—4万元,店员20余人,为经营布匹、茯茶的批发商,在民和及附近影响颇大。

1941年,全县私营商号70多户。

1949年,全县私营商号275户,350人,销售额20.19万元。

1954年,私商355户,从业人员494人,其中坐商218户,296人;摊贩137户,198人。共有资金8.72万元,年销售额55.47万元。②

固定商铺的增多,说明一些城镇交易已突破逢集交易的方式,城镇贸易变得经常化,对乡村经济的影响力增大。

其次,城镇市场无论在上市商品数额或是经商人数等方面均达到了相当规模。如碾伯镇"抗日战争前,商业稍呈兴旺,物价亦稳定。商号集中在碾伯城关。除经销绸缎等板头货外,兼营日用杂品";③威远镇"到了1935年,经营

① 俞泰庆:《全成泰商号的变迁》,《乐都文史资料》第三辑,第40页。
② 《民和县志·商业》,陕西人民出版社1993年版。
③ 《乐都县志·商业》,陕西人民出版社1992年版。

范围有了扩大,经营项目和品种也有了增加"。① 到了民国三十七年,威远镇私营商业有 120 家,从业人员有 424 人,固定资金 42280 元,流动资金 56140 元,由表 2-21 可知,经商人数及规模由此可见一斑。

表 2-21 民国三十七年(1948 年)威远堡商业统计

商店种类	家数(家)	资本总额		从业人员(人)
		固定资金(元)	流动资金(元)	
当铺	4	4000	6800	20
药材	5	3300	6000	20
药材兼医业	9	900	1300	18
棉布杂货	27	17000	22000	31
杂货兼营粉酵业	8	2000	3000	16
漂染坊	2	200	400	4
酒油筲铺	2	200	400	4
粉坊	2	400	200	4
酿酒业	11	11000	12000	177
合计	120	42280	56140	424

资料来源:《互助土族自治县志·商业》,青海人民出版社 1993 年版,第 243 页。

在城镇获得发展的同时,乡村中游村串巷的小商贩也开始普遍出现,他们以城镇为基地,深入广大乡村地区进行贸易,成为沟通农民与市场间的有效载体。"不少边远民族地区的农副土特产品,就是靠这些小商贩陆续进入了城镇市场。"②如与西宁"裕丰昶"商号"长期交往的省内外小商贩有 1000 余户","裕丰昶""利用他们走村串户、经营灵活的特点,委托收购农副产品,传递信息,作为商店联系农村牧区的桥梁和纽带。"③

农区的城镇作为乡村小都市,是连接城市与乡村的中介,在城乡市场网络中处于基层的重要位置,同时它亦是大规模、长距离商品流通的基础。通过它的连接沟通,城乡间乃至跨区域的物质交流才得以顺利实现,有效沟通了附近农民与市场的联系。它不仅为满足小农衣食日用方面的各种需要服务,同时

---

① 《互助土族自治县志·商业》,青海人民出版社 1993 年版。
② 任国安:《大通民间贸易琐记》,《大通文史资料》1990 年第三辑,第 146 页。
③ 天顺:《廖氏兄弟与裕丰昶》,《青海文史资料集粹·工商经济卷》,2001 年,第 162 页。

还担负着保证小农经济生产与再生产正常运行的职能。它的存在与发展,有利于弥补农民生产之不足,有利于城镇附近农民经济作物种植面积扩大和手工业商品化发展。在维系小农生产,活跃乡村市场,促进本地与外地之间商品流通和经济发展等方面发挥着积极作用。

上述寺院城镇和军事城堡还有少数县治所在皮毛贸易的引擎之下,很快聚集了相当规模的城镇人口,固定经营店铺增多,市场规模不断扩大,市场无论在上市商品数额或是经商人数等方面均达到了相当规模,并具有相当的消费、生产和批发能力,往往占据有优越的交通地理位置,是一定范围内协调商品交易的中心市场,是近代青海市镇市场体系的中级市场,中心市镇上连区域中心城市市场,下通基本集镇市场和农牧区集市,既是当地周边农牧区的商贸中心,对附近市场具有一定的支配力,同时又是一定范围内(一县或数县)的贸易中心和货物集散地。在商品流通中处于承上启下的重要位置,它的普遍兴起和发展对集镇市场的形成,乃至全省性统一城镇市场体系的构建具有重大意义。

第三节　集镇兴起及其市场发展

如前所述,由于各城镇商贸持续不断发展,在它们的辐射带动下,近代青海形成了以西宁为中心的全省统一性的城镇商业市场体系。各级城镇市场由高到低依次排列为西宁区域中心城市市场、中心市镇市场、基本集镇市场几个层级的市场。这些城镇市场作为近代青海城镇商贸的聚点,是一定区域范围内商人、商品、资金、技术、信息等流通主客体的聚集地和向外扩散、流转的中枢场所。它的存在为整个城镇商贸体系的构建提供了一个基本的空间分布框架。因此,它的数量多寡、规模大小、地域分布范围都直接影响着整个商贸体系的空间架构与运作绩效。有关城市市场西宁和中心市镇市场的数量,由于较少且已在上文有所交代,下面着重对处于中下层次的各级集镇市场的发展、演变情况做一概述。

一、集镇数量的增加

集镇作为连接城市与农牧区不可缺少的中间桥梁,它的发展状况一方面标志着一个地区的经济水平,而另一方面集镇的发展本身又反过来对整个社会经济起着直接的促进作用。青海地方性中小城镇(下文简称集镇)早在清前期就已出现,牧区几乎没有集镇,当时数量不多,分布区域也较为狭小,进入近代随着商品经济发展,集镇作为农牧区小都市,工商业已具备一定规模,其数量众多,分布之广,商品交换之活跃,业已达到相当之程度。因而,集镇数量的增长是一定程度上商品经济发展的反映。证诸历史文献,近代青海集镇发展情况与上述分析基本吻合。近代以来,青海集镇数量比清前期增加了多少,目前还缺乏系统、全面的统计数字,但从一些零散的历史文献中可以窥见其发展轨迹。下面对该地区近代以来集镇变迁进行动态考察,见表2-22。

表 2-22 各级集镇市场的发展、演变情况

时间	集镇情况		总计(约)(年)	
清前期	西宁、多巴、白塔儿、碾伯、贵德		5	
清末民初	西宁、多巴、白塔儿、碾伯、贵德、巴燕、群科、甘都、积石、威远镇、享堂、官厅、川口		14	
民国时期	西宁	1939年7月至1940年12月西宁设立集市22所	22	
	大通	城关镇、桥头镇、新城、后子河、衙门庄、长宁堡、苏家堡、哈州、暗门	9	
	化隆	巴燕镇、昂思多镇、群科镇、拉曲集镇、甘都、扎巴	6	
	循化	积石、白庄、街子、	3	
	门源	浩门镇、永安、黄城滩	3	
	互助	威远镇、大庄、哈拉直沟	3	68
	民和	享堂、马营、官厅、川口、古鄯驿、巴川、总堡	7	
	乐都	老鸦、高庙、碾伯、瞿坛寺	4	
	湟中	鲁沙尔、上五庄、镇海堡、拦隆口、多巴	5	
	湟源	城关	1	
	贵德	贵德、新街、康杨镇	3	
	同仁	隆务镇、保安镇	2	
	农牧区较大集镇	结古、都兰、香达、拉加寺、周筠、三角城、大河坝、察汗城、恰不恰、哈拉库图、琼科、鲁仓等	12	80

资料来源:据地方志、文史资料整理所得。

我们分时段估算了一下近代青海各地区的集镇数量,并在此基础上统计

出近代青海集镇的总体数目,对集镇在近代青海农牧区的发展有一全面整体的认识。由表2-22统计资料可知,清前期集镇数为5个,主要分布在河湟农业区;清末民初时增加到了14个,而且已经分布到了农牧交界的地区,分布范围比清前中期有了扩大;民国时期青海全省的集镇数大约已达80个,河湟地区包括农牧交界地区有68个,比清末民初时增加了54个,而且集镇跨过农区在牧区很快发展起来,共约有12个,集镇的分布范围进一步扩大,自然青海民间商贸的辐射范围也在不断地扩大之中。显然,集镇的数量并非固定不变,而是随着全省商品经济的发展和人口的增长而不断增长的。以上统计数字也能大致反映出集镇在近代发展的规模与速度,也基本上奠定了今天青海小城镇的基础。这充分证明近代以来在青海对外皮毛贸易和省内农牧区的民间商贸发展推动下,青海农业、牧业和手工业的商品化程度均有较大提高,市场需求的商品量大幅度增加,为集镇的兴起发展奠定了坚实的经济基础,这极大地促进了农牧区市镇的兴起与发展,各地区集镇数量均呈现上升趋势,其发展速度远远超过了清前中期,说明集镇发展是以商业为条件的;反之集镇数量的增加又为青海民间商贸的更大发展创造了条件。

表2-23　1931—1948年青海人口地区分布

地区占全省面积之百分比	东部地区(含今海东及西宁)		其他地区	
占全省人口之百分比及分布密度	占全省人口之百分比(%)	每平方公里人数(人)	占全省人口之百分比(%)	每平方公里人数(人)
年份 1931年	55.87	25.74	44.13	0.59
1936年	40.37	23.71	59.63	1.02
1940年	54.77	40.70	45.23	0.98
1943年	64.97	41.49	35.03	0.65
1944年	59.40	40.40	40.60	0.80
1945年	59.93	40.39	40.61	0.80
1947年	57.95	37.26	42.05	0.79
1948年	57.10	36.22	42.90	0.79
平均	56.23	35.74	43.77	0.80

资料来源:翟松天:《青海经济史近代卷》,青海人民出版社1998年版,第18页。

另外,结合表2-22和表2-23可以看出,民国时期在这80个以上的集镇中,各层次的集镇所占比重依次是:河湟农区约占79%以上,牧区占21%,集镇分布与人口分布密度成正比例关系,也同社会商品经济和商品流通的发展是成正比例关系的,人口较为集中的东部河湟农业区同时也是青海商品经济和商品流通较为发达的地方,集镇分布也较为密集;相反青海广大的牧区人口相对稀薄,商品经济和商品流通也不比东部地区,集镇分布自然稀疏,符合近现代青海经济发展省情。

新的县治集镇的建立。众所周知,由于商品经济有所发展,不仅市场化程度加深,而且必然促使交换场所扩大。为买卖交易这些货物,除城市市场外,还需要建立各种地方性的中小市场。

表2-24 1929年青海建省后新设的县治情况

时间	县别	治所	总计(个)
1929年建省前	西宁、乐都、大通、化隆、循化、湟源、贵德	各城镇	7
1929年	共和县	曲沟	
	门源县	浩门镇	
	玉树县	结古镇	
	同仁县	隆务镇	
1930年	民和县	上川口	
	互助县	威远镇	
	都兰县	都兰寺	13
1933年	囊谦县	香达	
1935年	同德县	拉加寺	
1937年	称多县	周笃	
1943年	海晏县	三角城	
	兴海县	大河坝	
1946年	湟中县	鲁沙尔	
1949年			20

资料来源:魏明章:《青海建省前后的行政建制》,《青海文史资料选辑》第九辑。

从表2-24可以看出,1929年建省前青海有7个,不少县的辖区偏大,建省后随着经济和人口的增加到 1949 年县份增加到了 20 个,其中西宁已经是县级市,县有 19 个。(详情请参阅文后附图)除了政治的需要,更多应该是社会经济的发展的必然结果,如在海西牧区"到民国三十二年,马步芳政权在都兰县设立了垦务局,青海东部地区前来开荒定居的汉、回族农民逐渐增多,行商也随之变为坐商,有几家小店铺,经营日用百货和收购皮张、羊毛等畜产品。"到了新中国成立初期,"随着畜牧业和农业的发展,无论在经商户数、资金和人数、商品种类等方面都有了大的发展。都兰已有皮毛、百货、杂货、五金、药铺、缝纫、饭馆、旅馆、理发等 11 个行业,五十二户,共有资金二十四万二千五百元。"①"常跑牧区的商贩中,久而久之部分逐渐发展为坐商,他们常年定居一地,把收购的畜产品运走,再运来各种货物。这种坐地买卖的商人,早年只有 1 户,1939 年发展到 47 户。"②

清末民初,随着皮毛贸易的兴起,民间商贸贸易的恢复及兴盛,集镇冲出了河湟农业区,进入牧区,如祁连县俄博"民国初年,市长二里许"③,另外"除西宁省治及原有七县与新设等县治不计外,尚有重要城镇。"如下:

(A)察汗城:在察汗托罗海之南,清道光三年,为控制番匪所建,青海办事大臣祭海时,召集蒙藏头目会盟于此,实旧时青海唯一之城池,今为互市之场。

(B)恰不恰:在果密之西,濒恰不恰河岸,附近田畴错列,渠水交流,汉人耕种于此者甚多。

(C)哈拉库图:在湟源县之西,地依日月山,为青海出入要隘。清乾隆时,筑城守备于此,为汉藏人民互市之场。前之贸易于西宁者,今渐趋于此。

(D)拉加寺:在黄河南岸,当黄河南蒙古四族贸易之中心,为果路克族购粮之孔道,形式扼要,垦地亦多。

(E)琼科:为和硕特南右翼后旗地,中贯湟水,西南滨海,沟壑纵横,山泉涌溢,可耕农田约有数十万亩,全境熟地,有数万亩左右,煤矿及森林谷物之出

---

① 该书编写组:《海西蒙古族藏族哈萨克自治洲概况》,青海人民出版社 1885 年版,第 68 页。

② 曹清景:《天峻的商贸活动概要》,《青海文史资料集粹·工商经济卷》,2001 年,第 316 页。

③ 王昱、李庆涛:《青海风土概况调查集·门源县风土调查记》,青海人民出版社 1985 年版。

产量甚多,诚海东之要区也。

(F)鲁仓:在贵德县之南,为藏汉杂居之地,亦互市之场,土地肥沃,水利亦便。①

这一时期青海集镇的大量兴起,有效沟通了附近农牧民与市场的联系。它不仅为满足小农和牧民衣食日用方面的各种需要服务,同时还担负着保证小农和牧民经济生产与再生产正常运行的职能。它的存在与发展,有利于弥补农牧民生产之不足,有利于集镇附近农民经济作物种植面积扩大和手工业商品化发展。这些集镇大多都是具备有商业功能的,是乡村和牧区的集中,它一方面紧贴着农村和牧区,经济、文化上与农村和牧区有着紧密的联系;同时,又是城市的基层组织,是城市与乡村联络的纽带。可见,集镇作为乡村和牧区小都市,是连接城市与乡村的中介,在城乡市场体系中处于基层的重要位置,同时它亦是大规模、长距离商品流通的基础(既是农牧产品输出的起点,又是农牧民日常生活品交换的终点)。通过它的连接沟通,城乡间乃至农牧区跨区域的物质交流才得以顺利实现。在维系小农生产,活跃乡村市场,促进本地与外地之间商品流通和经济发展等方面发挥着积极作用,故此当时的青海各集镇"沿途一切均较前整齐进步,在甘肃境内,处处现从前繁荣而今衰败之景象,至青海境,则道路修治,树木密茂,房屋新整,处处有新兴气象"②。

二、集镇市场——集市的发展与繁荣

集镇市场即集市的出现与繁荣,近代皮毛贸易兴起,青海封闭保守的自然经济逐渐解体,是民间贸易发展的必然要求和结果,这是因为集市既是农牧品输出的起点,又是农牧民日常生活品交易的终点,它依赖高一级市场销出其聚集的农牧产品,又将高一级市场运来的商品出售给农牧民,起着承上启下的作用,成为商品流通网络中的一个最基本的环节。集市是以地方定期交易为核心的经济流通方式,是沟通各地方经济联系的主要渠道。集市是农村、牧区、农牧区民众之间以及农牧民和商贩之间交易的立足点,是民间商贸的初级市场形态。集镇集市在其发展的过程中,出现了既有以满足农牧民基本生活所

---

① 青一:《筹办中央蒙藏学校青海分校计议》,《新青海》1934 年第 2 卷第 3、4 期。
② 马鹤天:《甘青藏边区考察记》,甘肃人民出版社 2003 年版,第 141 页。

需的,以调剂余缺为主要功能的乡村草市,也有以贩运贸易集散商品功能为主的综合性商品市场,甚至还出现了寺院、集、市三种类型集市并存的局面。这一方面体现出近代青海农牧区经济已不同程度地卷入了商品经济的发展潮流;另一方面也表明许多地区农牧区经济商品化程度的不甚发达,农牧民还只是在极为有限的范围内进入市场互通有无和交换,至于寺院集市的出现大多不是建立在专业生产基础上,而是在流通中形成的,且数量较少。众多民族地区的商品生产还处于从属、补充的地位,发展程度十分有限。

　　清前期,固定集市主要集中在河湟较大城镇中,如西宁有专门集市:"粮面市、菜果市、骡马驴市、柴草市、石煤市、石炭市。"[1]清后期,随着贸易发展、农村自然经济的解体、农牧产品的商品化,军事城堡内急需建立市集,如贵德河阴镇"军民商贾,咸称不便"。为了便于商贸的发展"经金事杨应琚、知府刘洪绪、所千总彭锟创设。每旬以三、八为期,一月六集,青跌白选,始有识者"。[2] 各城堡的集市很快发展起来,农牧民也"青跌白选,始有识者",并且很快适应了集市,专门的集市有:米粮市、菜果市、柴草市、骡马市、牛羊市、缨毛市等。[3] 到了清末民初时期,集市不在局限于较大城镇中,随着农牧产品的商业化,河湟谷地的集市也冲出城镇,随着集镇数目的增加集市数量也随之增加,有集镇就有集市,有集市就能发展成集镇,只要有便利的交通要道,适合贸易交换的地区都自发的形成了集市。如大通"本县的集镇有城关、塔尔湾、桥头(三六九逢集)、卫门庄(二五八逢集)等"[4]。湟中县"商业以塔尔寺所在地鲁沙尔最盛,其次,上五庄、多巴、平安镇也是较大的集市"[5]。化隆有昂思多"清末民初,昂思多集镇逐渐形成"[6],民和有官厅、马营,贵德,康杨,互助有威远等。而且此时集市规模扩大,商品结构和流通范围发生变化,功能完善是其

---

　　① (乾隆)杨应琚:《西宁府新志》卷九。

　　② (乾隆)杨应琚:《西宁府新志》卷九。

　　③ (康熙)李天祥纂,梁景岱鉴定:《碾伯所志》卷五,1959 年北京师范大学图书馆抄本打印本。

　　④ 中国科学院民族研究所、青海少数民族社会历史调查组编:《大通县回族社会历史情况》,《青海回族调查资料汇集》,1964 年。

　　⑤ 中国科学院民族研究所、青海少数民族社会历史调查组编:《湟中县回族历史调查报告》,《青海回族调查资料汇集》,1964 年。

　　⑥ 《化隆县志·地理乡镇·昂思多》,陕西人民出版社 1994 年版。

发展特点。就连远离河湟的牧区,因"各族亦无常设市场,其交易也,约有一定之时间、地点,略如内地乡镇之集会焉。"① 牧区"每个大的寺院一年中要举行两三次专门的宗教表演,寺院的周围迅速地出现集市"。② 可见牧区寺院举办的各种庙会、法会其实就起到了市集的作用,除较大的寺院城镇普遍建有庙会集市外,为了牧民交换的便捷,牧区围绕大小寺院普遍举行法会并自然形成集市,如"拉加寺在贵德县之西南,为河南蒙古族四旗贸易之中心。"③ 如民国初青海玉树地区设立的集市都是围绕各大寺院进行,"商人大半自结古来,各庙会时间不同,彼等每年各赶庙会"。④ 其商人和牧民会集的地点、时间见表2-25。

表2-25　商人和牧民会集的地点、时间

时间	寺院
旧历正月十二日至十五日	扎武新寨、竹节喀耐寺、迭达庄、觉拉寺
二月十二日至十五日	拉布寺、惹尼牙寺
三月二十八日至二十九日	结古寺、歇武寺、朵藏寺
四月初七日至初十日	称多东周寺
四月十八日至十九日	竹节青错寺
四月二十八日至二十九日	竹节寺
五月初七日至初八日	拉布寺
五月十四日至十五日	禅姑寺
七月二十七日至二十八日	陇喜寺
八月九月	结古大寺
十月初七日至初十日	班庆寺
十一月十五日	朵藏寺
十二月十三日至十五日	新寨

资料来源:周希武:《玉树调查记》下册,民国九年上海商务印书馆排印本,第29—30页。

---

① 周希武:《玉树调查记》上册,民国九年上海商务印书馆排印本。
② [比]Louis Schran 著,李美玲译:《甘青边界蒙古尔人的起源、历史及社会组织》,青海人民出版社2007年版,第183页。
③ 黎小苏:《青海喇嘛教寺院》,《新亚细亚》1933年第5卷第4期。
④ 马鹤天:《甘青藏边区考察记》,甘肃人民出版社2003年版,第406页。

鉴于集市在繁荣地方经济中有着极其重要的作用,故到了民国后期,引起了政府的极大重视和关注,采取一定的措施巩固扩大集市。"马步芳以省主席的身份巡视了化隆、循化两县。他认为甘都地处化隆、循化和同仁三县交通要道,便以繁荣农村经济,便利民众贸易为名,决定在甘都成立集市","嗣后,以此为契机,青海省政府先后在西宁县境内的后子河、多巴、邦吧、平绒驿、大通县桥头、互助县张其寨、贵德县康杨镇、乐都县城、高庙、瞿坛寺设立集市"。① 这一时期有的集市设在中心城镇、寺院城镇、军事城堡、寺庙附近,有的则自发的产生于交通要道并逐步向小城镇发展,集市一般都在回族商业社区内,有些城镇集市就是回族商业区。共筹建集市 90 多处。

集镇市场即集市商业日益繁盛表现在两个方面:

1. 商人增加,赶集的农牧民众多,成交量大

首先,集市定居的商人越来越多,坐商已成为集镇上的主要社会阶层,固定商铺的增多,说明集市交易已突破逢集交易的方式,贸易变得经常化,对乡村经济的影响力增大。"民国十五年(1926 年)左右,随着集市的活跃,马营集镇也日趋繁荣,时有固定摊贩 40 余户,粮食市场 2 处,水磨 25 盘,油坊 6 盘,车马店 7 处,肉铺 4 座,醋坊、酒坊、药坊、粉坊、糖坊、皮坊等 57 家,翻砂 1 处,铁匠铺 3 家,银匠 1 家,饭馆 40 余家,渊发明、敬心意等商号 10 余家。每逢集期特别是春节期间,山陕客商办灯会及各种文娱活动,又把集市推向高潮。"②

如湟中上五庄集市"系回族聚居区","该地共有商业手工业 130 户,其中回族为 112 户"③。民和县"民国三十年(1941 年)全县私营商号 70 多户,在民和及附近地区影响颇大……马营有保德堂、同心永、魁盛源、天成元、天兴魁、四盛涌、敬信义、渊发明、四盛合、隆盛合、德成泰、益厚丰、元合堂、三益泰、天兴成等;享堂有三鑫昌、协盛源;巴州有元泰堂、福元堂等;古都有三义泰、三顺合、瑞生祥、四盛涌等;总堡有春发祥等"。④ 官厅集市,"街上有坐商丨来

① 程起骏、毛文炳:《青海解放前一些地区的集市贸易》,《青海文史资料选辑》第十七辑。
② 《民和县志·商业·集市贸易》,陕西人民出版社 1993 年版。
③ 中国科学院民族研究所、青海少数民族社会历史调查组编:《青海湟中县回族社会历史调查报告》,《青海回族调查资料汇集》,1964 年。
④ 《民和县志·商业》,陕西人民出版社 1993 年版。

家,经营多种买卖","坐商以汉民、回民居多。除回民外,土、汉坐商都是半农半商"①藏区腹地随着牧业区回、汉移民的增多,也出现了不少的坐商,如海西的察汗乌苏、香日德、茶卡、宗家、巴隆、南柯柯等,共有 80 多家,从业 156户。② 果洛牧区"墨桑街市因为藏区之一商业区","共有百余户,回民约四十余户,汉民二十余户,均经营商业"。③ 回族居民达到一定数量就要修建清真寺,于是围绕集市许多清真寺很快在这一历史时期修建起来,无不说明民间商贸的兴盛。

除商人增多外,赶集的农牧民众多,成交量大。如上五庄民国初期"有直通青海之路,海北蒙古出入内地,皆取道于此,每年运来皮毛达 300 万斤"④,到了民国中期"上五庄邦吧集市,于农历二月初九开集,赶集的人有 3 万多,参加集市贸易的商贩摊点共有 160 多家,营业总额有 8 万元之多"。⑤ 甘都集市在"西宁至临夏公路旁的牙鲁乎村,专门修建了一条长半华里的街面,从西至东,依次为杂货、柴草、粮食、瓜果、骡马等市。该集开办以后,甘肃大河家、韩家集等地的民众也前来赶集"。⑥ 在循化撒拉族聚居区各集镇市场"循化地区有积石镇、白庄、街子等地区性的镇乡集市贸易市场。这些集镇在每年三月至五月、九月至十二月的商业旺季,每到集日,赶集的人多至千人以上,交换的商品有粮食、牲畜、蔬菜、工具、布匹、日用品等。在集市上,农民卖出自己的农副土特产品,购进自己需要的生产、生活用品"。⑦ 如循化最大的集镇白庄"每年以三月至五月和九月至十二月为商业旺季,赶集的多达千人,平时也有一二百人"。⑧ 再如"平戎驿集市,开集第一天,就有 2 万多人。当天成交总值为法币 117514 元"。"除交易骡马外,尚有土特产品、日用百货、粮食果菜、东沟煤

① 青海省编辑组:《青海土族社会历史调查》,青海人民出版社 1985 年版。
② 青海省档案馆存:《青海省志档案材料》。
③ 绳景信:《果洛及阿瓦记》,《边政公论》1945 年第 4 卷第 4—8 期。
④ 1951 年元月财经工作组:《上五庄经济调查材料》,载翟松天:《青海经济史近代卷》,青海人民出版社 1998 年版,第 246 页。
⑤ 程起骏、毛文炳:《青海解放前一些地区的集市贸易》,《青海文史资料选辑》第十七辑。
⑥ 程起骏、毛文炳:《青海解放前一些地区的集市贸易》,《青海文史资料选辑》第十七辑。
⑦ 该书编写组:《循化回族自治县概况》,青海人民出版社 1984 年版。
⑧ 青海省编辑组:《青海省回族撒拉族哈萨克族社会历史调查》,青海人民出版社 1985 年版,第 91 页。

炭等。"①庙会集市也是如此,如平安集镇集市"每年农历八月十五日,在关帝庙有一个庙会,热闹非凡。有唱戏的,有外地来经商、卖艺的,有刷洋片的,吸引四乡村民前来赶会。"②还如塔尔寺灯会之时,"青海各县,如贵德湟源西宁等处的商贩与农民等,亦莫不络绎而来,寻觅适当地点,以出售所带来的物品……布满全街,任人购备,争相论价,人声鼎沸,极喧嚣热闹的景象。"③1926年时,结古镇市场辐射的拉休寺庙会集市"商场在寺外旷野间,皆插布帐,约三四十家。据云往年在百家以上,凡草地畜牧之藏民,皆携狩猎所得之鹿茸、麝香、兽皮以及畜产品之羊毛、牛皮、酥油等,不远千里而来,出卖各物后,买茶叶及日用品而归……遍览各商品,以布匹、茶叶、妇女装饰品、喇嘛用品等为最多,多为印度货或日本货"④,同年五、六、七三个月由各小寺院集会(市)汇集于结古镇,并通过结古镇分销各小寺院集会(市)的商品输出输入量概况见马鹤天先生所列表2-26和表2-27。

表2-26　三月来输出主要货物平均

物价名称	数量	单位平均价(元)	总价(元)
牛皮	3120 张	1.40	4368.00
狼皮	375 张	5.00	1875.00
沙狐皮	2775 张	2.00	5550.00
金银豹皮	9 张	30.00	270.00
羔皮	16200 张	0.30	4860.00
水獭皮	3 张	20.00	60.00
羊皮	3800 张	0.66	2508.00
狐皮	144 张	7.00	1008.00
马	324 匹	65.00	21060.00
牛	268 头	10.00	2680.00
牛尾	600 个	0.333	199.80

①　《平安县志·集市贸易》,陕西人民出版社1996年版。

②　陈怀玉:《我所知道的平安镇个体经营情况》,《青海文史资料集粹·工商经济卷》,2001年,第347页。

③　穆建业:《塔尔寺及其灯会》,《旅游杂志》1932年第6卷第10期。

④　马鹤天:《甘青藏边区考察记》,甘肃人民出版社2003年版,第406页。

续表

物价名称	数量	单位平均价（元）	总价（元）
羊	14 头	3.00	42.00
虫草	150 斤	5.00	750.00
麝香	30 个	10.00	300.00
干鹿角	2100 斤	0.83	1743.00
鹿茸	70 斤	60.00	4200.00
虎骨	38 斤	80.00	3040.00
羊毛	1100 斤	0.13	143.00
合计			52987.80

表 2-27　三月来输入主要货物平均

物价名称	数量	单位平均价（元）	总价（元）
庄斜布	7200 丈	2.00	14400.00
氆氇	162 根	15.00	2430.00
茶	163780 斤	0.68	111370.40
大米	760 斤	0.475	361.00
纸烟	450 条	4.00	1800.00
藏糖	54600 块	0.04	2184.00
青油	200 斤	1.00	200.00
生铜器	2700 斤	0.50	1350.00
白盐	14400 斤	0.02	388.00
烧酒	200 斤	1.00	200.00
冰糖	450 斤	0.08	360.00
粉条	135 斤	1.64	221.40
麦面	21300 斤	0.80	2834.00
青果	4000 斤	1.33	5320.00
颜料	950 斤	1.00	950.00
各种纸	80000 张	0.02	1600.00
铁器	5600 斤	0.40	2240.00
桂子皮	1200 丈	3.00	3600.00
加子呢	1800 丈	6.00	10800.00

物价名称	数量	单位平均价（元）	总价（元）
鼻烟	8600 把	0.05	430.00
青蓝纸	7200 把	0.26	1872.00
玻璃	150 块	2.00	300.00
藏枣	1440 斤	0.20	288.00
哈达	7800 斤	0.17	1326.00
卡网	350 丈	3.40	1160.00
土碱	85000 斤	0.08	6800.00
甘草	2900 斤	0.40	1160.00
在绒毯	5 驮	200.00	1000.00
合计			1777010.80

资料来源：马鹤天：《甘青藏边区考察记》，甘肃人民出版社 2003 年版，第 291 页。

由表 2-26 和表 2-27 可知，各小寺院通过结古镇输出商品以皮毛、药材为大宗，输入商品以粮食和日用百货为大宗。而且"以上所列，皆就大者而言，其他输入之零星杂货、玩具、药品等，尚未统计在内"。① 虽然当时的玉树为边陲小镇，而且商贸买卖并没有铺面可言，然"结古为玉树二十五族走集之地"，更是各小寺院集会商品交易之后的汇集之地，就从三个月的交易中入超达 10 余万元之多看，不得不让人惊叹当时各小寺院集市商贸的繁荣和市场活跃。

2. 集镇市场商品结构的变化和商品流通范围的扩大

清末民初，随着皮毛贸易的升温，青海农牧区被纳入世界资本主义市场的体系之中，这块既封闭又神秘的高天厚土逐渐成为毛原料的供应之地和洋货倾销之地，并在其带动刺激之下，青海的私营商业迎来了它的黄金季节，集市随之产生扩大，集市上洋货、藏货等商品开始大量输入，本地的土特产品也被开发利用成为商品进入集市，逐渐使青海集镇集市商品结构发生了变化。如清末集镇集市上的洋商品开始输入，并逐年增加；如清末通过在丹噶尔城出售到集市上的洋货有"洋铁锅、洋火、洋颜色、洋纱、洋伞、洋巾花边、洋胰、洋药

---

① 马鹤天：《甘青藏边区考察记》，甘肃人民出版社 2003 年版，第 293 页。

水、洋刀剪、洋瓷漆盘"①;如从西藏输入的"藏货每年由藏商运来,共约千余包;其中氇氆居十分之五,藏香居十分之二,药材如藏红花为数最少,余如藏茜、藏枣、奶桃之类,共约十分之三"。② 随着贸易的发展、交通条件的不断改善,以及"藏客"的加入及增加,藏货中有了从印度转入的洋货,如青海玉树结古集市上"洋瓷器(菜盒、锅、碗、(钟)[盅]勺之类,皆自印度转来)、洋斜布、洋缎、洋线、鱼油、蜡、纸烟(以上六件皆印度货)",还有自印度转入的俄货"帼子皮、呢绒布、坎布(以上三件皆俄货)"③。洋货充斥各集市,当地土特产品的商品化,改变了集市商品结构比例单一的局面。另据丁明德《拉卜楞之商务》一文中每年输入主要货物平均额一表的数据,可看到拉卜楞主要输入商品的总价值为440305元,其中粮食类为146495元,占其总值的33.28%;茶类为119080元,占其总值的27.04%;布类为73680元,占其总值的16.73%;其他主要输入商品,包括青盐、青油、纸张、黄烟、瓷器、糖类、纸烟、铜器为101050元,占其总值的22.95%,而且"以上所列皆就最大者而言,其他输入之零星杂货玩具、药品、菜果等项,不下十万元。"④这充分证实了近代以来青海牧区所需商品品类繁多,商品需求结构向多样化发展的趋势。历来以茶为输入商品之大宗的局面,逐渐变为以粮食、布为大宗的局面,它们的比重超过了50%,茶虽然依然占有相当的比例,但其垄断商品输入的局面已被打破。这反映出牧区对农耕区的产品依赖从单一向多样性的方向不断发展,且强度不断加大的趋势,也反映出其消费结构的变化在不断加大和深化。

表2-28 1906年输入丹噶尔城再分销于牧区集市的外来商品种类、数量情况

名称	数量	价格(元)	金额(元)	输入地区
洋布	5000匹	6.00	30000.00	来自天津、西安等地,多数销往牧业区
土布	1000卷	25.00	25000.00	来自陕西三原,多数本境穿用
茯茶	1万封	2.00	20000.00	来自内地,多数销于牧区

---

① (光绪)张庭武修,杨景升纂:《丹噶尔厅志》卷五。
② (光绪)邓承伟修,来维礼等纂:《西宁府续志》卷十。
③ 周希武:《玉树调查记》上册,民国九年上海商务印书馆排印本。
④ 丁明德:《拉卜楞之商务》,《方志》1936年第9卷第3、4期。

名称	数量	价格（元）	金额（元）	输入地区
洋缎	400 疋	8.00	3200.00	售于牧区约一半
羽绫	100 疋	6.00	600.00	全销于牧区、省外
佛金	100 万张	0.002	2000.00	牧业区寺院用
铁锅	1000 口	1.50	1500.00	多数来自山西，半数以上售于牧区
铁	1 万市斤	0.10	1000.00	来自陕西汉中，本境铁匠加工用
铜器	2000 斤	0.50	1000.00	多销于牧区
大米	100 石	30.00	3000.00	自宁夏、甘州、凉州运来
瓷器	100 担	60.00	6000.00	每担 240 斤，下同，多数销于牧区
药材	30 担	40.00	1200.00	各省运来，本县中药铺用
纸张	200 担	40.00	8000.00	主要为大小山纸和草黑纸
靛青	5000 市斤	0.60	3000.00	本境染房染布用
麻	10000 市斤	0.10	1000.00	本境用
杂货	300 担	—	30000.00	书籍、棉花、针、线、火柴、调料、海菜等
其他	—	—	9400.00	—
合计	—	—	145900.00	—

资料来源：《湟源县志·商业》，陕西人民出版社 1993 年版。

　　本地商品利用开发，首先就是"西宁毛"，早在"一八八一年以前，青海羊毛的商品率和利用率都很低，除少量羊毛被蒙古和藏族牧民用来搓绳、编织帐篷、制毡等外，用于交换的为数很少，绝大部分听凭羊只自行脱落、腐化变质"①。到了 19 世纪 70 年代，青海羊毛被外国资本家发现，很快打入国际市场，清末在丹噶尔"每斤时价二钱"。还有"青海的猪鬃，由于地处偏僻，工业、交通落后，不知其用，长期废弃。约民国初年，始由湖北黄陂县商人，开始在西宁收购，兼收鹿干角、牛尾、马尾、马鸡尾等，逐步成为'庄口'。随着收购猪鬃的信息传播，民间也开始收集猪鬃，也具有一定规模。随后，从湖北相继流入

---

　　① 任斌：《洋务运动时期的青海工商业》，《青海民族学院学报》1983 年第 3 期。

青海收购、经营猪鬃的商人日渐增多"。"在解放前 20 年左右时间里,猪鬃业的经营一直保持着比较稳定的局面,全省每年的收购出省量一般在 7000 斤至 8000 斤左右。"① 另外,青海湖的湟鱼这时也被商品化,走上了集市,早在清末"鱼产于青海,名曰'湟鱼'。冬夏两季取之,以售于西宁、兰州一带",② 如 1906 年运销到丹噶尔市场的湟鱼为 20 万尾,市价为每尾 0.04 两白银,共 8000 两。③ 到了民国初期,湟鱼"产于青海,无鳞,而背有斑点,故又名无鳞鱼。每年冬至前后,由蒙古人捞取到丹城出售,销路最广"。④ 到了民国中后期,由于市场的大量需求,"湟源县城逐成为湟鱼集散市场,鱼行、鱼店应运而生。捕鱼为冬夏两季,冬季为冰鱼,夏季为干板鱼、冬鱼捕捞大于夏季,两季年上市两约 20 万条左右。除本地食用外,主要运销西宁、甘凉、兰州等地"。⑤ 门源回族的特色产品奶皮也进入集市"酥油奶饼(以犏牛奶乳制成,俗呼为奶皮)获利亦多"⑥。

清末民初,不仅集市的商品结构发生了深刻的变化,同时商品流通的范围也在不断地扩大。集市数量的增加,意味着集市的密度的增大,即每一个集市的交易面积和交易半径相对缩小,这样农牧民赶集的路程也就缩短了,这样对商人来说就有更多的经商机会,也可以到更远的集市交易,交易范围反而扩大了,相应商品流通的范围也在不断地扩大。到了民国中期市集已经深入到了青海藏区腹地,如都兰县"外来回汉商人,皆来自西宁、湟源一带,夏季携蒙番必需之物如茶、烟、酒、布、针、线、糖等入境,往各帐贩卖,及冬时则收各类毛皮及鹿茸、麝香等以归,年只一次输出之品,以羔皮、羊毛、狐、狼、熊、豹、野牛皮、麝香、鹿茸为大宗"。⑦ 清前期,河湟农业区不仅集市少,而且多为一乡一地的贸易中心,交换方式也很简单,虽有商人的介入,但商品交换一般不是为卖而

———————————

① 张志珪:《解放前青海经营猪鬃的一些情况》,《青海文史资料集粹·工商经济圈》,2001年,第 465 页。

② (清)康敷镕:《青海记》,王昱主编:《青海方志资料类编》,青海人民出版社 1987 年版,第 331 页。

③ 《湟源县志·商业》,陕西人民出版社 1993 年版,第 275 页。

④ (光绪)邓承伟修,来维礼等纂:《西宁府续志》卷十。

⑤ 杨生祥:《湟源牙行漫谈》,《湟源文史资料》1997 年第四辑,第 37 页。

⑥ (光绪)邓承伟修,来维礼等纂:《西宁府续志》卷十。

⑦ 林鹏侠:《西北行·美哉都兰》,宁夏人民出版社 2000 年版,第 136 页。

买而是为买而卖,农民通过市场出卖自己的产品,然后买回自己必需的生产、生活用品。这种交易充其量只能算是农民之间或农民和手工业者之间的余缺调剂,产品无法向更远的地方流通,也没有超出河湟谷地农业区。同样,农牧区的牧民当时交换不仅受到清廷的严格定点控制,而且目的只是为了得到最基本的生活物资,农业区的商品无法畅通地流向藏区。清末民初,集市兴起于农牧区,不仅有了一定数量固定的坐商,还有了一定数量的行走于各集市之间的行商,他们开设店铺,出卖洋货及收购农牧产品,或从事贩运活动,把农牧产品运往各城镇,再汇集于西宁,然后购回农牧民需要的生活日常生活物品。如民国初年在民和官厅集市"三川的官厅街上汉回坐商很多,经营各种买卖,只有两三户经营布匹、杂货的土族商人。此外有个别做小贩的,把本地出产的酥油、核桃、毛毡、花椒等挑到兰州出卖,买回瓷器、旧衣等专卖本地土民"。① 再如化隆甘都"该集开办以后,甘肃大河家、韩家集等地的民众也前来赶集"②,这样在商人经济活动的促动下,集市的商品交换更是突破了区域界限,而与外界发生了密切的联系。

集市的贸易活动还间接地参与了国际商品大流通。如"三十年代以来,循化市场上的外国货都转运自天津、汉口等地,以布、棉线、火柴、装饰品等为主,以后输入从西藏进口的英国货,有斜纹布、糖、锅等。这些货主要靠河州大商人,做羊毛生意,以布匹等倒换。他们把羊毛运往天津等地,再买洋货运到河州、循化来。"③再如在玉树结古镇"有日本货,如洋线、玩具、装饰品等,有英、意货,如呢绒、布匹等,有德国货,如刀、锅、金属器等。所谓藏红花者,亦由印度来,甚至有印度鸦片"。④ 我们把各集市的出口贸易品和进口贸易品稍作整理就一目了然。

---

① 青海省编辑组:《青海土族社会历史调查》,青海人民出版社 1985 年版,第 18 页。
② 程起骏、毛文炳:《青海解放前一些地区的集市贸易》,《青海文史资料选辑》第十七辑。
③ 青海省编辑组:《青海回族撒拉族哈萨克族社会历史调查》,青海人民出版社 1985 年版,第 87 页。
④ 马鹤天:《甘青藏边区考察记》,甘肃人民出版社 2003 年版,第 458 页。

表2-29　各集市的出口和进口贸易商品

出口	进口
西宁毛、大黄、鹿茸角、麝香、羊羔皮、驼绒、冬虫夏草、黄金	洋布、洋缎、洋铁盆、洋火、洋烟、洋纱、洋伞、洋巾花边、洋胰、洋药水、洋刀剪、洋瓷漆盘、洋瓷器(菜盒、锅、碗、勺、钟、盅之类)、洋斜布、洋线幮子皮、呢绒布、坎布

资料来源:根据《青海方志资料类编·商业贸易》整理。

　　从表2-29出口商品和进口商品种类可看出,河湟集市上的商品在河湟谷地或藏区—河湟—中原的区域或国内流通,已经转变为汇集到中心城镇从而转入国际市场,这样,集市便纳入了各通商口岸为中心的商品流通体系之中,成为国际商品流通体系最底层的一部分。

　　综上所述,我们认为前近代在商人没有大规模介入交换活动之时,集镇市场上的交易基本是使用价值交换,其职能主要是品种调剂和余缺调剂,具有满足供给与需求的经济功能。交易的商品仅局限于地方小市场,市场狭小,交易量有限,属于商品性生产的商品较少,主体是自给性生产中自用有余部分,因而集镇市场配置资源的功能受到很大局限。在此情况下,集镇市场虽已初步呈现一定的层级结构,但受交易数量规模、交通运输状况和生产方式的制约,各级市场间的联系还较为松散。如上节所述,近代,伴随着外省客商大量进入和农牧区社会经济的发展,商品经济成分增多,特别是羊毛贸易兴起后所导致一系列变化,集镇数量和规模不断扩大,商品流通逐渐突破狭小范围。一些集镇在具有"保障供给"功能的基础上,其作为"商品集散市场"和"生产基地"的功能亦日渐突出,转变为中心市镇,由此形成了等级严密的市场结构体系。这使得商品流通量和种类发生剧变,农牧民自给性生产下降,商品性生产渐增,集镇突破了地方市场的局限逐渐与国内甚至国际市场联系在一起,成为全省性城镇商业市场体系中的一个重要基本环节。可见,近代以来青海农牧区的许多集镇不仅是本地各民族贸易的中心,而且还是各种货物的集散地。集镇功能亦由此发生了重要变化,除满足小生产者的基本需求外,在区域市场体系中成为集散物质,发挥资源配置功能也日益突出。商品的变换和流通也逐渐突破地域限制,形成了商品由农牧区集市→←基本集镇→←中心市镇→←城市市场的双向流动机制。集镇经济由封闭型开始向开放型市场过渡。这样,近代青海各地区集镇市场间经济联系日趋紧密,逐渐连成一体,形成了自己的市场体系。集镇市场由于加强了集镇与集镇、集镇与农牧区之间的联系,扩大了商品市场,因而集镇作为地区经济中心的作用也随之增强。同时,集镇市场借此亦作为一个整体融入到以西宁为中心的城镇商贸体系当中,最终致使城乡各级市场体系日益凸显,构成了整体性发展的城镇市场网络。

市场是商品经济运行的载体。它不仅是商品经济发展的重要条件,而且包含着商品经济发展的全部内容。我们从近代以来青海农牧区城镇市场的发展概况,可以把握近代青海城镇商业经济发展的水平、趋势及地区间纵横经济联系的状况。由上观之,毫无疑问,近代青海大中小城镇的商业经济较之过去均已有了长足的发展。特别是近代以来由于各级集镇市场的蓬勃发展,对带动青海农牧区商品经济发展和促进青海城乡统一商品市场的形成起了很大的作用,逐渐在青海地区形成了一个层次结构分明且组织严密的集镇市场体系。它们作为商品流通中的重要一环,上连大中城市,下通广大农牧区,由此在全省范围内与大中市镇共同构建起了一个相当完备的城镇商业市场体系。开放性是该市场体系的最大特点,它使整个青海与外部(包括省外、国外)的联系日趋紧密,逐渐成为全国统一市场的一部分,它的有效运作对近代青海这一少数民族聚集大省的经济开发产生了深远的影响。

第三章　城镇商贸与农牧民社会经济的变迁

伴随着城镇商贸的不断扩张和兴盛,民间商贸在青海各民族地区开展起来,在城镇市场与商人资本的运作下,越来越多的农牧民融入民间商人所构建的这一城镇商贸体系中来。农牧民日常的生产生活与外部的区域中心城市市场间的联系越来越紧密。不仅使原有融于一体的生产与消费发生分离,其社区内部出现了商品交换和商品市场,而且还导致各民族社区内部滋生了一个谋求经济利益且日益壮大的交易者群体。原有的职业开始出现分化,更体现了其内部结构对商业贸易的容纳。各民族间的经济文化交往也在日益增强,实际上给予青海各民族的产业结构、从业结构和社会生活由传统迈向近代化带来了机遇。同时城镇民间商贸的扩张也为近代青海各民族经济成长提供了一定的空间,有力地推动了民族地区的经济开发和社会变迁。

下面我们分三节,进一步全面揭示近代青海城镇商贸对农牧民社会经济所产生的影响及其绩效。

第一节　河湟城镇商贸促进各民族的和谐共生

从上文可知,清末民初,作为商品集散和销售地的各级城镇新兴市场迅速发展起来,河湟城镇市场逐渐成为青海各民族经济交往与融合的重要载体与场所,外来商品通过城市市场经中心市镇运往各集镇、寺院集市,销往当地农牧民手中,而各民族农牧民的土特产品则通过这一渠道沿着相反方向流向城市市场再转运外省和国际市场。这样就以乡村和城市与牧区和城市市场为两头,以集镇作为交易中介,河湟地区初步形成一个商贸圈。河湟商贸圈随着该地区市场网络体系的完善和外货入侵,特别是跨农牧、省际、国际贸易的运作,又被整合纳入了以省会西宁为中心的全省性统一的城镇商业网络中来,作为一个整体与国内其他区域市场(如西藏市场、内地市场等)乃至国际市场相衔接,这样河湟城镇市场以其强大的辐射、聚集功能对所在区域的各民族经济开发产生了重要影响。由于近代河湟地区是汉、回、土、藏、撒拉等族杂居的地区,且各民族农牧民杂居分布在乡村,大城市只有西宁,因此与他们生产、生活发生直接联系的主要是大城市下面的中小城镇。具体而言则包括中心市镇在内的各级集镇市场。因为在近代河湟大多县城并非城市,主要还是仅具备有集镇的规模,可视为规模较大商业经济较繁荣的集镇。我们一般将它纳入中心市镇来看待。这类集镇"在商品和劳物向上下两方的垂直流动中处于战略性地位,具有重要的批发职能"。① 近代河湟地区集镇一般都建立在县、乡经济文化中心,集、镇结合,或是因镇设集,或是有集而成镇。这些中小城镇人口密度较大,交通较为方便,各民族杂居,政府的行政机构也往往设在镇上。以上这些因素使集镇很容易成为周边各民族聚集和交流的中心场所。由此可知,近代河湟以集镇为代表的中小城镇的发展对当地各民族的经济文化生活产生了重大影响,有力地推动了各民族间经济交往与地区经济开发,因而下文将主要围绕各级集镇市场,探讨其作为特定区域内民族经济交往与融合的核心场域是如何推动所在地区民族经济开发的,这种功能与作用从以下三方面进行论述。

一、促进了各民族间的经济交往与融合

处于农牧过渡地区,各民族出于生存需要,必须从农区和牧区获取财物以补充其生产的不足,即要与其他民族共同体进行交换,这些"商品交换是在共同体的尽头,在它们与别的共同体或其成员接触的地方开始的"。② 这个所谓的"地方"即是我们这里指的集镇市场。波拉尼(PoInayi)在研究中指出,开始于共同体外部的商品交换不会无条件侵入共同体内部,转化为其内部的交换形式。为了防止共同休内部均质性免受外部异质性侵蚀,共同体将外部的商品交换严格地限制在被制度化的"贸易港"(Port of Trade)中,因此共同体的外部交易(ExternaI Trade)作为一个交易系统与其内部(IntenraI Trade)存在着本

---

① 施坚雅:《中国农村的市场和社会结构》,中国社会科学出版社 1998 年版,第6—8 页。
② 马克思:《资本论》第 1 卷,人民出版社 1999 年版,第 106 页。

质性差异,也使得共同体之间的民间自由贸易无法大规模展开。① 河湟地区作为一个农牧过渡的多民族聚居地,分布有汉、回、藏、土、撒拉等多个民族。其中汉族几乎是一个纯农业民族。回族、撒拉族是信仰伊斯兰教的以复合型经济为模式,以商业为特点的生产方式的穆斯林群体民族。还有以藏族为主体民族包括土族在内的以典型的农牧兼营生产方式为主的信仰藏传佛教的民族群体。马克思、恩格斯曾经说过:"一个民族与其他民族,一个地区与其他地区之间的整个内部结构都取决于它的生产力及内部和外部交往的发展程度。"②并对城镇在促进民族经济交往上的作用给予了高度的评价:"这些最初的,颇发达的商业城镇和商业民族的商业,是作为纯粹的转运贸易建立在生产民族的野蛮状态基础之上的。这些商业城市和商业民族对这些生产民族起着中介人的作用。"③可见,民族间的经济交往与民族经济发展有着必然的关系。清末民初以来,伴随着商贸发展,各级集镇市场不断的拓展,集镇不仅加强了城乡之间的经济交流,而且也成为汉、回、藏、土、撒拉等各民族进行经济交往的中介场所。集镇为民族地区土特产品收购点和外来商品的销售点。

河湟各民族在前近代长期是农牧分治的,历代的统治者制定"茶马互市"④限制农牧民之间的商贸交往,它起源于唐宋,发展于明朝,衰落于清朝。宋初在熙河(河州)设立"提举茶盐司"以茶换马以备军用。明朝,西北地区"茶马互市"空前繁荣,当属历史上的黄金时代,明洪武年间,中央政府在秦州(天水)、河州、洮州(临潭)设立"茶马司",之后有撤销远离甘、青的秦州"茶马司",改设西宁、河州、甘州、洮州四个"茶马司"与西北诸族进行"茶马互市"。⑤

明代在西北建立茶马司是与其军事防御相配套的一种政治谋略手段。嘉靖时期巡茶御史刘良卿说:"陕西设立茶马司以收茶易马,虽以供边军征战之

---

① [日]粟本慎一郎:《经济人类学》,商务印书馆1997年版,第5—7页。

② 《马克思恩格斯全集》第1卷,人民出版社1972年版,第253页。

③ 《马克思恩格斯全集》第25卷,人民出版社1979年版,第369页。

④ "茶马互市"是对历史上西北农牧贸易的统称,茶不单纯指生活饮用茶,而是泛指中原汉地其他农产品和生活用品;马也不仅指民用和军用马,而且也包括清藏牧区的羊毛、牛皮等畜产品。

⑤ 刘郁芬修,杨思等纂:《甘肃通志稿·军政六互市》;王昱主编:《青海方志资料类编》,青海人民出版社1987年版,第275页。

用,实及番夷归向之心。"①故而明代茶马之法较完善,任何个人是不得染指茶马贸易的,民间贸易要被取缔,"私茶出境者斩关隘不察觉者处以极刑"。② 实际上,严刑峻法并没有禁止民间的正常贸易,到永乐初年已是"茶禁已销弛,多私出境"。此时,明王朝对民间"茶马互市"采取默许的态度。此后茶禁时紧时弛,无一定制。弘治三年(1490 年),明廷接受御史李鸾的建议,允许西宁、河州、洮州三"茶马司"招集商人运茶,只是规定每位商人运茶不得超过3000 斤,其中官府收缴其中的40%,剩余的部分则由商人自行出售③,这实际上承认了民间贸易的合法化,"茶马互市"的"民市"也就名正言顺地有了一席之地。明代"西宁诸番旧例中茶买卖皆许进城","生番如牛羊毡毛之类,俱听属番引领至城,两平交易"④,牧民已经开始徒步远行到农牧边界中原王朝指定的"茶马司"市场与农区的各民族进行交易,出卖畜产品,以换回茶等生活必需品。清朝幅员广大,前期国力强盛,将整个藏区纳入到统一的多民族国家之中。马匹易得,用不着设立"茶马司"以茶易马,控制蒙番,于是在雍正十三年(1735 年)停止"茶马互市",沿袭千年的官方专营的"茶马制度"的种种限制被取消,给民间自由贸易的发展带来了新的机遇,从而民间群众性的商贸迅速崛起。民间贸易的自由促使河湟回族人掀起向青海东部高原移民的高潮,人口不断增加,于是在湟水谷地涌现出了西宁、多巴、白塔儿(大通县城关镇)、丹噶尔(湟源)等新兴的回藏商业城镇⑤,清中前期杨应琚在《为边口亟请添驻县佐以资治理议》中讲:"查西宁暗门外之丹噶尔地方,即令准噶尔夷使贸易之东科尔。距府城九十里,路通西藏,逼近青海,自移多坝市口于此,为汉、土、回民,并远近番人既蒙古往来贸易之所。"⑥农牧区交易点上这些城镇市场便承担起出售外共同体商品的"贸易港"职能。可见靠近河湟游牧区内部以及农区广大地区没有一个商品交换的固定场所,河湟的无论农耕民族还是游牧民族主要是到城市集市场进行贸易。于是,河湟各民族早期交易作为

---

① 《明世宗实录》卷一八八。
② 《明世宗实录》卷一八八。
③ 《明史·食货志》。
④ 转引自杨景福:《青海商业志》,青海人民出版社 1989 年版,第 93 页。
⑤ 参见勉卫忠:《清前期河湟回藏贸易略论》,《西北第二民族学院学报》2005 年第 3 期。
⑥ (乾隆)杨应琚:《西宁府新志》卷三十四。

共同体之间外部交易也就零星地出现在这些城镇集市,由于这些城镇数量有限,再加上赶集路途较远,使得各民族间大规模的民间贸易没有广泛展开。此种交易情形除了具有从异地获取少量财物的功能外,根本无法从其内部展开渗透或整合,以从根本上打破各民族、各社区孤立封闭的发展局面。

自清末以来,随着羊毛贸易的发展和马麒主政青海时期(1912—1931 年)所采取的一系列"拓边"政策①,青海牧区和农区在政制上归于统一,并对青海农区土族的"改土归流"的实施,将整个青海直接归属于地方政府的统治之下,为各民族间外部交易向其内部的渗透或转换提供了正式的制度安排。以城镇为载体的民间贸易空间得到扩展。表现在汉、回、撒拉等族与藏、蒙、土等民族交易突破了原来较为单一的"贸易港"限制,周边地区(包括少数民族聚集地区内部)民间新兴集镇得到发展,民间自由贸易场所由单一走向多元。其次,就交易方式而言,突破由农牧各民族双方共同到"贸易港"互市的单一形式而扩展到各自区内部赶集,汉、回、撒拉各族客商亦以集镇为货物集散地,直接深入四周农牧民族乡村交易,同时各民族农牧民也主动大规模到附近的新兴民间集镇赶集。对此变迁过程,1911—1922 年在青海土族聚居区进行人类学田野调查的比利时人 Louis Schran 就给予了关注,他为时十年的调查得出的结论是:

商业活动给蒙古尔社会带来很深的影响,蒙古尔贵族和平民,在混乱的几个世纪里,曾生活在不安定之中,他们的经济发展局限在部族的领地以内,局限在他们自己小圈子里的必需品上。

到了清前中后期"和平秩序下,西宁的商人得到保护。固执而胆大的年轻人随同商队到拉萨,以卖骡马和马来赚钱",进入民国后"蒙古尔人能在乡村开小店,与汉人商人联合投资油坊和面坊。捕鱼的人能远行至青海湖,另一些人则上山烧炭或锯木板至西宁城出售,和平为商业冒险提供了机会,这些改变蒙古尔人经济和社会生活的中心,就是这些城市。②

这样,集镇通过其特有的集散功能和贸易机制对当地各族人民产生了经

---

① 郭弘:《马麒青海"殖边"的历史评述》,《甘肃民族研究》1999 年第 3 期。
② [比]Louis Schran 著,李美玲译:《甘青边界蒙古尔人的起源、历史及社会组织》,青海人民出版社 2007 年版,第 205 页。

济向心力,为各民族间经济交往与融合提供了固定场所。"1936年前后,循化开始形成城关、街子、白庄等集市,循化的集市的出现,就成为藏、撒、回、汉等族的共同市场。"①如鲁沙尔镇"也是个商业较为集中的地区,和上五庄一样,规模一般都很小。开铺子的,汉民较多,回民较少,其中大商号'中兴隆'杂货店是回民开的"②,"从镇上起一直到寺门口,将近半华里的路程,全是临时营业的摊贩,真可谓五花八门,顾客几乎全是蒙藏同胞,他们最喜欢茶砖,金银首饰及绸布"③。有如在鲁沙尔"市上民族复杂、服装各异,男子有垂耳环者、有绣花红领高五寸许者,有衣五色衣者。女子有发辫数十至背后粘布上宽尺许者……头上有银凤者系民和土族……最多而尤奇者,为塔尔寺附近之土民妇女……三川妇女,则缠小足……保安妇女,长辫上有银杯,短衣宽裤,天足布靴"。④ 各族人民由于自身的各种需求自觉或不自觉地参与到当中来,如"循化的撒拉族除参加本县的集市外,还到民和、拉卜楞等地赶集,出售自己的土特产品。如一年两次去赶拉卜楞寺的正月十五日和九月二十九日的庙会。"⑤于是集镇就成了各民族进行经济交往,推进他们之间经济融合进程的中心,是保证当地民族经济开发顺利进行的重要载体。

表3-1　主要城镇及其集日统计

集镇	开集日期(日)	人数(人)	交易额(法币)(元)	交流民族
平戎驿	3、6、9	2万	13万	汉、回
上五庄	9	3万	8万	回
甘都	—	—		汉、回、藏、撒拉族
鲁沙尔	3、6、9	—	—	汉、藏、回

---

① 青海省编辑组:《青海省回族撒拉族哈萨克族社会历史调查》,青海人民出版社1985年版,第90页。

② 中国科学院民族研究所、青海少数民族社会历史调查组编:《湟中县回族历史调查报告》,《青海回族调查资料汇集》,1964年。

③ 穆建业:《塔尔寺及其灯会》,《旅行杂志》1945年第19卷第3期。

④ 马鹤天:《甘青藏边区考察记》,甘肃人民出版社2003年版,第190页。

⑤ 青海省编辑组:《青海省回族撒拉族哈萨克族社会历史调查》,青海人民出版社1985年版,第91页。

集镇	开集日期(日)	人数(人)	交易额(法币)(元)	交流民族
湟源	—	—	—	汉、回、藏、蒙
乐都碾伯镇	3、6、9	—	—	汉、回
积石镇	1、4、7	千人以上	—	撒拉族、汉、回、藏、
大通城关	3、6、9	—	—	汉、回、藏、蒙
大通卫门庄	2、5、8	—	—	汉、回、藏、
马营	1、4、7	—	—	汉、回
官厅	2、8、5	—	—	土、汉、回、保安

资料来源:据文史资料、方志统计所得。

　　甘都集市在"西宁至临夏公路旁的牙鲁乎村,专门修建了一条长半华里的街面,从西至东,依次为杂货、柴草、粮食、瓜果、骡马等市。该集开办以后,甘肃大河家、韩家集等地的民众也前来赶集"①。说明民国时期,集镇不仅是连接甘青两省的小枢纽,而且业已成为周边地区各族人民经济交流和融合的中心场所。集镇市场的繁荣,在促进当地各民族人民经济交往和地区经济开发的同时,也有力地推动了青海与周边省区的经济交流。需要强调的是,由于各集镇中做生意的大部分是回族商人。如湟中县上五庄集市"系回族聚居区","该地共有商业手工业 130 户,其中回族为 112 户"②,民和官厅集市,"街上有坐商十来家,经营多种买卖","坐商以汉民、回民居多。除回民外,土、汉坐商都是半农半商"③,果洛牧区"墨桑街市因为藏区之一商业区","共有百余户,回民约四十余户,汉民二十余户,均经营商业"。④ 因此,在各族间经济交往和融合中回商起了重要作用。

　　另外,由于集镇是商业繁华的地区,人流和物流频繁,这无疑有助于各民族间经济与文化的交流。人们为了商品交易的顺利进行,文化接触、认同乃至

① 程起骏、毛文炳:《青海解放前一些地区的集市贸易》,《青海文史资料选辑》第十七辑。
② 中国科学院民族研究所、青海少数民族社会历史调查组编:《青海湟中县回族社会历史调查报告》,《青海回族调查资料汇集》,1964 年。
③ 青海省编辑组:《青海土族社会历史调查》,青海人民出版社 1985 年版,第 18 页。
④ 绳景信:《果洛及阿瓦记》,《边政公论》1945 年第 4 卷第 4—8 期。

吸纳已成为自觉的行为。如作为最经常的文化接触之语言接触,在交易过程中,各民族基于买卖需要在集镇与说汉语的汉回商人频繁接触,逐渐学会了汉语。如拉卜楞集市"及其附近之藏民两三千人,即所谓近藏也。据称近藏俗称熟番,又称'龙娃',近城市,通汉语,半耕半牧,渐成熟也,居土屋,较富者亦居木板屋。高楼热炕,仓储充盈,惟服饰仍存藏俗"。① 再如在土族聚居集市"因为周围环居的均是汉族,所以说汉话与读书的人慢慢地增多了"。② 反之回汉歇家在集镇为了买卖的方便,久而久之也成了"习番语之人",回汉商人大都娴熟藏语,"而汉回商人似乎各语皆通,殊不易也"③,这不仅是因为回汉居住地与藏区接近"至接近蒙、藏之处则多用蒙藏语"④,更为重要的是回汉商人要深入藏区做生意,如不懂得藏语(安多),势必对经商不利。至今在河湟回族中还流行一句谚语,叫"学了藏语值银子","学了蒙语值金子","鞑话(蒙古语)金、番话(藏语)银"。⑤ 如鲁沙尔"内地商人亦多来此,大多能说蒙语或藏语,交易以银元为主"。⑥ 可见学会藏语、蒙语利于商贸活动。语言是人类交往的主要工具,是不同民族间进行沟通的重要桥梁,语言的趋同从一个侧面反映出各民族间的经济交流与融合业已达到相当程度,为大规模民族经济开发准备了必要条件,如"汉族在青海内部经商者,亦多通藏语,而撒拉土人,其语言亦近于藏语,故汉藏语言及文字,为青海最通行者。"⑦而且汉回商人"其家属能操蒙、番语,常衣蒙、番衣,亦有私相结婚者。其人在不蒙不番不汉之间,杂于毛皮革履中,指为蒙,若亦蒙,指为番,若亦番焉"。⑧ 汉回商人为了完成交易学习藏话且很娴熟,为了便于贸易双方适应各自的生活习惯,彼此尊重各自的禁忌和宗教信仰,通婚现象普遍存在,久而久之共同的东西越来越多,和谐的程度越来越高,更加有利于商贸的进行。

集镇还是各民族进行社交及文化活动的重要场所。传统的河湟农牧民过

① 马鹤天:《甘青藏边区考察记》,甘肃人民出版社2003年版,第99页。
② 乐天:《青海之土人》,《公道》1933年第1卷第6期。
③ 马鹤天:《甘青藏边区考察记》,甘肃人民出版社2003年版,第190页。
④ 《西藏志》。
⑤ 林生福:《湟源的民族贸易概况》,《湟源文史资料》1997年第四辑,第19页。
⑥ 李化方:《塔尔寺之宗教源流与蒙藏社会》,《西北论坛》1947年第1卷第2期。
⑦ 青一:《筹办中央蒙藏学校青海分校刍议》,《新青海》1934年第2卷第3、4期。
⑧ (光绪)徐珂撰:《清稗类钞·羌海歇家》,中华书局1984年版。

着日出而作、日落而息的封闭式生活。其与外界联系极少,加上交通不便,信息不畅,在生产上易于因循守旧,生活上也陷于闭目塞听的境地。在此情况下集镇成为他们与外界沟通的重要窗口和桥梁,为他们平淡的生活提供了休闲、交流及娱乐的好机会。如"各个集市为招来民众,在开张之日都有戏剧、皮影演出,有的还有武术表演,观者甚多,平添了不少热闹红火气氛。"① 如民国时期马鹤天的调查中写到鲁沙尔元宵之后的第一天"各商号依然悬灯,或为红纱圆灯,或为方形白纱灯,上绘三国历史,或为方形、六角形玻璃灯,或唱留声机,或打锣鼓,或唱秦腔"。② 在集镇上的娱乐演出活动终极目的都是娱人。乡民通过赶会可以得到某些精神上的满足。于是,伴随着大量外界信息传入,民族地区传统的物质和精神生活环境造就的封闭思想观念受到冲击,各民族群众通过交往开阔了视野,不断吸收外来文化、新思想观念,通过相互影响,互相融合,共性不断增强。此外,集镇亦是各种民间宗教活动举办的场所。活动期间成千上万群众前往参加。土族聚居的"大庄附近每年都有庙会、戏会等集会。会上除迷信活动及唱戏外,还有贸易活动。每年二月初二大庄有龙王庙会,三月初三姚马有龙王庙跳神会。会上除一些老年人念经并参加迷信活动外,年轻人多来浪会(浪,青海土语,玩耍的意思)。会上也有贸易,主要商品有茶、布和其他日用品,另有部分生产资料如榔头把、铁木锨,糖字、犁头、犁橡等,多用现金交易。另外,还有每年农历二月初一到初六威远镇的擂台会……都有贸易活动"③,大量的商品在这里交易这必定会扩大集镇交易的主体,既有农民之间,农民与手工业者之间的互相交易,也有商贾间的交易,多种文化在这里碰撞、融合、共生,这一切为民族间经济交往与地区经济开发创造了条件。

二、为农牧民经济的扩展提供生产技术、资金和信息

随着商贸的发展,集镇成为当地各种手工业和工业聚集地,因而伴随着生产过程其技术通过各种途径传入周边民族地区。如青海最早的造烟业是外来

---

① 青海省政协学习和文史委员会:《青海文史资料集粹·工商经济卷》,2001 年,第 308 页。

② 马鹤天:《甘青藏边区考察记》,甘肃人民出版社 2003 年版,第 192 页。

③ 青海省编辑组:《青海土族社会历史调查》,青海人民出版社 1985 年版,第 80 页。

陕西汉族烟匠皮氏在乐都县碾伯镇创办的。据当时人林中厚回忆:"同治后期,我的尕阿爷(我爷爷的弟弟)林发岫由于生活逼迫,便去皮氏烟坊帮忙干活,干了约五年,皮氏烟坊倒闭。这时我尕阿爷已学会了制烟技术,在烟匠皮氏未迁回原籍陕西前,我家与林育真伯父家协商买下了皮氏烟坊全部制烟工具,开始了自家的烟业生产。自我家开办烟坊七八年后,上、下教场村又有两三户人家相继开办了烟业作坊。"①因市场的需要,制烟技术在河湟地区传播开来,到了清末民初,据《丹噶尔厅志》记载:"每年约十余万斤。本境制造者十分之三,由宁郡碾伯各处运来者十分之七。皆售于蒙番,本境吸食者仅什一而已。"②从这一记载不难看出,清末民初制烟技术已经普遍在河湟传播开来。民和县城川口镇的翻砂铸造手工业最早是山城村李氏家族在农闲时独家经营的行业。到了清末,一方面是回族起义之后因各族群众从新生产急需要铁制用具,另一方面是随着当时商贸的快速发展广大农牧民需要的铁制用具越来越有着很大的市场,所以李氏家的后人"李成正逐动员堂弟李成株及族弟李正耀、李正辉兄弟等4户人家重操旧业。李成正并收族侄李万珍、李万宗、李全长、李全德等为徒,传授技艺,使濒临失传的祖传铸造业技术得以后继有人,延续下来"。这次复业解决了"民和临近县及四乡的生产、生活需要",到了民国初期,"从事铸造业的人家,也由4户发展到18户",山城铸造业逐步兴旺起来,到民国中期,"从事翻砂手工业的人家,始终保持在25户左右,从业人数近百人"③,再如土族聚居的威远镇的烧酒技术,最初是山西客商带入并完善的,在经营中招收了当地的工人,这些工人在实践中也逐步掌握了烧酒的技术,使技术传播开来,至民国十八年,威远镇的烧酒坊发展到十多个,比较出名的字号有天佑德、文合永、永胜合、义兴成、文玉合、永庆和、聚顺合、统顺德、长丰和、兴义德等④,烧酒大量在河湟地区销售。再如鲁沙尔熟铜加工技艺和银器加工技艺也是如此,到民国后逐步传播开来,从事熟铜加工户从清末的3户发展到20多户,银匠由最早的张得录老银匠1户发展到10多户。⑤ 还有康

---

① 林中厚:《乐都上烟坊始末》,《青海文史资料选辑》第十七辑。

② (光绪)张庭武修,杨景升纂:《丹噶尔厅志》卷五。

③ 李兴标:《山城的翻砂铸造业》,《青海文史资料集粹·工商经济卷》,2001年,第449页。

④ 翟松天:《青海经济史近代卷》,青海人民出版社1998年版,第108页。

⑤ 张生佑、赵永年:《建国前鲁沙尔镇的工商业概况》,《青海文史资料选辑》第十七辑。

城川(今湟中县大才乡的康城、汉东、措隆、冰沟、前沟、后沟村等回族聚居的山川,史书亦称做康缠)各村回族传统的民族手工业康城靴最初也是从外地传入的,到了清末,外省的靴匠将更为先进的制靴工艺带入青海,使得康城川回族的制靴技艺更加精湛,到了民国,已经形成了回族传统的制靴工艺。① 到了民国中期,仅在鲁沙尔就有"从事藏靴制作的有 50 多户,大多数是回族"②,驰名河湟的桥尔沟沙罐也是在民国时期发展起来的青海回族传统手工制品。据笔者在该村的调查,从村中的口碑资料可知,到了清朝中期桥尔沟的沙罐还没有形成规模,制作技艺不如下面的黄家寨村,青海大部分的沙罐主要出产于黄家寨村,桥尔沟的小商贩到黄家寨一边贩卖沙罐一边学习他们的制罐技艺,终于将先进的工艺带到了桥尔沟村,经过几代人的努力改良终成具有回族传统工艺的沙罐制作技术。③ 清末,宁夏地毯工匠大、小马师傅来加牙村,村民马得全、杨新春二人拜其为师,学习裁织地毯技艺。杨、马两家的地毯手艺,世代相传。民国二年(1913 年),加牙村有职业学校 1 处,与村民共做马褥、地毯。全村妇女皆能捻线裁织,产品花样新奇、精致,有时在湟中及甘肃武威等地年销售约达 6000 余条。④

民国二十六年(1937 年),政府在门源县、湟源、共和、贵德四县县城设立兽疫防治所,主要业务是为农牧民家畜进行门诊,宣传兽疫防治常识,深入了解疫病发病规律,以及调查绵羊内寄生虫种属,每年防治牧畜约 3 万头。民国二十八年(1939 年),在门源成立兽疫防治试验区,受到农牧民群众的欢迎。⑤

---

① 笔者于 2007 年冬季到当地进行社会历史调查资料,编入《青海回族史》,民族出版社 2009 年版。

② 张生佑、赵永年:《建国前鲁沙尔镇的工商业概况》,《青海文史资料选辑》第十七辑,第 86 页。

③ 笔者于 2007 年冬季到当地进行社会历史调查资料,编入《青海回族史》,民族出版社 2009 年版。

④ 《青海省志·手工业志》,黄山书社 1995 年版,第 85 页。

⑤ 《青海省志·畜牧志》第 7 章第 1 节,黄山书社 1995 年版。

表3-2　民国三十二年至民国三十五年四县所制各种血清、疫苗及注射牲畜数目

时间	血清	疫苗	防治
民国三十二年	1681.80	227569.34	牛 12802 头
民国三十三年	—	87495.10	牛 7354 头
民国三十四年	28660	438583.44	牛 26438 头
民国三十五年一月至六月	配印度山羊血毒 1200000	99795.52	山羊 11974 头

资料来源:《青海省建设概况·兽疫防治处历年工作概况》,青海省图书馆地方部藏。

　　总而言之,集镇在民族地区各种技术传递、更新过程当中发挥了重要作用,有力推动了当地的手工业、农业的经济开发。

　　城镇作为当地的经济中心,还是典当、钱庄、银行等金融机构汇集的地方。近代据文史资料及地方志统计调查:青海河湟大概共有典当行31家。民国时期,河湟地区大部分开设在集镇上,城镇中典当与各民族间的联系比钱庄、银行要密切得多。因其具有手续简便、不要保人、放款额零星、还款期限较长、不问放款用途等特点,故而颇受各民族青睐。民国初期,典当是全盛时期。

表3-3　光绪三十二年,西宁府和循化厅当税收数

地名	银数（两）
西宁府	1320
循化厅	50

资料来源:《甘肃通志稿》,财赋·二·税捐,第24页。

表3-4　近代河湟各城镇当铺情况

城镇	牌名	资本	开设时间	
西宁市	统心当	资本雄厚,皆为银币万元上下	清末民初时期	山西人
	庆盛当			山、陕人合营
	益恒当			山、陕人合营
	益成当			山西人经营
	恒泰当			陕西人经营
	世诚当			山西人经营
	"小押当"	10 余家	1921 年盛行	当地人

续表

城镇	牌名	资本	开设时间	
湟中 鲁沙尔镇	德盛当	1000 多纹银	光绪末年	晋绅汪玉才
贵德 巴燕镇	积福当	—	光绪二十八年	甘都人贾玉山
	三顺当		民国初期	当地回族
	永兴当	—	民国初期	陈炽
互助 威远镇	大顺当等 4 家	银币 10800 元	—	
湟源	—			
乐都 碾伯镇	积成当共 6 家		1890 年	全成泰商号
大通	天锡当			

资料来源:据文史资料、地方志整理所得。

　　"民国初年起,西宁当铺业开始处于全盛时期,当时西宁当铺业前后共计有 6 处:北大街有'统心当'一处,山西人经营。大十字有'庆盛当'一处,山陕人合营。西大街有'益恒当'一处,陕山人合营。南大街有'益成当'一处,西宁益盛丰商为'东家',山西人经营。莫家街有'恒泰当'一处,陕西人经营。石破街有'世诚当'一处,山西人经营。"①如清末民初,化隆县县城内没有银行,只有民间私人经营的当铺,光绪二十八年(1902 年)县城鼓楼东侧开设了"积福当"一家。民国初期由闻、冶、孟三姓回族在西关开设"三顺当",后因为不符合伊斯兰教教义将三顺当归给了"永兴当"。"永兴当"收买了"三顺当"和"积福当"以后,一下子生意兴隆,财路广开。河湟地区的典当业一般是"典质盛于春夏,取赎旺于秋冬",故每年秋收以后,佃户、庄头交租纳粮,络绎不绝,直到次年二、三月间才基本完毕。该当铺由于资金雄厚,信守业务,不但化隆全县的四乡八堡群众都来当物,而且毗邻德乐都、民和、尖扎、同仁等县的农牧民也来当物,以缓解急需。②威远镇的"当铺有'大顺当'等 4 家,从业人员20 人,固定资金 4000 余元,流动资金 6800 元,合计硬币 10800 元"。③ 在青黄不接时农民往往"典当衣被过渡,至获稻,则卖新谷赎之",当铺也是"虽破褐

---

① 陈邦彦:《解放前西宁当铺业简介》,《西宁城中文史资料》第一辑。
② 赵继贤:《化隆的当铺》,《青海文史资料集粹·工商经济卷》,2001 年,第 257 页。
③ 李华亭:《威远堡私营工商业者经营概况》,《青海文史资料集粹·工商经济卷》,2001年,第 342 页。

败絮,亦可资以为质","非以盘剥小民而以出资者的利益以权利母子",当收农牧民的一般衣物、农具、生活器具等外,还收当农民生产资料——粪土(肥料),粪土在原地内不动,成交后,当铺在粪堆上插一木牌,上写已收当字样等,另外给一"当票"为据,俟春耕时,农民将粪土再赎回,青苗亦然。① 每年三、四月春耕开始青黄不接之际,逢集期便有各民族农牧民拿衣物、被帐、银器等物品向集镇上当铺抵押,购买种子和生产工具为新一轮的农业生产活动做准备。

除此之外,当铺还兼营存款业务,所得利息作为教育经费和用于公共事业。当铺的存款不仅有利于当铺的资金周转,也给存款者带来利息的收入。从大量的文献资料来看,当铺所存款主要是书院、文社、义学基金及慈善事业等方面的捐赠款,都放入当铺生息,所得利息作为教育和慈善事业的经费。如湟中书院在光绪元年以充膏火的捐助银两数目为"豫钦使锡之、刘观察锦棠捐俸增添膏火银八百两,发商按月一分生息"。同年"邓太守厚斋增添膏火市平银五百两,发商按月一分生息。"②再如光绪三年,官府设立的五峰书院将其经费"全数发大通天锡当生息,月利一分。年满得利息银捌佰伍拾贰两。以为束脩、膏火等需。乙未之变,天锡当被焚。事平后迭经查追,追出银只两千两。时何统领虎臣捐助银三百九十三两,又历年节存四乡义学塾师修金,湟中书院生童膏火,与天锡当呈交衣物变价,得银统共凑足宁平银三千两,作为基金,重行发商生息,以供常年经费"。③

在此我们并不否认典当作为借贷性资本对各民族存在着剥削压迫的一面,但它的存在对维护河湟各民族正常的生产、生活也起到一定的作用。据翟松天先生对近代青海典当业利息考察,认为"青海的当铺,按当期长短来分,有大、中、小三种。当期两年的为大当,如民国十九年,湟源大当放款月息3分,每年农历11月和12月实行'减息',月息将为2分。当期一年的为中当,月息一般为4分至5分。西宁的当铺多为中档。当期在百天以内的为小当,

---

① 陈邦彦:《西宁的当铺》,《西宁城中文史资料》第一辑。
② (光绪)邓承伟修,来维礼等纂:《西宁府续志》卷二。
③ (光绪)邓承伟修,来维礼等纂:《西宁府续志》卷二。

也叫小压当,利息为日息一分"①,这一利率在当时并不算很高,亦不是任意的,而是河湟债务市场长期运作自然形成,典当双方彼此可以接受的比率。较之乡村地主的高利贷这一典当利息相对要低得多。清末、民国时期,城镇和农村高利贷年利一般都高达 20% 以上,根据民国二十三年在 22 个省、771 个市县的调查,农村借贷年利率为 20%—60%②即便是政府贷款利率也是较高的,官僚资本德兴海在广大农牧区借贷利率年利率平均约 25%。另根据笔者翻阅县志及各少数民族调查报告,发现民国时期乡村高利贷利息普遍在 20% 以上,一些严重地区甚至达 100% 以上。清末民初,青海的藏传佛教寺院以及寺院的上层喇嘛绝大多数兼放高利贷,利息最低的也为七八分,年利率 20%—100%。如黄南州"寺院和喇嘛未有不放高利贷的,年利高达百分之二十到百分之六十。隆务寺的高利贷遍及同仁、泽库两县,高利贷的剥削收入占全寺总收入的百分之五十左右"。③ 有如在回族聚居的大通县各村子借贷利率在新中国成立时见表3-5。

表3-5　大通县各村借贷利率表

目数 项目 阶级	户数	借出数					利率(%)		
		金子（两）	银子（元）	粮食（石）	伪币	小计	最高	最低	一般
地主	10	23.257	1.827	2.100	4000	4300.500	125	10	40
富农	31	3.660	2.732	20.500	—	4114.000	100	10	40
农民之间	64	8.410	386.000	4.000	23000	1537.000	30	10	20
寺院	2	—	1197.300	155.000	—	1379.000	50	10	20
商人	3	1.300	14.000	31.857		171.500			

资料来源:中国科学院民族研究所、青海少数民族社会历史调查组编:《青海大通县回族社会历史情况》,1964 年。

---

① 翟松天:《青海经济史近代卷》,青海人民出版社 1998 年版,第 282 页。
② 《中国经济年鉴》,转引自杨景福:《青海商业志》,青海人民出版社 1989 年版,第 107 页。
③ 该书编写组:《黄南藏族自治州概况》,青海人民出版社 1984 年版,第 32 页。

　　从表3-5中可看出,高利率和当铺的低利率形成了鲜明的对比,而且当铺为了"加快当铺的资金周转,每年年终结账,规定在农历腊月放宽2分行息。这时,城乡前来赎当的人很多,真是人山人海,拥挤不堪,当铺需增聘懂行的核算人员,整天忙于结账,一直忙到腊月三十日(除夕)12点为止"。① 这说明典当业中主客关系总体是协调的。它在一定程度上是顺应广大少数民族农牧民户周转资金的社会需要。有了典当,平民可以将闲置一时的财物抵押换取贷款,质务贷金,或应时急,或维系生活和生产及扩大再生产的运转,从而不断提高自身参与市场的能力。正如翟松天先生评价:"在当时的历史条件下,典当业在调剂市场金融,特别是农村金融方面,曾发挥过一些作用。贫困民众在商品经济不发达,信用机构很少的情况下以及在青黄不接或遇天灾人祸时,不得不求助于典当业,以解燃眉之急。"②

　　集镇作为商品交易场所是各地人口汇集的地方,集期更是为当地各民族提供了平时难得碰面交流的时机。于是赶集成为经济文化、信息密集传递,农牧民对外联系的重要渠道,同时亦是近代地处偏僻民族地区成本最低,时间最节省的大众信息传递最佳方式。民间的信息,如婚丧嫁娶的消息多是通过集市日传播的。政府也往往利用集期向各族人民传播政令和国内外时事新闻。"在集市地设置了区公所,中心小学校,国民党的县党部和三青团的分团部在集市地调查国民党员、三青团员,成立区分部、区分队。有的还成立了民众书报室,筹办出了抗战壁报等,甚至按规定在集市地张贴由青海省政府秘书主编的铅印小报《青海政情》,由当地学校校长和教员负责讲述。"③由于集镇上汇集了当地各行各业的人,说书的、卖唱的、耍杂的及各种手工艺者都会在这里展示手艺。集镇的茶楼、酒楼、店铺是乡村与城镇信息的交汇中心,通过这种交流农牧民可以获得各种新闻与社会知识,扩宽了他们的视野和知识面。此外,农牧民在集镇的活动还有助于扩大他们的社交范围。

　　关于集镇在近代青海民族地区信息传递过程中的作用最典型的莫过于政

---

① 赵继贤:《化隆的当铺》;《青海文史资料集粹·工商经济卷》,2001年,第260页。

② 翟松天:《青海经济史近代卷》,青海人民出版社1998年版,第282页。

③ 程起骏、毛文炳:《青海解放前一些地区的集市贸易》,《青海文史资料选辑》第十七辑。

府以集镇为依托的乡村邮政机构的建立。众所周知,近代青海河湟地区各民
族聚集地区大多交通不便,经济相对沿海地区不发达,这给邮件的收发传递增
添了难度。随着城镇皮毛生意的繁荣和人口的增长,政府逐步开始在城镇建
立了为农牧民和商贸服务的邮政服务业。近代青海河湟地区的邮政机构的发
展情况见表3-6。

表3-6 近代青海邮政机构的发展情况

年份		设立情况	邮局(个)	代办所(个)	总数(个)
清末(1907—1910年)	1907年	西宁府邮政分局	1	4	5
	1908年	碾伯代办局			
	1909年	享堂代办局			
	1910年	丹噶尔厅、贵德厅代办局			
民国前中期(1911—1935年)	1911年	毛伯胜、北大通、循化厅、巴燕戎格厅、鲁沙尔、高庙子代办所	一等1二等3三等4	12	20
	1914年	西宁府邮政分局定为二等邮局			
	1919年	丹噶尔厅代办所改升为二等邮局、设都兰寺三等邮局			
	1920年	碾伯代办所改升为三等邮局			
	1922年	上五庄、威远堡、扎什巴、结古寺、隆务寺、保安堡、张七宅、古鄯镇、上川口、共和等开设代办所			
	1925年	贵德代办所改升三等邮局、毛伯胜代办所改升三等邮局			
	1928年	丹噶尔厅邮局改为湟源邮局、都兰寺邮局改为都兰邮局			
	1929年	碾伯邮局改为乐都邮局			
	1930年	贵德三等邮局改升为二等			
	1933年	开始在村镇设立信柜收寄平信			
	1934年	民和代办所改升三等邮局			
	1935年	西宁二等邮局改升一等邮局			

续表

年份		设立情况	邮局(个)	代办所(个)	总数(个)
民国末年(1935—1949年)	到1949年	一等邮局1处:西宁	一等1三等5	32	43
		三等邮局5处:乐都、民和、湟源、贵德、都兰			
		邮亭5处:玉树、互助、大通、循化、湟中	5		
		代办所32处:县镇有同仁、门源、化隆、同德;西宁郊区有东关、乐家湾;设在东部农业区各乡镇有新城、香山村、多巴、上五庄、新街、田家寨、索尔加、土门关、大石垒、甘都、扎什巴、昂思多、平安镇、高庙子、享堂、古鄯镇、满坪乡、西马营、官亭、新顺乡、三民乡、共和乡、永宁乡、过马营;设在牧区乡镇有察汗乌苏、香日德			
		省内共有村镇信柜42处、城镇邮票代售处23处			42
	备注	民和邮局还管辖甘青交界窑街邮亭及代办所4处、村镇信柜3处			7

资料来源:根据《青海省志·邮电志》整理所得,青海人民出版社1993年版,第29页。

由表3-6可知,从清末到民国时期,随着青海民间商贸的自由发展,随之城镇商贸的繁荣为邮政机构不断发展铺平了道路,利用集镇带动了邮务发展,清末青海只有西宁一个邮政分局,与广大农牧民息息相关的村镇代办所只有4个邮政代办所。到了民国中期已经有了一等邮局1个,二等邮局3个,三等邮局4个,邮局发展到了8个,而代办所发展到了12所。到新中国成立代办所发展到了32所,加上各等邮局、邮亭总数发展到了43个,是清朝末年的8倍。省内共有村镇信柜42处、城镇邮票代售处23处,而且民和邮局还管辖甘青交界窑街邮亭及代办所4处、村镇信柜3处。邮务的发展增强了青海农牧民各民族的信息传递的速度"村镇邮差经过地十二处,广慧寺、大河坝、东坝、哈拉库图、察汗城、茶卡、总家、巴隆、香日得、竹节寺、称多、拉卜寺等处(查村镇邮差经过时,摇铃为号,该地居民,即将信交付邮差收集后,再分别转送)"。[1] 而且每到集期,周围乡村各少数民族中的相当部分人要集中到集镇从事经济贸易交流,这为邮政下乡提供了最好利用的时机和场所。集镇邮政

---

① 马鹤天:《甘青藏边区考察记》,甘肃人民出版社2003年版,第146页。

机构的建立使河湟地区的农牧民就可以趁赶集之便,亲自交寄信函或者领取信函,大大减少了过去由商人或熟人代办,信件传递慢且容易丢失的情况,保证了信息传递的安全性与准确性。此外,这些集镇上邮政代办所都是委托大的商店代办,商人还通过宣传各种邮政业务,组织协助当地农牧产品外销,就连玉树的结古镇,"邮政代办所,附设于陕人商号世隆昌内"①。如当时邮政利用公务,在集镇上广为宣传提倡各种邮递业务,有时还介绍外地土产需求信息和百货、杂货市场行情,这样使农牧民知晓所售商品的市价,有利于他们组织生产与销售。当时一些较大规模集镇的羊毛等土特产品和外来百货还可交邮政所(处)以包裹或小包裹寄递,进行推销。从"民国二十四年十二月,西宁邮局首次试运寄至天津的羊毛包裹,用马车运到兰州,再用汽车运到西安装火车抵达天津,在途中共18天,每公斤邮资0.38元,每件另加挂号费0.10元(银币),虽高于皮筏或骆驼运价,但运输迅速,安全可靠,毛商视为奇迹(传统的运输方式最快需3个月)"。② 于是西宁、湟源、贵德、大通等邮局包裹业务曾一度兴盛。如西宁的著名商号"裕丰昶""即时仿效其中较为先进的办法,利用邮局发货,同时委托湖北和西安商界友人发上货邮包,当年总号首次兼营小量批发,开创了当地商人用邮路发货的先例"。③ 另外,西宁邮局于民国三年开办汇兑业务,贵德等9县于民国九年十二月起至民国三十三年十月也先后开办。民国期间,青海境内仅西宁设有中央银行、中国银行、中国农民银行的分支机构等和青海省银行,这不便于广大农牧区城镇之间的银钱往来,不利于集镇商业发展,邮局开办汇兑填补其不足。

　　西宁邮局是全省的票款准备局,各县邮局汇超时,向西宁邮局上解余款;兑超时,向西宁邮局申请协款,随邮班寄递现钞。民国二十五年一月,省内扎什巴、高庙子、化隆、同仁、古都、门源城镇等代办所开办小款汇票业务,每张最低1元,最高20元,这一年全省共收汇法币8.70万元。民国三十二年一月,全省邮政代办所普遍开办小款汇票业务。民国三十五年四月统计,每月平均开发汇票:西宁526张、湟源17张、乐都76张、循

---

① 马鹤天:《甘青藏边区考察记》,甘肃人民出版社2003年版,第297页。
② 《青海省志·邮电志·邮政通信·业务·包件》,青海人民出版社1993年版,第67页。
③ 天顺:《廖氏兄弟与裕丰昶》,《青海文史资料集粹·工商经济卷》,第162页。

化 28 张、贵德 33 张、民和 119 张、大通 24 张、都兰 2 张,全省全年开发约
9900 张。民国三十七年,乐都、湟源、贵德、民和邮局开办甘宁青区内高
额汇票业务。民国三十八年五月,全省各邮局试办省内银币汇兑业务。①

　　这无疑对民间商贸的发展起到了促进作用,青海各县中小工商户和农牧
民的银钱往来,多通过邮局汇寄,具有便民实效。

　　此外,集镇作为地方乡村经济中心还是电报、电话等通讯服务基础设施汇
集之地。实为当地有外界信息传递中心场所。到 1934 年,省电话局相继架通
西宁—大通—门源 120 杆程公里、后子河—互助 35 杆程公里、西宁—湟源—
共和—大河坝 220 杆程公里、西宁—鲁沙尔—贵德 115 杆程公里、西宁—乐
都—民和 100 杆程公里、西宁—扎巴—化隆—循化—同仁 205 杆程公里的省
内长途电话网,总长度 805 杆程公里。② 1935 年青海省政府为使全省每个县
及下属乡、镇与邻县、乡、镇电话畅通,于西宁恢复了青海省营电话管理局,对
民众开放,归省政府建设厅领导。到 1937 年,在西宁东关设长途电话营业处,
同时在商业繁盛的交通要道,如在湟中、乐都、民和、大通、门源、互助、贵德、共
和、循化等众多集镇设有营业处,对外营业,办理省内长途电话业务,负责当地
的电话通讯和话传电报营业,为政府机关及工商各界服务。③ "本省电话网,
现计有电话局一处,电话室十二处,巡线二处,共长二千二百零五华里,及西宁
各军政机关商栈工厂电话三十一处。"④

表 3–7　民国时期青海省电话线里程

名称	里数	名称	里数
西宁电话局	省垣各军政机关商栈工厂电话 31 处	贵德电话室	西宁至贵德 210 里
乐都电话室	西宁至乐都 120 里	湟源电话室	西宁至湟源 90 里
民和电话室	西宁至民和 220 里	共和电话室	西宁至共和 280 里

① 《青海省志·邮电志·邮政通信·业务·汇兑》,青海人民出版社 1993 年版,第 73 页。
② 《青海省志·邮电志·电信通信·长途线路》,青海人民出版社 1993 年版,第 130 页。
③ 《青海省志·邮电志·机构沿革·电信机构》,青海人民出版社 1993 年版,第 34 页。
④ (民国)青海省建设厅编:《青海省建设概况·交通概况·电话》,民国三十五年九月,青
海图书馆地方部。

续表

名称	里数	名称	里数
化隆电话室	西宁至化隆 180 里	大通电话室	西宁至大通 110 里
循化电话室	西宁至循化 270 里	门源电话室	西宁至门源 210 里
鲁沙尔电话室	西宁至鲁沙尔 45 里	互助电话室	西宁至互助 90 里
尕让尔巡线处	西宁至尕让 130 里	上五庄巡线处	西宁至上五庄 90 里
海晏电话室	西宁至海晏 160 里	—	—

资料来源:(民国)青海省建设厅编:《青海省建设概况·交通概况·电话》,民国三十五年九月,青海图书馆地方部。

"民国三十二年三月十六日,试办西宁至兰州特快电报,用户多为商民"①可见,近代青海集镇经济的繁荣为各民族地区乡邮、电信业的发展奠定了基础,而通过信息的沟通、对外界的了解又反过来促进了广大集镇及其乡村经济的共同发展。一个社会由传统向现代的演变过程中,一个突出的发展趋势就是人们之间的联系加强、信息流通量的扩增、新文化和新思想的传播和交流频繁了,同时伴随着的是人们思想和社会变化的加快。毋庸置疑,近代集镇在促进河湟各民族地区的这种转变过程中无疑发挥了极为重要的作用。

三、加速各民族生产与消费体系的开放

城镇市场是消费者获取生产、生活所需的主要途径之一,市面上交易物资的变化情况制约着人们生活需求满足程度的优与劣、多与寡。市场上交易物资的丰富程度,也因此直接体现着地方民众生活质量的优劣。近代在民间远程跨地区、跨省乃至跨国界的大宗贸易的牵引下,青海河湟民族地区集镇经济得到较快发展。各级集镇商人以集镇市场为依托通过各种方式在各民族聚居地织起了一张收购土特产和推销外来机制品的商业巨网。商业巨网的触角已延伸至农牧民各民族各传统社区,涉及千家万户的汉、回、土、撒拉、藏、蒙等少数民族,使他们昔日高度封闭的生产—消费体系也就与社区外部的区域城市市场体系产生了联系,逐渐走向开放。这就从客观上推进了河湟各少数民族地区的经济开发。

---

① 《青海省志·邮电志·电信通信·电报》,青海人民出版社 1993 年版,第 142 页。

(1)河湟各民族家庭生产经营体系与集镇商贸发生了密切联系。集镇的交易活动为各民族家庭生产提供了部分必需的生产资料。伴随着农产品商品化的进一步加深,各民族对农业和手工业的生产资料日益依赖。而这些生产资料大部分要从集镇获得,其中包括各种小麦、青稞、玉米、蔬菜、瓜果等农作物的种子以及皮货用的皮料、毛料,大多数农具如铁犁、锄头、镰刀等;还有制作手工产品用的原料和各种工具,如面粉、糖、布匹、皮革、针线、剪刀、尺子等。

数量不等的手工业原料需从市场购买,而且手工业品也通过市场卖出,说明各民族消费需求对市场依赖性越来越大了。如丹噶尔的农牧民手工业者主要从集镇购买皮货加工的生产原料,"皮靴即用蒙番牛皮经丹地","皮鞋即用蒙番牛皮制成,尤多用野牛皮","皮鞋、股子等货,即蒙番运出牛马等皮之额,然皆经人力之制造,生料已成熟货"[①],西宁城的皮货手工业者到各个集镇收购皮货原料再进行加工,"省垣回民之主要职业为皮货业,其他如食品、衣鞋、屠宰、棉布、杂货等业次之。回民具有吃苦耐劳精神,每年冬季四处收买羔皮,至二、三月间制造,除男工在皮厂剪裁外,多数贫家妇女在家缝纫操作"。[②] 再如"湟中县属加牙滩家庭栽纹加工很驰名,产出来的品栽毛地毯、炕毯、马褥子等,这种产品主要销售于寺院和牧区蒙藏族为最多,后来发展大了,每个家庭妇女都能制造,所以生产出来的产品,日益增多,因此向外省甘肃、兰州、甘州、凉州等处销售的也多起来了。"[③]这说明集镇市场商贸在民族地区手工业商品化过程中起到举足轻重的作用。

至于生产工具如在撒拉族农户使用的"铁制农具铧、镰、铲、镢头等,多从河州、民和、西宁等地运入"[④],再如互助地区的土族农户的"铁锨:从威远镇买来……在烧灰时用以挖土,撒粪时刨粪",还有"铧犁、铲子、镰刀、粪叉、柴钩"[⑤]也从威远堡买来,为了更全面了解民间商贸兴建后,少数民族农户对外部市场工具的依赖,我们列表格分别对回、土、撒拉各族使用生产工具与集镇市场联系程度做一分析。

---

① (光绪)张庭武修,杨景升纂:《丹噶尔厅志》卷五。
② 高文远:《青海省垣回民概况》,《突崛》1934年第1卷第3期。
③ 《清末民初一九二九年建省前西宁商业情况》,西藏青海省图书馆地方文献部。
④ 该书编写组:《撒拉族简史》,青海人民出版社1985年版,第64页。
⑤ 青海省编辑组:《青海土族社会历史调查》,青海人民出版社1985年版,第66页。

表 3-8　各集镇生产工具销售情况

地区	生产工具品种
湟中上五庄集市	上五庄由于邦巴集市临近春耕,集市畅销的是各种农具如磨子、木锨、驮鞍、车辋、犁架、簸箕、背斗、桦杠等
互助大庄集市	生产资料上主要是些铁制农具和木制工具,如桦犁、铁锨、镢头、镰刀、铁铲和木锨、榔头、叉掖、耱子、鞍子等
互助合尔郡集市	鞍子、木锨、榔头把、铁锨把、叉扬、散叉、犁杠、犁头、碾杆、木条背斗、木编耱子、车头、辋子、车轴、沿条、辐条等
化隆各集市	腰刀、铁铲、铁锨、犁等
循化各集市	铁制农具有铧、镰、铲、镢头等;木制农具有木锨、耱、耙、木叉等
平安集镇	铸造铁锨、板镢、铲子、镰刀等农用工具

资料来源:据民族调查资料和文史资料整理所得。

表 3-9　1949 年青海省个体手工业生产的主要农具

名称	计量单位	总产量
铁锨	把	36143
镰	把	98572
镢头	把	17303
马掌	付	60238
铧	付	128571
合计	—	340827

资料来源:翟松天:《青海经济史近代卷》,青海人民出版社 1998 年版,第 116 页。

　　生产工具作为生产力发展的重要标志和内容,它的先进程度及使用范围可深刻地揭示出一个民族或一个地区经济发展的水平和状况。由表 3-8 和表 3-9 可见,近代河湟民族地区集镇商贸的发展繁荣为各地区少数民族农业、手工业生产提供了数量不等、较为先进的各种生产工具,这无疑有助于进一步缩小各民族之间生产力和经济发展水平的差异,有力地保证了当地少数民族日常生产的顺利进行。由此也不难窥见集镇市场在近代河湟民族地区经济开发中所发挥的重要作用。

　　(2)在各民族消费方面,集镇商贸为他们提供必需的初级日用工业品和短缺的粮、油等食品。近代以来河湟民族地区商品经济的发展致使农牧民日益增加的基本生活用品也多购自于市场。如"鲁沙尔因耕地很少,大多数居民不种田,或种少量土地,口粮靠市场购买,除塔尔寺喇嘛、鲁沙尔居民的吃粮外,每年牧区蒙藏民趁来塔尔寺朝拜之机,也购买一些口粮托运回去,所以鲁沙尔的粮油市场交易额可观"。① 来自市场的消费资料,主要为少数民族社区内部无法供给而又必需的日用工业品,常见的有食盐、布匹、丝线、火油、家具等。近代土族聚居区,土族农户除了粮食和柴火外其他用品几乎都由外商带入从集市上购入,如在土族地区大庄集市"专卖青盐的小贩,多来自湟源和互助乾沟的回族人,其青盐交换价值很高,一升(十斤)青盐可换三升、四升或五升青稞不等。每年八月,人们腌菜时盐价特别贵,最贵时一升青盐换十二升或十五升青稞"。② "如(民和官厅集市)在过去,土族的食盐,主要靠回族盐商供给,土族的羔皮、羊皮等也主要卖给回族商人。"③在河湟地区农村完全没有同市场发生联系的家庭是少有的,因为油、盐、针线、蜡烛、香纸等商品总不能自己生产,绝大部分家庭经常与集镇发生经济联系。他们每年向市场出售粮食、山货、土布、牛、羊、鸡等,同时买回盐、油、火柴、瓷器甚至首饰。土族的"生活资料上主要是土蓝布和各色土布。茶叶、花红线、顶针、针、火柴、耳坠子、手镯子、头绳、黑糖、白糖、冰糖、蒜、辣子、烟叶等。其中以布和茶销售最大"。④ 在循化撒拉族聚居区各集镇市场"循化地区有积石镇、白庄、街子等地区性的镇乡集市贸易市场。这些集镇在每年三月至五月、九月至十二月的商业旺季,每到集日,赶集的人多至千人以上,交换的商品有粮食、牲畜、蔬菜、工具、布匹、日用品等。在集市上,农民卖出自己的农副土特产品,购进自己需要的生产、生活用品"⑤。

关于外来商品种类,如在中心城镇西宁"民国八年以后,随着外地商人的增多,商品亦转变为多种多样。如人马弓斜布、龙九洋布、采石机德国缎、斜纹

---

① 张生佑、赵永年:《建国前鲁沙尔镇的工商业概况》,《青海文史资料选辑》第十七辑,第84页。

② 青海省编辑组:《青海土族社会历史调查》,青海人民出版社1985年版,第79页。

③ 青海省编辑组:《青海土族社会历史调查》,青海人民出版社1985年版,第84页。

④ 青海省编辑组:《青海土族社会历史调查》,青海人民出版社1985年版,第79页。

⑤ 该书编写组:《循化回族自治县概况》,青海人民出版社1984年版,第132页。

缎、哈机布等。其他日用针织品,如洋袜子、毛巾、香皂、牙膏、纸烟等,也都逐渐增多"。① 在化隆县的各集镇"有些商号多从湖南、四川、陕西、兰州等地运进一些较为稀贵的丝绸、洋货、药品等出售。尤其是丝织品品种类较多,有斜纹缎、花湖绉等,棉布有斜纹布、府绸、咔叽布、织贡呢等。洋货中以日货为最多。番线、扣线也较为稀贵"。② 据1933年顾执中的调查,"循化市场上的外国货,都转运自天津、汉口等地,以棉布、棉线、装饰品为多,其中日本货占百分之三十"③,在生活消费需求下,布的销量在民族地区亦迅速上升,"棉布约占每月贸易额的75%。棉布来自湖北、湖南,经染色加工。本地通行蓝色、称毛蓝布,此外多红、绿、黄等色。也用白布,面用花色布很少。每月整个市场销售棉布二十卷(一卷三十二匹,一匹旧尺四丈,合新尺四丈五;宽一尺一),即共销六百四十匹"。④ 如丹噶尔城在光绪以后洋布、大布大量输入,广大农牧民很喜欢既廉价又实用的洋布和大布,"洋布自内地运来(有径赴西安、天津采办者),大半售于蒙番,每年约五千匹,其中斜纹最多。每匹以六两计,共银三万两。更有丝布、花布、竹布来售于本境者极多"。"大布自内地运来(自陕西三原运来者多),每年约一千卷,每卷二十五两,共银二万五千两。什七八本境服用,售于蒙番者不甚多也。"⑤贵德县"本县商人所经营之商品,大都来自天津、北平、上海、四川、兰州等地,除少数布匹外,大都数为英、日、俄等国之货,全部的输入额,约为羊毛、羔皮输出额之十分之六。输入品抵县后,即有大商号分售于各商店,再转售于小贩,零售于街市及乡间。"⑥这些商品的种类及名称见表3-10。

---

① 廖霭庭:《解放前西宁一带商业和金融业概况》,《青海文史资料选辑》第一辑。
② 该书编写组:《化隆回族自治县概况》,青海人民出版社1984年版,第112页。
③ 顾执中:《到青海去》,商务印书馆1935年版,第27页。
④ 青海省编辑组:《青海土族社会历史调查》,青海人民出版社1985年版,第169页。
⑤ (光绪)张庭武修、杨景升纂:《丹噶尔厅志》卷五。
⑥ 解成林:《解放前贵德的工商业》,《青海文史资料集粹·工商经济卷》,2001年,第327页。

表 3-10　贵德县商品的种类及名称

种类	名称
布匹	斜布、洋布、市布、毛兰布、永字布、扣布、知贡呢、中山呢、巴黎呢等
丝缎	斜纹缎、织锦缎、团花缎、花丝葛、双丝葛、国花葛等
茶	茯茶、松潘大茶、窝窝茶、毛尖、香片等
烟	纸烟、水烟、黄烟、卷烟叶、鼻烟等
杂货	火柴、川线、官堆纸、改山纸、黑白川糖、颜料等
其他	香、表、蜡烛等祭奠用品

资料来源:解成林:《解放前贵德的工商业》,《青海文史资料集粹·工商经济卷》,2001 年,第 327 页。

　　表 3-10 多少反映出洋货等外来商品在河湟各地市场上流通已达一定规模,使市场商品组成结构发生了较深刻变化。

　　集镇商贸的发展也对各民族消费方式产生了潜移默化的影响。就穿着服饰来看从质料到款式都有较大变化。青海建省后"穿着方面,一般生活较好的城乡居民增加了斜布,洋布(平布)、细斜、丝布、人造丝、绸缎。贫苦农民过去生活艰苦,青海不产棉花,运输道路远,布价高,御寒用褐褂、褐裤(用羊毛手工制作),此后用土布多了,白板羊皮袄加上布面子多了"。[1] 而且"各民族服饰领域的重要变化是服饰体现的社会等级逐渐被取消,人为的服饰等级被由经济状况决定的服饰面料差异所代替"。[2]

　　就吃的方面谈谈城镇饮食业对农牧民口味的改善,清末在主要的河湟城镇出现了地方风味的小吃,这些小吃精工细作,质量精良,逐步形成了一方名吃,每逢集市农牧民赶集都会品尝,改改口味。河湟回族善于经营的特长因特殊的风俗习惯,在城镇形成并发展为别具一格而同时为各族人民乐于享用的清真饮食,世人以为"汉回多从事商业,务农者较少,通行大道,开旅店和饮食店者甚多,均于门首悬一小木牌,题曰'清真',或更于其上绘一碗,以示售卖茶饭"[3]。除清真饭馆遍布城乡外,西宁传统清真小吃酿皮、甜醅、烤羊肉等相

---

① 天顺:《廖氏兄弟与裕丰昶》,《青海文史资料集粹·工商经济卷》,2001 年,第 168 页。
② 邓慧君:《青海近代社会史》,青海人民出版社 2001 年版,第 89 页。
③ 魏崇阳:《西北巡礼》,《新亚细亚》1934 年第 8 卷第 5 期。

继形成。其中的"万盛马"糕点①、"马如意"包子②、"马存寿"杂碎世家③,都很快在河湟城镇传播开来。就拿"万盛马"糕点来说,糕点匣所装的品种、花色、片、块一样,数量一致,保质保量,色味俱佳。于是"万盛马"糕点销路大畅,声誉大振,深受河湟地区各族群众的喜欢,是当时走亲访友的馈赠佳品。湟中上五庄集镇"赶集的人很多,饭馆的生意也兴隆。当时集上有饭馆八九家,营业额高的达到法币 3000 多元"。④ 还如平安镇"有中村的马墨林、马如毛,西村的马如海、马成德。4 家均为回族,设清真饭馆。各从业 3 人,共 12人。他们有固定的门市,经营炒面片、烧子面、锟锅馍馍、小炒菜、手抓羊肉等"。另外,"小吃、小摊贩:有老高寨的油饼、麻花和茶水;张文贵的熟肉、酿皮;杨玉贵的甜醅;祝存福的生、熟大肉等⑤"。贵德"长期的商业繁荣,也促进了饮食业大发展,出现了一些具有贵德独特地方风味的名小吃,深受群众喜爱。如李明德的甜醅、唐四海的酿皮、杨皂苟的卤大肉、宋达婆的小烧、蔡瓜瓜的豆腐、拜六成的羊杂碎、马德先的醪糟、喇尕买的荞麦面凉粉、魏连娃的油炸糕、蔡家馆子的干面馒头和稍子面、城门洞喇师的凉面、尕喇师的拉面等"⑥。在湟中鲁沙尔镇"在饮食业中有祁梅庭开设的'同茂昌'专门从事酱菜、陈醋、糕点生产,还经营干鲜瓜果,当时群众称之为"海菜铺"。并有马登顺等开设饭馆,经营有羊肉手抓、牛肉粉汤、拉面、面片,设备虽简单,招待却殷勤,生意兴隆。王五十的杂碎,干净卫生、味道鲜美,有点名气,群众以'王羊头'称赞王五十的杂碎好。在饮食业中鲁沙尔的卖馍也是独特的,较有名的馍馍匠有马文华等几户。他们的蜜散、麻花、干炕锟馃等很受蒙藏民欢迎,销售量不少。尤其在冬季,牧民来塔尔寺朝拜时除就地食用外,都买很多要带走。另外在'四大观经'期间随着游客增多时,酿皮、凉面、凉粉、酸奶、茶水等临时饮食摊

① 陈新泰:《传统民族糕点"万盛马"》,《西宁城东文史资料》第一辑。
② 《青海特产风味指南》,青海人民出版社 1985 年版,第 91 页。
③ 张维珊:《杂碎世家马存寿》,《西宁城东文史资料》第六辑。
④ 程起骏、毛文炳:《青海解放前一些地区的集市贸易》,《青海文史资料选辑》第十七辑。
⑤ 牟正德:《解放前平安镇德商业状况》,《青海文史资料集粹·工商经济卷》,2001 年,第351 页。
⑥ 解成林:《解放前贵德的工商业》,《青海文史资料集粹·工商经济卷》,2001 年,第 327页。

贩比较多"。① 可见近代以来随着以集镇市场为载体的民间贸易的开展,农牧民日常生产、生活对市场依赖比过去有所加强,与市场发生了较密切联系,在它的影响下其生产消费体系也随之发生了较为显著的变化。

由上可见,近代由于河湟地区集镇商贸发展导致周边各民族经济产生了一系列的变迁,通过以各级集镇为中心的经济辐射和交往,有力地推动了民族地区经济开发的进程。随着民族经济交往与融合范围的进一步扩大,经济开发进程进一步加深,它也推动集镇商贸获得长足发展。表现在,一方面由于大规模民族经济开发的到来,各民族经济交往日益频繁和民族融合的加深,越来越多的农户主动参与到各级市场中来,这无疑在无形中增加了集镇人口和货物的流动规模,使得集镇经济日益壮大,辐射能力和范围亦进一步增强;另一方面,由于民族经济开发的加深,多种外界市场信息亦更迅速传入各民族地区,导致他们的生产活动走出封闭、半封闭状态,经济分化更明显。所出售产品种类和规模得到空前增长。这一切必然导致商人收购量的增长,大批土特、农牧产品收购商号在集镇市场上设立,使得当地集镇市场与城市市场乃至跨省区、跨国界市场间的经济联系更加密切,集镇商贸经济因而日趋繁荣。总之,以河湟集镇为代表的中小城镇对当地各民族的经济文化生活产生了重大辐射作用,集镇成为周边各民族聚集和交流的中心场所,不仅促进了各民族间的经济交往与融合,也为农牧民经济的扩展提供了生产技术、资金和信息,而且加速了各民族生产与消费体系的开放,有力地推动了各民族间经济交往与地区经济开发,河湟城镇商贸促进了各民族的和谐共生。

第二节　城镇商贸巩固发展了回族城镇聚居区

清前期,官方专营的"茶马互市"衰落之后,由河湟回族为主导的民间群众性的回藏贸易填补其空白,因其顺应了历史发展的潮流,很快繁荣了起来,成为农牧之间的经济互动的主流,回藏贸易成为河湟回族的地方民族性贸易②,其最显著的特点是吸引了大量的回族人涌入青海藏区,兴起了几座新兴

① 张生佑、赵永年:《建国前鲁沙尔镇的工商业概况》,《青海文史资料选辑》第十七辑。
② 参见勉卫忠:《清前期河湟回藏贸易略论》,《西北第二民族学院学报》2005年第3期。

的回藏商业城镇,回族以这些商业城镇为聚点,逐渐形成了城镇回族商业社区,回藏贸易"更是巩固和发展了回族的各个聚居区"①,如西宁清前期"内外皆辐辏而城东为最。黑番强半食力为人役,回回皆拥资为商贾"②,城东的回回商业区"有举袂成云,挥汗成雨乎"。③ 清末同治回族大起义,原来的城镇商业社区几乎不复存在,"清同治十二年(1873年),清军将劫后余生的回族群众强行迁移,强令西宁城内后街的回族搬迁到西宁南关、东稍门等处,将西宁南关、东稍门等处的回族强迫迁至小南川。并将西宁东关大寺拆除。"④不久,坚忍不拔的回族随着政治形式的好转又回到西宁,在重建家园的同时,又筹资在原寺址上修建了东关清真大寺。好景不长,清光绪二十一年(1895年),河湟地区的各族穆斯林又一次揭竿而起,发动了反清起义,结果"已抚之回,无论良莠驾名逆目,悉与诛夷"⑤,焚毁了西宁东关清真大寺,东关回族及其河湟城镇中的商业社区又一次遭到了破坏。

民国初期,河湟的政治环境逐步安定,尤其民国初期马麒主政青海,政治环境更为安定,为民间贸易的发展创造了条件,对于河湟回族来说"又是一个商业复合型产业经营的黄金季节,原来的城镇商业网络得到恢复,并进一步扩大,把藏族的一些地方也纳入到商业网中,引导带动了藏族现代经济发展"。⑥民国时期由回族参与的民间商贸最为显著的发展是在对外皮毛贸易的刺激下,这种经济形态发生了变迁,回族内部不仅出现了脱离农业而专门从事商业的商人阶层,而且其规模随着贸易的繁荣不断扩大,回商中不仅有倾倒地方的官僚巨商和商业资本家,也有走街串巷的小商小贩,整个民族都参与到了民间商贸的黄金季节之中。这样在东关回族聚居的地区形成了新的繁荣的回族商

①　费孝通:《临夏行》,《瞭望》1987年第23期。

②　(清)梁份:《秦边纪略》卷一,青海人民出版社1987年版,第68页。

③　(清)梁份:《秦边纪略》卷一,青海人民出版社1987年版,第63—64页。

④　王生孝:《西宁东关清真大寺及有关资料》,《西宁城东文史资料》第一辑。

⑤　《代陶制军致翁尚书书》,转引自《西宁东关清真大寺志》,甘肃文化出版社2004年版,第62页。

⑥　李德宽:《西北回族"复合型经济"与宏观地缘构造的理论分析》,《回族研究》2003年第4期。

业社区，其中因经商仅从"临夏移来十分之三"①，"汉回多从事商业，务农者
较少"。② 在商业贸易的带动之下，许多人脱离农业成为真正的市民，市井快
速发展起来，到民国中期西宁城市居民"据最近统计，约七千余户，三万人"，
其中回族城市居民"约三千余户，一万余人，几占全数之半"。③ 回族"大半居
东关一带，及东南北三梢门外"④，其标志就是东关清真大寺的修建，回族清真
寺不仅是宗教的场所，而且一开始就与回族穆斯林的日常生活密切相关，因而
清真寺也就成为回族聚居区中心和凝聚力的标志。"民国初年（1912 年），甘
督赵惟熙委任河州回族世家马麒任西宁镇总兵，时在回族群众的迫切要求下，
原东关清真大寺的孕穆阿訇（马进春）和赫奴阿訇（马福海），提出重建西宁东
关清真大寺的倡议，马麒即捐资为倡，西宁地区的回族绅士，乡老沈复隆、何
郁、马生禄、马升、米福贵、冶生录、刘善、马彦春等出面赞助，并采取分等摊派
和出外募化的办法，共筹集白银万两。民国二年（1913 年）五月动工，国民三
年（1914 年）五月竣工。"⑤

　　同样，寺院城镇中回族商业区形成，也是以清真寺的修建或重修为标志，
如拉卜楞镇，"拉卜楞清真寺位于夏河县城之上塔哇，咸丰四年（1884 年）由回
商达吾海买创建。光绪二十四年（1898 年）回商马九及喇氏兄弟扩建，1914
年马二及马蛟又筹资改建为正规大殿，并修起附属建筑"。⑥ "拉卜楞地区商
户多为河州回族，他们来拉卜楞从事商业活动，其中一部分人在此定居，繁衍
生息，逐渐形成甘南回民的又一个重要聚居区。"⑦"开馆子以临夏的回教徒为
多"⑧这样前所未有的一个新的城镇社会集团，即回族商人阶级出现了，在商
品集散地一种新的生产财富的方式开始流行，商业所能生产的财富注定要远
远超过河湟回族农民和藏区牧民所能生产的财富，这种财富促使回族商业社
区的形成，并更加巩固了回族聚居区。"拉市回民，人口二百来户，约一千余

①　高文远:《青海省垣回民概况》,《突崛》1933 年第 1 卷第 3 期。
②　魏崇阳:《西北巡礼》,《新亚细亚》1934 年第 8 卷第 5 期。
③　马鹤天:《甘青藏边区考察记》,甘肃人民出版社 2003 年版,第 205 页。
④　马鹤天:《甘青藏边区考察记》,甘肃人民出版社 2003 年版,第 205 页。
⑤　王生孝:《西宁东关清真大寺及有关资料》,《西宁城东文史资料》第一辑。
⑥　《甘南州志·宗教志·伊斯兰教》,民族出版社 1989 年版。
⑦　《甘南州志·民族志·回族》,民族出版社 1989 年版。
⑧　李安宅:《论回教非即回族》,《新西北》1939 年第 2 卷第 1 期。

人,就中汉回占百分之八十,拉回占百分之二十,此外黑错、保拉亦有少数之回民。"①

清末民初,军事城堡中的清真寺也得到重建或新建,如贵德县河阴镇清真寺,该寺始建于 1914 年,1933 年得到扩建。集市新建清真寺如湟中县邦巴清真寺,该寺始建于 1896 年,当时仅有平房 5 间,礼拜殿 3 间,宿舍 2 间。1911年扩建,建成"五转七"庑殿式礼拜大殿和两座宣礼塔,北辟土门,扩修宿舍、讲经堂、经文小学、净水堂等,共 15 间。湟中县汉东乡清真寺,该寺始建于清光绪二十一年(1895 年),距今已有 100 多年的历史,是湟中县著名清真寺之一。在化隆县昂思多集镇中心的昂思多清真大寺始建于清乾隆五十四年(1789 年),在 200 多年的历史当中,遭受了多次劫难。清同治元年(1862年),由于河湟回族起义反清,清廷挑拨回汉民族关系,因而大寺被烧毁,直至光绪八年(1882 年),当地广大穆斯林群众募捐钱粮,才修复了大寺。可惜好景不长,到光绪二十一年(1895 年),该寺又遭毁坏,多年未得修复。到了民国二十一年(1932 年),由知名人士马步英(系新中国成立前青海省主席马步芳的堂兄)倡导,发动了广大穆斯林群众集资捐助,大兴土木,又对该寺进行了第三次修建。②

总之,清末民初,安定的社会环境,迎来了民间商贸的发展和繁荣,河湟回族大量进入城镇或在如拉卜楞、隆务寺、塔尔寺等大型佛教寺院外经商安家,还有在交通要道自发建立集市,经商繁衍生息,积累了财富,当人口数量达到一定程度时就出资修建清真寺,那么围寺而居的回族商业社区也就形成了,也奠定了今天河湟城镇回族的居住格局。

表 3—11　主要城镇回族人口分布概况

县	城镇	城内居住情况	户数人口
西宁	西宁	住于城内东关及第一、二、三、四各区	7010 户,49385 人
乐都	碾伯	住城内东关,及附郭一带	计 229 户,1042 人

① 李式金:《拉卜楞之民族》,《边政公论》1947 年第 6 卷第 1 期。
② 《化隆县志·宗教》,陕西人民出版社 1994 年版。

续表

县	城镇	城内居住情况	户数人口
大通	城关	住西区极乐、良教二堡、东区河州、凉州、新村、旧庄、南区石山堡	计23000余人
贵德	河阴	城关及康杨李三屯	1900余人
化隆	巴燕	城内及附廓数十里	2113户,约12300人
循化	积石	住城关	50余户,200余人
湟源	城关	住城关及附廓	317余户,1600人以上
同仁	保安	住城内及保安镇	回汉共250户,1008人
门源	浩门	住浩门、河南一带	不祥
民和	川口	住川口等周围	5千余户,2万6千人

资料来源:丘向鲁:《青海各民族移入的溯源及其分布之现状》,《新亚细亚》1933年第5卷第3期。

从表3-11可知,一般而言,近代城镇回族聚居区的分布,通常与商人和商人资本的分布是成正比的。凡是商人和商人资本集中的地方,同样也是城镇回族聚居的地方。如当时西宁最繁华的中山市场就设立在离东关大寺不远的湟光大道旁。1915年马麒在西宁东关设了"德顺昌"商号(后改德兴店),经营羊毛、皮张、布匹、百货、茶叶等,在其带动之下逐步形成了西宁商业中心网络。当时西宁的商业网以"道门街"为集中点(即现在回族聚居的东大街),尤其是东城门口(即湟光到东稍门)最为繁华,而城中大什字一带则次之。[1]其他城镇如民和川口、乐都碾伯、循化积石镇等亦是如此。民和"县城川口有经商回族112户、125人,分别占川口私营商户、从业人员的75%和69%,拥有资金2.5万元,销售额为16.7万元。"[2]

表3-12　河湟各县民族人口百分比

县别	汉	回	蒙	藏	土	撒拉
乐都	95%	1.5%	—	2%	1.5%	—
民和	30%	50%	—	10%	10%	—

---

① 《青海省商业资料卡片一》,青海省档案材料案卷第143号。
② 《民和县志·商业》,陕西人民出版社1993年版。

县别	汉	回	蒙	藏	土	撒拉
互助	60%	40%	—	—	36%	—
大通	65%	31%	—	4%	—	—
湟源	84%	6.5%	3%	6.5%	—	—
循化	14%	16%	—	17%	—	53%
贵德	20%	15%	5%	60%	—	—
化隆	20%	50%	—	20%	—	10%
共和	25%	—	5%	70%	—	—

资料来源:马鹤天:《甘青藏边区考察记》,甘肃人民出版社 2003 年版,第 168 页。

另外,从表3-12可以看出城镇回族聚居区的分布与社会商品经济和商品流通的发展同时也成正比例关系,凡是商品经济和商品流通较发展的地方,不仅在城镇中,而且一些农村市镇也会有回族聚居区的出现和建立,如上表的各县域。清末民初,"西宁较大的商业为过载业、绸缎业、布匹业。西宁商业以长途贩运为主,行商占有较大的比重,因而与之有关的过载行业处于重要地位……按其经营范围又分为山货过载行店和布匹过载行店。山货过载行店集中在东关"。[1] 东城门口时称为"中山市场""城关划分为三区,街市共二十九条,最热闹市为中山街,商店林立,凡日用等物,应有尽有"[2],当时东关的商业有小的鞍子铺、匣子铺、回民小饭馆、牛羊杂碎铺等,有一家大的批发零售商叫富顺昌,是孕马四开的,另外有几家大的家庭商贩在当地收购各种皮张,自做(用人工)发往天津、汉口、张家口、包头等处销售。回来则运布匹杂货等,这些生意回民较多。[3] 再如土族聚居地区的"三川官厅街上的商人以汉回两族人为主,互助县城也是汉回商人最多"。[4] "坐商以汉民、回民居多,土民座商只有两三户,经营布匹、杂货。"其中"除回民外,土、汉坐商都是半农半商。"[5]

---

① 翟松天:《青海经济史近代卷》,青海人民出版社 1998 年版,第 240 页。

② 林朋侠:《西北行》,宁夏人民出版社 2000 年版,第 108 页。

③ 《青海省商业资料卡片一》,青海省档案材料案卷第 143 号。

④ 青海省编辑组:《青海土族社会历史调查》,青海人民出版社 1985 年版,第 18 页。

⑤ 青海省编辑组:《青海土族社会历史调查》,青海人民出版社 1985 年版,第 168 页。

乐都老鸦"有居民约百户,回民十之三,商店十余家"①。

1. 商业社区的形态要素

传统的河湟回族商业社区空间组织和构造与伊斯兰教的要求是一致的,社区一般分为公共部分和私人部分,两部分的功能是不一样的。清真寺是社区的中心,尤其民国初期伊赫瓦尼教派在青海兴起,各大城镇中的较大清真寺就成为"海乙寺"(中心寺),各种宗教设施、巴扎(集市)、回族小学围绕其周围,它们也是社区的公共部分。社区的公共部分一般都分布在城镇宽敞的交通要道上。环绕在社区中心周围的居民区是社区的私人部分,私人部分的小巷一般曲折狭窄,无规则,常常结束在死胡同里,巷的两边犹如阿拉伯童话名著《一千零一夜》中所描述的:鳞次栉比的房顶层层叠叠伸展开去,一所所四合院连接在一起,只有绿色的清真寺唤醒楼高高耸立其间。临大道的私人街屋就自然成为街市。

清真寺　清真寺是河湟回族城镇社区最明显的特征,清真寺是回族商业社区形成的标志。早在宋、明时期,西宁由于长期设置"茶马司",便成为河湟各族之间贸易大商行集中地,史载宋时西宁东城"陷羌及陷之子孙,夏国降于阗,四统往来商贾之人数百家"②,"厮罗居鄯州,西有临谷城,通青海、高昌诸国。商人皆趋贸易,以故富强"。③ 当时青唐东城就居住有阿拉伯、波斯、喀喇汗朝,高昌等地的穆斯林商人数百家④,这证明至迟在宋代时西宁城东区就形成了穆斯林聚居区⑤,其聚居区就是最早的回族商业社区,其形成的标志就是清真寺的修建。如上文所述,清末民初,随着民间商贸的发展和繁荣,河湟回族大量进入城镇或在大型佛教寺院附近,在交通要道自发建立集市,经商繁衍生息,创造积累了财富,当人口数量达到一定程度时就出资修建清真寺,那么围寺而居的回族商业社区也就形成了,"回民聚族而居,群相捐资,建立清真寺,选举精熟经典、品行纯洁的教徒为阿訇"。⑥ "青海回教由新疆传入,因军

---

① 马鹤天:《甘青藏边区考察记》,甘肃人民出版社2003年版,第141页。

② 陶宗仪:《说郛》卷三十五,李远:《青唐录》,《青海地方旧志五种》,青海人民出版社1989年版,第10页。

③ 《宋史·吐蕃传》。

④ 《青海地方旧志五种》,青海人民出版社1989年版,第10页。

⑤ 《西宁东关清真大寺志》,甘肃文化出版社2004年版,第58页。

⑥ 文郁:《青海省宗教的调查》,《海泽》1934年第6、7期。

政权多在回教徒手中,故回教亦盛,且有势力。其礼拜寺到处设立,按其规模八十家以上者为上寺,五十家以上者为中寺,五十家以下者为下寺。各县共计三百六十余处,计西宁大寺十七,中寺十四,小寺二十七,共五十八所。民和大寺十六,中寺十八,小寺二十四,共计五十八所。乐都大中小各一,仅共三所。湟源大寺一,中小寺未详。互助大寺二,小寺七,中寺未详。门源大寺六,中寺十,小寺七,共计二十三所。循化大寺十六,中寺二十八,小寺十九,共计六十所。大通大寺十一,中寺二十,小寺三十一,共计六十二所。化隆大寺六十四,中寺五,小寺十六,共计八十五所。"[1]

表3-13　青海各集镇回族商业社区清真寺调查

集镇	清真寺	备注
西宁	东关清真大寺	规模壮大,为回教大学所在地
上五庄	邦巴清真寺	规模壮丽,设阿訇一人,专教《可兰经》
镇海堡	镇海堡清真寺	设大学阿訇一人
塔尔寺	鲁沙尔清真寺	设大学阿訇一人
湟源	东关清真寺	规模宏大,设大学阿訇一人
乐都	东关大巷子清真寺	设大学阿訇一人
贵德	大街头清真寺	设大学阿訇一人
昂斯多	昂斯多清真寺	设大学阿訇一人
扎巴镇	扎巴清真寺	设大学阿訇一人
甘都镇	甘都清真寺	设大学阿訇一人
川口镇	上川口清真寺三所	设大学阿訇一人
后子河	后子河清真寺	设大学阿訇一人
积石镇	西大街清真寺	设主教一人
保安镇	保安清真寺	—
结古镇	结古清真寺	—
浩门镇	南关清真寺	设大学阿訇一人
永安城	永安清真寺	设大学阿訇一人
都兰	礼拜处一所	—

资料来源:张得善:《青海种族分布概况》,《地方自治》1935年第3期。

---

[1]　马鹤天:《开发西北》,《西北考察记》1935年第4卷第6期。

　　清真寺通常是河湟回族商业社区一种重要的制度。河湟集镇中的清真寺往往成为当地的"海乙寺"（中心寺），每逢礼拜五的聚礼以及开斋节、古尔邦节的会礼都在该寺举行，它不仅是祈祷的场所，而且也是交流社区新闻的场所和论坛，其周围地区更是商人进行商业活动的便利场地。它是伊斯兰教宗教学校的中心，在那里不仅招收满拉（宗教学员）进行系统的伊斯兰教宗教学习，"每寺内均设有教长，俗称阿訇一人，总理寺内一切，并教授该区儿童习回文及经典等"，其中西宁东关清真大寺的教育功能比较有名，"城之东关之清真寺，规模较大，组织完善，闻内有大学学员二十馀名。此所谓大学者，即系训练阿訇之储才所，俟毕业后，即分派各县各区寺内服务"①。清真寺也是社区内为穆斯林群众兴办实事、济贫帮困和提供服务的场所。在民间商贸中清真寺本身也是商贸组织者，如"1932—1946年，在马禄任教长的十几年中，其投资经营的运输队（骆驼队、汽车队）收入，大部分捐给大寺"，还有"民国时期，西宁东关大寺在原瓦窑沟（今富强巷）办有'真记砖瓦厂'一处，每年纯收入400元左右（银元）。1947年大寺创办'振清'商号，经营商贸"。②

　　回族学校　清末民初，随着民间商贸的兴盛，回族社区的形成，安居乐业的回族在马麒的倡导下积极创办回族近代新式教育，各个回族社区都先后建立了学校，成为近代回族社区形态要素之一，其也是河湟回族商业社区中的公共部分。1913年，在马麒的倡导下，西宁东关设立回民同仁小学。在东关富商的资助下"将东关社学巷口魏家的房子两院，赵万万家的前后两院，马启旺家的一院买为校产扩建校舍，广收学生，并在同仁小学背面北关街新辟操场一处，对学生加授体育课"③，此后青海河湟回族社区内的教育事业很快兴盛了起来，到了1922年5月成立宁海回教教育促进会，以促进回族青年以学习科学文化知识，宣扬回教真谛为宗旨。④青海西宁此时回族教育"渐入佳境"，"近来回民极力提倡教育，促进文化，境内设有青海回教促进会，目的在普及回民教育及促进回教文化。三年来增设高级小学三处，初级小学三十处。又

①　林鹏侠：《西北行·回民能不需教育欤》，宁夏人民出版社2000年版。
②　《西宁东关清真大寺志》，甘肃文化出版社2004年版，第286页。
③　陈新泰：《西宁东关回民社学的创设及演变》，《西宁文史资料》第四辑。
④　青海省志编纂委员会：《青海历史纪要》，青海人民出版社1987年版，第288页。

凡回民在二十家以上者,均设小学一处。提倡教育之精神,可谓已渐入佳境"①,如鲁沙尔回族小学"校址宽广,建筑壮伟,中一楼,楼上七大间,未隔墙,为全体师生礼拜之所。前院为教室,校中现有高级二班,初级四班,共百数十人"②。

此后,清真小学在河湟谷地的回族社区内普遍建立,成为回族商业社区的公共部分。

表3-14 各回族商业社区内的清真小学

社区	会别	附设校别	学生数目（人）	教员数目（人）	经常经费（元）	地址
西宁东关	青海省回教促教进会	师范讲习所	69	16	月660	东关大寺
		第一中学	74	14	900	东关大寺
		第一两级小学	180	9	350	北门根
		第二两级小学	140	8	400	北关外
邦巴集市	第一回教促进会	两级小学	94	4	年1400	邦巴
鲁沙尔镇	第二回教促进会	两级小学	120	3	1600	鲁沙尔
贵德	分会	两级小学	120	6	1300	城内
康杨镇	分会	两级小学	120	5	2000	康屯庄
巴燕镇	分会	两级小学	150	3	1200	西关
甘都镇	分会	两级小学	90	3	1200	甘都
昂斯多镇	分会	两级小学	46	2	1200	昂斯多
浩门镇	分会	初级小学	72	3	1200	城内
川口镇	分会	初级小学	85	5	1200	上川口
积石镇	分会	两级小学	150	5	1200	城内
威远镇	分会	两级小学	46	3	800	城内
湟源	分会	两级小学	53	2	800	城内
乐都	分会	两级小学	60	3	900	城内
隆务镇	分会	两级小学	60	3	600	城内

资料来源:《青海回民教育现状》,《新甘肃》1932年创刊号。

---

① 林鹏侠:《西北行·回民能不需教育欤》,宁夏人民出版社2000年版。
② 马鹤天:《甘青藏边区考察记》,甘肃人民出版社2003年版,第191页。

　　巴扎市场　古人有"无徽不城镇"的说法,那么到了青藏高原则为"无回则不城镇",此提法一点都不为过,即便是到了现在我们判断青藏高原上的小城镇的繁荣与否,也要看小城镇的"清真"招牌的多寡。那么远在现代文明还没进入青海,人口结构还没发生大的变化的清末民初,更是如此。巴扎市场是近代河湟传统回族商业社区的重要组成部分,没有它就不能认为回族商业社区最终形成。关于集镇的形成、繁荣我们前文已有叙述,现我们进入集镇中粗探各个回族巴扎的构成。由于巴扎是手工业者、商人以及为他们工作的所在地,所以与回族商业社区的其他部分相比拥有不同的结构。回族商业社区中的绝大多数巴扎一般都自然形成并且围绕于城镇中的聚礼清真寺——"海乙寺"(中心寺),其也是当时的经济中心,经济中心通常是进行重要商业活动的场所,在许多情况下是一条中枢街道,如当时西宁的中山市场就设立在离东关大寺不远的湟光大道旁,邦巴集市就在邦巴清真寺周围也是往来交通要道。巴扎内有许多的商铺,商铺一般都在临街的大道上,如甘都"该集设在西宁至临夏公路旁的牙鲁乎村,专门修建了一条长半华里的街面"[①],又如巴燕镇,"巴燕镇大地主陈学礼放高利贷开当铺,巴燕镇半条街都是他的铺子"[②]。除此之外,巴扎内有许多专业市场,比如甘都集市内"从西到东,以此为杂货、柴草、粮食、瓜果、骡马等市",昂斯多集市"清末民初,昂斯多集市逐渐形成,汉回商人经营布匹、砖茶、青盐、杂百货等,收购羊毛、皮张、粮油。铁、木工等小手工业作坊,油房水磨等店铺开业,临河滩建成街道市场"[③]。再如湟中邦巴巴扎构成更为完备:

　　　　上五庄的工商业集中在邦巴街,全街长约二华里。据 1951 年统计,该地共有商业手工业 130 户,其中回族为 112 户。手工业行业为皮鞋匠、铁匠、木匠、制粉等,有 34 户。商业有杂货铺、布店等 25 户,摊贩 23 户,药材行 4 户,食品 12 户,皮毛行 21 户,屠宰 8 户,其他 3 户。[④]

---

　　①　程起骏、毛文炳:《青海解放前一些地区的集市贸易》,《青海文史资料选辑》第十七辑。
　　②　中国科学院民族研究所、青海少数民族社会历史调查组编:《化隆回族自治县调查材料》,《青海回族调查资料汇集》,1964 年。
　　③　《化隆县志·地理乡镇·昂思多》,陕西人民出版社 1994 年版。
　　④　青海省编辑组:《青海省回族撒拉族哈萨克族社会历史调查》,青海人民出版社 1985 年版,第 46 页。

虽然巴扎不大,但五脏俱全,基本能满足当地农户的生产、生活所需。

2. 回族商业社区的功能

经济功能　清末民初是河湟回族社会恢复发展的重要时期,最显著的结果是在河湟各城镇逐渐恢复并形成了新的回族商业社区,这奠定了今天河湟回族的居住格局和经济基础。回族商业社区的恢复与发展促进和承载着河湟回族社会商业经济的发展与变迁,河湟谷地大大小小的城镇、回族商业社区之间形成了相互联系的市场网络,故而回族商业社区在回族经济发展和河湟经济生活中起着十分重要的作用,有着特殊的经济功能。

首先,回族商业社区沟通了河湟城镇与农牧区之间的经济交往。回族商业社区是城镇中的商业中心,既是这一地区货物集散地,又是城镇与农牧区的贸易中介之地。农牧民零散的农副产品和畜牧产品首先要被回族商人汇集到附近的城镇回族商业社区之中,然后才直接或间接转运到西宁,"青海多产皮毛、鹿茸、牛黄、麝香,售于西宁"①,反之,西宁从中原运来的商货也主要由回族商人运往各城镇回族商业社区,再由回族小商小贩销售到广大农牧区。

其次,促进了河湟农牧区商品经济的发展。我们知道商品流通是商品生产的条件之一。在自然经济的条件下,产品直接满足生产者自身的需要,没有进入流通市场,因此没有严格意义上的商品经济。随着回族商业社区的发展、回藏贸易的不断开拓和商品流通的扩展,许多农产品和畜产品进入流通市场而成为商品。比如河湟社会食用的菜子油即"青油",这时已不再是农牧民自需了,而是大量的投入到市场上,作为商品出售。"巴燕戎格以青油为大宗,运兰州出售,每年不下数万斤。"②河湟回族商人从牧区收购的冬虫夏草、鹿茸、麝香、大黄等名贵药材,并将其运出加工销售,使这些东西从自然变成商品实现了价值。"大黄,由本境商人领票,往青海一带采挖,则每年约出四五万斤至十余万斤不等。""蘑菇,每年约二三千斤,产于青海一带。本境商人收买运往兰州一带销售,以二十四两为一斤,每斤价约二钱五分,共银五百两。"③

----

① 《甘肃通志稿·民族八实业》,王昱主编:《青海方志资料类编》,青海人民出版社1987年版,第237页。

② (光绪)邓承伟修,来维礼等纂:《西宁府续志》卷十。

③ (光绪)张庭武修,杨景升纂:《丹噶尔厅志》卷五。

随着回族商业社区的发展完善和市场的活跃,河湟手工业部门得到了迅速的发展。最为典型的是回族商业社区内的皮货业的发展,"从一九一二年开始直到一九三八年为止,这二十年也是马麒任甘、边、宁、海镇守使的一段时期,是西宁皮货业较兴旺发达之时。"①清末民初,丹噶尔的手工业部门的制品类就有"挂面、青油、皮绳、酥油、木木肖、小箱子、皮靴皮鞋、口袋、毛毡、毛歇小刀"②,这说明回族商业社区是手工业产品的集散地,又是手工业原料的供应地,在手工业商品化中起着举足轻重的作用。

再次,改变了人们的经济生活,促使回族农业人口向城镇其他行业转化。城镇回族商业社区及其商业经济的发展,回民的经济生活发生了显著的变化,许多的农业人口从农业中脱离出来,专门从事商业、手工业和其他产业的活动,"省垣回民之主要职业为皮毛业,其他如食品、衣鞋、屠宰、棉布、杂货等业次之"。③ 这一时期也逐渐形成了回族的城镇传统商业,主要有清真餐饮、屠宰、皮货加工等。

清真餐饮业。近代城镇中清真餐饮业快速发展起来,清真饭馆也在这一时期形成了,"汉回多从事商业,务农者较少,通行大道,开旅店和饮食店者甚多,均于门首悬一小木牌,题曰'清真',或更于其上绘一碗,以示售卖茶饭"。④ 再如平安镇"有中村的马墨林、马如毛、西村的马如海、马成德。4 家均为回族,设清真饭馆。各从业 3 人,共 12 人。他们有固定的门市,经营炒面片、烧子面、锟锅馍馍、小炒菜、手抓羊肉等"。⑤ 民和县城川口镇清真餐饮业"县城回族 66 家,91 人,资金 5224 元,营业额 7.39 万元,以隆盛园餐馆为最"⑥,西宁东关的著名的清真餐馆有海春天饭馆、林泉饭店、新生春清真饭馆、富胜饭店、马如意饭馆、林盛菜馆、沙永富饭馆、马万寿饭馆等⑦。除清真饭馆外,清真餐饮中的小摊贩也很多,大部分在回族商业区内,品种有清真

---

① 穆建业:《回忆西宁皮货业作坊》,《西宁城东文史资料》第一辑。

② (光绪)张庭武修,杨景升纂:《丹噶尔厅志》卷五。

③ 高文远:《青海省垣回民概况》,《突崛》1934 年第 1 卷第 3 期。

④ 魏崇阳:《西北巡礼》,《新亚细亚》1934 年第 8 卷第 5 期。

⑤ 牟正德:《解放前平安镇的商业状况》,《青海文史资料集粹·工商经济卷》,2001 年,第 351 页。

⑥ 《民和县志·商业·餐食服务业》,陕西人民出版社 1993 年版。

⑦ 《西宁市志·商业志·行业》,兰州大学出版社 1990 年版。

"酿皮、凉粉、拉面、尕面片、馄饨、水饺、烤羊肉、糕点、酥饼、羊杂碎等"①,为我们当今的高原清真餐饮业打下了基础。

屠宰业。我们第一章论述中已叙及,清前中期"回回皆拥资为商贾,以及马贩、屠宰之类"②,贩卖清真牛羊肉已是回族传统行业,到了清末民初其也是青海回族的垄断行业。民国时期,世代经营屠宰及牛羊肉售卖的人家,专事屠宰者被称之为"膻巴",如湟中的回族"卖牛羊肉者五六十家,几乎均为回民,汉民仅一二家"。③ 清真牛羊肉以干净、质优、口感好,深受城镇其他民族的信任成为放心食品,他们开设店铺、沿街摆摊将最新鲜的牛羊肉送入千家万户,给市民带来了极大的方便。如在拉卜楞"屠户占全体商户百分之十三强。业是务者,皆系临夏移来之回民,资本多借于寺僧。民国十六年前,屠户买贱卖贵,获利甚厚。"④当时屠户每宰杀一只羊所获利润情况见表3-15。

表3-15 屠户每宰杀一只羊所获利润情况

昔日买价	昔日卖价(元)		所得利润	现在买价	现在卖价(元)		所得利润
2.30元弱	羊肉	2.15	1.95元	2.90元强	羊肉	1.75	0.90元
	羊皮	0.55			羊皮	0.65	
	羊油	0.20			羊油	0.15	
	羔叉皮	0.55			羔叉皮	0.80	
	羊肠	0.55			羊肠	0.26	
	杂髓	0.55			杂髓	0.24	

资料来源:丁明德:《拉卜楞之商务》,《方志》1936年第9卷第3、4期。

皮货加工。仅西宁东关就有150多家皮货业作坊,而十五六家皮业商号集中在以东关大街为中心的北关街、南小街、北小街等处,如米木沙为经理的复兴隆,苏子贞、林子明合伙经营的泉泰涌,沈临瀚独家经营的隆泰兴等商号,他们将皮货销往上海、武汉、成都、天津等地,回来带上布匹、绸缎、丝织品等在

---

① 《西宁市志·商业志·行业》,兰州大学出版社1990年版。

② (清)梁份:《秦边纪略》卷一,青海人民出版社1987年版,第68页。

③ 青海省编辑组:《青海省回族撒拉族哈萨克族社会历史调查》,青海人民出版社1985年版,第46页。

④ 丁明德:《拉卜楞之商务》,《方志》1936年第9卷第3、4期。

西宁出售。还有的不在街头设店铺，而把带来的百货批发给零售商而得利，如刘雨村、马长麟、马廷令、苏香亭等人。①

文化功能　回藏贸易的兴盛促进了河湟回族商业社区的形成，同时"更是巩固和发展了回族的各个聚居区"②。清末民初，河湟回族商业社区的文化功能主要表现在回族伊斯兰文化的整合功能和文化传承功能，为民国初期青海伊斯兰教伊赫瓦尼的传播、形成以及伊赫瓦尼在河湟地区的兴盛奠定了文化基础。

文化整合功能。从前文已知清末大起义失败之后，清前期形成的回族社区荡然无存，回族社区内稳定的居住格局完全被打破，广大回族群众被迫迁入更加贫瘠的浅山和半浅山，但随着清末民初河湟政治环境的相对稳定及其回族生活经济的逐渐恢复，广大回族迎来了回藏贸易的黄金季节，大量的回族人口涌向河湟各城镇，这些城镇回族并非来自同一个地方，不同地区、不同教派门宦的回族由于共同的宗教信仰和生活方式，来到城镇后自然组成了新的生活社区，比如西宁"在此回民之中，土著尚不足十分之二，其余则由各地移植者，计由甘肃临夏移来十分之三，其他系各县回民逃荒来者十分之三；甘肃皋兰、永登迁往者十分之三"③，他们面对生存压力彼此求同存异团结在一起，他们通过工作的经济活动、宗教信仰、联姻等方式，在宗教信仰、风俗习惯、社会价值和禁忌上达到趋同，同时在地方方言上也逐渐相同，从而推进了民族文化的整合，更是推进了民族的发展。

文化传承功能。"个体生活的历史首先是适应由他的社区代代相传下来的生活模式和标准。从他出生之日起，他生于其中的风俗就在塑造着他的经验与行为。到他能说话时，他就成了自己文化的小小的创造者，而当他长大成人并能参与这种文化活动时，其文化的习惯就是他的习惯，其文化的信仰就是他信仰，其文化的不可能性就是他的不可能性。"④故而，在回族商业社区文化慢慢整合的过程之中，其社区的文化传承性也在发挥着无形的力量，社区内的回族伊斯兰文化除第一代移民对后辈口耳相传或耳提面命的传承方式外，

① 穆建业：《回忆西宁皮货业作坊》，《西宁城东文史资料》第一辑。
② 费孝通：《临夏行》，《瞭望》1987 年第 23 期。
③ 高文远：《青海省垣回民概况》，《突嵩》1934 年第 1 卷第 3 期。
④ ［美］本尼迪克著，何锡章等译：《文化模式》，北京华夏出版社 1987 年版，第 2 页。

其文化的传承大多数是通过社区的不断完善所进行的,如经堂教育、礼拜活动等。如西宁清真巷形成过程:

> 民国中期,清真巷的中心即今南关清真寺周围是一片菜地,只有几户回族菜农务农,地产原属城中的刘寡妇,不久被三司令马步瀛购得,后感地望不佳欲转手。而此时恰值河湟回族人复合型经济大发展的黄金季节。大批的农村回回人向西宁城中转移,由于共同的宗教信仰和风俗习惯自然而然落户于南关地区。听此消息,大伙向三司令提意将其地化整为零,让大伙购买为院社,安家立户,三司令欣然所许。这样一个崭新的回回聚居之地诞生了,聚居的人口逐年增多,当时南关地区无清真寺,老人做礼拜上东关大寺,多有不便。后随回族人家的增多,在众乡老的请求以及有关方面的齐心协力下,不久在这块净土上耸立起来一座典型的中国砖木飞檐的清真寺——南关清真寺。它的落成也标志着清真巷的最终诞生,同时也朝着更加完善的街区发展。向喜围寺而居的回回人从此大规模地从河湟各地涌入西宁南关,安家创业。日久天长,一个圣洁、神圣且优美的巷名"清真巷"无意之中传及东关地区,沁入穆斯林心脾。①

总之,清末民初,河湟回族社区具有文化整合和传承的功能,此功能不断发展与完善着回族社区的回族伊斯兰文化,为中国伊斯兰教三大教派之一的伊赫瓦尼的传播和发展奠定了群众文化基础。

综上,细探清末近代由回族参与的民间贸易史我们发现,近代以来河湟回族社会历经大动乱之后,这种特殊的民间贸易又迎来了它繁盛的黄金季节,原来的商业网络不仅得到了恢复,而且随着回族商人移民的大量涌入牧区,清前期兴起的回藏贸易的新型商业城镇更加繁荣,回族商业社区更加巩固。这时又出现了新型寺院城镇,以这些寺院城镇为新的商业网络点,由河湟回族主导的民间商业活动涉及更远更深的牧区,从而把整个牧区纳入到民间商贸的网络之中。回族商人在这些新的商业城镇及周边地区安家立业,逐渐形成了自己新的回族商业社区。回族民商在中原—河湟各镇—牧区的游离经商以及在牧区安家,开发工农商业,在青海地区民族经济开发中的所起的作用是一个长期而深刻的历史过程,当我们回顾青海地方经济史时,不难发现清前期中央政

---

① 拙作:《百年清真巷》,《回族文学》2005 年第 2 期。

府平定罗卜藏丹津叛乱之后,在青海蒙藏地区进行政治改革,将青海进一步纳入到大一统的国家体系之中,只是为共同体之间的藏—回—汉外部经济贸易向内部整合提供了制度保证,而经过清前期尤其是清末民初民间商贸的发展,回族民商深入广大牧区,把整个牧区纳入到自己贸易的商业网络之中,通过民间自由贸易,回商的经商及开发工农业最终促使藏—回—汉外部贸易向内部转化这一特殊历史变迁的完成,引起了青海内部社会经济运行形式的演变,遂促使青海东部与西部农业经济文化区域与牧业经济文化区域在青海小环境中结合,无疑回族商人是因商而兴的城镇化道路的重要推动者,回族商业社区更是城镇的重要组成部分。

第三节　城镇商贸的辐射与牧民生活渐变

从上文可知,近代以来伴随着民间商贸的不断扩张和兴盛,以商人及其组织为主导的民间商贸在广大牧区的大规模开展,越来越多的牧民融入民间商人所构建的这一商贸网络中来。牧民日常的生产生活与当地的寺院中心城镇市场间的联系越来越紧密。不仅使原有融于一体的生产与消费发生分离,其部落内部出现了商品交换和商品市场,而且还导致各部落滋生了一个谋求经济利益且日益壮大的交易者群体,更体现了其内部结构对商业贸易的容纳。由于大规模民间商贸的开展,越来越多的牧民主动参与到各级市场中来,这无疑在无形中增加了牧区较大的集市人口和货物的流动规模,使得牧区集镇数量逐步增多而且集镇经济日益壮大,辐射能力和范围亦进一步增强。这样外界市场信息亦更迅速传入广大牧区部落中,导致他们的生产活动走出封闭、半封闭状态,牧民的生活开始了渐变。

首先,我们从牧民家庭消费中的生活资料消费的渐变着手。家庭消费包括生活资料消费、生产资料消费等,在落后的青海广大牧区,近代以来由于商贸的影响,牧民的家庭消费主要在生活资料消费方面产生了渐变,其他家庭消费方面不明显。家庭生活资料消费包括植物类产品、动物类产品、副食类产品、衣着类产品、家庭耐用消费品五大类[①]。我们以五大类相互间变化逐一

---

① 王书华:《区域生态经济——理论、方法与实践》,中国发展出版社 2008 年版,第 158 页。

解析。

近代以来牧民家庭植物类消费品比例增长,而动物类消费品比例减小。植物类消费品也不是单一的稞麦,品种越来越繁杂,有小麦、青稞、大米、小米,而且牧民从不食用蔬菜逐渐开始接受这种新鲜的绿色食品,比例也在加大。我们以《丹噶尔厅志》卷五记载为准,从有关商品销售状况的记载中可看出1906 年左右藏蒙游牧民族的消费状况的急剧变化。

表3-16　清末牧民在丹噶尔市场所需的粮食量

产地	品种	数量(每年)	单价	总价	牧民所需
本境生产	杂色粮	约万余市石	每石约银 7 两	7 万两	半售于蒙番
外地运来	麦面	5000 余市石	每升 8 分	4 万两	一半售于蒙番
	青稞	2000 市石	每升 6 分	1.2 万两	全数售于蒙番
	挂面	50 余万斤	每斤 2 分	6000 两	4/5 售于蒙番
	大米	百余市石	每升 3 钱	3000 两	间亦售于蒙番
	小黄米	市量百余石	每升 2 钱	共银 2000 两	全资本境食用
	酒	200 余石	每担 20 两	共银 4000 两	大半售于蒙番

资料来源:《丹噶尔厅志》卷五。

从表3-16 可以算出,1906 年丹噶尔市场销售的粮食达 17200 多市石,为68800 仓石,共约 688 万斤(按:市量 1 石为时仓量 4 石,即 400 斤为 1 市石),另还有 50 余万斤挂面,共约 738 多万斤,其中大约 422 万斤销往牧区,价值达7.28 万两白银,加上酒的 4000 两,共为 7.56 万两。随着皮毛贸易不断扩大,牧民需要粮食的数量还在不断增加,"本境粮产原足敷用,以蒙番在丹办粮,故本境所产之粮半售于蒙番,而食粮转资于境外也",又言"蒙番需用青稞近年颇多,约其数市量在 5 千石上下"①。青稞粮食销售量从清中后期的 2000市石左右增加到清末的 5000 市石上下,增幅达一半多。在拉卜楞市场"沿大夏河一带所产粮食,只够全县人口三个月之用,所缺九个月五万人口之粮,七成仰给临夏,三成仰给临潭,因之全区惟夏河县年缺粮约一千二百五十万斤,

---

① (光绪)张庭武修,杨景升纂:《丹噶尔厅志》卷五。

茶、盐、糖,则更要仰给予外地"。[1] 其原因"拉卜楞之人民,虽主食肉,但青稞炒面为最不可缺乏之食品。城市人民及已汉化之龙哇(半汉化之藏民),固赖食粮为生,即远处之藏民,亦来城(或寺)购买"。[2] 再如玉树地区"炒面也是他们的主要食物……藏巴的主要原料是青稞,玉树地高气寒,而地陡土脊,可种植青稞之处仅限于海拔四千公尺以下的谷地,故产量甚少,不足之数须从外地输入"。[3] 可知当时的游牧民家庭消费品中已经以粮食为主食,而非专以肉及乳制品为生,"番民逐日赖以为生的炒面,都是从临夏县运来的"[4],"每月一个番民可以吃炒面40斤和燕麦两升"[5],当然丹噶尔和拉卜楞市场于农耕区的边缘,随着商贸的发展,牧民对粮食的需求量逐渐向青藏高原腹地推进之势,如在玉树的牧民"食品以糌粑为主,时佐以羊肉,糌粑以酥油及茶下之"[6],1937 年五、六、七三个月其他粮食消费品见表3-17。

表 3-17　结古镇 1937 年五、六、七三个月其他粮食消费品表

物价名称	数量(斤)	单位平均价(元)	总价(元)
大米	760	0.475	361.00
青油	200	1.00	200.00
烧酒	200	1.00	200.00
粉条	135	1.64	221.40
麦面	21300	0.80	2834.00
青果	4000	1.33	5320.00
合计	26595	—	9125.40

资料来源:马鹤天:《甘青藏边区考察记》,甘肃人民出版社 2003 年版,第 291 页。

此时牧民餐桌上粮食制品诸如粉条、挂面、青油等也是屡见不鲜的。

---

[1]　徐旭:《西北建设论》,上海中华书局 1944 年版,第 64—65 页。

[2]　《拉卜楞之近况及其开发意见》;高长柱:《边疆问题论文集》,第 437 页。

[3]　李式金:《青海高原的南部重镇——玉树城生活素描》,《旅行杂志》1946 年第 20 卷第 2 期。

[4]　顾执中、陆诒:《到青海去》,商务印书馆 1934 年版,第 85—86 页。

[5]　唐苐:《拉卜楞番民的经济生活》,《中国西北文献丛书》第 4 辑《西北民俗文献》卷二十四,第 157 页。

[6]　周希武:《玉树调查记》,青海人民出版社 1986 年版,第 87 页。

另外,牧民也改变了从不食用蔬菜的习惯,随着商贸的深入辐射,牧民不仅开始食用蔬菜,而且面对市场需求,也开垦土地种植蔬菜。如在纯牧区的玉树称多县,"据李县长云,称多今年试种青菜,担藏民亦渐渐尝食。在十年前,藏民不特未尝过,且未见过,亦不知青菜为人食之物"。① 又品种有"萝卜、白菜、芹菜、山芋等,皆结古不易得之珍品……又有葱、韭、莴笋、莲花白、圆根(似萝卜)、刀豆等。"②而玉树地区尤以种植圆根较为普遍,"本日为寺院喇嘛占定收获圆根之日,有三处同时收获,专使行署附近即有一处,约百数十亩,据云三十来家藏民分种。早起即闻人声鼎沸,余偕同人往观,见有男女百数十人,在地拔取,牦牛数十头,往来驮运……有就地卖者,法币二元购一堆,不论斤两,妇女、小儿有就地食者,闻前仅饲牛马,近人渐知食矣"。③ 青海牧区农牧民种植蔬菜及粮食作物的品种见表3-18。

表3-18 民国时期青海牧区各县蔬菜及粮食作物品种调查表

县	蔬菜	粮食
都兰	白菜、萝卜、青菜、韭菜、葱、蒜、菠菜、笋菜	小麦、青稞、蚕豆、山芋、菜籽、燕麦、胡麻
玉树	白菜、萝卜、韭菜、葱、青菜、笋菜	青稞、菜籽、圆根、小麦
称多	白菜、萝卜、葱、蒜	青稞、菜籽、圆根
囊谦	白菜、萝卜、菜瓜、葱、蒜、笋菜、青菜、韭菜	青稞、菜籽、圆根、山芋
兴海	白菜、萝卜、蒜、韭菜、葱、笋	青稞、菜籽、燕麦
祁连	白菜、萝卜、蒜、韭菜、葱	青稞、菜籽
海晏	白菜、萝卜、蒜、韭菜、葱	青稞、菜籽、山芋、小麦、莞豆
同仁	白菜、萝卜、蒜、莞豆、葱、笋	青稞、菜籽、大麦、小麦、山芋、杏子

资料来源:青海省政府建设厅编:《青海省建设概况》第六章"农业概况",第五节本省农业之分布,1946年。西藏青海省图书馆地方文献部。

牧民的家庭生活资料消费中除了植物类产品和动物类产品比例在变化外,副食类产品、衣着类产品、家庭耐用消费品等的变化又是如何的呢?

① 马鹤天:《甘青藏边区考察记》,甘肃人民出版社2003年版,第260页。
② 马鹤天:《甘青藏边区考察记》,甘肃人民出版社2003年版,第410页。
③ 马鹤天:《甘青藏边区考察记》,甘肃人民出版社2003年版,第417页。

近代以来,牧民的家庭消费品中副食类产品主要包括食糖、烟、酒、茶等,尤其烟、酒、茶三项的消费不仅持续增长,而且成为牧民嗜好品。我们分析茶,茶的总量在逐年增长,但占整个商品输入总量的比例在下降。当时牧民从丹噶尔市场购买茶类估计为 3 万两左右,"茶自兰州运来,每年约万余封,大半售于'蒙番',每封现价二两,共银二万两,此外如黄茶(竹筐所盛)、砖茶(川字号无纸封者),虽例禁亟严,而番僧蒙番私相交易于境内者亦不少,然形迹诡秘其数逾难询访而知矣。"①现假设走私的茶与政府许可销售的茶数量基本一致,又估计这些茶 75% 售于"蒙番",共估计银 3 万两。再如在拉卜楞市场"茶分副茶(或府茶)、松茶两种。"输入茶见表3–19。

表3–19　拉卜楞市场输入茶情况

年份	品种	输入量	总价(元)		占总输入量	附注
战前数年	松茶	1600 块	76800	109000	28%	占总输入量第一位,丁德明之调查
	府茶	11500 块	32000			
民国二十八年	松茶	1600 块	74800	198000	23%	占总输入量第二位,李式金之调查
	府茶	15100 块	113250			
民国二十九年	松茶	750 包	2400		2.8%	仅松茶一项,降至第十一位
民国三十年	茶类	9630 斤	57780		109%	王志文调查,自1—9月

资料来源:李式金:《拉卜楞之商业》,《边政公论》1945 年第 4 卷第 9—12 期合刊。

衣着类产品在清代以前藏族游牧民(除贵族以外)基本上是衣皮衣、毛衣,不着裤子,而清末民初以后随着商业的发展,藏族游牧民的服饰发生了很大的变化。普通牧民其衣着基本上是外衣以皮,多产自藏地,但内衣小衫多为布衣,必求之于市场,"若每人每年平均只添制内衣小衫一件以五尺计,则十万人口每年即需五十万尺。以十丈为一匹,则年需五千匹棉布,何况富有之藏民,尚需绫罗绸缎呢"②,可见牧民对布匹需求是巨大的,时在丹噶尔市场销售的"洋布5000 匹,共银 3 万两,大半售于蒙番;大布1000 卷,共银 2.5 万两,十

① (光绪)张庭武修,杨景升纂:《丹噶尔厅志》卷五。
② 徐旭:《西北建设论》,上海中华书局1944 年版,第65 页。

之七八丹境服用,少部售于蒙番;羽绫约 100 匹,共银 600 两,全数售于蒙番;洋缎约 400 匹,共银 3200 两,半售于蒙番;皮靴万余双,共银 8000 两,皆售于蒙番;哈达万余条,共银 300 两,皆售于蒙番"。[1] 据上记载推算,其总值约为 3.9 万两,如加上该志没有确切说明销售地点,根据其他史料推断,应有少部分销售到"蒙番"的有:毛织品(包括毛口袋、毛褐、毛毡,共银 1.4 万两)、帽子(共银 1500 两),以其 30% 售于"蒙番",则为 4650 两,你们牧区的"蒙番"每年在丹市购买服饰用品共为 4.365 万两。随着商贸的深入,外来布匹的不断输入,男女不着裤子的习俗也得以改变,马鹤天早在民国十六年,见循化、拉卜楞以及保安城一带藏民中之"吾屯族"居住土房,"妇女短衣着裤,且多红裤宽腿,青年男女脑后一辫","据居室及男女装饰等观之,吾屯族半同化于汉人之藏族耳"[2]。到了民国中期,牧民对外来布匹需求持续高涨,牧民每年从拉卜楞市场上购买的各类布匹"茧绸 6000 匹,总值 42000 元;兰青市布 280 板,总值 3360 元;各族彩段 250 匹,总值 12500 元;官布 120 板,总值 2040 元;斜布 500 板,总值 5500 元;色粗布 1800 匹,总值 3780 元"[3],玉树结古镇仅 3 个月输入的庄斜布就有 7200 丈,总价为 14400 元。[4] 此时蒙藏牧民服饰都使用布面、绸面,"一般人民,都穿着绵羊皮、山羊皮制成的白皮袄,领子是拿羔皮制成的,外面罩着宽约五寸、长约三尺的红布,很像内地人的大氅;袖头上罩着五寸宽的红布。稍微注意外表的人,他们的衣服就在白皮袄外面罩上红棕蓝色泽的棉布,或在白皮袄前后襟边镶上三寸宽的黑色棉布或呢纹,领袖也罩着红布面。较富的人们的衣服,在拿羔皮制成的轻裘外面,罩上绸缎面"。[5] 喜欢戴内地生产的格式帽子,"蒙民的富裕者,男女都爱戴平津制造的四耳绸帽"。[6] 在玉树地区的藏族牧民戴的帽子"有的是西欧式的毡帽,有的式狐皮

---

① (光绪)张庭武修,杨景升纂:《丹噶尔厅志》卷五。

② 马鹤天:《青海考察记》,侯鸿鉴、马鹤天:《西北漫游记·青海考察记》,甘肃人民出版社 2003 年版,第 183、184 页。

③ 丁明德:《拉卜楞之商务》,《方志》1936 年第 9 卷第 3、4 期。

④ 马鹤天:《甘青藏边区考察记》,甘肃人民出版社 2003 年版,第 292 页。

⑤ 张元彬:《青海蒙藏两族的生活》,《新青海》1933 年第 1 卷第 2、4 期。

⑥ 张元彬:《青海蒙藏两族的生活》,《新青海》1933 年第 1 卷第 2、4 期。

的小帽,有的是半尺长的尖顶帽,西式的毡帽从西藏运来"。① 可见当时的农牧民的服饰在近代变化甚大。

家庭耐用消费品方面需求也是逐步增大,清末时期的丹噶尔市场上销售牧区的"佛金每年约一百万张,2000 两,售于蒙番;铁锅每年约一千余口,1500 两,大半售于蒙番;铜器如锅、罐、茶会之类,1000 两,全数售于蒙番;小刀每岁约三千把,600 两,专售于蒙番;义马灯、斧头之类每年约三千斤,900 两,皆售于蒙番;小箱子每年约三千件,900 两,皆售于蒙番;木木胥每年约三千余件,300 两,均售于蒙番;马鞍每年千余具,1000 两,皆售于蒙番;小木筒 300 两,皆售于蒙番;细泥瓷器 6000 两,十之七八售于蒙番"②,除以上五大类外,牧民的家庭消费品中还有一部分杂货品,如在清末丹噶尔市场各类杂货"共约三百余担,皆自北京、陕西、四川、秦州、兰州各地运来。每担估值百两,共银三万两"。③ 民国中期在拉卜楞市场"其他输入之零星杂货玩具、药品、苹果等项不下十万元"。④

总而言之,近代以来广大牧区的牧民家庭生活资料消费也开始了结构性变革,不仅各类家庭消费品品种在增加,而且消费数量也在增长,这在牧区交易中心输入的商品中得到了一定的反映。其中贸易中心和农耕中心边缘地区游牧民消费结构首先开始大规模变革。胡铁球先生根据《丹噶尔厅志》卷五记载推算出,粮类占"蒙番"购进商品的 41.3% 左右,服饰用品类占 23.9% 左右,茶为 16.4% 左右,其他各类商品占 18.4% 左右。⑤ 可见近代以来,丹噶尔市场辐射周围的牧民的消费外来品以粮、服饰类为主,茶已从第一位退居到第三位,甚至不如其他消费品的总量,其消费商品种类如《丹噶尔厅志》全数列出当达 100 多种,至此传统的"茶马贸易"结构完全被颠覆,从中亦可感受到丹噶尔市场辐射周围牧民消费变化之剧烈。民国以后,这种变化开始向藏区腹地有力推进,据周希武《玉树调查记》玉树货物来源:自西藏输入有氆氇、藏红花、羊皮、碱灰、洋布、洋缎、洋线、纸烟等 30 多种商品,其中人件多数是来自

① 李式金:《青海高原的南部重镇——玉树城生活素描》,《旅行杂志》1946 年第 20 卷第 2 期。

② (光绪)张庭武修,杨景升纂:《丹噶尔厅志》卷五。

③ (光绪)张庭武修,杨景升纂:《丹噶尔厅志》卷五。

④ 丁明德:《拉卜楞之商务》,《方志》1936 年第 9 卷第 3、4 期。

⑤ 参见胡铁球:《近代西北皮毛贸易与社会变迁》,《近代史研究》2007 年第 4 期。

印度。自川边打箭炉来的有茶、哈达、白米、洋布、绸缎、纸类、糖等20多种。自甘肃、西宁、洮州来的有铜铁锅、白米、粉条等10余种。其对商品种类的需求有70多种，说明消费外来物品比重非常大，不是历史上单一的"茶马贸易"结构，从中可窥见其消费结构的巨大变化，这一点我们把视角缩小到牧民家庭每年购买商品中也可得到证实。我们以新中国成立初期德富牧秦子布和贫牧铁吉的家庭支出为例见表3-20和表3-21。

表3-20　富牧秦子布家庭生活消费品细目

种类	数量	单价（元）	合计	所占百分比
青稞（斤）	1680	0.17	285.6	—
面粉（斤）	700	0.3	210	—
大米（斤）	100	0.3	30	—
小计	—	—	525.6	71.07%
茯茶（块）	6	5	30	4.06%
布匹	100方	—	100	13.52%
铁锅（口）	1	—	6	—
腰带（条）	4	3	12	—
靴子（双）	4	—	51	—
毡雨衣（件）	1	—	15	—
小计	—	—	84	11.36%
总计	—	—	739.6	100%

资料来源：青海省编辑组：《青海省藏族蒙古族社会历史调查》，青海人民出版社1985年版，第62页。

表3-21　贫牧铁吉家庭生活消费品细目

种类	数量	单价（元）	合计	所占百分比
青稞（斤）	1400	0.17	238	—
面粉（斤）	400	0.3	120	—
小计	—	—	358	78.68%
茯茶（块）	4	5	20	4.40%
布匹	—	—	12	2.64%
青盐	45碗	0.2	9	—
腰带（条）	2	3	6	—
靴子（双）	5	10	50	—

续表

种类	数量	单价（元）	合计	所占百分比
小计	—	—	65	14.29%
总计	—	—	455	100%

资料来源：青海省编辑组：《青海省藏族蒙古族社会历史调查》，青海人民出版社1985年版，第65页。

　　从表3-20和表3-21可以看出牧民家庭消费品中的外来商品品种繁多，粮食类为大宗。其中富牧秦子布家中每年买入的生活消费品总价值为739.6元，粮食类为525.6元，占其总值的71.07%；茶类为30元，占其总值的4.06%；布匹类为100元，占其总值的13.52%；其他主要输入商品，包括铁锅、腰带、靴子、毡雨衣共84元，占其总值的11.36%。而贫牧铁吉家中每年买入的生活消费品总价值为455元，粮食类为358元，占其总值的78.68%；茶类为20元，占其总值的4.40%；布匹类为12元，占其总值的2.64%；其他主要输入商品，包括青盐、腰带、靴子共65元，占其总值的14.29%。那么牧主和中牧的买入商品也是如此，而且家庭越富有其买入的消费品种类和数量也越多，粮食类和茶类比例也较小，布匹和嗜好品所占总价值比越高。这充分证实了近代以来青海牧区所需商品品类繁多，商品需求结构向多样化发展的趋势。历来以茶为输入商品之大宗的局面，逐渐变为以粮食、布为大宗，它们的比重超过了50%，茶虽然依然占有相当的比例，但其垄断商品输入的局面已被打破。这反映出牧区对农耕区的产品依赖从单一向多样性的方向不断发展，且强度不断加大，也反映出其消费结构的变化在不断加大和深化。

　　其次，寺院城镇商贸的兴盛及其家庭物质生活条件的改善，还促进了蒙藏牧民的思想意识的变化。尤其是商贸的频繁往来直接催生了普通牧民的经商意识，到了民国时期，经商致富已是藏族社会普通认同的社会风尚，商人是受人尊敬的（第五章第二节有专述），此时不仅仅只是经商意识的产生而已，牧民还从与外来行商的接触中逐步掌握了一些基本的经商之术，而且其资本的组成方式和经营模式也是我们以往不去关注或评价过低的。近代以前"不知商术，大率以物易物，与汉人交易，惟通事之言是听，通事遂得上下其手，以获厚利"，[①]近

---

① （光绪）徐珂：《清稗类抄》第5册，中华书局1984年版，第2338页。

代后期广大牧民的商品价值观提高,牧民们积极学习回汉商人的经商方法,如"计数以念珠为算具,但近来亦渐知用珠算,系汉人所传授"。① 自己也贩运或给外商充当代办人,按回汉商人的经营方式以及协助他们专收皮毛,"到牧民生产羔皮,或在剪毛时期,或在猎夫打猎丰获,将驮兽皮、鹿茸、麝香等物,凯旋回幕时,总在他人听闻之前,就敏捷的自费人工、时间、齐备牛马,去替客商收账或去争先收买的"。② 此时牧民的商贸资本组成方式和经营模式也是很完善的,如牧民组织的各类大小商队非常适合在茫茫牧区行走经商,这在当时的客观环境和经济发展水平来看是比较先进的。牧区组织的商队一般有三种,即寺院商队、部落商队、少数富牧组的商队。如新中国成立前的果洛地方贸易有本地各大小部落头人、寺院及部分富裕牧户组织的外出商队和四川、甘肃毗邻地区商人组织的外来商队两种组织形式。当时,果洛牧商到邻近有商品集散地的地方交换商品,必须有统一的组织,统一行动,并有部落武装保护。一般情况下有三种商队的组织形式:

1. 寺院商队。由寺院组织商队,规模比较大、组织性强,加之寺院经济基础雄厚,财力、人力都比较宽裕。一般寺院组织商队不仅规模大,商品量多,而且往返的安全也有保障。因为,寺院商队是有较高威望的活佛组织,由寺院管家带队,沿途藏区群众笃信佛教,藏传佛教寺院与寺院之间有着较为密切的联系,故寺院商队的安全有保证,成功率较高。

2. 部落商队。由部落头人组织的商队,其最主要的特点就是武装性强。为加大商队的安全系数,商队必须组织一个武装性、纪律性、战斗性三位一体的护卫队。护卫队由部落抽调勇敢好战者组成,并且护卫队必须是刀枪齐备,行动一致。商队一般由经验丰富的小头人带领,全权负责。商队组成员在经商途中,必须无条件地服从头人,对不听号令者带队头人有权实行经济制裁。部落商队一般分三个组,前哨队主要负责探路,以防进入盗贼的埋伏圈;中间的护卫队保护商队主要力量;后有后卫队,预防被背后袭击或被人追赶。各队必须随时保持联系,未经头人允许,不得擅自离开和移位。

---

① 马鹤天:《甘青藏边区考察记》,甘肃人民出版社 2003 年版,第 294 页。
② 张元彬:《青海蒙藏两族的经济政治及教育》,《新青海》1933 年第 1 卷第 10 期。

　　3. 少数富户组的商队。其规模虽然较小,但灵活轻便,这种商队一般靠沿途亲朋好友的协助,并与沿途部落有着一定的经济挂钩。也有的聘请草原上颇有义气的侠客为其押货,类似于内融镖局走镖。①

　　从上我们可以看出,由于牧区客观的自然条件和主观的社会不稳定条件制约,由分散走向联合,是牧区商人群体发展的必然历程,这种联合的结果就是商队的兴起和发展,它是由部落血缘和地缘及其宗教信仰为纽带的,商人出于发展自身的需要,其认同标准以血缘的家族关系扩及部落辖区的地缘和宗教性的乡土关系。这是他们面对所营之业的生存与发展而积累起来的经验,意识到在茫茫牧区仅靠家庭力量的联合已不能应付经营中的各种问题,于是开始转向范围更宽广的联合,这种联合促成了以一定部落、地域、宗教派别为纽带的地方商队,是牧区社会发展的必然产物,对繁荣商贸活动有积极作用。

　　牧民还逐步掌握了基本的资本积累的途径,如会利用商品供求关系的变化获得利润,近代以来随着城镇手工业的发展,手工业作坊需要的化学矿物质剧增,市场需要大,牧民就根据市场上的需求采集相应的矿物投入到市场上牟取利润,在丹噶尔市场上:

　　　　硼砂,蒙古柴达木地方采取运来,经本境工匠炼制使净,由商贩运赴各省销售。每年约两万斤,每斤价二钱,共银四千两;

　　　　火硝、硫磺,蒙古自柴达木地方采取运来,售于本境。每年约千余斤,有事时备制军需,每年可自千余斤至二三斤。每斤二钱,共银二百两,承平时硝以炼银,磺以燃火而已;

　　　　铅,自蒙古运来,售于本境。本境及宁郡制器销用外,仍转售于青海各番缺乏地方。每斤价二钱,共银四百两;

　　　　皂矾,蒙古自柴达木地方采取运来,本境及宁属地方染色销用,染革最宜。每年约万余斤,每斤价五分,共银五百两。②

　　再如利用商品的地区差价、季节差价,其中利用商品的地区差价获取利润较为常见,如同德县夏卜浪千户部落商队新中国成立前“畜产品主要运往夏

---

　　① 居·更德:《果洛地方贸易述往》,《青海文史资料集粹·工商经济卷》,2001 年,第 311 页。

　　② (光绪)张庭武修,杨景升纂:《丹噶尔厅志》卷五。

河、贵德、贵南、同仁等地,其次是运往四川松潘销售"。去这些地方销售畜产品的主要动机就是地区差价,可以获得更高的利润。如在新中国成立时"泽库每斤白羊毛一元一角九分,夏河则为一元三角二分七,高 11.5%。贵德一元三角二分,高 9% 弱。同仁一元二角一分,亦高 3% 强"。而皮张的地区差价见表 3-22。

表 3-22　泽库、贵德两地皮张的地区差价

地区\项目	泽库	贵德	相差%	地区\项目	泽库	贵德	相差%
白一等	2.99	3.28	9.14	大羊皮特等	4.99	5.35	9.30
白二等	2.39	2.62	9.13	大羊皮头等	4.16	4.45	9.30
白三等	1.80	1.97	9.1	大羊皮二等	3.33	3.56	9.30
黑一等	5.02	5.45	9.2	大羊皮三等	2.50	2.67	9.20
黑二等	4.01	4.36	9.4	等外	1.87	1.78	—
黑三等	3.01	3.27	9.1	—	—	—	—

资料来源:青海省编辑组《青海省藏族蒙古族社会历史调查》,青海人民出版社 1985 年版,第 38 页。

民国时期,牧民将畜产品除运往上述各地外,还多去松潘推销,主要是"价钱上对半利以上,如大茶一封在松潘六元,到拉仓卖二十元"。拉仓、松潘两地某些物品价格比较见表 3-23。

表 3-23　拉仓、松潘两地某些物品价格比较

种类	拉仓及松潘价格		种类	松潘及拉仓价格	
	拉仓单价(元)	松潘单价(元)		松潘单价(元)	拉仓单价(元)
每只母羊	2.5	8.00	蓝强茶60斤	1.00	3.00
每斤酥油	0.2	1.00	每件衬衣	6.00	20.00
犏雌牛每只	30.00	60.00	每个花碗	60.00	200.00
每尺粗褐子	0.07	0.2	每匹骟马	0.5	1.5
每百斤青盐	8.00	21.00	大茶50斤	1.00	5.00
每张羔皮	0.33	0.1	每包茯茶	10.00	30.00

资料来源:青海省编辑组《青海省藏族蒙古族社会历史调查》,青海人民出版社 1985 年版,第 38 页。

　　除此之外还有以专营奢侈品而获得高额利润的,如在果洛地区男人们的
"刀把、刀鞘,异常美丽、上边镶着珊瑚、宝石等物,多系请名匠打造的,所卖价
昂贵,自十数两至三四十两不等。每人还有快枪一枝,系变卖牲畜买来的。是
内部商人到青海去买卖时顺带进去买给他们的,每枝价值约二百两左右"。①
"藏民最喜欢新式手枪,不惜以重价购之,如在内地七八十元之手枪,在玉树
可售三四百元。"②

　　最后,随着民间商贸的兴盛,牧民对外来商品的依赖和本地土特产品大量
的外运,推动了牧民的生产结构的变迁,表现在两个方面。其一,畜牧狩猎生
产方式的逐渐缩小,定居且以农业为生产方式的逐渐扩大,如上文所述近代广
大牧区对粮食需求的持续增长,在供求关系的影响下,那些适合开垦的河谷地
区都被牧民开垦成可以耕种的良田,普遍种植粮食作物,种植的农作物以气
候、土壤而出现多元化,不再是单一的一种作物如青稞等。(第五章第二节有
专述)。如在海西共和县"居民(番族)改牧为农者,垂数十年,畜牧已成副业,
牛羊皆不成群"③的情况。如拉卜楞地方"本为一天然牧区曩无农耕可言"④,
但到 20 世纪 40 年代时,"据该县(夏河县)卅一年(1942 年)所计,全县有农
户约四百余家,共有农田一万四千九百余亩",又"据在藏区各处多方面探询
调查,知道寺院属或土司属的佃户,最多的有七八块,最少的有三四块,块之大
小不等,自三五亩至十四五亩都有"。⑤ 可见藏民从事农业的已有不少。如在
牧区腹地的玉树沿长江两岸及子曲河等流域"河谷低原之地,可农耕者亦不
少。今年渐渐发达,以青稞为最多。拉卜寺附近,年来有种小麦者"。而且
"新曲河流域,自觉拉寺以下有田,以强喜云为最多,田且较腴。鄂穆曲河流
域,自村沙百户属地以下始有田"。⑥ 玉树各部落所开垦田地亩数大概见表
3-24。

---

①　佚名:《青海省各县风土概况调查记》,《中国西北文献丛书》,第 135 册。
②　马鹤天:《甘青藏边区考察记》,甘肃人民出版社 2003 年版,第 430 页。
③　李自发:《青海共和县考察记》,《新青海》1934 年第 2 卷第 12 期。
④　王致中、魏丽英:《中国西北社会经济史研究》下册,三秦出版社 1992 年版,第 35 页。
⑤　徐旭:《西北建设论》,上海中华书局 1944 年版,第 66、77 页。
⑥　马鹤天:《甘青藏边区考察记》,甘肃人民出版社 2003 年版,第 294 页。

表 3-24　玉树各部落所开垦田地亩数

族别	田地亩数（亩）	荒地亩数（亩）	族别	田地亩数（亩）	荒地亩数（亩）
囊谦	40000	15000	苏尔莽	5200	9000
札武	9000	15000	迭达	14000	3000
普群	4100	2000	拉达	445	1500
歇武	4200	800	称多	16000	12000
安冲	4600	100	古刹	4050	1000
竹节	1450	400	拉卜	4000	1000

资料来源：马鹤天：《甘青藏边区考察记》，甘肃人民出版社 2003 年版，第 295 页。

　　故马天鹤先生认为藏民可分为三种，"近藏"、"半藏"、"远藏"，也可以为"熟番"、"半番"和"生番"，其中"熟番"过着定居的农业生活，"半番"过的是半农半牧的生活，只有"生番"依然过着游牧生活①，足见近代以来藏族社会内部生产方式的多样性，不再是单一的游牧生产方式了。

　　其二，在市场供需关系的影响下，牧民从事的畜牧生产也相应地进行了结构调整，不再是为养羊而养羊，为畜牛而畜牛。他们根据市场的需求和自身所居地自然环境的条件，逐渐形成了具有地方特色的畜牧养殖业，形成了一地一品的特色畜产品，颇受市场青睐，成为远近闻名的名贵产品。如马鹤天先生"兹据商人某君所谈"并参考各种当时文献，记载如下。

　　马有南番马、番马、玉树马、柴达马之分。

　　　　南番马指青海黄河南一带之马种而言。其马高大雄壮，适于山地，且耐劳苦，最宜军用，故青军骑兵全采用之。

　　　　番马，为环青海及浩门河流域所产之马。体较南番马小而形较灵秀，勇敢善驰，且性驯良，易训练，军用民用咸宜，尤以浩门河一带之马，以善走且迅速见称。

　　　　玉树马，为玉树二十五族及果洛诸族之产品，耐寒，跋山力役等，为青海各马冠。

　　　　柴达马，因其地少山，蹄较软而大，不适于登山，但宜于走沮洳地，行

---

① 　马鹤天：《甘青藏边区考察记》，甘肃人民出版社 2003 年版，第 99 页。

沙漠,且有粗食耐渴等能力。

牛有黄牛、牦牛、犏牛之分。

在青海东北诸县,农民多养黄牛为耕田主畜。柴达木各蒙族,亦养黄牛牝牛,为取肉乳之用。且其地黄牛体大肉佳,同于鲁豫。

牦牛为浩门河一带、黄河南、玉树二十五族及果洛诸藏族之役用、乳用、肉用之主畜。其中果洛牦牛,以体高力大见称。牦牛富冒险性,适于跋山履石涉水及走冰冲雪,牡牛为高原山地之宝。牝牛富于脂肪,藏民取乳制油,饮食赖之。

犏牛为黄牛与牦牛之间生种,牝者乳量多而质亦佳,牡者能任重致远,兼有黄、牦牛之优点,尤以黄牡与牦牝交媾者为更佳。浩门河之阿里克藏族,及黄河南回、蒙族所产之牦牛,特别著名。

羊有绵羊、山羊二种,绵羊中又分大尾羊、小尾羊二种。

大尾羊为柴达木诸族之特产,与内地者同,肉肥毛短,以可鲁贝勒台其乃产为纯种,尾部脂肪特别发达。此外各蒙、藏族居地所产之羊,皆为小尾羊。其中环海及黄河两岸诸族所产之羊,以体大毛长见称。玉树二十五族及果洛族之羊,以毛细著名。青海毛商,以购收小尾羊之毛为准价,以玉树、果洛诸族小尾羊之细毛稍抬高价值,以大尾羊毛之短毛稍压低其价。将羊毛收集后,混合包扎运至天津,名曰西宁毛,其价值仅次于美利奴种羊毛。如将佳者分别装包,则可与美利奴毛可并驾齐驱。可知青海毛为吾国羊毛第一也。

山羊产于柴达木区,体大绒多。山羊皮尤为优良,该地蒙民,每以牝山羊取乳制油,以补黄牛乳之不足。至贫民尤全恃山羊乳肉以供饮食。

骆驼:以柴达木产者为著。该地蒙民管理得法,如郭密、汪什代海诸族,近有饲养者。①

综上所述,近代以来随着民间商贸的兴盛及城镇商贸的辐射,广大牧民家庭生活资料消费开始了结构性变革,不仅各类家庭消费品品种在增加,而且消费数量也在增长,所需商品种类繁多,商品需求结构向多样化发展。还促进了蒙藏牧民思想意识的变化,尤其是商贸的频繁往来直接催生了普通牧民的经

①　马鹤天:《甘青藏边区考察记》,甘肃人民出版社2003年版,第215页。

商意识。牧民还从与外来行商的接触中逐步掌握了一些基本的经商之术,而且此时牧民的商贸资本组成方式和经营模式也很完善。随着牧民对外来商品的依赖和本地土特产品大量的外运,推动了牧民的生产结构的变迁,一方面畜牧狩猎的生产方式逐渐缩小,定居且以农业为生产方式逐渐扩大;另一方面在市场供需关系的影响下,牧民从事的畜牧生产也相应的进行了结构调整,逐渐形成了具有地方特色的畜牧养殖业,形成了一地一品的特色畜产品,颇受市场青睐,成为远近闻名的名贵产品。

第四章　民间商贸网络的形成及其运行

第一节　以西宁为中心的城镇商贸
网络体系的形成及特征

近代青海以西宁为中心的城镇商贸网络形成的过程,实际上就是由原来多个分散城镇市场网络重新分化、整合,组建新的统一城镇商贸网络的过程。在这一过程中,全省性经济中心城市(即最高层次市场)的出现起着至关重要的作用①。一般而言,作为全省性最高市场,应是一个综合性工商业发达的大城市。它不仅是全省商品总的集散中心,对全省各区域城镇具有强大的吸纳力,而且具有足够的辐射力将本省商品引向省外乃至国际市场。清末民初时期"青海的商品流通,主要有两大流向:一是同外省的贸易,输出农牧产品、土特产品,交换工业产品和手工业产品,贸易中心是西宁",二是"西宁是全省对外贸易的中心,也是省内农区和牧区物资交流的中心"②,由此可知,青海河湟流域的西宁因其独有地缘优势,一经民间商贸兴起其地理位置愈加凸显,一枝独秀迅速崛起,成为左右全局的全省性经济中心城市。

当然西宁成为近代青海区域经济发展最具活力的中心并非偶然,这得益于它"接近青海、外达西域,遐荒诸国、靡不可通"③,是一座有着2100多年历史的高原古城,是"古丝绸之路"南路和"唐蕃古道"的必经之重镇,而且是青藏高原的东门户,素有"海藏咽喉"之称,而且在清朝前中期"西宁边外,凡西

---

① 参见陈炜:《近代广西城镇商业网络与民族经济开发》,巴蜀书社2008年版,第135页。
② 谷苞主编:《西北通史》第四卷,兰州大学出版社2005年版,第262页。
③ (乾隆)杨应琚:《西宁府新志》卷五。

域诸国骆驼马骡往来不绝于道。卫之辐辏殷繁,不但河西莫及,虽秦塞犹多让焉"。① 扼青海各路总汇,到了清末民初民间商贸在"青海以西宁为中心。青海多产皮毛、鹿茸、牛黄、麝香,萃于西宁,每年冬间,兰州商贾分往收买,以行销于东南。蒙番多运青盐、马匹,以易官茶、青稞、杂货"。② 实为近代青海连接内地沿海地区之最大商贸市场。前近代受农牧分治,以及内向型社会生产、流通格局的制约,西宁仅是作为湟水流域的地区性边贸城镇存在。与青海境内各区域缺乏直接密切经济交往。皮毛贸易和民间商贸兴起,随着内外贸易的不断发展和新式交通运输方式更替和引入,弱化了青海农牧区之间的天然界划,增强了各区域集镇间的联系,在此背景下西宁迅速走向繁荣,成为号令全省的经济中心城市。

一般而言,作为一个区域的经济中心城市,它必须具备四个条件,即应是区域的生产中心、交通运输中心、商品集散中心和金融中心。③ 1947 年西宁市社会劳动人口职业分类统计见表4-1。

表4-1　1947 年西宁市社会劳动人口职业分类统计

劳动总人口	农业	矿业	工业	商业	交通运输	公务	自由职业	人事服务	其他	无业
48553	3266	14	5043	4670	175	5200	456	2521	224	26984
百分比	6.73%	10.42%		9.62%	0.36%	10.71%	0.12%	5.19%	0.46%	55.58%

资料来源:据南京第二历史档案馆存档资料整理,转引自《青海通史》,第749 页。

由表可知,从社会劳动职业分类看,从事行商业和工矿业的比例是除公务人员外最大职业,而且在商业市井中吃歪饭的无业人员高达55.58%,足见西宁商贸的繁荣。

首先从生产来说,西宁是全省最大的手工业中心,也相对齐全,手工工人也比较集中,许多产品行销省内外。到新中国成立前夕西宁及周边地区"手

_____

① (清)梁份:《秦边纪略》卷一,青海人民出版社1987 年版,第77 页。
② 《甘肃通志稿·民族八实业》,王昱主编:《青海方志资料类编》,青海人民出版社1987 年版,第237 页。
③ 顾松年等编:《开放型区域经济中心——无锡》,上海社科院出版社1988 年版,第337页。

工业总产值,占全省工农牧业总产值的 10% 左右"。① 西宁手工业情况是:小型手工业工场 5 户,从业者 39 人,年产值 183 万元。包括金属加工、木材加工、棉花加工、皮革加工。独立的个体手工业共 706 户,从业人员 1099 人,年产值 4717.5 万元。包括的行业有,金属制品、修理业、木器业、建筑材料、纺织品、缝纫业、皮革皮毛业、油脂肥皂业、食品加工业、印刷业、其他行业②。

表 4-2　西宁 1933 年部分手工业统计表

行业	家数	资金(元)	职工	产品	年产量	单价(元)	年产值(元)
五金杂居	490	186350	3092	农具、家具	93700		
铁木车	350	22400	800	木轮、铁轮车	4200	3—90	14.7 万—37.8 万
制鞋	135	93800	1020	布绒、呢、皮鞋	28 万双	平均 3.65	102.2 万
榨油	74	44000	150	菜油、胡麻油	256.4 万斤	0.3	76.92
首饰	30	25400	129	金、银等首饰	—	1.00	—
制帽	21	615	80	小毡帽	21.6 万顶	1.00	21.6 万
印刷	12	—	134	—	—		
烟丝	5	4500	—	—	10.12 万斤	0.40	4.05 万
雕刻	5	100	13	名章、印版	—		
梳篦	2	320	13	木梳	15000	0.03	450
合计	1124	3777485	5431	—	—	—	219.52 万—242.62 万

资料来源:根据《中国经济年鉴·工业》(第一回,1934 年)数据整理制表。

从表 4-2 可知,当时西宁 10 个行业共有资金 377485 元,平均每家 335.84 元,资金最高的是烟丝业,平均每家 900 元。10 个行业中职工人数为 5431 人,6 个行业总产值近 220 万元,其中制鞋业产值最高为 102.2 万元,最大的行业是五金杂具。另外,西宁是全省皮毛加工中心,皮箱、皮衣、皮包、皮带、皮鞋等皮制品的产量也是很多,这些产品还远销津、沪地区,如皮箱年产就达 4000 个,产值达 8 万元,还产烧酒、青稞酒、黄酒、五加皮酒等约 53 万斤,产值 160427 元③。足见当时西宁手工业在青海的发达。

---

① 《青海省志·手工业志》,黄山出版社 1995 年版,第 13 页。
② 《青海省志·手工业志》,黄山出版社 1995 年版,第 17 页。
③ 顾执中、陆诒:《到青海去》,商务印书馆 1934 年版。

　　而且西宁被称为"青海新式工业之发源地",工业发展在全省亦首屈一指。青海最早的机器工厂是民国二十一年马步芳在西宁开设的,地址在东关,主要"加工生产部队所需被服、鞋、靴、袜、皮件、鞍辔等军用产品,到1944年全厂职工约1000人"[1],是青海近代工业生产的开端。民国三十年成立的海阳化学厂是青海最早的化工厂,它的分厂采用了部分进口设备。如火柴厂使用了德国造的火柴机6部、切梗机6部、刨片机9部。到民国三十九年,约有固定工人六七百人,技术人员七八十人,加上招收的临时工,共有1000余人。[2]民国时期西宁是全省发电厂的集中之地,在工业中最具现代气息,到1945年,西宁地区用电户达到1154户,连路灯在内共有电灯8701盏。新中国成立前夕,城市生活用电14.04万千瓦,占总用电量92.98%[3],足见城市生活的活跃。

　　其次就交通条件而言,无论是清末的驮道,还是民国十六年修建的早期公路,都是以西宁为中心向全省和邻省辐射的主干道,到1934年以前建成之道路,重要大车道以西宁为中心,向各县辐射的主干道见表4-3。

表4-3　以西宁为中心向全省和邻省辐射的主干道情况

道名　起止　长度(里)备注	道名　起止　长度(里)备注
宁乐路:西宁至乐都 长120里已建成	宁享路:西宁至享堂 长210里 已建成
宁民路:西宁至民和 长380里已建成	宁循路:西宁至循化 长280里 已建成
宁同路:西宁至同仁 长380里已建成	宁化路:西宁至化隆 长190里 已建成
宁大路:西宁至大通 长100里已建成	宁门路:西宁至门源 长210里 已建成
宁湟路:西宁至湟源 长90里已建成	宁工路:西宁至共和 长560里 已筑至大河坝
宁都路:西宁至都兰 长720里已建成	宁玉路:西宁至玉树 长1740里 仅建至大河坝
宁互路:西宁至互助 长90里已建成	宁贵路:西宁至贵德 长170 未成

资料来源:《民国时期青海的车、驮、驿道》,《青海公路交通史资料选辑》第三辑,青海公路交通史编写办公室编印油印本,1982年。

　　从表4-3可以看出,西宁经乐都至享堂到兰州;西宁经门源至甘州(张

---

[1]　马俊寿:《青海义源工厂简介》,《西宁城东文史资料》第二辑。

[2]　陈显泽:《海阳化学厂概况》,《青海文史资料选辑》第十七辑。

[3]　《青海省志·电力工业志·用电》,黄山书社1996年版。

掖);西宁经黄河渡口到拉萨;西宁至湟源、大河坝经结古到四川;西宁至化隆循化到河州的省级公路干道也已经形成。到 1948 年,全省公路里程达到3134 公里,桥梁 71 座,民用汽车达到 216 辆,汽车运输完成的吨公里约占全省各类运输总量的 2/3。① 可见,近代青海商路的运载条件和货运路线发生了历史性的深刻变化,商路运输的现代化程度得以大幅度提高,见表 4-4。

表 4-4　民国三十六年(1947 年)度仅甘青线汽车运输量统计

客车			货车			邮车		
车数	人数	延人公里	车数	吨数	延吨公里	车数	吨数	延吨公里
106	3026	1116424	1448	5952	877075	11	33	6441

资料来源:《民国时期汽车运输》,《青海公路交通史资料选辑》第九辑,青海公路交通史编写办公室编印油印本,1982 年。

商路作为商品流通渠道和载体,是维系城镇市场间经济联系的纽带。它不仅决定城镇本身的规模与地域结构,也关系城镇的地理分布及中心作用的发挥。特别是交通运输方式和工具的不断革新,交通运输的日益网化,极大地推动着商路网络的发展。新商路的开辟和新式交通运载工具的采购,所需资金浩大,仅仅靠某一方面的力量是难以完成和实现的。近青海交通事业的现代化正是在政府的主导下,广泛发动民间力量的参与下实现的,政府在这方面发挥了极其关键和重要的作用,见表 4-5。

表 4-5　至 1949 年以西宁为中心的青海已建成的国道和省道概况

	道路名称	起止	长度(公里)	备注
国道	兰青路宁享段	西宁至享堂	110	可行驶汽车:110 公里
	青藏路宁玉段	西宁至结古	827	可行驶汽车:120 公里
	青新路宁茫段	西宁至茫崖	1070	—
	康青公路	西康康定至玉树歇武	792	可通汽车:160 公里
	小计	—	2799	可通汽车:390 公里

① 欧华国主编:《青海公路交通史》,人民交通出版社 1989 年版,第 129 页。

续表

省道	宁张公路	西宁至张掖	452	可通汽车宁大段:50 公里
	宁临公路	西宁至临夏	244	可通汽车:18 公里
	宁鲁公路	西宁至鲁沙尔	23	可通汽车:23 公里
	宁贵公路	西宁至贵德	134	—
	宁凉公路	西宁至互助	52	—
	宁都公路	西宁至都兰	386	—
	小计	—	1295	可行汽车:41 公里
合计		—	4094	431 公里

资料来源:《青海省志资料基建卷初稿》,第 69 页,转引自《民国时期的青海公路》,《青海公路交通史资料选辑》第九辑,青海公路交通史编写办公室编印油印本,1982 年。

现代化的商路及其运输缩短了城镇、乡间的时空距离,扩大了区域中心城市与腹地城镇、农牧区间商品的流通规模,加速了资金及商务信息的周转、传递,为城镇经济的发展和城镇(乡)市间大规模的经济交流奠定了坚实的基础。近代,青海商路发展受自然地理、政治、经济等诸多因素的制约与影响,商品运载工具现代化所占比重较小,传统的人力、畜力大车等运输工具仍发挥了较大作用,尤其在一些不具备大范围使用现代交通运输工具的农牧区,这些传统运输工具在商品运输渠道中仍占主导地位。

再次,在商贸方面西宁是青海最大的商贸市场,具体商贸情况我们在前面西宁——区域中心城市市场逐步形成有所论述。这里不在赘述。据 1929 年西宁县商会统计,每年输入商品价值约 620 万银元,输出商品约 1550 万银元。民国九年,西宁经营商业的大中小户,共有四百七十八十家。其中仅有头班 4 家,二班 29 家。头、二班资金最多者银元 50 万元到 80 万元,最少亦在 10 万元以上。三班有 40 多家,四班 80 多家。资金最多的七八万元到 20 万元,最少的也有 6000 元。五、六、七班约 290 家到 300 家,资金最多得六七千元到一两万元,最少的 1000 多元。[①] 民国二十二年(1933 年),在城中大新街与饮马街之间设立了中山市场,市场两侧建有 2 层小楼,地层为铺面,楼上设茶肆或酒店雅座,场内有商铺、食品店、饭馆、戏院、妓院等场所,以及说书、卜算各色

————————

① 廖霭庭:《解放前西宁一带商业和金融业概况》,《青海文史资料选辑》第一辑。

人等,白天顾客络绎不绝,晚上 10 时以前仍然灯火通明,叫卖之声不绝,成为西宁一个繁华的市场和唯一夜市①。到 1936 年,据青海全省商会联合会档案资料,西宁被列入"班次"的大中商铺,上升到 695 家。

最后,就金融方面来说,尽管青海在近代西北各省中金融业是比较滞后的,但作为青海的省会西宁始终是青海的金融中心,西宁始终是青海近代金融业从无到有、曲折发展的中心。西宁最早的银行是 1927 年甘肃省银行在西宁设立的西宁办事处,也是青海唯一的银行(值得注意的是甘肃省银行是在 1923 年成立的,青海仅仅晚了 4 年)。青海建省后,尽管很长时间没有设立银行,但在西宁成立省金库和平市官钱局。到了 1938 年,中国农民银行在西宁设立支行,国家银行正式进入青海。1939 年中国银行在西宁设立办事处,1940 年中央银行在西宁成立分行,作为中央财政部在青海的国库。不久交通银行也在西宁设立了分支机构。1940 年 3 月,中央、中国、交通、农民四行联合总办事处在西宁成立支处。以上分行、办事处分别从事发行法币、吸收储蓄、开办汇款、代理国库、收购金银、开展信用、抵押、地汇等业务。到了 1946 年青海本着"调剂本省金融、扶助经济建设,开发本省生产事业"的宗旨,成立了自己的青海省银行,具体办理存款、放款、汇兑、现金收付、储蓄信托等业务,西宁为总行,后陆续在湟源、湟中、民和设立分行,在西宁乐家湾设办事处②。以上银行在"密切青海地方同全国各地的物资交流以及其他形式的经济联系等,无疑都起着积极的作用"。③ 另外西宁邮局于民国三年开办汇兑业务,贵德等 9 县于民国九年十二月起至民国三十三年十月也先后开办。随着商业的兴盛和出入省人口的增加,中小工商户和一般民众的银钱往来,多通过邮局汇寄,具有便民实效。"西宁邮局是全省的票款准备局,各县邮局汇超时,向西宁邮局上解余款;兑超时,向西宁邮局申请协款,随邮班寄递现钞。民国二十二年七月一日,西宁邮局开办电报汇票业务,省内各县收汇的电报汇票由西宁转汇。"④

① 杨景福:《青海商业志》,青海人民出版社 1989 年版,第 95 页。
② 王殿瑞:《解放前青海的银行》,《青海文史资料选辑》第十六辑。
③ 谷苞主编:《西北通史》第四卷,兰州大学出版社 2005 年版,第 682 页。
④ 《青海省志·邮电志·邮政通信·业务·汇兑》,青海人民出版社 1993 年版,第 72 页。

综上所述,西宁确已当之无愧成为近代青海农牧经济中心城市和最高层级市场。

近代西宁的商业繁荣、现代化因素进入市井和新式交通工具的运用,不仅促成了青海经济重心的形成,奠定了西宁作为青海区域中心城市的经济基础,由此改变了青海的经济地理,引起了青海内部社会,经济运行形式的演变,遂促使青海东部与西部,农业经济文化区域与牧业经济文化区域在青海小环境中结合,为近代青海建省奠定了物质基础;而且也使青海旧有的市场结构逐渐解体,以羊毛贸易集散市镇为核心的新的市场结构开始形成。西宁作为近代青海中心城市的崛起,充分发挥了其经济功能,无论是内外贸易、近代工业发展和商品市场的发育,还是其集散能力,以及对周边地区的影响和示范作用都是其他市镇所不可比拟的。它作为青海的东大门,启动乃至控制整个青海城镇经济体系的全局运作,直接带动了青海新型城镇商业市场网络的架构,渐次形成了以西宁为一级中心城市市场,以寺院、军事城堡、县治所为二级或三级中心市镇市场,其他大中型集镇为中介,遍布全省乡村集市为基层单位的统一,多层次市场衔接的城镇商业市场网络。于是在西宁这一总中心市场带领下,作为整体的青海市场被纳入到了国际市场和世界市场中。近代青海城镇商贸网络结构体系如图4-1所示。

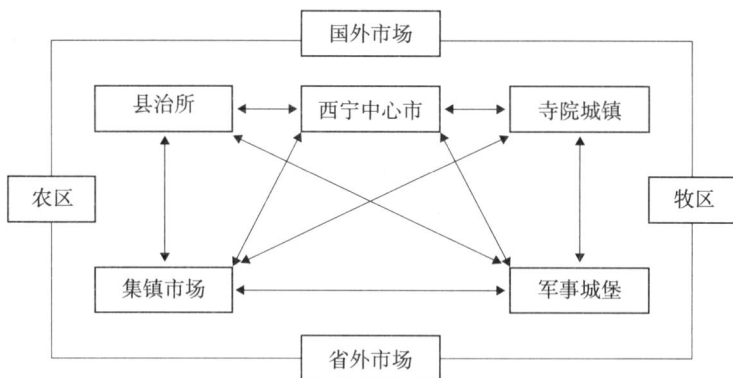

图4-1 近代青海城镇商贸网络结构系统

上图以西宁为中心的近代青海城镇商贸网络具有以下特征:

　　1. 农牧区各城镇间商贸联系空前加强

　　近代以来民间商贸的自由化和受皮毛贸易规模的不断扩大、城镇经济功能增强、市场变迁及交通条件进步等诸因素影响，青海逐渐冲破了分散、封闭的自然经济格局，原来农牧区之间商贸被隔离及各城镇、农村和牧区商贸市场的分散格局趋于消匿。青海各级城镇市场按照新经济形式下对外贸易、商品经济与市场发展的需求逐渐趋于统一，彼此间联系日益密切。随着与省外、国外商贸联系的日益紧密，青海商贸市场内部的等级分工体系也渐次形成。

　　首先是城镇市场商流层次的日趋复杂化。近代以前民间商贸兴起前，在内向型经济格局下青海城镇的商业活动虽已具备一定规模，但从性质上讲，这种商业活动都属于传统自然经济范畴内农牧区生活资料的交换，河湟各民族早期交易作为共同体之间外部交易也就零星地出现在少数城镇集市，由于这些城镇数量有限，再加上赶集路途较远，使得各民族间大规模的民间贸易没有广泛展开。此种交易情形除了具有从异地获取少量财物的功能外，根本无法从其内部展开渗透或整合，从根本上打破各民族各社区孤立封闭的发展局。其交易的商品和范围除了茶、盐、丝绸、铁铜、粮食几项特产实现了跨区域的交易以外，大多商品交易仍局限在城镇附近或分散的农牧区域内。在此情况下，由于缺乏高层次的区域中心城市市场的辐射带动，各地城镇市场尤其是同一层级和不同地域范围城镇市场间亦缺乏密切的经济交往，没有形成联系密切的统一城镇市场体系。就商业网络的延伸性而言，因自然环境、交通条件的阻隔也十分有限。随着清末民初民间商贸的自由化，随着西宁经济地位的迅速抬升，全省商品生产规模的扩大及交通运输条件的改善，大大弱化了农牧区的自然界限，原来存在互不统属且分散的城镇、农村和牧区市场体系逐渐被整合纳入了以西宁为中心的青海统一城镇商贸网络体系，市场流通层次和渠道也因此增多，经济腹地得到前所未有之拓展。如循化最大的集镇白庄此时不仅与临近小城镇发生商业交往，而且与其辐射的农区和牧区甚至与外省发生了密切的商业联系，"每年以三、四、五月和九、十、十一、十二月为商业旺季，赶集的多达千人，平时也有一二百人。主要有：河州人带来的茶、棉衣、鞭炮、布、水果、红枣、核桃，以及簸箕、筛子、水缸、缸、锅、骡子……民和川口的铁锨和化隆阿岗镇的铧犁；道帏地区藏族带来的小麦、青稞、洋芋、豌豆、燃料、牛羊粪和饲草饲料，还有驴、牛、马……白庄附近的农民则带来皮张、辣子、水果、蒜、枣、杏(六月)、核桃、布匹……孟达地区的人带来自制的叉子、梿枷、耙耱、鞍具、犁架、木锨……夕昌的藏族带来自己编织的背斗、篮筐等;下滩、拖坝等地带来蔬菜、辣子以换取饲草、粮食和钱"。① 还如前所述,原先玉树结古、海西都兰、海南贵德、黄南隆务乃至果洛地区交通不便,商品经济落后的地区因陆路交通条件的改善亦逐渐与全省性的城镇商贸网络相连接,成为其中的一部分。通过洋货深入边远农牧乡村,地方土特产品和资源源源不断,成为对外出口的重要物资。原先受封闭性制约的农牧区集镇初级市场,除原来的余缺互济、品种调剂作用外,又增添了国内外货物的分销点和外流出口农副土产收购点的新职能。商品流通种类增多、规模扩大,由此改变了旧市场的功能与性质。如"洋货,清宣统时,洋布、洋火、洋碱(肥皂)、番线等进入青海。至民国时,数量激增,以布匹、火柴、化妆品等为大宗、其中以日货为最多。这些货是由天津、汉口运来,日货并由青海进入西康"。② 再如交通极不便、商品经济不发达的果洛地区"各部每年以剩余之皮毛、酥油、羊肠、马匹、牛只、食盐、沙金、药材等项输出,以换取茶、布、杂粮、烟类、铜器、火柴、针线等日用品,其主要贸易市场,在甘肃为临潭旧城及夏河,在四川为松潘及陌昌,在青海以同德、玉树,在西康为甘孜、德格。各地商贾,每多组队深入诸部以事取利益,其中以临潭旧城天盛隆、陌昌辰云二号之势力最为雄厚,估计全境每年进出口贸易总额,约值国币七百万元以上。通货以袁头硬币为主,生银次之,法钞则尚无使用之者"。③ 与此同时,同一级层的城镇市场因外贸的牵引,彼此间的经济往来得到空前加强,如两个相距千里之外的寺院城镇丹噶尔和结古镇之间的商贸往来"每年自玉树土司地方,驮运牛皮、羔皮、野牲皮、毛褐、蕨麻、茜草等类至丹销售。道光之时,售银六七万(见《平番奏议》),今年二三万而已。仍由丹地采办绸缎、布匹、桃、枣、糖、果、丝线、佛金、玩器、铜、铁各货,每年有二次来丹贸易者"。④ 可见商品物资、资金、信息的流通量都十分可观,这些都是传统内向型经济格局下城镇商贸市场网络所无法比拟的。总体看来,随着全省性统

---

① 青海省编辑组:《青海省回族撒拉族哈萨克族社会历史调查》,青海人民出版社 1985 年版,第 91 页。

② 杨景福:《青海商业志》,青海人民出版社 1989 年版,第 148 页。

③ 吴景敖:《川青边境果洛诸部之探讨》,《新中华》1944 年复刊第 2 卷第 2 期。

④ (光绪)张庭武修,杨景升纂:《丹噶尔厅志》卷五。

一城镇商贸市场网络体系的形成,各级城镇市场间商品流通种类、数量、规模不断上升,各城镇间经济联系亦更趋密切。而各类城镇市场间的经济交往既有直接的,亦有间接的。间接的经济联系必须靠若干其他城镇市场充当中介、周转才得以实现,大多商品中心城市市场进入最终消费市场往往要经过数次中转。虽然部分城镇商贸市场有时也和间接联系层次的城镇市场保持有直接的联系,如中心城市与周边区域的中心市镇、基本集镇商贸市场联系。就中心城市市场西宁而言,它既与周边地区中心市镇、基本集镇和乡村集市商贸市场有直接的联系,同时也通过下属的二三级中心市镇市场与省内为数众多的各级集镇市场建立了间接的经济联系,这些错综复杂的商品流通渠道和方式,构成了纵横交错的近代青海城镇商贸市场网络,使地区之间的商品流通大大增强。

其次,清前中期河湟各城镇由于作为政治军事中心,尽管汇集了众多消费性的人口数量,为满足需求其商品聚集能力有一定发挥,但由于商品辐射效能十分低下,致使城乡市场间的商品流通更多呈现出由农牧区向城市的单向流动,且商品数量、规模亦十分有限。近代皮毛贸易和民间商贸兴起后,随着新的城镇市场网络体系格局的形成,原先面向省内局部区域和农牧区域或国内市场并以粮、茶、盐产品交换为主要内容的商品结构,逐步转化为纳入国际市场以外来机制工业品与省内农副土特产品为主要交换内容的商品结构。对外贸易的开展,在改变人们消费需求结构,逐渐形成新的消费习俗的同时,也带动了农牧产品出口的不断增长。输出的商品除了传统的农牧产品和手工业品外,原来羊毛、药材、水中的鱼类等丢弃之物也成为引人注目的货物,进入出口商品的行列。近代青海城镇市场联系的实际内容主要就是土特产品与外来货的双向流通,这种商品流通主要由以西宁为中心的外来商品分销网和土特产品收购网所承担。如西宁和远隔千里的结古镇之间"西宁商人来时驮杂货,雇牛每驮五元,返西宁时运牛皮、羊毛,买牦牛一头,价约五元,至西宁后牛每头可售十五元,而牛皮、牛鞭更为纯利"。[①] 进口商品由西宁中心城市市场经省内各级城镇中介市场源源不断输往广大农牧区直达农牧民手中,是一个由高到低依次递减的城镇市场层次序列,通过批发、零售的层层环节,产品亦逐

---

① 马鹤天:《甘青藏边区考察记》,甘肃人民出版社 2003 年版,第 495 页。

渐由集中到分散。而出口农、牧、副、土产则由农牧乡村市场沿相反方向逐层向上运往西宁中心城市市场,是一个由分散到集中的逆向运动过程。大批量土洋货商品的对流,改变了原先商品单向流动的局面,它在为西宁提供幅员辽阔经济腹地的同时,也推动了广大农牧区域内城乡市场发育。此外,这种城乡市场间联系的扩大和日益密切,突出地反映在基层市场即农牧乡村集市的变化。民间商贸的繁荣,内外贸易的发展使农牧乡村集市冲破了乡间封闭隔绝的地缘限制,由自给自足的自然经济逐步发展到为商品经济服务的阶段。原来的乡村集市交易主要属于农牧民"以有易无"的形式,为小范围的流通和品种余缺调剂。这种原始的市场形式是产品供应起点与销售终点的合二为一,产品很少进入大区域流通,具有浓郁的封闭色彩。对外贸易的兴起,由于商品经济的发展,这类原始的低层市场已发生巨大变化。农牧区乡村集市既已成为商品输出市场的起点,又成为外来日常生活消费品销售的终点,通过与上级各层次城镇市场的连接,逐渐走出传统的狭小地域限制,成为全省性商品流通市场网络中的一个最基本的环节。农牧区乡村集市性质功能的这种转变,对青海农牧区自然经济结构产生了较大的冲击,有利于带动农牧区经济商品化步伐的快速发展。

最后需要强调的是,近代青海省内各级城镇商贸间联系的加强,主要得益于西宁作为中心城市市场对省内各级城镇商贸强大的聚合辐射作用,从而导致不同层次的商贸城镇,都不同程度地受西宁进出口中心市场的影响和制约。"外县所需商品,均是从西宁的城中地区批发去的。"[1]这种作用主要表现在:(1)西宁中心城市市场对全省工业品进口分销供应及出口农牧土特产品聚集的控制。由于西宁是近代青海手工业和工业中心所在地,随着城市工业化进程发展,省内自产工业消费品大多出自于西宁,同时西宁又是全省进口国内外机制工业品及洋杂货品和出口农牧土货的总中心,进出口货物均在西宁集散后再销往省内外各地城镇市场。西宁作为中心城市市场,通过对商品的吐纳制约着各类城镇市场间的经济关系。(2)金融与交通运输上的制导。如前所述,近代西宁汇集了全省大部分的金融行业与机构,其为青海金融中心和最大的汇兑市场,市场上资金极为充裕。它的一举一动都牵引到青海各城镇金融

---

① 张志珪:《在宁经商的"绛太帮"》,《西宁城中文史资料》第四辑,1991年,第1页。

市场的波动及兴衰。同时西宁为近代青海交通枢纽,拥有省内规模最大、最先进运输网络,并以此为中心构筑了与省内各大中城镇联系的交通运输网络。另就水路运输条件来看,西宁与东边兰州地区的水路运输网络也具有相当密度,交通优势十分明显。如应时而生的筏运业"二三十年代交替之际,正是本行业兴旺发达时期。筏户、水手人户增多,西宁、兰州、包头往来奔走,川流不息。承揽运载,业务繁忙。当时,西宁东关栈房及其滨河一带,兰州七里河,骚牛圈沿河各处,都有皮筏子和羊毛皮张的堆垛,一片繁荣的景象,吸引着更多的筏户和水手,来营干这一行业"。① (3)价格与信息的操纵与垄断。价格是交换关系,中心城市市场在与农牧区城镇进行商品交换中始终处于价格上的垄断地位。作为青海对外经济交流的总中心,国内外商品市场价格均先经西宁再传达各地。全省进出口货物价格以西宁市场行情为参照系,商品的市场价格变动也往往经由西宁中心向农牧区中小市场依次传播。此外,由于西宁作为青海经济中心城市,各种信息媒介汇集,信息流通量极大,处于与外界进行频繁信息交流的"桥头堡"位置,如"民国二年(1913 年),西宁、兰州间开始通电报,商人得以及时了解外地市场信息,各商号之间竞争更趋激烈,有的商号用贿通电报局经办人员,推迟递送其他商号电报的手段,进行投机经营"。② 省内商品的购销信息多以西宁为中心向省外传递,由此赋予其对农牧区城镇信息传播上的制导地位。这种信息中心地位对西宁经济发展具有不可估量的作用。区域经济学认为,地区经济发展有赖于区域之间的商品流通和优势互补;而商品流通的发展,又赖于一个畅通的、有相当规模的市场网络。因而从这个角度看,近代青海城镇商业网络的形成,既是区域经济发展的结果,也是大规模的商品流通的产物。

综上所述,我们可以清晰地看到,至 19 世纪末 20 世纪初,青海境内农牧区之间已形成一个涵盖广阔、运作自如的集镇市场网络系统,并日益成为城镇商品流通网络中的一个最基本的环节。于是,这一处于基层位置的集镇网络通过与处于流通主干线上的城市相联结,使城乡市场连为整体,形成了全省性的城镇商业网络体系。通过这一流通网,几乎每一县乡,甚至每一乡村、部落

① 张仕全:《川口的筏运行业》,《青海文史资料选辑》第十三辑。
② 杨景福:《青海商业志》,青海人民出版社 1989 年版,第 133 页。

都逐渐被连接成一个整体,从而得以和上层的一般次中心城市市场取得经济联系。总之,通过集镇网络,城市经济与集镇经济相连接,城市与农村、牧区发生联系,商品经济的联系进一步扩大,城市发挥出更大的经济功能,更有利于带动区域经济的发展。近代以西宁为中心的青海城镇商业网络的组合,因其覆盖面广,地域跨度大,除了凭借各主要农牧交界和牧区的重要城镇(即一般次中心城市)中介外,还主要依靠了那些规模功能稍逊,为数众多的中心市镇的衔接沟通。以中心市镇为中心构建的集镇网络在为中心城市西宁提供辽阔的经济腹地,促进地方分工、协作,推动广大民族地区市场发育、加速商品集散流通和经济开发,进而把青海民族地区的农工商各业纳入到全省乃至国内外市场诸多方面,发挥了极其关键的作用。

2."无回不城镇"与商贸网络的东倾

我们始终不能忽视近代青海以西宁为中心的城镇商贸网络的出现,是与当时全国商品经济的发展有着密切联系的,它构筑在近代国门大开,对外贸易量急速上升,商人组织空前扩展,商人资本日趋活跃,大量外省客商从事跨省经济活动基础之上的时代大背景中。在这一特殊的城镇商业网络中所展示的具体要素形态包括有商人、各类商人组织、各级城镇市场,及其各级市场所包纳的商品市场、劳动力市场、资本市场等各种市场网络外,还含有城镇商人及其组织之间因经济往来所构成的社会人际关系网络。由于其构成具体形态呈现多元化,因而这一网络并非固定不变的,它随时间、空间推移和构成要素的变动而发生变化。直到现在传统的观点认为山陕商人是青海商人的重要组成部分,并根据民间有"先有晋益老,后有西宁城"之说,有些研究者认为山陕商人成为青海近代商人的主要力量,[1]"几乎垄断了青海的商业贸易活动"[2],现在看来此种论点不符合当时的历史原貌。依据大量的文献资料我们认为这一城镇商业网络的运行离不开整个甘、青河湟城镇市场的辐射,处于青海以外的河湟广大地区中心城市如兰州、临夏、河州、临潭等地市,既是青海输出产品最大市场,同时又是青海进出口商品的中转口岸市场,无论是出口土货还是进口

---

① 邓慧君:《青海近代社会史》,青海人民出版社2001年版,第76页。
② 李刚、卫红丽:《明清时期山陕商人与青海歇家关系探微》,《青海民族研究》2004年第2期。

洋货大都要经这些城镇市场的中转才能得以最终实现。如临潭商人中的西道堂对青海玉树果洛牧区的辐射即是如此，如图 4-2 所示。

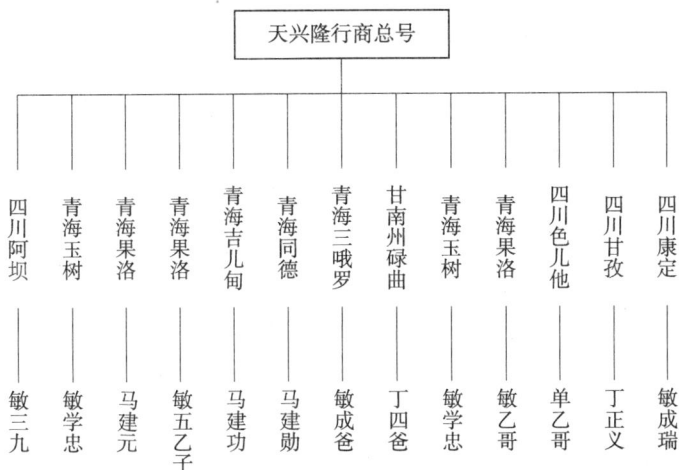

天兴隆行商总号

地点	经营人
四川阿坝	敏三九
青海玉树	敏学忠
青海果洛	马建元
青海果洛	敏五乙子
青海吉儿旬	马建功
青海同德	马建勋
青海三哦罗	敏成爸
甘南州碌曲	丁四爸
青海玉树	敏学忠
青海果洛	敏乙哥
四川色儿他	单乙哥
四川甘孜	丁正义
四川康定	敏成瑞

图 4-2　临潭西道堂天兴隆行商总号对青海牧区市场辐射图

资料来源：青海民族学院研究所、西北民族学院西北民族研究所编：《西道堂史料辑》（内部资料）1987 年版，第 24—25 页。

不仅如此，就连网络流通的主体要素也与这些市场有着极为密切的关系。由此呈现出严重依赖这些市场的局面。如循化地区"货物的来源大都是从临夏、河州运来。大的商店是自己去采办，一般是一个月办一次，小商店和小摊贩依靠河州商人进货"。[1] 还如当时大河家的保安族回回商人"跑的是甘青的藏区，如拉卜楞、保安、贵德等地"。[2] 还如在藏区腹地的结古镇马鹤天先生据奉祀公所的木匾"系民国十四年结古商人所悬，据其上所书各商号名称，计甘肃十三家，陕西九家，四川五家，山西仅汾阳德盛魁一家，可以知十年前玉树商业情形与商号籍贯之一斑"。[3] 古人有"无徽不城镇"的说法，那么到了青藏高原则为"无回则不城镇"，此提法一点都不为过，即便是到了现在我们判断

---

① 青海省编辑组：《青海省回族撒拉族哈萨克族社会历史调查》，青海人民出版社 1985 年版，第 87 页。
② 马少青：《保安族文化形态与古籍文存》，甘肃人民出版社 2001 年版，第 260 页。
③ 马鹤天：《甘青藏边区考察记》，甘肃人民出版社 2003 年版，第 458 页。

青藏高原上的小城镇的繁荣与否,就要看小城镇的"清真"招牌的多寡。那么远在现代文明还没进入青海,人口结构还没发生大的变化的清末民初,更是如此。① 清末民初随着民间贸易的变迁,回族商人在民间贸易中不仅占据着主导的地位,而且也在这一特殊民族贸易的黄金季节里,出现了在某些商业领域的"垄断"地位。"甘肃、青海的重要贸易,如羊毛业,如与番人间的各种贸易,回教徒占有极重要的地位"②,在河湟地区,"按现在情形来说,回民操藏民的重要经济权","而汉民则委蛇于各种人之间"③,著名记者范长江在《中国的西北角》一书中说"拉卜楞的商业十之八九在回人手中",见表4-6。

表4-6 1920—1937年拉卜楞回族皮毛商情况

店号名称	经理	籍贯	经营物品	民族	销往地点	资金(元)
天庆魁	蓝尧轩	河州	羊毛	回族	天津	10万以上
同心店	海南轩	河州	羊毛	回族	天津	10万以上
福顺祥	王琳	河州	羊毛	回族	天津	10万以上
号云祥	马子什	河州	羊毛	回族	天津	100万以上
复兴隆	王慎庵	河州	羊毛	回族	天津	40多万
隆贸和	毛福亭	河州	羊毛	回族	天津	10万以上
德丰享	白洁如	河州	羊毛	回族	天津	40多万
集生和	曾得仁	河州	羊毛	回族	天津	100多万
德生和	刘有智	陕西	羊毛	汉族	天津	10万以上
同顺和	陈子升	陕西	羊毛	汉族	天津	10万以上

资料来源:根据敏文清:《近代甘肃地区民族商业贸易概述》,《甘肃民族研究》1994年第1期整理。转引自袁纠卫:《包头回族皮毛贸易(1879—1945)》,《回族研究》2007年第3期。

河湟回族商人在羊毛生意中大显身手,"在羊毛贸易兴旺的中国19世纪末和20世纪初,他们中的许多人都扮演了中间人这一重要的角色……甚至在后来的1910年和1920年北洋政府软弱无力时,回回商人曾像中央机构一样

---

① 参见勉卫忠:《清末民初河湟回藏贸易变迁研究》,中央民族大学2006年硕士论文,第32页。

② 白寿彝:《西北回教谭》,《经世战时特刊》第39、40期合刊。

③ 李安宅:《论西北藏民区应用创化教育》,《甘肃科学教育馆学报》1940年第2期。

控制了全国的羊毛贸易"①,在当时外商的眼里,"唯一参与收购羊毛和另外一些草原土特产品的民族"是"操纵着朝东运输羊毛的回回们"②与之羊毛有关的运输业——收购、择晒、打苞、驮运、筏运等分支行业都是河湟的回回商人,同时也带动了与其相关的车马、饭馆、脚户、茶水、清真小吃、理发、修理等服务行业。小商小贩回族更是"十之八九"。

此时,我们上述的西宁、河州、寺院城镇、军事城堡、集镇中的回族商业社区也被纳入了这个商贸网络之中,尽管它们在商贸网络中彼此间并不是完全相统属的关系,但它们在这个强商贸网络中组成了不同层次职能的市场,共同构成了彼此联系的商贸网络,保证了商品流通。如在丹噶尔城"至于回教,因谋工商生业,来丹旅行者"③,可见丹城的回族因商业贸易而落居该城,丹城贸易的逐渐兴起吸引来了大量的回族商人来此,并定居,道光、咸丰之际,丹噶尔一地,仅回、撒两族人口就达数千户之多④,他们大多都是因经商贸易而从狄道(今甘肃临洮)、河州及巴燕戎(今青海化隆)等地陆续迁来的⑤。他们的到来又促进了丹城的贸易发展。河湟回族商业社区在这个商业网络的促进方面起着重要的作用,这个网络中新的商埠的出现、繁荣,无不与河湟回商的进入存在正相关的关系,回族商人聚集在那里,那里就会形成商业社区并商业兴旺,并会带动该地并入到更大的商业网络之中,形成一个新的城镇或集市,进入到这个由回族商人主导的商业网络之中,享受网络之中的共同资源,降低交易各方的成本,从而提高经济效益,使商业繁荣兴盛起来。⑥

显然,近代青海城镇经济的总中心不在本省的中央地带,而是受东部河湟市场强烈辐射而被牵引至东端靠近甘肃市场的农业区一带,这与德国地理学

---

① [美]詹姆斯·米瓦德:《1880—1909 年回族商人与中国边境地区的羊毛贸易》,李占魁译,《甘肃民族研究》1989 年第 4 期。

② [美]詹姆斯·米瓦德:《1880—1909 年回族商人与中国边境地区的羊毛贸易》,李占魁译,《甘肃民族研究》1989 年第 4 期。

③ (光绪)张庭武修,杨景升纂:《丹噶尔厅志》卷五。

④ (光绪)张庭武修,杨景升纂:《丹噶尔厅志》卷三。

⑤ 乐斌:《撒拉回众滋事办理完竣地方肃清折》(咸丰九年十二月二十九日),见《撒拉族档案史料》,青海民族学院研究所编印,1981 年。

⑥ 参见勉卫忠:《清末民初河湟回藏贸易变迁研究》,中央民族大学 2006 年硕士论文,第 32 页。

家克里斯塔勒"中心地理"学说所倡导的"市场中心在圆心"的原则有所不同。克里斯塔勒"中心地理"论的最大目的和作用就在于探索"决定城市的数量、规模以及分布的规律是否存在,如果存在,那么它又是怎样的规律"这一论题。① 他的研究认为:城市是人类社会经济活动的重要空间,城市在一定区域内按一定规律相互联系,形成梯形的等级结构。随着城市层次的不断上升,中心的数量不断减少,而一个中心城市所影响的经济腹地的平均面积却不断扩大。较高等级的商业中心比较低等级商业中心能够提供更多的专门化商品,因而有更大的附属范围贸易区。在假设均质平原和需求量相同的情况下,位于任何固定等级上的中心地在图上都呈等距离分布,仿佛处在一个等边三角形的顶点(三角表示中心地分布与六边形市场区),进而形成以一级中心地为圆心的正六边形市场区,较高一级的中心地服务半径是下一级的两倍。于是,较低一级的中心地的位置总是在高一级的三个中心地所形成的等边三角形的中央,即如图 4-3 所示。

每一级中心地六边形市场区的六个顶角处分布着次一级的中心地,依此类推,形成一个多级中心地及其市场区域相互有规律地镶嵌组合的城镇市场网络空间结构。② 克氏把演绎的思维方法引入地理学,研究空间法则和原理,首度揭示了城镇体系空间分布的一般规律,该规律就是备受经济地理学推崇的"克里斯塔勒模型"。当然,该模型只是理想状态下的城镇等级分布模式,实际上中心地受现实市场因素、交通因素和行政因素的制约,可形成不同的中心地空间组合系统。特别是在青海这一城镇、农区、牧区三原社会结构中③,地形较为复杂且交通与人口分布极不平均的区域,其中心地的分布不可能是均匀的,这样就难以构成那样规则的六边形网络,而代之以一种"随形"网络结构。很显然,青海特殊的地缘位置与省情条件决定了其城镇等级体系空间分布具有不同于"克里斯塔勒模型"的地方。相对于"克里斯塔勒模型",青海城镇等级分布体系格局已发生了明显的变异。一级商业中心城市(西宁)并

---

① 富田和晓:《经济区位的理论与实践》,大明堂出版社 1991 年版,第 121—216 页。

② 参见许学强、周一星、宁越敏:《城市地理学》,高等教育出版社 2003 年版,第 161—169 页;G. W. Skinner, "Citiesand the Hierarehy of Loeal Systems", in G. W. Skinner, ed. *The City in LateIm Perial China*. pp. 288—298. 172。

③ 段继业:《三元社会结构:青海省情的基本特征》,《青海社会科学》2001 年第 1 期。

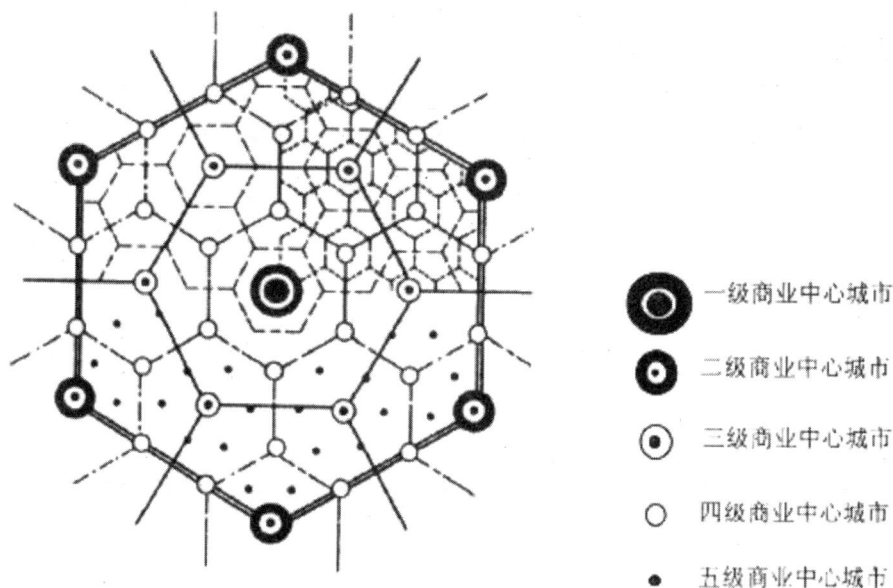

图4-3　克里斯塔勒模型城镇等级分布模式图

不在中心地的圆心处,而位于最靠近东边的农牧过渡地带;二级商业中心市镇也并非等距离交错成六边形环绕一级商业中心城市西宁分布,乃是依次间隔成扇形状对等排列在一级商业中心城市西宁的东西侧。而三级集镇则不规则地分散在一二级商业中心市镇的周围。需要指出的是,由于经济辐射力度强弱的差异,受自然环境、经济、交通等因素制约,以西宁为中心河湟农业区地区内三级商业集镇分布数量占据总数的2/3以上,越往西在牧区三级商业集镇也越少,正如图4-4所示。

　　区域经济非均衡发展理论认为,经济进步不可能在所有的地区同时出现,在自由竞争的市场机制作用下,一旦地区间的发展水平和发展条件产生了差异,条件好,发展快的地区,在利益最大化的原则驱动下,将劳动力、资本、信息、技术等生产要素,从其他地区吸引过来,产生了极化效应。同时中心地区通过推广新技术,和对原材料及加工产品的需求,发挥"扩散效应",带动周边地区发展。由上观之,近代青海的商贸全部集中在原先交通条件与经济发展

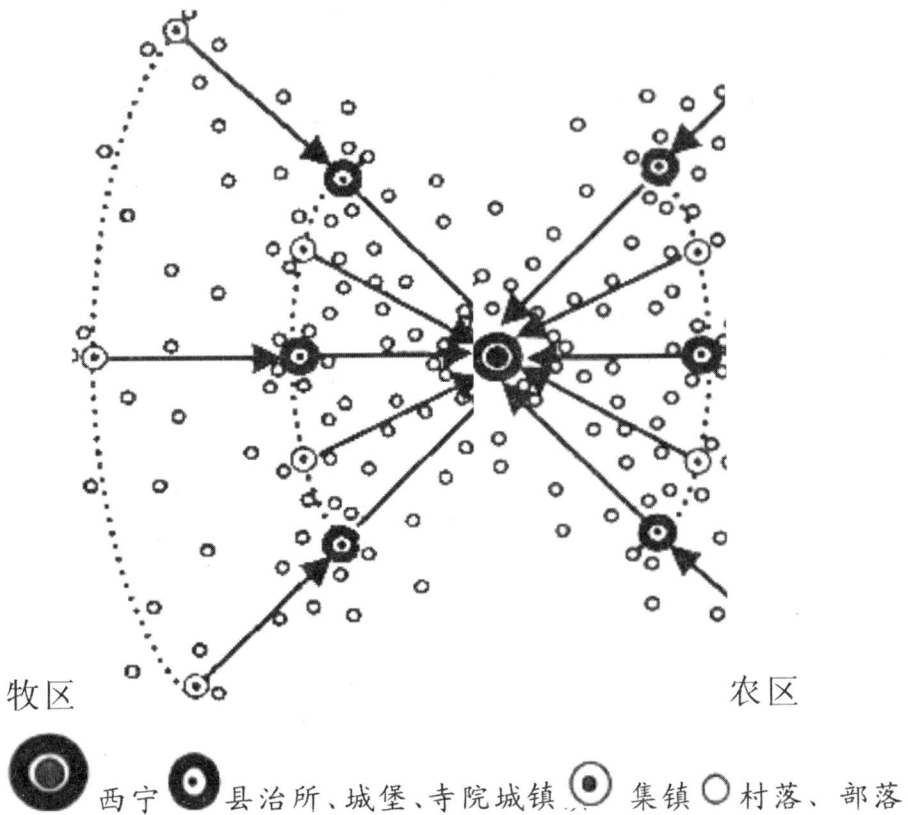

牧区　　　　　　　　　　　　　　　　　农区

●西宁　◉县治所、城堡、寺院城镇　⦿集镇　○村落、部落

图4-4　近代青海城镇等级分布模式

程度较高的河湟地区,皮毛贸易和民间商贸的兴起,以西宁为龙头的包括寺院城镇、县治所在内城镇的发展势头和功效颇似非均衡发展论中增长极化效应,由此在他们所产生巨大聚集辐射功能的作用下,对整个青海农牧区民族地区经济开发产生了重大影响。可见,由于受河湟城镇回族商业强有力的辐射,近代青海城镇市场经济发展呈现出的"无回不城市"与"无市不趋东"格局,导致了整个青海城镇等级体系分布模式出现了迥异于"克里斯塔勒模式"的特有架构。省内各级城镇市场在西宁中心市场的带动下,通过各县治所、寺院城镇等二级中心市镇市场和各地区集镇市场三级中心市场的承接、传导层层向东趋附,而西宁市场又以河湟其他城市市场如兰州、河州等为中心运转,如此层层相依,展现出一种强烈的向东趋附倾斜网状结构特色。一般来说,越靠近青

海东部农区与其联系最密切的地方如河湟地区,城镇市场网络越密集,商人及其组织的数量也越多,城镇规模普遍较大。相对地,距离河湟市场越远的广大牧区地区,城镇市场网络亦越稀疏,商人及其组织数量大减,城镇规模普遍较小。上述分析显示,近代青海城镇商业网络的市场运作始终是围绕着以西宁为一级中心城市中心市场,以各寺院城镇、县治所为二级中心市镇市场,各集镇为三级中心城市市场来具体展开运作的,其中西宁作为全省最大市场处于整个商业网络的中心位置。各类商品的流通、进口、出口,无不以此为中心流转。同时西宁又承接河湟地区市场的辐射,致使整个青海城镇商业网络运行呈现出强烈的向东倾斜的格局。

3. 省外市场对青海农牧区城镇市场体系影响加大

近代青海城镇市场体系格局的变化是以青海对外贸易的不断增长为基础,在机制工业品倾销和对青海这一农牧地区廉价资源和土产加紧收购的不断冲击下完成的。青海城镇市场体系结构也由原来的无层次、无中心、相互联系渗透较少的地方性城镇市场体系,逐渐转化为相互开放的、全省性统一城镇市场体系,并与国内乃至国际市场相连接,成为其中的组成部分。由于经济中心城市西宁通过进出口贸易与世界市场接轨,网络中流通的商品也并非仅仅是农牧区域内的互通有无,主要保证本省内部的需要,其中相当大部分是以世界市场及外省城市市场的需求为转移的商品,伴随着其经营方式与手段,以及交通运输日趋现代化,与世界市场联系不断加深,商品流通数量、规模也进一步得到扩展。新型的城镇商业市场网络的开放度远较旧有的市场网络为高。皮毛贸易兴起前,青海农牧区基本上是一个封闭的世界,由于城镇职能以政治和军事为主,区域内城市间的经济联系不多。虽有对外长途贸易,但其贸易额非常小,青海各城镇与省外、国际市场的经济联系处于稀薄状态。推动清前中期城镇商业市场网络构建的动力源于有限的省内农牧区需求。而促使近代以西宁为中心的城镇商业市场网络形成的动力则主要来自外界市场需求,即省外市场,尤其是国际市场对青海羊毛商品的需求成为这一城镇市场网络体系构建的最核心动力。如仅在丹噶尔市场"总销售额中销往牧区的约占17%,销往内地的约占58%,本地销售约占25%",见表4-7。①

————————

① 林生福:《湟源的民族贸易概况》,《湟源文史资料》第四辑,第19页。

表4-7　1906年仅从丹噶尔集镇输向外省市场的商品数量

货物名称	数量	价格	金额	外省市场
马	500匹	10.00	5000	多贩至陕、甘
牛	500头	10.00	5000	多贩至甘肃
羊	20000只	1.5	30000	本境及西宁一带食用
羊毛	100万斤	0.2	200000	以32两为一斤,运往天津出口
骆驼毛	20000斤	0.2	4000	本境及西宁销用
羔羊皮	100000张	0.8	80000	兰州、西宁商人贩运出省
大羊皮	10000张	0.3	3000	其中70%本境产
牛皮	10000张	1.5	5000	半数在本境加工皮靴,半数运兰州、汉口等地
马皮	5000张	1.00	5000	多由湖北商贩收购
野马皮	5000张	1.6	8000	本经加工股皮、板子,运汉口销售
野牲皮	5000张	平均1.00	5000	沙狐、狐、狼、猞猁等,运往兰州、陕西
大黄	100000斤	0.1	10000	由本境商人领票去牧区采挖
鹿茸	400架	50.00	20000	贩至兰州、山西等地
干鹿角	20000斤	0.15	3000	贩往山西汉中一带
麝香	100两	20.00	2000	贩往各省
蘑菇	2000斤	0.25	500	以24两为一斤,运往兰州一带
酥油	10000斤	0.2	2000	以24两为一斤,销本境、西宁、兰州
湟鱼	200000尾	0.04	8000	冰、干两种,销兰州、甘、凉等地
沙金	500两	白银30两	15000	由本境商人雇人去牧业区采挖
青盐	300石		8000	销西宁、碾伯一带
硼砂	20000斤	0.2	4000	经本境工匠炼制后销往各省
其他	—	—	1700	皂矾、火硝、硫磺、铅等
合计	—	—	434200	—

资料来源:《湟源县志·商业》,陕西人民出版社1993年版。

　　从表4-7可以看出,省外新市场的需求是巨大的,它的"胃口"远非原先省内市场所能比拟。它在根据自己需要决定西宁地位升迁并进而成为青海经济中心的同时,也造就了结构与总量上与传统迥异的新需求,扩展了商流渠道和市场交易规模,进而诱发了近代青海城乡商品经济的发展及由此产生的社会生活与产业布局等一系列变迁。随着青海城镇市场网络体系与世界市场的接轨,不同程度地改变了原先各区域的商品结构、需求关系及其市场流通层次低、流向单一的状况,致使青海旧有分散城镇市场体系解体,经济中心逐渐东移。在近代交通运输网络建立的同时,从中心城市西宁到地处偏僻的农牧区基层社会形成了一个以中心市镇为核心的一系列多层次的城镇商业市场网络,西宁作为全省进出口贸易最高层级市场,有着发达的国际、省际贸易与广阔的农牧区,以其面广的内外贸易和商品吐纳与各级城镇市场建立了广泛而频繁的经济联系,带动了全省性统一城镇市场网络的整合。这种格局与当时全国贸易重心的东移及传统商路的变化是同步进行并相吻合的。

综上所述,市场是商品交换的场所和组织,反映的是商品流通的全局,商业的发展离不开市场。① 城镇市场是城镇(乡)间商品流动的重要载体,同时亦是城镇商业网络体系中的节点。而城镇市场网络体系则是城镇商业网络构建的基本骨架,商业网络中的商品流通网络、资金流通网络和技术、信息流通网络都是主要依托于城镇市场网络体系展开运行的。于是全省性统一城镇市场网络体系的形成,也即标志着近代青海统一的城镇商业网络的诞生。它的出现,致使原先建立在自给自足自然经济基础上的以偏向农牧之间贸易为主的经济布局,在内外贸易的牵引下,随经济重心的东移亦渐趋向东与沿海市场和世界市场靠拢,并由此对青海的城镇与区域社会经济发展产生了巨大影响。在它的影响下,城镇商业、农业、手工业生产结构、商品流通网络、商路网络、商人投资经营方向乃至市场结构体系都在发生变化,逐渐向现代化方向转型。近代青海城镇中为适应新的环境下市场运作需求的贸易中介服务行业,如过载业的出现、各类歇家的增长便反映了这一发展趋向。于是,有的地方出现了新型市场,有的地区传统市场增添了新的内涵和功能,进而形成了结构有序、层次分明的市场网络体系,大大加强了地区之间商品物资交流的功能。这样原先仅能在农牧乡村消费和流通的农副土特产品突破了自然经济的制约,车运驮载,远渡重洋,成为重要的出口外销商品;同时,原来仅能在中心市镇流通的进口洋杂货也沿商业网络大量进入各级城镇乃至广大偏僻的牧区民族地区。进出口商品贸易的双向大规模流通改变了商品流通的旧有格局,使其逐

---

① 晏维龙:《交换、流通及其制度—流通构造演变理论》,中国人民大学出版社 2003 年版,第 100—101 页。

渐由原来的传统封闭式经济联系模式向现代开放性市场经济体系转化,进而在消费和生产领域引发连锁反应,促使整个青海农牧区域社会经济连成一体,整体走上商品经济发展道路。

第二节　民间商贸的运行

近代青海民间商贸的运行是以西宁为中心的商业网络所承载的人力、商品、资本、信息等流动的实态,具体包括流动的方式、途径、数量、规模等。

首先,最主要、最基本的是商品流动。这一流动主要是依托上述各级城镇市场网络来进行的需要,牧民每逢重大的庙会、法会都会到寺院城镇,他们在完成宗教功修的同时也会在寺院城镇的集贸市场出售自己的畜产品,并从寺院城镇购回自己所需的商品。

当然,除了上述三种基本的流通方式以外,还有城市和军事城堡的商品流通、城市和寺院城市的商品流通、军事城堡和寺院城镇的商品流通、军事城堡与农牧区的商品流通、寺院城镇与牧区的商品流通,以及中心城市之间以寺院城镇军事城堡为桥梁的商品流通方式、寺院城镇之间、军事城堡之间或各个集市之间的商品流通等,这些错综复杂的流通方式构成了近代青海民间商贸的商品流通网络,如图4-5所示。

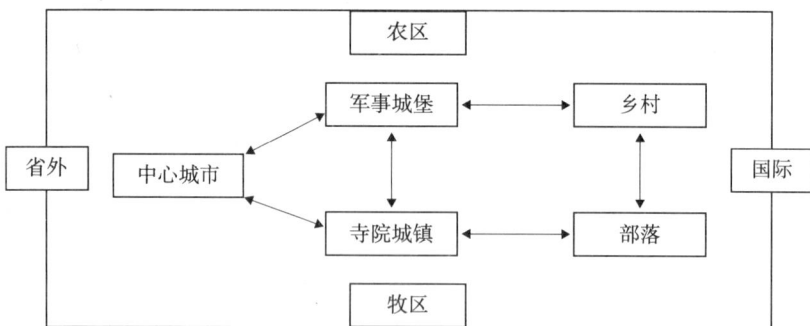

图4-5　商品流通网络

商品沿以上各种渠道流通,由此便构成了近代青海城镇商业网络运行的具体模式。各级城镇市场间流通的商品大致可以归纳为三大类:第一类为出口的牧区土特产品,包括鹿茸、麝香、冬虫草、大黄、知母、贝母、野牲皮、牛羊皮、羊毛、食盐、沙金等①;第二类为农区输入牧区的手工业品和粮油,包括粮食、茶叶、布匹、牛马鞍具、烟、酒、铁锅、锅叉、木肖、针线、哈达以及其他民族用品②;第三类为进口的外来商品,也就是洋货,主要是外省机制工业品和海外输入各类洋货,包括布匹、火柴、棉纱、煤油、香烟、胶鞋、化学工业品、水泥、药品及机器设备等③。但由于近代青海的特殊省情和农牧民生活的相对贫困,消费需求较低,总体看来,流通商品仍以农牧土特产品和农区手工业为主。

其次,商人群体以这个商贸网络为依托,在各级城镇市场开展一系列商业活动来参与和推动民族地区的经济开发,主要有以下几种方式。

(1)商人以各地城镇市场为贸易集散地开贸易活动,大商人在靠近各民族聚居的集镇设立会馆、行庄开展商贸活动。如山陕会馆"光绪二十六年在西宁城内后街原官茶号旧址重建。并先后在湟源和大通城关、民和上川口修建了分会馆"④,清末民初"湟源县城大中小商及手工业者,共达一千余户,资金总额亦在白银五百万两以上","当地的大商户有万盛奎、宝盛昌、福兴源、顺义兴、德兴成、福兴连等号,每家资金有白银十万两到四十万两"。⑤"绛太帮以西宁为基地中心,向农业区各县伸展辐射,形成一个严密的网络和经济协作体。各县以县城为中心,再向四乡伸展。"⑥这些商人直接或间接以牧区的蒙藏牧民为经营对象,商人绝大多数经营皮毛、药材,或自行贩运、或转手出售;经营粮食、布匹、百货的,或赊销商品给歇家,或"放货"给"刁郎子"和串牧区的商贩。

(2)商人依托城镇直接深入四周民族聚居的社区展开贸易活动。大商人除在靠近各民族聚居的集镇设立行庄外,小商小贩和商队还时常进入村落和部落农牧民家中,直接收购各种畜产品、农产品,农牧土特产等。然后,他们又

① 杨景福:《青海商业志》,青海人民出版社 1989 年版,第 103 页。
② 曹清景:《天峻的商贸活动概要》,《青海文史资料集粹·工商经济卷》,2001 年,第 316 页。
③ 杨景福:《青海商业志》,青海人民出版社 1989 年版,第 148 页。
④ 杨景福:《青海商业志》,青海人民出版社 1989 年版,第 128 页。
⑤ 廖蔼庭:《解放前西宁一带商业和金融业概况》,《青海文史资料选辑》第　辑。
⑥ 张志珪:《在宁经商的"绛太帮"》,《西宁城中文史资料》第四辑,1991 年,第 1 页。

将从城市市场转销而来的日用手工制品或机制工业品推销给农牧民。无论是河湟地区汉、回、撒拉、土族等民族聚居的农业区,还是海西、海北、海南、玉树、果洛、黄南等蒙、藏两族生活的牧业区,这种交易方式和情况在青海境内比比皆是。特别自清末民初以来,随着民间商人势力的进一步渗透和国际市场对农牧土特产品的需求量增强,大量土特产收购行庄在农牧区建立。"循化的撒拉族除参加本县的集市外,还到民和、拉卜楞等地赶集,出售自己的土特产品。如一年两次去赶拉卜楞寺的正月十五日和九月二十九日的庙会,一驮水果驮到拉卜楞可赚五元。更主要的是去化隆、贵德、同仁等牧区,带些银子、布匹、粮食、百货、水果、炒面、蒜、辣子、花椒之类,换回牲畜、羊毛、皮张等。如去藏区一驮杏子(值三四元),可换回二十至二十二元的羊毛,可擀两条毡。二三月间借出一石青稞,到八月要收一石小麦。从化隆买三元一百斤的小麦,到同仁可买十二元,一驮枣或核桃可赚五元左右。因此进牧区做买卖利润是最大的,二十元的资本平均可赚利润十五元。"①如在海西牧区"另一户马英,上五庄回族商人,常年在下环仓、沙年、拉果什结、扎查等部落行商。于1937年左右在拉果什结部落娶妻安家,建立了固定的商业经营点,常有由30头牛组成的运输牛队从上五庄到天峻往来运货"。②

(3)各民族农牧民到附近的城镇市场赶集,通过向商人出售产品与购买生活消费品维持家庭经济的运行。这种交易方式在青海农牧区境内也相当普遍。如土族生活的互助县大庄集市、民和县三川官厅集市。撒拉族聚居循化县的积石镇、白庄、街子集市。回族聚居的湟中县上五庄集市、化隆县的巴燕、扎巴、拉曲、昂思多、群科、甘都等集镇③。蒙藏牧民在其生活的各大寺院赶集,并于大寺院为依托,形成一些季节性的贸易中心和定期集市。柴达木蒙古族牧民"每年秋冬二季,定期至湟源、门源、大通一带集市,春夏二季则定期在本境内集市。数百里间,皆来赶集,就旷野为市场,物贵者蔽于帐,物贱者曝于外,器物杂陈……每次凡二十余日乃散。南部藏人集市,多在寺院,有定期,凡

---

① 青海省编辑组:《青海省回族撒拉族哈萨克族社会历史调查》,青海人民出版社1985年版,第91页。

② 曹清景:《天峻的商贸活动概要》,《青海文史资料集粹·工商经济卷》,2001年,第316页。

③ 《化隆县志》,陕西人民出版社1994年版,第326页。

会期将届,商贩不远千里而来,所市之初,皆番地土产,而所售者以皮张茶糖布匹为大宗"①。玉树地区"各族无常设市场,其交易也,约有一定之时间、地点,略如内地乡镇之集会焉"②。

(4)商人沿城镇商业网络进入民族地区后在当地开店、设厂,以其先进技术和经营理念向周边民族地区辐射。由于生产、销售上的需要,他们与各民族农牧民建立起一种特殊的经济联系。当地部分少数民族或进工厂、作坊成为雇佣工人;或为工厂、作坊生产提供简单生产工具和原料。产量的激增,必将导致原料收购力度的加大。"1938年,贵德县城内办起了草麻纸厂,以当地的马兰草为原料,手工操作,实为手工作坊,产品主要用于包装。同年该县又组建了织褐厂,招收技工和普工,收购牛毛、山羊毛,用纺车手工纺线,然后用手工制成褐子,产品用于制作服装和缝制账房"。③"海南州藏族、蒙族、汉族大都嗜酒,其制酒业始源很早,亦甚普遍。制酒的原料为本地出产的青稞或大麦。"④可见由于生产上需要,各民族农牧民生产的皮毛和粮食成为生产经营的主要原料。而手工工厂大肆收购的举动也进一步刺激更多农牧民走上从事农牧业的积极性。

(5)会馆、商会等商人组织,尤其是河湟回族商业城镇社区通过投资城乡基础设施建设、参与本地教育事业、改善商业经济环境与氛围,整顿和规范维护市场秩序、扶持民族农村农副手工业生产(包括资金投入、引进良种和技术、信息传递、组织产销等)、赈济与救灾等途径参与当地民族经济开发。

以上五种方式基本体现了近代青海商人群体依托各级城镇商贸市场与各民族农牧民之间存在着相当广泛和普遍的经济联系。最后应该强调的是,近代青海由民间商人主导建构的这一商贸网络并非固定不变,民间商贸网络随着时间和空间的推移,商人活动空间区域的增大及市场范围的不断扩展而发生变化。表现在:

---

① 马鹤天:《西北考察记》(青海篇),侯鸿鉴、马鹤天:《西北漫游记·青海考察记》,甘肃人民出版社2003年版,第209—210页。
② 王昱主编:《青海方志资料类编》,青海人民出版社1987年版,第248页。
③ 毕发忠:《解放前海南地区的手工业》,《青海文史资料集粹·工商经济卷》,2001年,第417页。
④ 毕发忠:《解放前海南地区的手工业》,《青海文史资料集粹·工商经济卷》,2001年,第417页。

其一,城镇商业网络规模和范围的不断延伸与扩大。近代以来,随着青海对外贸易、城镇商业经济的发展及资源优势的突现,开发力度的加强,商人以新一轮更大规模的态势进入青海各地从事工商活动,并呈现出由东至西逐渐扩展的局面。这就为商业网络的拓展提供了一个良好的基础。于是在商路条件逐渐改善的同时,这一城镇商业网络也得以在原有基础上不断向四周延伸,即从中心商业城市西宁、中心市镇扩展到中小集镇乃至村、部落一级的草市;从东部、逐渐中部、向西蔓延,到达整个海西和玉树果洛地区。显然,商人势力渗透到哪里,商业经济网络就蔓延到哪里。如民国时期海西天峻牧区"过去常来天峻行商的每年平均40多户,最多时达到80户左右。"① 再如在20世纪二三十年代,青海东部的公路运输逐渐发展起来后,这一城镇商业网络分布范围得以在原有地区的基础上不断扩大和加强。原来许多不通公路的地方,因公路的修筑,交通日趋便利,商人大量进入,活跃在当地市场上,商业经济也逐渐发展起来。"马步芳以省主席身份巡视了化隆、循化两县。他认为甘都地处化隆、循化和同仁三县交通要冲,便以繁荣农村经济,便利民众贸易为名,决定在甘都成立集市","嗣后,以此为契机,青海省政府先后在西宁县境内的后子河、多巴、邦吧、平绒驿、大通县桥头、互助县张其寨、贵德县康杨镇、乐都县城、高庙、瞿坛寺设立集市"。② 这一时期有的集市设在中心城镇、寺院城镇、军事城堡、寺庙附近,有的则自发的产生于交通要道并逐步向小城镇发展,共筹建集市90多处。如在果洛地区"果洛地区全民信教,境内的50多座寺院每年佛事活动较多,寺院是人员来往最多、最频繁的地方,因此逐渐形成了有相当规模的有形市场或商贸中心"。③ 从19世纪20年代,湟源商人便组成商队向西经海西地区进入西藏经商,他们称为"藏客",到了30年代"藏商队伍逐渐扩大,忠信昌商号魏耀邦、富商车虎臣及谈生祥、马三保、李育春,还有东科寺乙细克主老爷、祁本子、谢敖哥等前后赴藏经商"。④ 可见除青海的部分偏

① 曹清景:《天峻的商贸活动概要》,《青海文史资料集粹·工商经济卷》,2001年,第316页。
② 程起骏、毛文炳:《青海解放前一些地区的集市贸易》,《青海文史资料选辑》第十七辑。
③ 居·更德:《果洛地方贸易述往》,《青海文史资料集粹·工商经济卷》,2001年,第311页。
④ 林生福:《话说湟源"藏客"》,《青海文史资料选辑》第二十四辑。

远的无人烟地区外,至 30 年代末期商贸基本覆盖了整个青海,相应的城镇商业网络也随之相应地基本涵盖了整个青海地区。

其二,随着商贸活动的开展,这一城镇商业网络的开放度亦随之逐渐加大。首先,这个网络本身是由各省入青商人尤其是河州周围的回族商人自发建立的。它凭借传统的地缘、亲缘和文化纽带来维系,并非某种政治上的安排,支配他们活动的只是市场的力量。随着市场的不断开拓,越来越多的商人群体因利润的驱使参与到这一商业网络中来。这些外来客商中的相当部分因贸易经常化的促动,在经营所在地逐渐定居下来,有的还不断招引家乡亲属前来开拓事业,共同经营。甚至在当地娶妻生子,不断土著化,这些商人已融入当地社会,成为所在地区城镇居民中的一员,把自己利益、前途与当地经济发展紧密联系在一起。这一点回族商人最为突出,如“马英,上五庄回族商人,常年在下环仓、沙年、拉果什结、扎查等部落行商。于 1937 年左右在拉果什结部落娶妻安家,建立了固定的商业经营点,常有由 30 头牛组成的运输牛队从上五庄到天峻往来运货”。① 如在西宁尤其以回族的流动为多,西宁“在此回民之中,土著尚不足十分之二,其余则由各地移植者”,其中因经商仅从“临夏移来十分之三”②,“汉回多从事商业,务农者较少”。③ 在商业贸易的带动之下,许多人脱离农业成为真正的市民,市井飞快发展,到民国中期西宁城市居民“据最近统计,约七千余户,三万人”,其中回族城市居民“约三千余户,一万余人,几占全数之半”。④ 在玉树结古镇“商会袁会长,陕西三原人,至此已二十余年,娶藏妇,生二子一女”。⑤ 其次,在商业渗透进民族地区后,这个网络也为当地各族人民所共享。当地各民族因生产生活所需和利益的吸引也逐渐加入到网络中来,与市场联系加强,在城镇商业网络中扮演着生产者与消费者的角色(少部分也加入到经营者行列中来)。“一九三六年前后,循化开始形

① 曹清景:《天峻的商贸活动概要》,《青海文史资料集粹·工商经济卷》,2001 年,第 316 页。
② 高文远:《青海省垣回民概况》,《突崛》1933 年第 1 卷第 3 期。
③ 魏崇阳:《西北巡礼》,《新亚细亚》1934 年第 8 卷第 5 期。
④ 马鹤天:《甘青藏边区考察记》,甘肃人民出版社 2003 年版,第 205 页。
⑤ 马鹤天:《甘青藏边区考察记》,甘肃人民出版社 2003 年版,第 278 页。

成城关、街子、白庄等集市。循化的集市一出现,就成为藏、撒、回、汉等族的共同市场。"①随着与外界经济联系的增强,其生产消费体系亦逐渐由封闭走向开放。再次,在这一主要由入青客商依托于各级城镇市场和传统的社会人际关系所组建的商业网络中,随着城镇(乡)间商贸活动的频繁开展,新一代外省客商多通晓多种语言,他们具有多元文化的素质和开阔的视野,往往能根据国内外市场需求灵活调整经营业务和对象。这些商人在青海经商成功后,随着经营的扩大,逐渐将越来越多的非亲族或其他种族的"圈外人"吸收进来以适应业务发展的新需要。这一点主要体现在山陕客商和湖北商人身上。② 而且他们不仅在青海各地城镇开设有分支机构,形成了自己的经营网络,而且还与家乡进出口大商号有经济联系,经常保持有业务上的往来。这一点主要体现在临潭旧城的西道堂回族商人身上。③ 有的甚至直接参与跨国贸易,由此建立了更宽泛的商业贸易网络。1941 年春至 1942 年冬,在青藏商务联合会办事处组织下,一支庞大的公私商队入西藏再往印度经商,"私商约有 1500 多人",在印度青海商人"所带的银洋在印度各地有很好的信誉,与印度卢比的兑换率是 1∶1.7。先后选购了英国产兰铃自行车 200 辆、白、蓝、黑斜布 3000尺,大型缝纫机 100 台、中型缝纫机 200 台、无线电台所用的大型电池、铜线、高级漆皮、绸缎等。在加尔各答买不齐的物品,又专程到孟买、新德里采购"。④ 特别是在近代青海与海外国际市场大规模的贸易往来开展后,这一商业网络在原有基础上随商品、资本、技术、人口的流动而日趋增大,呈现出一定的开放结构。外界的物资设备、先进的生产技术和管理方式通过这一网络传入青海境内各地,而青海牧区及其周边省牧区(如西藏、四川、甘肃牧区)生产的农牧矿产品亦借助商业网络源源输出国内外市场。可见,这一城镇商业网络业已成为沟通青海市场与国内外市场的桥梁,并在促进城乡商品经济发展,加速区域城镇市场体系整合中发挥着重要作用。另外,还需指出的是,由于这

---

① 青海省编辑组:《青海省回族撒拉族哈萨克族社会历史调查》,青海人民出版社 1985 年版,第 90 页。

② 张志珪:《解放前青海经营猪鬃的一些情况》,《青海文史资料集粹·工商经济卷》,2001年,第 465 页。

③ 子享:《中国伊斯兰教西道堂史略》,《西道堂史料辑》,1987 年。

④ 张文宪口述,程起骏整理:《万里行商记》,《青海文史资料选辑》第二十一辑。

一城镇商业网络是由省内外商人主导构建的,因而他们在网络中居于主导地位。网络中买卖双方的行为均属于民间的自发性贸易活动。商品、劳动力和资本从输入、输出中心城市市场进入最终消费市场,往往要经过商人数次中转,由此形成并演化出多种各样的市场网络,使城镇商业网络在空间形态上呈现出一定的复杂性和多样性。

　　为了更清晰全面地揭示近代由各族商人主导的青海城镇商业网络内部的运销机制,下面以输出皮毛、食盐、输入茶叶三种商品的流通为例,以窥其概貌。

　　皮毛为近代青海对外输出之大宗商品,名列青海对外输出商品量的第一位,在近代青海对外商业贸易中占有极其重要地位。因而具有一定代表性。近代,外国资本主义的侵入河湟地区,皮毛生意打开了青海近代商业的大门,从19世纪80年代后期开始,外国皮毛洋行通过天津、北京的商人在青海收购羊毛,本地一些商人将青海羊毛用骆驼或皮筏沿黄河东运,经河套、张家口运往天津,直接售予英、法、俄、德等国商人。清光绪二十一年(1895年)左右,英国买办在张家口开设的洋行,通过甘肃的驼帮大量采购青海羊毛,“套毛中西宁毛在中国羊毛中纤维最长,有八寸,在套毛中居首,且有光泽,与外国羊毛交织,则为最适原料,每年输出甚多”。① 故国际市场上的“西宁毛”名声渐长。清朝末年,英、美、俄、德等国商人接踵而至,在青海设立洋行,并由西宁扩延到湟源、贵德、俄博(祁连)等地,数年间增至近30家,其主要业务是收购羊毛,《青海畜牧业经济发展史》记载“根据当时一些畜牧业产品的销售数额推算,清朝同治、光绪年间,青海每年销售羊毛共达八百五十万斤左右”。到了清末民初,青海地区的羊毛产量和出口量都有增加,“青海地区羊毛出口额约占全国羊毛出口量的百分之五十,年平均出口量总计在一千余万斤左右,青海羊毛成为当时西北地区对外贸易的主要商品”②,仅湟源一地,年集散羊毛达到400万斤上下,1900—1926年是青海历史上羊毛贸易的黄金时期。

　　近代为适应快速发展的羊毛贸易,本地商人尤其是回族商人也积极参与

---

① 王自强:《中国羊毛之探讨》,《新青海》1934年第2卷第10期。
② 《中国贸易通志》,转引自任斌:《洋务运动时期的青海工商业》,《青海民族学院学报》1983年第3期。

竞争,并组织羊毛外运。第一次世界大战后的几年里,因羊毛生息利大,河湟的回商大量竞争于羊毛的收购和外运上,势力越来越大,开始垄断河湟羊毛生意,如在拉不楞毛商"营此业者回商占十之八九"①,河湟的洋行陆续撤走,而转坐天津、张家口等地直接收购。近代在青海从事羊毛生意的商人按职能不同和资本大小分为歇家和大贩子,即过载行、小商贩,"歇家,设于羊毛集散市场,等于客栈营业,每年派人至青海内地,收买羊毛,然后转售外商,或自己运至张家口、天津一带销售。贩子,有大贩子、小贩子之别,大贩子在西宁一带设立商店,派人至羊毛产地,联络有羊毛业者,小贩子为小商人也,前者有多少资本且精通蒙藏文语专以介绍商人交易,而后从中间转利若干为之报酬,小贩子则只在市场中以日用品易些须羊毛而已"。② 每当洋行从国外收得订单后,即雇佣买办或同已有长期买卖关系的栈庄联络,签订收购合同,限定交货日期。合同一经签订,买办和栈庄即派人深入羊毛产地和转运地西宁或湟源等地,或直接购买,或联系当地的"歇家"和"过载行"一类经纪商、代理行帮助寻找货源。歇家通晓当地民族语言,他们便利用此条件为买卖双方沟通信息并促成交易,然后从中收取佣金。歇家实际充当了羊毛贸易经纪人的角色。过载行则有代理商的性质,它根据订单的大小,从雇主那儿收取 20%—60% 不等的预付购货款,其所获利润为羊毛实际收购价与它同雇主订的合同价差额。如合同到期时买办和栈庄仍未收足羊毛,其不足部分往往由买办或栈庄以市价购齐交付洋行这样一来虽增加了自己的交货成本,减少了利润,但却维持了商业信誉。商人的交易程序如图4-6所示。

就青海省内而言,近代"西宁毛"运销主要以西宁、丹噶尔、贵德、结古和拉卜楞为主要解散中市场。其中"西宁在青海东部,为省城,在湟水南岸,人口约三五余万,为青海行政商业中心地点。青海所产之羊毛,必由此通过者,约七万担。由黄河顺流东下,可至兰州,西经湟源可通至西藏,北至大通,南至贵德导河,为放射性通路的中心点,故交通极为便利"。③ 西宁的羊毛主要来自丹噶尔和贵德及其附近城镇,"主要小市场,以拉卜楞、湟源县、贵德、鲁沙

---

① 丁明德:《拉卜楞之商务》,《方志》1936 年第 3、4 期。

② 王自强:《中国羊毛之探讨》,《新青海》1934 年第 2 卷第 10 期。

③ 王自强:《中国羊毛之探讨》(续),《新青海》1934 年第 2 卷第 11 期。

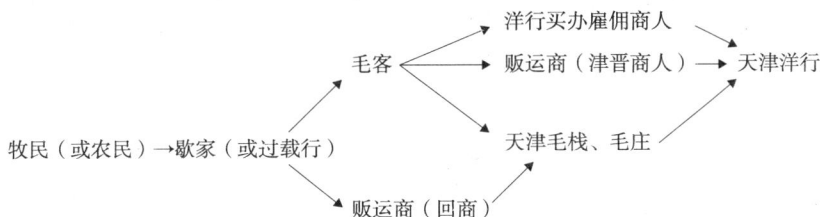

图 4-6　近代青海羊毛商人交易流通图

资料来源:渠占辉:《近代中国西北地区的羊毛出口贸易》,《南开大学学报》2004 年第 4 期。

尔、上五庄、永安等,而以西宁为集散地"。① 具体数量如下:"鲁沙尔 8000 担,湟源县 27000 担,贵德 15000 担,上五庄 6000 担,永安 6000 担、拉卜楞 6000 担。"②

表 4-8　1912—1932 年西宁毛类出口额

年份	出口量(担)	年份	出口量(担)
1912	156288.0	1923	212106.5
1913	162477.0	1924	274280.0
1914	168073.0	1925	245055.5
1915	209506.5	1926	123899.5
1916	186674.5	1927	215664.0
1917	198364.5	1928	276058.5
1918	184480.0	1929	224491.5
1919	212645.5	1930	115288.0
1920	75552.5	1931	123414.0
1921	255767.0	1932	30478.5
1922	291718.5	—	—

资料来源:此表数据系由罗麟藻:《毛业与西北》,《开发西北》第 2 卷第 5 期(民国二十三年五月)第 29 页转引自《实业统计》第 2 卷第 2 期数据推算所得。

　　丹噶尔为海西和环青海牧区所产羊毛的主要集散地,牧民或商队先将牧区各地所产或收购的羊毛集中于本地寺院附近,然后由贩运组织运抵丹噶尔,

① 王自强:《中国羊毛之探讨》,《新青海》1934 年第 2 卷第 10 期。
② 王自强:《中国羊毛之探讨》(续),《新青海》1934 年第 2 卷第 11 期。

也由部落头人带领下直接运抵丹噶尔,然后交由专门的"歇家"负责转销西宁出口。清末民初时期丹噶尔经营羊毛贸易的歇家有48家,具体负责的羊毛产区见表4-9。

表4-9　丹噶尔歇家负责的羊毛产区

歇家及商号	接待羊毛产区
城关马明瑜,系德义兴商号	柴旦蒙古族及海西汪什代海藏族商客
西关马鹤亭,精于藏语	接待刚察客商
东关马升柏	果洛、玉树地区商客
城台马明五	系刚察千户之至交,接待刚察地区商客
忠兴昌东家阎某 经理张镛、魏生海	接待海西台吉乃(格尔木)、宗巴隆(都兰、乌兰县)、海西天峻县、海南同德县等地区的蒙藏客商
万发祥商号	接待柴旦一带蒙古族客商
吴月球	接待兴海县一带藏族客商
鲁善亭	接待柴旦、宗巴隆一带蒙古族客商
沈和	接待共和县都秀一带藏族客商
福兴连商号	接待刚察地区藏族客商
高文源、李露天等	均接待藏族客商

资料来源:林生福:《回忆解放前湟源的民族贸易》,《湟源文史资料》。

　　将上述地区及青海其他牧区所产的"青海羊毛捆,约五六十斤,稍扁平,其表面以粗羊毛绳为手球状,故重百斤内外,将此包捆羊毛,以犁牛或马运送至湟源贵德等地,通常马一二匹而犁牛二十头,成群结队。在湟源贵德将羊毛捆解开,捆成一捆,百二十斤至百四十斤,改装马车或牛车运至西宁。湟源西宁间,道路险恶,马车积载毛一担,需二日行路。运费四元。贵德在黄河南岸,虽黄河上游,水少浅滩多,又断崖急流,担小皮筏亦可通行,此外又用骡马。西宁贵德间,有拉鸡山之险,道路沙砾多,骆驼运送不便。运费二百四十斤,银二元至三元"。"湟源、贵德羊毛至西宁后,又将捆解开,晒干,且将毛捆改造为二百斤者,普通皮筏行期,多在黄河解冰后四五月或下半年秋季,此时河水增涨,利于航运故也。"[1]以上运销市场如图4-7所示。

---

① 王自强:《中国羊毛之探讨》,《新青海》1934年第2卷第12期。

牧区产地→	←收购点→	←中转→	←集散中心→	←国内转运市场→	→
海西、海南、海北 果洛、 玉树	永安 上五庄 循化 俄博	湟源 贵德 隆务	西宁	兰州→包头→天津	国际市场

图4-7　青海羊毛运销市场程序

可见,在整个青海城镇羊毛运销网络中,西宁仍是整个网络的中心市场所在地,而湟源、贵德为商业网络中的二级中心市场。永安、上五庄等为三级中心市场。通过与二三级中心市场连接,西宁与全省广大区域内各级集镇建立了较为严密的羊毛运销网络。

应该注意的是,羊毛这一对外输出商品在近代青海城镇商业网络中的流向并不是一成不变的。受经济和政治环境影响,致使它在网络中的流向亦会发生局部变化,但不足以改变青海在整个城镇商业网络中的主导流向,青海大多数羊毛仍主要经西宁输往天津。近代青海羊毛沿城镇商贸网络输出国内外市场的数量与规模见表4-10。

表4-10　近代青海羊毛输出国内外市场的数量

阶段	时段	数量(万斤)	备注
第一阶段	1885—1910年	250—1000	大规模扩张
第二阶段	1910—1918年	年平均量1250	平稳发展
第三阶段	1919—1929年	年平均量1680	鼎盛(除1920年、1926年)
第四阶段	1930—1933年	年平均量600	急剧衰退
第五阶段	1934—1937年	年平均量1670	恢复鼎盛
第六阶段	1937—1945年	年平均量800	持续萎靡(包括内销)

资料来源:胡铁球:《近代青海羊毛对外输出量考述》,《青海社会科学》2007年第2期。

再看输出商品食盐和输入商品茶叶在城镇商业网络中的运销情况①。在历史上青盐的开采工艺非常简单,据清前期《西宁府新志》的记载,茶卡盐池

---

① 参见勉卫忠:《回藏贸易中的盐业问题》,《盐业史研究》2007年第3期。

的采盐方法,"盐系天成,取之不尽。蒙古用铁勺捞取,贩至市口贸易,郡民赖之"。到了清末民初,依旧是"蒙古用铁勺捞取,贩至丹城贸易"①,这种最基本的采盐法直到民国时期还在采用"池中有白盖一层,凿开后,下为盐水,用铁漏勺取之,水漏盐出,天然自成,毋须经摊晒"等手续。② 盐场的基础设施也极为简陋。据史料记载青海各盐池直到清末民初都没有专门的采盐大道,入池和运盐的道路均系大车碾压和牛踩马踏而成,通往茶卡盐池的三条土路中,只有西北角的一条四季干燥,车马畅通,其他两条由于滩泥深厚,夏秋雨季便中断。还有一些盐池只有牛马驮队才能通行到达,交通十分不利。民国时期生产设施几乎全无。采盐者只须征得当地蒙古王公或藏族千百户的同意,自备铁勺等生产工具,便可采捞食盐。盐仓的建设,始于清朝末年,茶卡等处改为官府经营后,在丹噶尔厅(湟源)城建盐仓,转运青盐。民国四年,马辅臣包揽青海盐务,在茶卡盐池湖口设置"池仓"。整个民国时期,茶卡盐场的生产设施极其简单,茶卡盐场只有 1 个土墙院落,10 余间土木结构的办公用房和宿舍。囊谦盐场有石块砌成的房屋 208 间,计 2183 平方米,其中 97 间是租用当地的民房,除用做办公和宿舍外,还可储盐 5200 吨。马辅臣还在湟源、西宁、尕马羊曲等地设置"岸仓"。③

民国十八年(1929 年)青海建省后,青海盐业就纳入省财政系统经营范围。湟源仍设盐局。1933—1944 年,西北盐务管理局为统一税收,接管原有地方经办青海盐业,经与马麟妥协后,撤销了原省设置的湟源盐局,成立了财政部西北盐务管理局驻湟源办事处,以武文赋(回族)为办事员,在青海省区实行国营食盐专卖。在湟源建岸仓,西宁置盐坨(即平常仓)。民国三十年,湟源、西宁、上五庄、南大通、鲁沙尔等地均有较大的盐仓,共有库房 44 间,仓容量约 31120 担,此外尚有民和享堂、贵德等处盐仓。并从茶卡至日月山之间设 10 个站,每站修建马棚、宿舍、办公室,解决运盐车、驮队沿途食宿问题。民国三十五年,西宁、湟源两地设常平仓,各仓定额 1000 担(每担 50 公斤)。④

① (光绪)张庭武修,杨景升纂:《丹噶尔厅志》卷四。
② 马鹤天:《甘青藏边区考察记》,甘肃人民出版社 2003 年版,第 164 页。
③ 马遇良:《解放前青海的盐业概况》,《青海文史资料选辑》第九辑。
④ 翟松天:《青海经济史近代卷》,青海人民出版社 1999 年版,第 147 页。

尽管是国营专卖,但采取的是招商经办食盐专卖零售店,由当地坨仓批发给商人。在回族聚居较多的大通、门源鲁沙尔、化隆、共和、贵德、民和、同仁等县,招商承办专卖代销,自负盈亏,自行由茶卡盐池驮运销售食盐。这期间回族大大小小的商人都参与到食盐的商贸之中,资本较大者承包专卖代销点,资本较小者则从专卖点批发或赊欠然后走街串巷零售食盐。如在土族地区"专卖青盐的小贩,多来自湟源和互助乾沟的回族人,其青盐交换价值很高,一升(十斤)青盐可换三、四、五升青稞不等。每年八月,人们腌菜时盐价特别贵,最贵时一升青盐换十二升或十五升青稞"。[1]"如(民和地区)在过去,土族的食盐,主要靠回族盐商供给,土族的羔皮、羊皮等也主要卖给回族商人。"[2]

1944 年直到新中国成立,青海境内的茶盐本销专卖业务,就由马步芳的回族官僚垄断资本——湟中实业公司在各县的德兴海所代替,并借调运军盐及池主自用盐名义,大量从茶卡盐池私挖、私运、私销。

从上文可知,在青盐的运销上处在农牧边境的河湟重镇丹噶尔可谓是一个中转站、旱码头。青盐的运销以丹噶尔城为界分为两段,第一段从盐池到丹噶尔城,第二段由丹噶尔城到中心集散城市西宁,再经西宁集散河湟各镇及转销甘陕等省区。茶叶的输入则沿相反的方向运销,即先从兰州输入中心城市西宁,再经西宁分销广大农牧区。青盐运销市场如图4-8所示。

产地	中转市场	集散中心	转销市场
海西茶卡盐池	湟源	西宁	大通　湟中　乐都　民和　兰州 陕西　汉中
蒙藏牧民	批发商	批发商、零售商	批发商、零售商、小商小贩

图4-8

首先看从盐池到丹噶尔城的第一段运销路程。由于盐池距河湟农业区有240 多公里的路程,农业区的脚户到盐池运盐根本不可能,沿途又没有人烟,没有旅店,又不断发生劫车、杀伤事故,即便是支付较高的费用,但应者寥寥。

①　青海省编辑组:《青海土族社会历史调查》,青海人民出版社 1985 年版,第 79 页。
②　青海省编辑组:《青海土族社会历史调查》,青海人民出版社 1985 年版,第 84 页。

那么这一段的运输主要依靠本地的蒙藏牧民来完成,主要使用"高原之舟"牦牛,还有少量骆驼,"民间所食青盐出于青海地方,距宁五百余里,内地人不能前往,惟蒙古驮载至县属之丹噶尔地方,与汉、番民易换布匹、炒面等物"。① 也有实力较大的回商组成藏客,并"有认识青海王公者,送以菲礼,来往转运贩"②,再"经商贩运到西宁、碾伯一带销售","每年约盐升三百余石,每升官价二钱三分,其银八千两"。③ 这一段使用的运输工具主要是牦牛、骆驼及强壮的骒马。"诚择青海东南盐池与内地适中之区,广畜牛马骆驼,兼及绵羊,牛与骆驼,驮运青盐,更番迭休,时其食而恤其利,其剪毛取乳之利,足以养牧丁运夫而有余,则盐既可源源而来,诸畜亦无倒毙之虞。"④"运售货物,番人用牛与骆驼,汉人用骒马驴、亦有肩挑者,故货价每增于运脚焉。""马骒鲜有出界,车行尤非所宜、惟健驴可送出镜,而驮负又不过数十斤。行过界口,遇有插帐之蒙番,即行交即接替,易以骆驼牛替,每驮重在二百斤以内复送至下站之番帐,再用牛驼更换。"⑤蒙藏牧民将青盐驮运到丹噶尔城"与汉、番民易换布匹、炒面等物"。民国时期李玉林的《青海人文地理》中记载:"蒙人驮青盐到湟源,以盐易青稞,贱时每盐一升易青稞一升,贵时即须升半、二升,每年盐池产盐约六七千石,多由骆驼转运至湟源及甘肃各县,而大部分畅销于陕西汉中、西安一带。"

　　第二段运销路程则是从丹噶尔城到中心城市西宁,这一段的运输主要靠河湟的回族商人完成。清末民初,蒙藏牧民将青盐驮运到丹噶尔城之后,回族大商人就用从河湟各镇贩运来的生活必需品与之交换,然后将收购青盐"转运赴城,分卖与小贩,转发各处货卖"。⑥ 到了民国时期无论是前期的自由贸易还是后期的国营专卖,都是采用这种分卖、批发形式。

　　湟源与西宁之间大小商人将青盐或转运或批发贩卖。在河湟各镇之间以及南下中原则一般使用马骒驴等。河湟山高路危,高道狭窄,交通十分不便,

---

① （乾隆）杨应琚:《西宁府新志》卷十七。
② （光绪）邓承伟修,来维礼等纂:《西宁府续志》卷十。
③ （光绪）张庭武修,杨景升纂:《丹噶尔厅志》卷五。
④ （光绪）张庭武修,杨景升纂:《丹噶尔厅志》卷四。
⑤ （光绪）徐珂:《清稗类钞·羌海歇家》,中华书局1984年版。
⑥ （乾隆）杨应琚:《西宁府新志》卷十七。

主要使用马牛驮运,"陆地崎岖,东亦罕及","自内地运入本境之货、运货皆资马驮,车亦罕有用者"。在各条商道上,回族"脚户"来往驮运人民所需的青盐。由于道路的不便,运输费用也较高,故而"货价每增于运脚焉"[1],故盐价逐年增长,据《西宁市场物价周报表》青盐价格见表4-11和图4-9。

表4-11　西宁青盐价格　　　　　　单位:元(法币)/市担

民国三十一年一月五日	民国三十二年一月四日	民国三十二年十二月二十七日	民国三十四年一月八日	民国三十五年一月七日	民国三十六年一月六日	民国三十七年一月五日	民国三十七年十月十二日(金圆券)
54.90	125	600	2150	10750	23500	45万	6

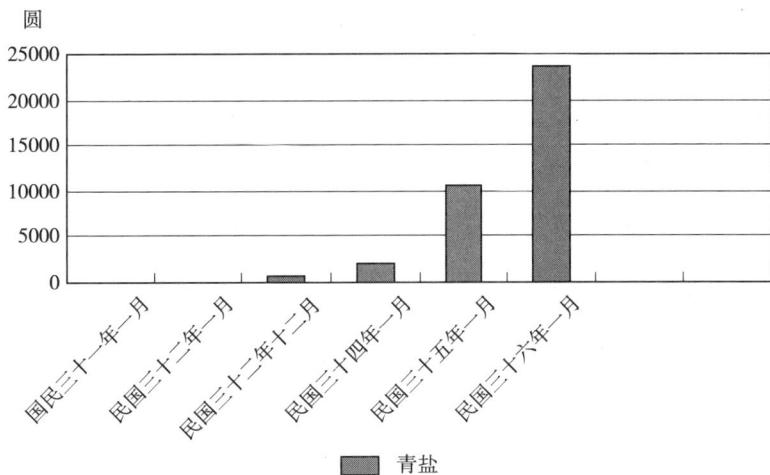

图4-9　民国三十一年至民国三十六年(1942—1947年)西宁青盐价值比较

资料来源:《物价周报》,存青海省档案馆。

注:金圆券1元折合法币300万元。

这期间以西宁为中心的回族大大小小的商人都参与到食盐的商贸之中,资本较大者承包专卖代销点,资本较小者则从专卖点批发或赊欠然后走街串巷零售食盐。河湟地区对青盐最底层销售情况是,其一,商贩一般都在河湟各

---

[1]　(光绪)徐珂:《清稗类钞·羌海歇家》,中华书局1984年版。

城镇的集市上有固定的店铺,或在固定的地点露天摆摊营业,大都专营除青盐之外的两三类商品,如清真食品、杂货、粉醋之类,农村小商店多设在交通便利的较大村;其二,就是没有固定营业地点的流动商贩,又称为"货郎"。在河湟城镇农业区把担箱、驮箱、背箱装载民用小百货,走乡串户的小商贩称为"货郎子",他们走到哪里就在哪里营业,携带的商品多为妇女用的小百货,如针线、头绳、料珠、燃料之类,也有专门买一种货物的,比如青盐。他们经营青盐的方式也很灵活,他们不仅销售青盐,而且还用青盐直接交换农产品,如果长年奔走于自己熟悉的商道上遇见熟悉的人还可以将青盐赊欠。清末,青盐"其价因蒙古去来之多寡为涨落。贱时每盐一升易青稞一升,遇贵时即须半升、二升"①。到了民国时期,"一升(十斤)青盐可换三、四、五升青稞不等。每年八月,人们腌菜时盐价特别贵,最贵时一升青盐换十二升或十五升青稞"②。如要赊欠其价则是"10斤盐=5升粮食(10斤)",可见这种交易在很大程度上具有一定的不平等性,但都是在双方自愿的基础上进行的,是一种互通有无的不等价交换关系。

运到西宁的青盐除在本地集散销售外,还转运兰州供应甘南、陕西的汉中等地,"1947—1949年,青盐平均销盐共约2200吨左右,其中省内东部农业区1000吨左右,销往省外甘肃河西走廊东部、临夏州、甘南州的部分地区和陕西汉中、川边一带约1200吨"③。在市场需求下,青盐的生产逐年增加,茶卡盐场1937年产2.3万担,1938年3.1万担,1939年4.8万担,1940年5.6万担,1941年7.5万担。④

表4-12 茶卡原盐1949年以前产量统计 单位:吨

年份	产量	年份	产量
清末以前	年平均300吨左右	1941年	4801.25
民国前期	年平均1000吨左右	1942年	1702.50

① (乾隆)杨应琚:《西宁府新志》卷十七。
② 青海省编辑组:《青海土族社会历史调查》,青海人民出版社1985年版,第79页。
③ 《青海省志·盐业志·销的销量》,黄山书社1994年版,第164页。
④ 张嘉选:《柴达木开发史》,兰州大学出版社1991年版,第237页。

年份	产量	年份	产量
1930 年	1117. 16	1943 年	2427. 20
1931 年	843. 60	1944 年	2443. 00
1932 年	1262. 88	1945 年	779. 54
1935 年	855. 00	1946 年	758. 05
1938 年	1797. 80	1947 年	1202. 50
1939 年	30. 60	1948 年	778. 74
1940 年	3474. 80	1949 年	1200. 00

资料来源:《青海省志·盐业志·生产》,黄山书社 1995 年版,第 87 页。

在近代历史上,青海省进口货物中以茶叶为大宗,无论城市居民还是广大农牧民茶叶是其生活必需品。茶叶先由兰州输入西宁,再由西宁转运各地。据 1934 年,中国农业实验所调查,青海每人年均消费茶叶 1.77 斤,在全国 22 个省中列第一位。全省年消费茶叶 100940 市担,占西北各省的 1/3。其中以茯茶最多,由兰州转运至西宁。[①] 另据青海省税务局 1942 年 10 月至 1943 年 1 月的统计报记载,各类茶叶 4 个月输入量见表 4-13。

表 4-13　1942 年 10 月至 1943 年 1 月各类茶叶 4 个月输入量

类别	输入量	折合市担数	备注
茯茶	8000 封	508 担	每封以 6.35 市计
人头茶	1800 肘	63 担	每肘以 3.5 斤计
松茶	280 包	176.4 担	每包以 63 斤计
细茶	—	10 担	以紫阳茶为多

资料来源:《西宁商业志·货价》,兰州大学出版社 1990 年版,第 64 页。

输入西宁的茶叶一般都由过载店批发给各地商号分销于青海农牧区,如"兰州市'天泰'茶号、'魁泰'茶号和'裕丰'茶号,也是'福盛店'和过载行店大宗商品往来的几家商家之一"。这家茶号销往西宁是"蓄存三年的陈茶"福盛店"大力经营这种茶,深受广大人民欢迎"。销往农牧区,如"我省湟中、湟

---

① 倪良均:《青海茶叶市场之研究》,《经济汇报》1943 年第 8 卷第 12 期。

源、平安、互助等地,人们喜欢罐炖的浓茶。广大藏民也饮用这种茶"。①

由上可见,这一等级层次分明且组织严密的商业市场网络体系赋予了西宁市场吞吐全省货流的强大功能,构筑了以西宁为中心的近代青海皮毛、食盐、茶叶等商品的运销网络,从而保证了对外输出的持续增长。皮毛、食盐运输由西向东的主要流向也决定了回商是操纵该业的主要力量。

以上我们分别对近代青海各级城镇市场间输出的皮毛和食盐流通总体情况进行了考察,较为全面地勾勒出了近代青海对外输出的大宗商品皮毛、食盐在城镇商业网络中的流通概貌。其与上面总结的关于近代青海城镇商业网络运行的几种模式大体相符。事实上,在近代青海皮毛、食盐运销网络中并非仅有皮毛、食盐这一单项要素的流动,伴随着皮毛的流通,资金、信息、技术等各项要素及其流通主体(生产者、经营者)也在各级城镇市场间不间歇地纵横流动,由此形成了网络中一片繁忙的景象。当然,网络中不同层次的城镇市场,其流通主体的构成情况及其交易方式也存在较大差别。一般而言,在乡村集市和基本集镇上参与流通的主体有农牧民、小商小贩和中小型皮毛收购商即歇家;在中心市镇和区域中心城市市场,流通主体构成则以大皮毛商、食盐批发商、代理销售商及零售商人为主。正是这些数量众多的商号构成了皮毛、食盐运销网络中组织商品流通的骨干力量。

商业网络的运销机制中就交易方式而论,交易方式的选择与商品在市场流通的数量、规模及其市场的级别有莫大关系,清末至民国时期河湟各地及藏区生产力发展水平较为低下,商品的交易方式既有商人对藏区蒙藏牧民的自然性的以物易物的直接交易,又有对河湟农业区使用货币的间接交易形式,但直到民国时期互通有无的自然性的以物易物的直接交易方式仍占主要地位。广大农牧区大多是看货议价,当面进行以物易物的直接交易,偶有现金交易。而在中心市镇和城市市场主要使用货币的间接交易。

其一,以物易物的直接交易。

以物易物的直接交易主要是蒙藏牧民生活的牧区采取的方法,但在河湟农业区最底层的小商贩与农民的交易中以物易物的直接交易也是时常采用的方法。早在清末"青海交易,以货易货,向不通行银钱,亦不认银色之真赝,银

① 任景民:《西宁的过载行业》,《西宁城中文史资料》第三辑,1990年,第130页。

量之轻重",而对藏蒙牧民的现实生活来说,"糖、茶、布匹为彼之所需","倘不以物而以银。虽数倍之,而犹视乎彼之愿否。近边一带或有之一,远则绝无用处矣"。① 可见茫茫草原上分散的牧民首先需要的是生活必需品,而金银对于生活来说是次要的,甚至是毫无用处的。于是"以物易物,事成两便"②,即便是在寺院城镇对于蒙番牧民来说也是如此,如蒙藏牧民将青盐驮运到丹噶尔城"与汉、番民易换布匹、炒面等物"。而到了民国时期依然如此,"果洛没有地方货币流通,除极少数的银元外,主要是物物交易"。③ 另外,在河湟农业区最底层的交易中以物易物的直接交易也是被时常采用的方法,如前文所述青盐的最底层交易也是以物以物,还如在大通乡村小商贩"经营商品,多系群众必需的'针头线脑'、日用小件、廉价杂品,如纽扣、木梳、小镜子之类,价格随意浮动,方式十分灵活。多系换取农村的粮食、鸡蛋、羊毛、皮张等,是以山村妇女、孩子们为主要顾主的"。④

表4-14　1937—1946年青海皮毛、马匹与茶叶交换率

项目	价格（元）		与茯茶的交换率	备注
马	硬币	40.00	茯茶8封换马1匹	匹计
	法币	2600.00		
羊毛	硬币	15.00	茯茶3封换羊毛1担	担计
	法币	677.00		
大白羊皮	硬币	0.80	茯茶1封换大白羊皮7张	张计
	法币	36.00		
小白羊皮	硬币	0.40	茯茶1封换小白羊皮14张	张计
	法币	18.00		
黑羔皮（紫羔）	硬币	1.60	茯茶2封换羔羊皮7张	张计
	法币	72.00		

资料来源:《青海茶叶》,南京第二历史档案馆藏书,转引自《西宁商业志·货价》,兰州大学出版社1990年版,第66页。

————————

① （光绪）徐珂:《清稗类钞·青海商务》,中华书局1984年版。

② （光绪）徐珂:《清稗类钞·青海商务》,中华书局1984年版。

③ 居·更德:《果洛地方贸易述往》,《青海文史资料集粹·工商经济卷》,2001年,第311页。

④ 任国安:《大通民间贸易琐记》,《大通文史资料》第三辑,第146页。

由于广大牧区长期以物易物的交易方式,在不同的地区相应形成了普遍认同的实物货币。玉树"茶除藏人日用之必需品外,更兼有货币之作用,以之易本地及各种来路货,买零用均无不可"。① 海西地区则"以羊毛论价"。果洛"以羊和酥油为议价的一般等价物",大致是四斤酥油折合一元白洋,五斤酥油折合白银一两,通常折价是:

> 一只母绵羊折合酥油二十斤;母羊皮一张折酥油七斤;一只大羯羊折酥油十八斤;一张羯羊皮折酥油八斤;一只羊羔折酥油六斤;一张羊羔皮折酥油二斤;一斤好羊毛折酥油一斤,次羊毛二三斤折酥油一斤。②

其二,使用货币的间接交易。

在中心市镇和城市市场主要使用货币的间接交易。大小商号一般采取批发、零售或批发、零售兼营的经营方式,但也不是马上提交现金,而是采取赊销方法。尤其是大批发商在批发商品给零售商时"除了少数现款交易者外,大多数都是欠款"。西宁"商业批发性的交易采取赊销的方式。每年从正月买货,到二月份起,于每月 21 日付款,名曰'标期'。而每标期付款只占总赊销数的 25%—35%,最多超不过 50%。这样续赊续还,直到年终。原来规定年终终结,但由于各商户经营情况好坏不等,多数能清账,少数拖欠,留待下年再归还"。③ 当时的付款方法是"顾客赊欠的货款,从提货时算起,在第一个应付货款的标期到到期后,首先要付应付货款的四六或三七部分,下余末清的少部分,可在下一个标期内付清"。所谓"标期",就是批发商对赊销的货款,按习俗要求,应该收回的标准时间,"西宁的'标期'是每月(农历)二十一日;大通、湟中、湟源是每月(农历)十九日;门源是每月(农历)十八日;互助、贵德等,也有'标期'。"④零售商除当面收取现金外赊销也是常有之事,这种一般都是简易账,有两种方法,一种是长期不付货款的折页账,一种是短期

---

① 振天:《玉树——康藏高原之枢纽》,《和平日报》1948 年 10 月 31 日。
② 青海省编辑组:《青海省藏族蒙古族社会历史调查》,青海人民出版社 1985 年版,第 97 页。
③ 廖霭庭:《解放前西宁的商业和金融业》,《青海文史资料选辑》第一辑。
④ 任景民:《西宁的过载行业》,《西宁城中文史资料》第三辑,1990 年,第 130 页。

内付款的水牌账①。

根据上文所论两种交易方式我们可概括见表4-15：

表4-10　近代青海民间商业运行机制中各级市场交易方式流程表

使用货币的间接交易				以物易物的直接交易
市场级别	省外	区域中心城市西宁	中心市镇	农牧区
商人级别	运输商→	←→批发商→←	←→零售商←→	←→小商贩、农牧民
交易方式	兑汇	少量现金 大部赊欠	现金　赊销 借贷赊销	物物交换　赊销 少量现金
付款	兑汇票据	柴劈账 标期付款	折页账　长期付款 水牌账　短期付款	交付农牧产品 少量现金付款
银两、银元、铜元、法币、金圆券、角票				皮羊、稞麦、青盐

资料来源：据文史资料、调查资料整理所得。

清末市场上主要流通货币是银两，到"1926年以前，西宁市场上以铜制钱、铜元、银子为主要货币，拨兑银子的业务当时是很吃香的"。② 到了民国中后期银元始终是最为稳固的流通货币。

清末随着皮毛贸易的发展，出入口商品增加，银两被广泛使用，无论流通量，还是流通范围，都大大超过以前。当时，青海流通中的银两种类主要有银锭（大宝重五十两，小宝重五两）、锞子（重五两）、铢子（重一两）及小块碎银、银两形制。由于重量、成色不一，使用时还要验色、称重并折算，十分麻烦，且携带也很不安全。与省外进行贸易收付时，由于西宁市面通行的西宁市平与兰州市平、库平等不一样，除验色、称重折算成标准银级银外，还需进一步折算

---

① 任景民：《西宁的过载行业》，《西宁城中文史资料》第三辑，1990年，第130页。折页账长约3市尺至5市尺不等，宽约4寸的折本子，店铺根据与本店有买卖往来的顾客需要，按时送给他们，封面中间写上顾客姓名，落款外盖有商店戳记，凡持有这种折页账的顾客，随时到该店购买所需货物，每次都不需要付现金，商店只在折页账上记清某月某日购某种货物、数量、价格、金额就行了。顾客结账付款时，折页账上记载的金额，不会因市场上物价全年当中发生涨落变动而受到改变。水牌账是木制的，长约1市尺或1尺5寸不等，宽约5寸，厚1.5厘米。正反两面每相隔2厘米，均匀的划有竖的线条。一旦有相识顾客赊购商品，店主就用毛笔在水牌账上记清商品名称、数量、价格、金额等，凡在短期内付款的赊销商品都记在水牌账上，等顾客将款付清后，双方当面将所记账项擦掉，即为账款结清。

② 廖霭庭：《解放前西宁的商业和金融业》，《青海文史资料选辑》第一辑。

成贸易地点通行的市平。西宁市平小于库平,大于兰州市平,一两折合库平0.96两,折合兰州市平1.03两。随着商业贸易的进一步发展,白银作为计价、支付手段,其弱点逐渐暴露出来:分量过重,携带不便;成色不齐,平码多样,折算烦琐。清光绪以后,青海地区较大商号开始兼营银两存储和结算业务,商号之间较大数额的批发性交易,采取赊销记账,在规定时间进行清算的方式。清算后,如青海与兰州等地的贸易发生顺差时,将银两用标骡运回西宁或存放在兰州商号;贸易出现逆差时,青海将银两送解兰州。这种办法减少了逐宗贸易都要收付银两的烦琐手续,方便了大宗贸易结算,但运送银两回青海和出青海,旅途辛劳和担惊受怕等问题仍然没有得到解决。于是,更先进一步的清算办法应运而生——当时俗称"拨兑银"。这实际上采用的是票据结算办法,接近于现代银行结算的方式,但提取现银不加限制。如甲商欠乙商银两,但甲商在丙商处存有银两或丙商欠甲商货款,这时甲商即可开出票据给乙商,乙商持甲商的票据到丙商处提取银两或货物。无论青海的商号,还是外省商号,相互交易时颇多采用。"拨兑银"的通行,减少了现银交易的次数和数量,同时,也在一定程度上避免了现银运送的风险和交割时的麻烦。[1]

清末民初,英、美、俄、德等国商人或雇佣买办人员进入青海,开设洋行的同时,内地商人也接踵而至,他们大量收购青海的土特产品。出口的增加带动了进口,促进了市场货币需求量的增加。由于青海进口商品逐年增多,加之蒙藏少数民族宗教人士进藏拜佛等,致使青海白银大量流出,更兼甘肃官银号等在西宁设立的机构,发行银票收兑银两,青海地方官僚重敛及富商收聚银两窖藏,因而使市场白银流量逐年减少,与商品交易需要量很不适应。青海建省后不久,白银支付紧张,"拨兑银"提现困难,引起了市场物价接连下跌,中、小商号均因此而受到冲击,甚至亏累倒闭。[2] 此时,银元流入青海已有一段时间,银两与银元的比价下降,银元价格上升。商会为了保护商号利益,曾与官府一起干预二者的比价,但终未能遏制住银两价格的衰败趋势。事实上银两已不能继续在市场上充当本位币,或者说已成了虚本位货币。民国二十二年,银两的本位币地位被银元正式取代。未几,除青海边远少数民族地区仍有银两流

---

① 杨景福:《青海商业志》,青海人民出版社1989年版,第150页。

② 廖霭庭:《解放前西宁的商业和金融业》,《青海文史资料选辑》第一辑。

通外,东部农业区银两便不再流通。

民国初期,银元从外省流入青海,进入市场。由于银元形制、成色、重量比银两固定,在市场上使用不用称重、验色、折算,交易双方均感方便,因此,很快被群众接受,广泛流行起来。民国二十二年,国民政府废两改元,银元被法定为本位币,从此,银元不仅在青海东部农业区流通,而且在牧业区也逐步流行起来。民国二十四年,国民政府进行币制改革,实行法币制度,禁止银元流通。虽然法币有国币这块护符,并凭借政治力量强行在青海流通,但一直未能独占整个青海市场。银元虽被数次宣布为非法货币,中央、地方政府三令五申禁止流通,但事实上却从来没有停止流通。抗日战争爆发前,法币在东部农业区间有使用,抗战开始后,又逐渐变为银元的辅币,到解放战争时期,因泛滥贬值被群众拒用。在青海,虽然国民政府实施法币政策,银元不但未被取缔,其货币地位反而愈加巩固,群众越发信任。民国三十七年,国民政府再次进行币制改革,不久银元又被准许流通。到新中国成立前夕,青海市场事实上的本位币仍是银元,其他货币皆处于从属地位。

据文献资料记载,青海地区流通的银元,"袁头"最多,"船洋"、"龙洋"次之,其他种类的银元较少。毗邻西藏的玉树等地区还曾流通过四川藏洋。银元从开始在青海流通到彻底退出市场,历时40多年,自民国二十四年底到民国三十七年底,银元流通虽不合法,但在法币贬值、物价飞腾的情况下,银元复出市场流通,对保护人民财产,免遭法币膨胀贬值损失起了一定作用。同时,群众对银元更加坚信不移。其他货币如铜元、角票、青海加砸铜元、法币,金圆券等先后变为银元的辅币在市场流通,去留看其稳定性,如铜元"起于清朝中期,在青海废止流通时间为1935年前后纸币流通,有1角、2角的辅币,铜元失去了当辅币找零的作用"。到了1947年"纸币不断贬值,纸币的角票失去了使用价值,于是铜元作为找零的辅币,二次又流通了起来"。①

城镇市场作为商业网络的节点,为不同地域范围内的流通中心,它不仅对自身腹地范围区域产生集聚、辐射、吸引和输出作用,而且在与其他地域城镇市场联系中还发挥了中介、中转作用。它通过各种商品流、资金流、信息流同其他地域城镇市场进行经济联络。实际上,城镇市场的集聚、辐射力和中介力

---

①　张志珪:《市场旧话二则》,《西宁城中文史资料》第三辑,1990年,第135页。

是紧密结合在一起的。中介作用越强,联系面越广,其集聚和辐射力也就越强,城镇市场与外部环境的联系亦越密切。而城镇市场中介作用的发挥与贸易中介性商业行业或组织的经营活动关系甚大。由上观之,皮毛、食盐、茶叶等商品在近代青海城镇商业网络中的大规模流通,离不开城镇代理批发商这一重要市场交易角色的参与。正是有了它的鼎力支持,青海各级城镇市场间才得以顺利建立起组织严密的商品购销网络。代理批发商的出现是近代青海商品生产与流通规模扩大及城镇市场交易层次提高的产物,在青海被称为歇家①和过载行②,经营业务以接纳客商、媒介交易、代办购销为主,同时也自营一部分货物批购批售业务。它的出现缩短了交易的距离与时间,简化了复杂的交易活动,扩大了交易的规模,对大宗商品的成交提供了便利。对本地的中小商户而言,歇家、过载行是批发商,起着分疏商品作用;对异地商人而言,它又是代理商,为大宗商品跨区域远程贸易提供服务。在商品流通中履行着贸易中介、信托代理、商业批发三项职能。它的存在给外来客商经营提供了很大便利,成为沟通内外商人间的桥梁和纽带,减少了商业活动的盲目性与不确定性,降低了相关信息搜寻费用和交易成本。使它们无须为等候合适买主或行情而滞留当地市场,也无须待货物出清收回货款有了资金后才能从事新的贩运贸易。因而为客商的往返经营节约了大量宝贵时间,提高了资金利用率。如"凡蒙藏牧民驮运来的羊毛、皮张等,除零星出售少许外,全部交给与已有联系的'歇家',再由'歇家'介绍出售于洋行或住庄客商"。"蒙藏牧民经'歇家'中介将皮毛等销售后,又托歇家买回自己所需的青稞、面粉、挂面、茶叶、馍馍、布匹等生活资料。"③"歇家便成了牧民和洋行交易的中间人。洋行离开歇家的联系,难以直接收购大宗羊毛和皮张;牧民没有歇家也更无法与外商成交。"④

在商贸网络的经营活动中,履行承诺,是当时从事经营的人必须信守的一条不成文的规矩。如果超越了这个规矩的界限,无疑会在人们中间失去信用。

---

① 参见胡铁球:《"歇家牙行"经营模式的形成与演变》,《历史研究》2007 年第 3 期。
② 任景民:《西宁的过载行业》,《西宁城中文史资料》第三辑,1990 年,第 130 页。
③ 林生福:《回忆解放前湟源的民族贸易》,《湟源文史资料》第四辑,1997 年,第 19 页。
④ 蒲涵文:《湟源的"歇家"和'刁郎子'》,《青海文史资料选辑》第八辑。

失信之人在当时的社会里是没有立足之地的,也会为同行所不齿。20世纪30年代至40年代,青海民间商贸中私营商行与外地商户在信用基础上建立了一种应收应付货款的业务往来关系——兑汇,这种民间的兑汇方式,是在邮政没有汇款业务的情况下产生的。如西宁市的"协和店"、"福盛店"、"聚义店"、乐都的全成泰等行店,它们在外阜(包括天津、上海、武汉、西安、兰州等地)均有业务代办处或委托办理相应业务的私营商号。代办处和委托商号,对与其有业务往来的西宁某个行店发出的兑汇票据是被完全认可的。凡兑汇票据的持有人,持票取款,不论金额多少(包括法币、黄金、白洋),均会按兑汇票据所列数额及时如数得到款项,绝不会分毫拖延时日。外地行店和私营商号与本市有业务往来的,其发出的兑汇票据,也能在西宁得到同样信用保证。这种兑汇票据有存根联,骑缝和落款处均盖有发出行店和经理的戳记和印章。兑汇票据的内容大致如图4-10所示。

天津☆☆☆代办处(或☆☆商号)台启:

　　今有☆☆☆先生前来贵处(或贵号)支取法币(或黄金或白洋)若干元正,请如数支付为荷。

　　☆☆☆店(戳记)经理☆☆☆(印章)某年某月某日

图4-10　兑汇票据
资料来源:任景民:《西宁的过载行业》,《西宁城中文史资料》第三辑。

以西宁"福盛店"为例,1933年天津的货主将洋糖、美孚汽油发来该店,"货主本人并未来宁,而是由天津货运行店雇脚户运来,按托运单将货物交'福盛店'。该店收妥后,即全权负责,并按市价将货款的四六或三七部分给货主先行兑汇,下余部分货款,待货物销售后,除按销售收入额扣除3%的佣金和2%的过载费之后的余额,附上清单,全部给货主寄去"[①]。还如"兰州市俊川成烟坊和平凉市文茂祥布匹行与'福盛店'的代销业务往来历时较长,一年之中,贷款往来数十万元。但他们之间,从不随时派人结账,往往在几年内

---

① 任景民:《西宁的过载行业》,《西宁城中文史资料》第三辑,1990年,第130页。

派人看一下经营情况就行了。双方以信取胜,对对方源源不断发来大批货物,店里的账房先生都按运单每次收支的清清楚楚,结账清单寄给对方,并按时兑汇货款,对方完全相信他们结算的结果。20多年一如既往,从未发生过任何经济上的差错纠葛"。① 这样商人可以用相对少的资本来经营数额较大的商品贸易,这对当时面对骤然扩大的市场而于本身资金贫弱的客商群体来说,可谓提供了强有力的经营运作和资本积累工具。这种信用制度也大大地加速了商业网络中商品和货币流通的速度,减少了流通中货币流通的数量,有利于流通费用的节省。

在商品经济的运行中,信息的重要性是显而易见的。从事代理商这一职业最重要的就是要市场信息灵通,才能保证为客户和自身争取到更多利益。因此近代青海各城镇的过载行普遍注重调查,分析市场行情,并通过各种通信方式,如书信、电话、电报等及时与有关客户互通情报,决定进货或销货。如"'福盛店'将货收妥后,给货主复信,告知收到货物的名称数量与驮运单相符与否情况,以及和西宁市场行情价格等"②,还如乐都县县城的全成泰商号"由于该店经营历史悠久,与北京、上海、西安、兰州等城市都有一定的业务联系,信息灵通,进货渠道广,商品适应性强,经营灵活,所需商品只要去信求购,就可按时运动。双方也按季节提供商品信息,所购进的货物样式新颖,价格适宜,货真价实"。③ 西宁的合诚永商店经理程仙峰"在经营方法上观察市场变化,力图创新。当时邮政局办理邮购业务,负责此项工作的为哈相揖先生。市场上什么货紧缺,立即通过邮购部门向产地发电报询问产地货源及价格,两日内可得到回复,然后电汇邮购"。④ 此外,为保持商业信息灵通,一些业务量较大的过载行在广州、上海、汉口等地派驻有长住人员,或与当地有联系的商号挂钩互通信息,随时用电报电话保持联络。

这样由于近代歇家和过载行资本在各类市场拥有不同类型和规模的贸易经营,它在贸易中的多重职能使大宗商品得以通过信托代售、代购经销、批发

---

① 任景民:《西宁的过载行业》,《西宁城中文史资料》第三辑,1990年,第130页。
② 任景民:《西宁的过载行业》,《西宁城中文史资料》第三辑,1990年,第130页。
③ 俞泰庆:《全成泰商号的变迁》,《乐都文史资料》,《乐都文史资料》第三辑,第40页。
④ 张志珪:《合诚永商店的兴衰》,《西宁城中文史资料》第七辑,1994年,第56页。

贸易等方式在各级城镇市场上畅行无阻,促使商品沿着歇家和过载行经营方向流动。新的商品物流的出现,使传统商品流通结构发生变化,由清中前期自然经济环境下的"生产者—经销商—消费者"的简单流通环节向近代市场经济条件下的"生产者—中介代理批发商—购销商—中介代理商或零售商—消费者"的复合式流通环节转化,标志着近代青海城镇商业贸易已初步具备了某些资本主义特征,对加速城镇和区域间大规模商品流通起到较大推动作用。

总之,城镇市场上代理批发商的出现,促使市场交易形式走向现代化,同时扩展了这一商业网络与外界市场间的联系,大大提高了近代青海城镇商业网络的运行效率。

第五章 民间商人及其农牧民家庭经济的扩展

我们知道,商品作为流通客体在商贸网络中的流动离不开流通主体的作用,在这个过程中作为商贸经营者的商人及其创办的经济实体(包括商铺、行庄、企业、公司等)发挥了至关重要的作用。他们依托于各级城镇市场,或定点经营、或走街串巷,奔走于乡间市井之间,广泛地建立自己的经营网点(从空间上看以他们为主,形成了众多的密布于网络节点及其周边地区的小网点),成为连接生产者和消费者之间的中介实体。清末民初到民国中期,在羊毛贸易繁荣带动之下,青海河湟被纳入了资本主义世界市场体系,青海已成为西方资本主义国家商品输出和原料供应地,对外羊毛贸易急剧发展,经济日益明显地半殖民地化,给青海传统的商业及商人结构的发展带来了深刻的影响与剧变。这一历史时期,从事商贸既有传统商人的延续;又有近代资本主义商业因素影响下的商人的转变及其壮大。回族官僚商业资本逐渐兴起到民国末期逐步垄断商业,民间商人依旧顽强的坚持着商贸活动。商人种类有多种划分法,本书依据青海近代的人文特征,以省内外商人和民族划分更为合理,有省内外汉族商人、回族商人、藏族商人和寺院商业、洋行等,他们或为行商、坐商,或为批发商、零售商、小商小贩,或从事过载行业、大小行业商铺(店)、歇家等,行业支撑着近代青海商贸的正常运转。

第一节 商人的构成及其特征

一、洋行的侵入

19 世纪 70 年代,有个别商人将青海的羊毛运到天津,很快因"西宁套毛比较纤维最强韧而长,有光泽,在套毛中占最上品"①,是当时制造地毯的上等

---

① 王自强:《中国羊毛之探讨》,《新青海》1934 年第 2 卷第 10 期。

原料,引起了外国资本家的注意。此后以收购羊毛为主的洋商势力逐步开始涉足河湟地区。当时他们的洋行开设在京津地区,主要委托京、津两地或者河湟地区的本地商人在丹噶尔、循化、拉卜楞等地用钱或用牧民需要的茶、布、粮食等日用生活用品预付给青海特有的居间商——歇家再与牧民交换羊毛,很快青海羊毛因其独有的品质打入国际市场,"西宁毛"顿时名扬世界,刺激了河湟羊毛商业的快速发展。到了清末民初国际市场上"西宁毛"的需求量不断增大,各国洋行竞相投资于"西宁毛"的贩运上,光绪二十六年(1900 年)起,英、美、俄、德等国的商人(或委托代理商人)陆续在青海各皮毛集散地设立"洋行",逐步开始大量收购羊毛。1900—1920 年是洋行的鼎盛期,此间他们基本控制了羊毛收购,垄断了青海的羊毛进出口贸易,如著名的仁记洋行,每年采购羊毛数量达一百数十万斤;新泰洋行,每年是 200 余万斤,其他各洋行的每年羊毛采购量也大都少则五六十万斤、多则百数十万斤不等。[1] 另羊毛"贩运到丹,亦有本境商人径自出口收买,运到丹邑,即有驻丹商人收买,以骆驼运赴天津,售于英、俄、德、各国,故各商人皆标英商、德商等名号。或有领外国资本以为华(夥)[伙]者"[2],故此也有学者认为当时河湟地区的所谓的"洋行",实际上直接的经营者就是那些挂有洋行名号的买办商人歇家。[3]

表 5–1　外国洋行在河湟设立情况

名称	仁记	新泰	瑞记	聚立	瓦利	新泰兴	仁吉	和平	怡和	普纶	天长仁	瑞吉	美最新
国别	英国	英国	英国	英国	俄国	英国	英国	美国	美国	德国	美国	美国	俄国
开设地点	西宁丹噶尔	西宁	西宁	西宁	丹噶尔	丹噶尔	丹噶尔	丹噶尔	丹噶尔	拉卜楞	丹噶尔	丹噶尔	丹噶尔

资料来源:据地方志、文史资料整理。

　　清末民初洋行势力进入河湟地区,一方面持有不平等条约所给予的各种特权,另一方面就是拥有丰厚的资本,所以很快就在河湟羊毛市场上占据了优势地位,其他商人很难与之抗衡,但是洋行的出现刺激了青海羊毛贸易的发

---

[1]　青海省志编纂委员会:《青海历史纪要》(未定稿)1960 年第 1 卷。

[2]　(光绪)张庭武修,杨景升纂:《丹噶尔厅志》卷五。

[3]　崔永红、张得祖、杜常顺主编:《青海通史》,青海人民出版社 1999 年版,第 455 页。

展,在一定程度上刺激了经咸丰、同治时期西北回族社会动乱之后极度萧条的商业①,洋行的出现与发展促使青海羊毛贸易规模的不断扩大,仅丹噶尔一地每年羊毛交易额多则数百万斤,少则六七十万斤②。故而河湟本地的商人主要是回族商人也纷纷竞争于羊毛生意上,"每年出口定买羊毛者,踵相接也"③,河湟其他商人"则以商学不讲,而商情之多涣也",故"坐是赔累者十常八九"④,到了民国初期,河湟回族商人几乎垄断了羊毛生意。

第一次世界大战以后的几年里,因羊毛生息利大,河湟的回商大量竞争于羊毛的收购和外运上,势力越来越大,开始垄断河湟羊毛生意,如在拉卜楞毛商"营此业者回商占十之八九"⑤,青海的洋行陆续撤走,而转坐天津、张家口等地直接收购。洋行始终处在河湟民间商贸的内地——国际商业链条上,为藏区—河湟—内地的河湟商人无形之中降低了交易的成本,提高了经济效益。

二、省外商人及经营专长

最早进入青海的外省商人是山陕商人。从明清时期,山陕商人成为仅次于徽商的商人势力后,在清朝前期清朝大一统完成过程中,随军远来河湟地区从事对藏区的贸易⑥,清雍正十三年(1735 年)沿袭千年的官方专营的"茶马制度"的种种限制被取消后,民间贸易迅速崛起且填补其空白,山陕商人逐渐成为民间贸易商人的重要组成部分,民间有"先有晋益老,后有西宁城"之说,甚至有些研究者认为山陕商人成为青海近代商人的主要力量⑦,"几乎垄断了青海的商业贸易活动"⑧,虽说此种论点不符合当时的历史原貌,但其地位是不可低估的,山陕商人在河湟民间贸易的河湟——内地链条上起到了应有的

① 崔永红、张得祖、杜常顺主编:《青海通史》,青海人民出版社 1999 年版,第 456 页。
② (光绪)张庭武修,杨景升纂:《丹噶尔厅志》卷五。
③ (光绪)张庭武修,杨景升纂:《丹噶尔厅志》卷五。
④ (光绪)张庭武修,杨景升纂:《丹噶尔厅志》卷五。
⑤ 丁明德:《拉卜楞之商务》,《方志》1936 年第 3、4 期。
⑥ 李刚、卫红丽:《明清时期山陕商人与青海歇家关系探微》,《青海民族研究》2004 年第 2 期。
⑦ 邓慧君:《青海近代社会史》,青海人民出版社 2001 年版,第 76 页。
⑧ 李刚、卫红丽:《明清时期山陕商人与青海歇家关系探微》,《青海民族研究》2004 年第 2 期。

历史地位。

清末民初,随着羊毛贸易的兴盛,山陕商人积极参与其中,当时在西宁、丹噶尔:

> 因地处边陲,交通不便,当地人与外界联系较少,以农为本的思想较重,故经商的多为外省籍商人,其中绛太帮占绝对优势。他们在西宁的全盛时期,当在清末至20世纪30年代前期这一阶段。主要行业如布匹、土产杂货、伏茶、铁器五金、酱园等被他们控制和垄断。第一次世界大战期间,德、意等国设在西宁的洋行撤出,绛太帮插足于畜产品(羊毛、皮张)收购外运出口,其数量占到全省30%以上。当时的老字号有世诚和(石坡街)、新益福(东大街)、复生隆(石坡街)等,行商如朱体乾、郁子廉等。①

在羊毛贸易中均具有相当的经济实力。民国中期,河湟回族商人兴起后,逐步减少了皮毛贩运,转而经营自己专长的布匹、绸缎、百货、药材等商品。其中以药材见长,西宁30多家中药铺,大部是陕西华阴县商人开设的。这时随着民间商贸的兴盛,山陕商人的足迹也开始深入藏区,在结古就有山陕商人的经商活动,成为重要的一支力量结古镇的"商会袁会长,陕西三原人,至此已二十余年,娶藏妇,生二子一女。陕商六家,以世隆昌为较大,亦即汉商中较大者,余多康人"。② 由于山陕商人在民间商贸的商业链条中主要处于河湟—内地之间,更由于他们人数众多,经济实力雄厚,其中不少商号本身就是北京、西安、兰州等地大商号的分号,与外地商户有着长期稳定的人事和业务联系,能根据情况变化及时调整业务经营范围,而且山陕商人大多数生活习性优良,不嫖、不赌、不吸烟、不纳妾娶小。经商遵从诚实守信、和气生财、同叟无欺等"店铺规矩"③,因而他的发展始终稳定。

除山陕商人外,在皮毛贸易的"引擎"下,外商云集青海,仅西宁情况见表5-2。

---

① 张志珪:《在宁经商的"绛太帮"》,《西宁城中文史资料》第四辑,1991年,第1页。
② 马鹤天:《甘青藏边区考察记》,甘肃人民出版社2003年版,第278页。
③ 朱世奎:《青海风俗简志》,青海人民出版社1994年版,第25页。

近代青海民间商贸与社会经济扩展研究

表5-2　各省外商在西宁情况

省份	经营专长
陕西	布匹、绸缎、百货、药材等商品
山西	布匹、土产杂货、茯茶、铁器五金、酱园等
四川	长途贩运当地手工业产品机广东小商品,人数较多,曾修建"四川会馆"
山东河北	大中商号及小商贩专营京广杂货及小商品,其中"福聚成"商号规模最大,人造丝织品花色鲜艳,品种颇多
湖北	黄陂商人杜元兴、陈恒泰等贩运土兰布、兰白花布、颜料、洋针、手工毛巾等
河南	贩运当地产土布、土绸、土烟、柞蚕丝织品、花绸和被面
宁夏	吴忠堡客商用骆驼贩运天津板张、疋头、红白糖、大米、人造丝绸等百货杂品
陕南汉中	客商运来纸张、生铁、调料、干果等日用杂货

资料来源:天顺:《廖氏兄弟与裕丰昶》,《青海文史资料集粹——工商经济卷》,第164页。

另外在被称为康藏高原之枢纽的结古镇当时有"山陕、甘孜、西宁、土著"[1]四个帮派的省内外商人。从上表可以看出外省商人一般都是资金雄厚的行商和坐商,多数以长途贩运的行商为主,在经营方式上以从事过载行业的批发商为主,并兼顾零售。

除以上省外商人外,还有与青海比邻的河湟各族商人此时也大规模的入境经商定居,如河州回族商人,甚至有大河家的保安回回藏客[2]等,这一点将在后文回族商人中专门论述。

三、本省商人的兴起及其经济实体

清末民初以来,随着皮毛的"引擎"和商业经济的迅速发展,城镇人口增加,随之农牧产品价格上涨,农牧民购买力有了提高,青海地方民众的现实生活开始由封闭逐渐走向开放,商品观念渐强。与此同时,外省客商入青海经营亦日益增多,在他们的示范带动下"社会上发财致富、兴家立业之风颇盛"[3],

---

[1]　振天:《玉树——康藏高原之枢纽》,《和平日报》1948年10月31日。

[2]　马少青:《保安族文化形态与古籍存文》,甘肃人民出版社2001年版,第259页。

[3]　天顺:《廖氏兄弟与裕丰昶》,《青海文史资料集粹·工商经济卷》,2001年,第163页。

越来越多的青海本地人开始大规模地加入到经商活动中来,并开始在人数上赶超外省商人,成为城镇商业经营者的重要组成部分。据《青海商业志》载,民国时期,西宁的裕丰昶、福顺昌、永和祥、德生隆、昌顺德、洪丰店、福盛店、恒庆栈,湟源德德兴成、德义兴、忠信昌、福兴连,湟中的泰生店、万兴永,门源德天泰恒,贵德德张子周等,是当地较大的商号和商人,还如湟中县"1949 年,全县约有私商 550 余户,其中有大资本家十余户⋯⋯"其中外商只有一户"杨针东(北京人,汉族)约有资本十四五万元,他加工琥珀等民族用品"。① 此时不仅人数超过外省商人,而且无论是在资金上还是在经商的范围上能与外商抗衡的大商户也有所增加,如西宁著名的廖氏兄弟开设的裕丰昶"从 1922—1942 年,三兄弟以西宁为基地,以'裕兴昌'为总号,先后在陕、甘、宁、豫、鄂、湘、川等八省市驻庄采购或销售,并逐步在省内外独资的分支机构和酿造业、工业,也合资经办商店。其中有专营商店、综合商店、零售商店批零兼营商店。这时由山陕商人开设的四家老字号早已销售,'裕兴昌'商号由末班上升为头班"。② 湟源巨商李耀庭也是如此,他"设立的商号,无论西宁、湟源,均名之'德兴成'⋯⋯一生的收入,在青海商界是举足轻重的,有'李百万'之号,但其实际数字,并不如此。"③

　　毋庸置疑,近代青海皮毛贸易的最大受益者是青海特有的商人群体——歇家,其收益不仅仅是在歇家从业户数的增加上,更是他们经营规模和资金拥有的急剧膨胀上,甚至拥有雄厚经济势力的歇家经营方式也在变迁,即他们直接收购皮毛转运天津出口。歇家"最初不过为通蒙藏语之牙侩,因客商交易不能与蒙藏人直接交涉,故以重金货于歇家,令其代为买卖,于是,歇家乃得居间取利,遂多因此致富,往往拥资巨万,交结官府,齿于缙绅,有左右金融之势力。近且因势垄断商业,欺骗蒙藏人民,并于天津上海等处,设立分号,直接运销货物,而昔之天津等处各商,已渐失势矣。"④甚至到了可以控制青海的皮毛

　　① 中国科学院民族研究所、青海少数民族社会历史调查组编:《湟中县回族社会历史调查报告》,《青海回族调查资料汇集》,1964 年。
　　② 天顺:《廖氏兄弟与裕丰昶》,《青海文史资料集粹·工商经济卷》,第 170 页。
　　③ 贺勋:《湟源绅商李耀庭》,《青海文史资料选辑》第十七辑。
　　④ 马鹤天:《西北考察记》(青海篇)下卷《青海之经济》,《亚洲民族考古丛刊》第五辑,南天书局 1987 年版,第 214 页。

出口,因为无歇家参与便无法交易,"外商在此设立洋行,或派人来此收买羊毛,在羊毛尚未到达时,必先预付定钱,且将羊毛价钱定好,待货至时,即检定羊毛,收货交付银两,而对歇家及小贩子给予手续费几分之几,以为报酬,否则无毛可买,因此地歇家可操纵羊毛价格故也"。① 与皮毛贸易旺季相始终,20世纪的头 20 年,歇家也进入了发展的黄金期,据林生福《回忆解放前湟源的民族贸易》一文,当时湟源有歇家 48 户之多。

本省商人的兴起还带动了青、藏两省区民间贸易的发展,由于经商途中的极度艰辛等原因,这是外省商人无法涉足的领域。民国时期将长途跋涉进入西藏经商的行商称为:"藏客",如在湟源"清末民初,先有西藏官方派出商务官员,组织藏客前来湟源经商。而湟源商人尚未涉足西藏……由于藏商来湟源经商遂与湟源商人洽谈生意往来日繁,交情日深,一些资金雄厚的商人顿生赴藏经商之念。于是湟源藏客就应运而生。"②1921 年首批藏客入藏经商,此后因"大部分商品经营利润在一倍以上,高的在三四倍至七八倍之间"③,藏客入藏经商越来越多,藏客发展变化见表 5-3。

表 5-3　藏客发展变化表

年代	藏客	备注
1921 年	王完欠、卓尼加羊、卓尼午尖	首批进藏
20 世纪 30 年代	忠兴昌商号魏耀邦、富商车虎臣及谈生祥、马三保、李育春,还有东科寺乙细克老爷、祁本子、谢敖哥等前后赴藏经商	藏商队伍逐渐扩大
20 世纪 40 年代	巨商马英庵、马静庭、李富成、林子平、胡生瑞、梁弼臣、鲍发祖兄弟及安兴海、盛永孝兄弟、沈良、陈生保、李泰来、杨发旺、吉令德等赴藏	生意兴隆、获利可观。商业资本最多的白洋万元左右,如忠兴号魏耀邦、德义兴号马英庵兄弟,李富成等几家,中等的五六千或七八千元,其余的两三千、四五千不等

---

① 王自强:《中国羊毛之探讨(续)》,《新青海》1934 年第 2 卷第 11 期,第 11 页。

② 林生福:《话说湟源"藏客"》,《青海文史资料选辑》第二十四辑。

③ 林生福:《话说湟源"藏客"》,《青海文史资料选辑》第二十四辑。

年代	藏客	备注
新中国成立初期	1950 年郭明善、郭明经等相继进藏经商。1956 年共有藏客 18 户,从业人员 30 人,资金人民币 21.9 万元	具体人员及其资金是:李育春 1.5万元;米永珍 1.5 万元;李明玉 1 万元;李进章 1 万元;盛永孝 3 万元;谈生祥 0.27 万元;史廷汉 1 万元;莫建章 1.5 万元;贾德源 0.8 万元;王世林 0.2 万元;车永兴 0.1 万元;张明 0.7 万元;安兴海 0.8 万元,杨启旺 0.5 万元;毛鹏九 0.7 万元;李明秀 2 万元;郭明善 4 万元;陈国盛 0.7 万元

资料来源:林生福:《话说湟源"藏客"》,《青海文史资料选辑》第二十四辑。

近代青海商人广泛分布于省内城乡各地,人数虽众,但因其资金薄弱、经营分散,并没有取得城镇商业贸易中主要商帮的位置,城镇市场间的大宗商品贸易和城镇市场上的主要经济行业亦多为外省商人尤其是山陕商人所把持、垄断。如在人口不多,商业不太发达的门源"有名气的商号不足 10 家,'绛太帮'所经营的占了一半"。在青海的东大门民和县川口镇,山西商人"所经营的名气较大的商号就有 12 家之多"。[1] 还如平安镇当时总共有大的坐商 6家,都是山陕商人,其中"山西籍的 4 户(张富德、陈子良、朱宴臣、王思聪),陕西籍的 2 户(吴善卿、王如玉)"[2]。民国时期,在青海外商人数虽不及本地商人,但市场上的过载行、银钱业、洋杂货批发业等主要商业行业均由外省商人掌控,如在乐都碾伯镇由山西客商开设的商号全成泰兼有批发、零售、银钱业等一身,在一定程度上控制着全县的市场和资金流通。"至民国时期,该店发展成为县城最大商号,由原来的零售成为批零兼营,经营范围不断扩大……当时县城没有银行,全成泰也未设银号或钱庄,但它有类似银行之功能,邮电局办理汇兑业务也通过该店支付……因全成泰信誉高,资金雄厚,不仅当时的学校、寺院、庙宇、家族里的银两和贵重物品存入该店,甚至当地政府资金也在该店存放……存入店内的财物随时可以支取,凡在店内存有财物者,如所需资金

---

① 张志珪:《在宁经商的"绛太帮"》,《西宁城中文史资料》1991 年第四辑,第 1 页。

② 陈怀玉:《我所知道的平安镇个体经营情况》,《青海文史资料集粹·工商经济卷》,第347 页。

超过存入数额,该店允许借支,利息一般都比较低。就连当时政府也常到该店借钱"。①

　　受资金、经营方式等诸多因素的制约,近代青海商人的经营活动范围大都局限于小范围的商品调剂转运,他们在本地产品和外地产品的交换中起着中间者的作用,如专门为洋行、各大皮毛收购商和牧民服务的青海特有居间商——歇家。当"外国洋行之初来西宁者,买付货物,非常困难,必先认熟商号,以为保证,否则将受大小贩子之欺骗也"。② 而"这些'歇家'根据与牧民和蒙藏部落的关系,以确定自己业务规模范围。也正因为这种原因,'歇家'便成了牧民与洋行交易的中间人。"③这样"洋行离开'歇家'的联系,难以直接收购大宗羊毛和皮张。牧民没有'歇家'更无法与洋行等客商直接成交。牧民与洋行都需要'歇家'"。④ 可见歇家只是利用自身的优越条件为另外两方沟通信息,促成交易,从中收取佣金,实际上是羊毛贸易经纪人。一方面,从以山陕商人为首的外省商人那里承接小额的批发零售,出售给本地居民;另一方面,又在本地收购农牧区、集镇上的零散农副土特产品,售卖予长途贩运的外省批发商,为其大宗远程贸易服务。从而填补了外省商人大规模长距离商业活动留下的业务空间,在商业经营活动中处于最底层的位置。如湟源和"刁郎子"在"湟源大约有 30 多家。他们有的是先从认识的商店,赊买一些蒙藏族人民需要的藏刀、珠串、木碗、鼻烟、鼻烟盒、银戒指、腰带、旱烟袋等物品,拿到街上或'歇家'家里去寻找顾客,牧民们也把从牧区带来的一些零星东西,如羔皮、大羊皮、狐皮、麝香、零毛、蕨麻等,换取他们需要的小东西"⑤,还如贵德县:"本县商人所经营之商品,大都来自天津、北平、上海、四川、兰州等地,除少数布匹杂货为国货外,大多数为英、日、俄等国之货,全部的输入额,约为羊毛、羊皮、输出额之十分之六。输入品抵县后,即有大商号分售于各商店,再转售于小贩,零售于街市及乡间。"⑥可见,近代参与商业经营的青海本地商

---

① 俞泰庆:《全成泰商号的变迁》,《乐都文史资料》第三辑,第 40 页。

② 王自强:《中国羊毛之探讨(续)》,《新青海》1934 年第 2 卷第 11 期,第 11 页。

③ 蒲涵文:《湟源的"歇家"与"刁郎子"》,《青海文史资料选辑》第八辑。

④ 林生福:《回忆解放前湟源的民族贸易》,《湟源文史资料》1997 年第四辑,第 19 页。

⑤ 蒲涵文:《湟源的"歇家"和"刁郎子"》,《青海文史资料选辑》第八辑。

⑥ 解成林:《解放前贵德的工商业》,《青海文史资料集粹·工商经济卷》,2001 年,第 327页。

人大多还处于中小商贩性质,依靠辛勤劳作,利用商品时空差价、批零差价赚取微薄利润,且相当部分为兼业商贩,他们中仅有少部分人由小本经营走向跨地域的大规模经营。由于他们的经营活动并非以谋取地区差价为目的的专为买而卖的远距离商业活动,自然无力与资本实力雄厚、擅长于长途贸易的外来富商巨贾相竞高下,更无力阻挡以山陕商人为首的外省商人自清代以来对河湟城镇市场商业经济的垄断。如在结古镇,"四帮,以甘孜为最大,资本甚雄厚,在康定与拉萨均有分号,至西宁及土著商人,资本短绌,手段呆滞,俱系小本经营者"。① 他们仅仅是充当了外省批发商人在城镇市场和农牧区市场中的代理购销人,进而成为受外省商帮支配下的商人群体。尽管如此,但人数众多,分布甚广的本省商人及其经济实体的存在,作为近代青海民间商网络的经营者的重要组成部分,他们的经营活动有效地填补了外省商人在长距离、跨区域性城镇商业经营环节过程中留下的空隙,对沟通城镇、城乡间各民族经济体的经济联系(尤其是少数民族农牧户间的经济联系),对地区商品经济的发展和商业的繁荣,对全省性统一的商贸网络的形成与运作均发挥了重要作用。

　　总而言之,近代青海本省商人大体可分为两类:一为土生土长的汉族商人,二为少数民族商人包括藏族和回族,还有少量撒拉族、土族等商人,由于本省特殊的人文环境且回商大部分从青海境外的河湟城镇因经商等原因陆续迁入青海,故此将藏族和回族商人下文分别论述。"地域与民族,是一切经济活动中两大基本的主客体因素。"②这种主客体因素的融合形成一定的社会经济过程。就商业发展而言,从客体角度出发,我们看到了一定地域商业活动的内容,如上述的山陕商人等外省商人的商业经营情况;如果从主体角度出发,则又会看到区域经济中的人文内容,即不同民族体在此总体活动中的具体表现,如民族商人的发展。对青海这样一个多民族地区的省份而言,商人群体的认同与整合,除了以血缘性的亲族关系以及地缘性的同乡关系为其最重要的纽带外,民族认同也是不可忽视的重要纽带。"从人类的社会性要求来说,人们总是通过对一定行为方式、习俗、信仰等的文化上的认同,构成一定的民族体来实现使自己成为环境主人的生存意识……从人类的经济需要来看,人们在

---

① 振天:《玉树——康藏高原之枢纽》,《和平日报》1948 年 10 月 31 日。
② 陈庆德:《民族经济学》,云南人民出版社 1994 年版,第 61 页。

经济活动中,为了阻止非共同体成员分享由共同体活动所创造的财富时,总是需要某种形式的共同体保护。"①商人最初是以亲族关系和同乡联盟基础上的认同来获得经济活动的保证条件,但是,当经济活动的扩展使不同民族集团成为唇齿相依的邻邦时,也就向商人提出了财富获得与分配中的人际关系问题,从而形成民族集团的更为广泛的认同。在这样的背景下,青海地区各民族商人日益兴起,并不断发展,也成为商人集团中一支十分重要的力量。

四、藏族商人与寺院商贸的变迁

1. 经商意识的认同

我们在第一章论述已知,清前中期藏族大多数信仰藏传佛教,因而一般视屠宰、经商、从事手工业为"不洁"行业,重精神文化,轻经济文化,以前蒙藏民族商品意识和货币观念淡薄,不善经商,甚至耻于经商。因而没有专门的经商者,但单一的游牧经济本身不能完全解决游牧民自身生存和畜牧业经济发展的需要,因而藏族商人一般由部落头人和寺庙僧侣担当,藏族平民商客也参与经商但比较少,整个社会不太认同经商之举。

但到了清末民初时期,随着皮毛的"引擎",畜牧产品价格上涨,牧民购买力有了提高,牧区开始由封闭逐渐走向开放,商品观念渐强。与此同时,行商频繁进入牧区经营亦日益增多,在他们的示范带动下,更是在追逐高额利润的刺激下,越来越多的牧民开始大规模地加入到经商活动中来,如在果洛地区"起初的贸易,是外地兄弟民族来果洛地区进行交易。随着这种贸易不断发展,果洛有些商人发现,这种送货上门得利太少,若再转手出售,利润更少。因此,果洛一些有经商头脑的商人,借助部落的势力,自己建立商队并建立市场,专门从事商品运输、销售。这样其成本下降,利润成倍增长……短期内可成为暴发户"②,而且经商的范围不断扩大,如海西天峻以富户组成的商队"开始只到湟源、上五庄、鲁沙尔三地。后来扩展到甘肃的张掖、酒泉等地。"③到了民

① 陈庆德:《民族经济学》,云南人民出版社1994年版,第85页。
② 居·更德:《果洛地方贸易述往》,《青海文史资料集粹·工商经济卷》,2001年,第311页。
③ 曹清景:《天峻的商贸活动概要》,《青海文史资料集粹·工商经济卷》,2001年,第316页。

国时期,经商致富已是藏族社会普通认同的社会风尚,商人是受人尊敬的,时人如是记载:

> 在他们的社会里,善于经商的人便是交际之花,一般秉性活动的人,不分男女的假着经商事业,牵着骆驼,赶上牛马,把当地收买的兽皮,羊毛运到西宁区出卖以后,复由西宁运载上茶、布、酒、油、面粉、铁锅等类的货物,回到自己的部族或邻近他族去销售,或者牵上西宁区出产的烧酒、干粉条、陈醋、柿饼、驮上茁壮善走的竞马,直往西藏拉萨推销,然后由拉萨市驮上氆氇、藏香、红花、珊瑚等类货物,直往外蒙库伦去推销,换上银块,香牛皮,俄国呢以后,才可整队收拾回家。这样一趟来去数万里,费时二三年,饱受了风餐露宿,冰天雪地之苦,但奋斗之结果,获利至巨,经验丰富,于是同族人民都很注意他们,看重他们。就是他们商队所经之地,凡是和他们接近了的人们,都对于他们这伟大的壮举,抱着钦佩和羡慕的心理,永远地留了一个深刻的印象。
>
> 交识最广,阅历最富的人,就是每年奔走四方,多在外少在家的商人们,因此旗族内金融的流通,生产品的推销,需要物品的取得,都非仰给商人们的代办不可。就是各旗族间的交际往还,交涉纠纷的解决等等,委托于商人们办理,总觉得可以事半功倍,轻而易举,尤可免去一切支用,常是满人心意的。因为这种关系,商人们果然成了全族一等人物,全族民众谁也依借着、敬意着他们。①

在这种气氛熏陶下普通牧民的买卖意识也是逐步提高,只要市场需求的东西,他们在平日劳作时就注意收集,然后拿到市场上出售,如平日并不在意的青草和牛粪,此时"有藏妇数人,负草来售,其价值较平日昂数倍"。还如"时届严冬,故该部渐由高地迁至距拉卜楞较低暖之地放牧,其贫穷之户,则捡拾牛粪,作为燃料,驮至拉不楞卖出,藉维生活"。②又"玉树无树、无煤,藏民同以牛粪为薪,班禅行辕与专使行署至后,剧增千数人,不特大米成珠,无法觅购(每元四两),而牛粪亦供不应求。"③还如供城市富裕家庭欣赏的花卉诸

---

① 张元彬:《青海蒙藏两族的经济、政治及教育》,《新青海》1933 年第 1 卷第 10 期。
② 绳景信:《果洛及阿瓦行记》,《边政公论》1945 年第 4 卷第 4—8 期。
③ 马鹤天:《甘青藏边区考察记》,甘肃人民出版社 2003 年版,第 124、320 页。

如"野芍药牧者或采其花以售于市"。① 那么草原上的大黄、红景天、冬虫夏草、蘑菇更是普通牧民平日采集的主要商品,如蘑菇"产于青海一带,每年约出两三千斤。商人多收买,运往兰州销售"②,于是牧民注意收集然后拿到集市出售或换回生活必需品,如 1906 年从牧区汇集到丹噶尔集市的蘑菇就有10000 斤,按市价每斤 0.25 算,共 500 银两。③ 即便是统治时期,从 1941—1948 年经广大牧区经西宁东运的冬虫夏草平均量为 1700 市斤,共大约 11900市斤。④ 值得注意的是广大藏民"贸易计算物品,每不以实物之单位为准,而以货币之单位为准。如云藏洋一元,买麻纸共千张,而不云每张纸价若干,盖因无辅币不便计算也。又藏民无尺,如卖布一方论,即按布之宽狭折角等方为一方,价值若干。量物用桶(青稞一桶约合内地十五斤),称物二十两或二十四两为一斤,不等"。⑤ 藏族商人经商方式一般是由部落头人和少数富户组织商队,组成商队的好处是"武装性强",其"安全系数大"。牧区一般平民"除牲畜之外,以狩猎为副业,兼营商业,如收买皮张、药物往西宁,换回炒面及布匹杂物再行转卖。但因商人资本少,每年仅走一次,所生利息,仅够餬嘴"。⑥ 而在城镇定居的藏族商人有完全脱离农牧业专门从事商业的,如操歇家业的,也有投机成为刁郎子,有的农商兼营如边远的墨桑市街"藏民约四十户,亦农商兼营"。⑦

2. 寺院经商组织的完善

清前中期藏传佛教寺院的经商活动已经很频繁,且形式多样。原则上讲,僧侣们不能经商,面对获利丰富,各寺院或公或私经营均投入到买卖之中,"但正如德希德里所指出的那样,他们事实上却醉心于经商"。⑧ 到了清末民初,寺院不仅积极组织喇嘛僧人参与经商活动,而且寺院专门设立了较为完善

---

① (光绪)张庭武修,杨景升纂:《丹噶尔厅志》卷四。
② (光绪)张庭武修,杨景升纂:《丹噶尔厅志》卷三。
③ 《湟源县志·商业》,陕西人民出版社 1993 年版,第 275 页。
④ 《西宁商业志·货物》,兰州大学出版社 1990 年版,第 63 页。
⑤ 马鹤天:《甘青藏边区考察记》,甘肃人民出版社 2003 年版,第 294 页。
⑥ 黄举安:《进步中得果洛》,《中国边疆》1943 年第 2 卷第 10、11 期合刊。
⑦ 绳景信:《果洛及阿瓦行记》,《边政公论》1945 年第 4 卷第 4—8 期。
⑧ [法]布尔努瓦著,耿昇译:《西藏的黄金和银币——历史、传说与演变》,中国藏学出版社 1999 年版,第 183 页。

的商业管理机构,一部分僧侣长年从事商业贸易,如"三川有许多在塔尔寺做喇嘛的土民,他们都会经商,大家凑本钱做生意或替某活佛做生意,甚至有远走蒙藏、北京和五台山的,常获厚利。三川喇嘛善经商,是驰名青海的"。①

寺院经营商业规模较大的有塔尔寺、结古寺、隆务寺、广惠寺、东科尔寺、佑宁寺、拉卜楞寺。寺院商业活动的组织方式有多种:其一,是寺院专设有做生意的管家,由其负责招股筹资,在寺院附近设立商号,长年经营商业活动。结古寺就是其中的代表,结古寺常年用于商业活动的银元达到10多万元,占玉树地区商业活动资金的12%左右。该寺设有管家,管理着由50人组成的商队。商队配有枪支、马匹,经营往来于西宁、拉萨、打箭炉(康定)等地。有时还直接去尼泊尔、印度经商。其二,就是寺院拿出部分资金,交由喇嘛推选或选择所信任之人管理,名曰"会首","会首"的"资本皆出自番寺(番寺财产,由喇嘛推择所信之人管理,每三年或二年一易,名曰会首。会首得以财做资本,营业所得花息,除分给寺僧外,余以自赡,唯不得亏本,亏本则籍没有家财以为偿。川边、海南番寺皆然)"。② 除以上两种外,寺院还将资金贷给善经商的喇嘛经商,还有与当地部落头人,富裕教民或商贾合股经营,所得利润协商分成等。

五、回族商人的变迁

1. 变迁与壮大

从唐、宋、元、明至清前期河湟的回族逐渐形成了"亦农、亦商"的经济形态,清代前期脱离农业专门从事商业贸易的河湟回族大商人并不见于汉文史料的记载之中,但我们根据有限的史料可以肯定这种商人是存在的,但在整个河湟回族商业经济结构之中所占的比重是很小的。到了清末在皮毛贸易的"引擎"刺激下,这种经济形态发生了变迁,回族内部不仅出现了脱离农业而专门从事商业的商人阶层,而且其规模随着贸易的繁荣不断地扩大,回商中不仅有倾倒地方的官僚巨商和商业资本家,也有走街串巷的小商小贩,整个民族都参与到了民间商贸的黄金季节之中。

---

① 青海省编辑组:《青海土族社会历史调查》,青海人民出版社1985年版,第18页。

② 周希武:《玉树调查记》下册,民国九年上海商务印书馆排印本,第31—34页。

　　清末,鸦片战争及随后的一系列列强对中国的侵略战争,彻底打开了清王朝闭关自守的大门,在外国资本主义的影响下,中国的社会经济发生了极其深刻的变化。由于受西方资本主义国家推销商品,掠夺原料的需要,从事商品流通活动的商业成为发展变化的最大领域,河湟民间商贸作为特殊的商品流通方式也顺应了历史发展的潮流相应的发生了变迁。这一历史时期,河湟民间商贸既有传统方式的延续,又有近代资本主义商业因素的不断增长,从而使从事民间商贸的回族商人结构发生了前所未有的变化,比之于清前期呈现出一种多样性和异乎寻常的发展态势。

　　首先,回族官僚资本的发展。清末民初河湟回族官僚资本在逐步发展,但还没有达到与民、与商争利的垄断地步。清末同治西北回族起义之后,投靠清王朝的马占鳌、马海宴、马千龄三大家族随着皮毛贸易在河湟的活跃,利用手中的权势积极投入到清末民初的皮毛贸易的商业活动之中,尤其是马海宴之子马麒为了逐步实现军政在青海的统一,为了满足日益扩大的西宁海军的军费开支,并为青海建省做准备,不得不开辟新的财政收入渠道,更是积极地投入到皮毛贸易之中,"马麒之弟马麟1892年(清光绪十八年)在家乡经商"[1],1900年以后,马麒家族即在河州(今甘肃省临夏市)先后开设德义恒、步云祥等商号,开始到青海地区经营皮毛贸易。[2] 民国元年(1912年)马麒任西宁总兵后,更利用权势,德义恒商号扩大抢购青海羊毛,运至天津售给英商兴隆、利济、安利等洋行,换取枪支、军火、布匹、百货等。[3] 1915年,马麒在西宁东关开设了"德顺昌"商号,其官僚资本中心也由河州转移到了西宁,且规模远远超过了德义恒商号,由宁海军军需处长任经理,宁海军的财务和粮饷都由德顺昌经管,可见官僚资本直接为宁海军军费开支服务,大量贩运羊毛、皮张出省,购进大批布匹、百货、茶叶。此后,马麒任青海省政府主席,又将德顺昌改为德兴商店,扩大经营范围。到了1931年8月马麒过世之后,德兴商店由马麟和马麒的三子马步瀛接管,除直接经营羊毛、皮张布匹、百货、茶叶等贸易外,所有入省大宗货物,统由其经营批发。至此,青海地方官僚资本

①　《青海三马》,中国文史出版社1988年版,第97页。
②　青海省志编纂委员会:《青海历史纪要》,青海人民出版社1987年版,第118页。
③　青海省志编纂委员会:《青海历史纪要》,青海人民出版社1987年版,第118页。

逐步形成。从 1937 年的抗日战争爆发直到 1949 年青海解放是官僚资本的鼎盛时期,广大民间商人在官僚资本的挤压下寻找各种机会依旧顽强从事着商贸活动,如"今年青海羊毛,多由义源祥(军政界有关系)独力收售,且价较廉,故其他商号甚少经营,去年因军事关系,义源祥无暇及此,遂由各商家收买。又值皮毛价涨,颇多获利,义源祥少收入二百余万元。今年恐将限制各商云云"。① 还如"马步芳统购统销的全省主要农副产品中,唯独漏了猪鬃",故廖氏的裕丰昶商号即便是最艰难的官僚垄断时期"全省的猪鬃被该号垄断。"②

其次,回族商业资本家的出现。从回藏贸易的产生到清朝前期,尽管从事河湟民间商贸的主体民族是回族,但回族大商人却不见于史册,还没有脱离农业而专门从事商业的回族商业资本家,清末这一状况发生了根本的改变,回族商业资本家群体开始登上了历史舞台,并在民间贸易的黄金季节显示了巨大的商业活力和中转角色。回族商业资本家的出现是当时安定的政治环境的必然产物,皮毛贸易的"引擎"是根本动力,皮毛生意便开了青海近代商业的大门,带动了青海近代的商业经济的发展,促使青海社会发生了剧变,更为重要的是羊毛贸易给河湟"善营利"的回回人以新的历史机遇,回族社会卷入了这一历史机遇,并显示了巨大的潜力,积累了财富,成为民间商贸的主角。清末民初,仅西宁的回族大商人就有"沈复隆、何郁、马生禄、马升、米福贵、冶生录、刘善、马彦春等"。③ 进入民国中后期,青海回族从事商贸活动的大商人不断增多,资金日益雄厚,在商业各行业中都有他们忙碌的身影,如湟中县回族大商人就有"马庆约有资本四五十万,大地主兼大商人马生泰的商号'泰生店'约有 10 余万元,马锦春约有资本五六万元"④。民国时期仅西宁的部分回族商业资本家情况如下⑤。

①　马鹤天:《甘青藏边区考察记》,甘肃人民出版社 2003 年版,第 225 页。

②　天顺:《廖氏兄弟与裕丰昶》,《青海文史资料集粹·工商经济卷》,2001 年,第 186 页。

③　王生孝:《西宁东关大寺及有关资料》,《西宁城东文史资料》第一辑。

④　中国科学院民族研究所、青海少数民族社会历史调查组编:《湟中县回族社会历史调查报告》,《青海回族调查资料汇集》,1964 年。

⑤　笔者于 2007 年冬季到当地进行社会历史调查资料,编入《青海回族史》,民族出版社2009 年版。

马辅臣(1884—1968年),名佐,回族,原籍甘肃临夏,民国时期西北工商界重要代表人物。马辅臣祖辈务农,10多岁以贩运马驴从事小本经营,往返于甘南藏区及西安、包头等地,逐步培养了善于经营的特长。后来投靠舅父马麒,1913年由于以干练的胆识和精于枪法受舅父马麒的赏识,被提拔为矿务马队管带,这个职务,便奠定了他此后大半生经营工商业的基础①,不失时机地扩大和开拓了自己的商业、企业。马辅臣在定居西宁和一度移居临夏的前后30年致力于工商业活动中,曾屡经挫折,而心志不摧,终究富甲一方。任矿务马队管带后,负责监管青海境内所有金矿和柴达木地区盐矿,"马矿务"随即成为他在青、甘、宁地区妇孺皆知的名号。青海建省后任青海省榷运局局长,仍主要从事工商业,协助马家办矿务、盐务。马辅臣积累了相当数量的资金后,生意蒸蒸日上,逐渐脱离马家,走上了独立发展的道路。他在西宁周家泉设立骆驼场、货场,以其雄厚的资金在省内外专运专卖青盐,同时将茶叶、布匹、青稞运销牧区,将牧区大宗羊毛、皮货运销天津等地,其商运业远至西藏、印度,所设商栈,遍布甘青,远及包头、天津等地,尤其在天津开设德义恒商栈,将青海大宗的羊毛、皮货等运往天津等港口向外销售。在西北他经营的重要项目是火柴和木材。1940年之后,他在兰州又兴建汽车厂,主要在甘、凉、西宁一线经营运输。不久在临夏筹办了一个发电厂。到了20世纪40年代,马辅臣已一跃成了一个拥有百万家财的大工商业资本家,除了几座工厂,十多部汽车外,还占有好几处田庄和几百亩良田,以及成群的牦牛和骆驼。当时甘青两省的百姓说:"马步芳的权,马矿务的钱。"据估计到新中国成立后在工商业方面的流动资金达一百万(银元),加上房产、土地、磨房及其他家产,总计约在150万元(银元)以上。马辅臣虽然在民国时期亦官亦商,成为青海巨富,但他在大力发展工商实业的同时,也直接做了许多社会公益事业,这在当时来看是难能可贵的。百年大计,教育为先。马辅臣在临夏堡子举办完全小学一所,一应经费包括书本费和教师工资,均由他本人供给。另外,还有一所私立新华小学,以校董事的名义,资助经费达5000元之多(银元),又捐赠土地40亩,作为该校校产以充实经费。给临夏中学捐资2000元,添置了桌凳,增办了高中班,所有高中班师资所需经费,均由他按月支付。在伊斯兰教育事业方

---

① 李文实:《怀念马辅臣先生》,《青海文史资料选辑·缅怀集》,1989年。

面先后在西宁、湟源和临夏修建清真寺六七座,自己两度朝觐麦加。在民国的30年里,先后创办火柴厂,筹建民生水力发电厂,为交通不便之地出资修桥筑路,积极热心地方公益。作为一个开明的资本家,在新中国成立初期,他还积极投资国家的经济建设事业。在这一阶段,他在临夏继续投资兴建发电厂,建立糖厂、养蜂厂。电厂公私合营后成为临夏地区电力系统的重要组成部分之一,为临夏人民的照明用电和工业用电,解决了不少困难问题。总之,"这位由农民和小商户起家的大商人,在他的前半生亦官亦商的生涯中,居然能斥资巨万,为地方创办不少公益事业,这在旧社会中的偏僻地区,实属鲜见。堪称为是一位为地方造福的工商业家"。①

苏兆泉(1860—1923年)和"泉生涌"商号。苏兆泉,西宁人,清末在西宁东关大街进化巷开设"泉生涌"皮坊,此后不断扩大投资规模,专做马褂、皮衣,闻名海内外,"后又在西宁东关南小街口占店铺面五间设立'泉泰涌'国货号,专门经营京、津、沪、汉的绸缎、呢绒、布匹、五金、钟表、自行车等百货,并在京、津、沪、汉设立分号"②,抗战期间,在上海皮货纷纷倒闭的情况下,又在贵德设立分号,经营皮毛生意,在西宁销售给津商,并由皮筏运往包头再转天津销售。

马肇业(1888—1983年)和"福泰祥"。马肇业,河州人,曾任马麒秘书。自幼念经,后进私塾读书,20岁时在马麒部先后任"甘边宁海巡防马步全"机关枪营营长、十四营营长、军需处处长、湟源县税务局局长、西宁县县长等职。1932年任青海省政府财政厅长,并被推选为青海回教教育促进会执行委员。1936年被国民政府任命为绅士。1936年和马麟同赴麦加朝觐,回国后专务工商。活动范围远至北京、天津、武汉、上海等地,开设"福泰祥"信托旅店,创办金场、陶瓷厂、煤矿等。1938年被选为省参议会参议。1914年、1919年、1946年西宁东关大寺进行三次重建和扩建,马肇业先生为主持人和总监工之一,并先后共捐资15万银元。1950年捐资修建了城东区北小街小学,同年支援抗美援朝捐资3000银元。后将两院房屋捐给东关清真大寺作为"外格夫"。

---

① 李文实:《怀念马辅臣先生》,《青海文史资料选辑·缅怀集》,1989年。

② 苏昌滋:《东关"泉生涌"皮毛庄创始人苏兆泉轶事》,《西宁城东文史资料》第二辑。

马应昌(1901—1991年)和"福盛昌皮庄"。马应昌,西宁人,14岁时拜西宁皮毛业缝制技术超群的海家为师学艺。他勤奋好学,技术上精益求精,经过5年的刻苦学艺,在皮毛行内的声望日盛,成为海家的名徒。后海家和米家合资开发皮毛业,聘请其经营。他于是到各地收购原料,协助师傅加工制作各种皮革产品,并跟着马帮把产品销往内蒙古、山西、河北等地,进而开发东三省市场,使海家的生意越做越大,由经营单一的皮毛产品发展到经营布匹、日用百货、茶砖等,销往牧区。1923年,他在师傅和米生寿的资助下,创办福盛昌皮庄,经营皮毛业,产品销往哈尔滨、沈阳、长春和内蒙古等地。

沈临翰(1898—1969年)。西宁人,其父沈复隆为清末西宁回族中知名的绅士,18岁其父突亡,沈临翰继承父亲的旧业,从事商务活动。由于其经营有方,在短短的几十年中不断将业务扩大,成为青海较为知名的工商业者,被推选为西宁商会会长。同时被马步芳任命为西宁第三区区长。1932年,被推选为青海回教教育促进会执行委员。

马子文(1893—1983年)。西宁人,清光绪十九年出生于西宁东关一个小商家庭。1922年随同赛特呼图克图在北京、天津等地经商,后在北平蒙藏学校任职。由于他善于理财,通晓藏语,在西北地区的少数民族中有一定声誉,颇得骑五军军长马步青得青睐。1934年任骑五军上校交际处处长,并在武威开办毛纺厂、电厂及地方水利工程等实业。1942年,马步芳将自己的巨额动产和不动产托付他管理。

者正祥(1907—2000年)。西宁人,十几岁在德盛魁商铺当学徒,不久自己独立经商,开办杂货铺。新中国成立初期被推选为西宁市工商联副主任。

马国祯(1894—1980年),"手牌藏刀"创牌人。原籍甘肃临夏,1929年逃荒到西宁,在北小街口开设铁匠铺,以煅打藏刀为生。所打藏刀有5寸、7寸两种规格,刀把有牛角花纹,配有十分讲究的刀鞘。具有刀口锋利不卷刃、小巧玲珑、携带方便等特点,深受藏族和蒙古族牧民喜爱。因刀面上有一个手掌标记,故被称做"手牌藏刀"(亦被称做马国祯藏刀)。

郭生禄(1918—1988年),青海西宁市人。17岁时开始随岳父马德林学习制鞋工艺。擅长制作松紧布鞋和鸡窝棉鞋,也能做皮鞋。他做的布鞋式样美观,穿着舒服,不走样,不绽帮,经久耐用,据说脚户们穿他的鞋走长路脚不起泡。远近驰名,自产自销,供不应求。

　　另外回族的十五六家皮业商号集中在以东关大街为中心的北关街、南小街、北小街等处,如米木沙为经理的复兴隆,苏子贞、林子明合伙经营的泉泰涌,沈临瀚独家经营的隆泰兴等商号,他们将皮货销往上海、武汉、成都、天津等地,回来带上布匹、绸缎、丝织品等在西宁出售。土产杂货类经营方面,凡品种齐全者多为东关回族,这一情形时至今日仍然存在;当时西宁和东部农业各县均有许多民间商号,如西宁有德盛魁、德兴连。还有的不在街头设店铺,而把带来的百货批发给零售商而得利,如刘雨村、马长麟、马廷令、苏香亭等人。①

　　另外我们通过回族资本家的资金流向宗教事业方面也能窥见其规模。如"1914 年、1919 年、1946 年西宁东关大寺进行三次重建和扩建,马肇业先生为主持人和总监工之一,并先后共捐资 15 万银元。1924 年被推选为西宁东关清真大寺董事会理事"。故而从西宁东关清真大寺重建后历届董事会成员中可见当时青海省的回族商人情况。

表 5-4　西宁东关清真大寺重建后历届董事会成员

届次	职务	姓名					备注
第一届董事会(1914 年 5 月至 1924 年)	理事乡老	高进清 马吉福 王大汗 马德林 马升 马振武 马宗元	米富贵 何郁 林子民 王麻尔 马振连 韩成录 巴建雄	冶生录 王万一 马进福 妥进祥 马登云 林蓬泮 刘发和	杨冬儿 马启春 刘善 苏兆泉 马进祥 苏翰文	妥扎世 古铭瑞 苗生春 马信 马玉才 马福铭	
第二届董事会(1924—1946 年)	董事长	马麒					1924 年任
		马麟					1932 年兼
		马步芳					1939 年兼
	理事乡老	马辅臣 何郁 马振武	马肇业 苗生春 刘善	冶生录 马登云	苏兆泉 苏翰文	古铭瑞 林子民	

---

① 穆建业:《回忆西宁皮货业作坊》,《西宁文史资料》第一辑。

续表

届次	职务	姓名	备注
第三届董事会（1946—1949 年）	名誉董事长	马步芳	
	董事长	马步祥	
	副董事长	马肇业 沈临翰	
	理事乡老	马步科　马世臣　黎子丰　林子民　马雨臣 马鹤天　马子青　苗生春　韩明卿　冶子和 米生寿　马登云　者生德　古铭瑞　何永祥 沈临源　马春亭　苏翰文　古维祺　者正祥 王赛栋　马海天　高文汇　马子乾　马俊臣 马兆全　马　升	
第四届董事会（1949 年9 月至1952 年）	董事长	米乐天	
	副董事长	马肇业 马子文 田生芳 马雨臣	
	理事	沈临翰　买成章　马俊臣　林子民　马子乾 马登科　马　云　马世臣　古维祺　马海天	
第五届董事会（1952—1958 年）	董事长	马肇业	
	副董事长	马应昌 马启祯	
	理事	马正卿　周静山　马玉山　马效苏　张　华 罗炳文　买成章　冶进良　马遇真　马子英 苏翰文　马积福　马海天	

资料来源：《西宁东关大寺志》，甘肃文化出版社 2004 年版，第 134 页。

　　不可忽视的是，在牧区蒙藏两族与外界贸易顺利进行起中间作用的歇家大部分是河湟地区的回族商人，如《到青海去·到拉卜楞的沿途见闻》一文记载："再二十里经王尕滩而抵里索索土霸，歇店均系回民开设"，如湟源的"城关马明瑜，系德义兴商号；西关马鹤亭，精于藏语；东关马升柏；城台马明五"①等。另外在对青海牧区商贸发展中最为成功的则是临潭的西道堂回族大商人集团，其商业资金雄厚，不仅执临潭一地商业牛耳，而且是整个藏区贸易中重要的一支力量。商业是西道堂的主要事业和经济来源。西道堂的牛马商队于清末光绪二十年（1895 年）时已活跃在广袤的草原上，足迹遍布甘青川，他们克服气候多变，人烟稀少，交通不便的重重困难，为藏区输送了民族特需品和工业产品，深受藏胞欢迎。"从光绪三十一年即建立了坐商和行商。当时西

---

　　① 林生福：《湟源的民族贸易概况》，《湟源文史资料》第四辑，第 19 页。

道堂在临潭旧城建立了坐商天兴隆号,在新城建立了分号天兴亨。行商的活动范围包括甘南和青海玉树、果洛、海南等几乎全部安多藏区。"①清末民初,西道堂的商业发展最为迅猛,到民国十八年共有牛马行商队 13 个,如下:四川阿坝商队、青海玉树商队、青海果洛商队、青海吉尔商队、青海同德商队、青海三哦罗、甘南州碌曲、青海玉树、青海果洛、青海果洛、四川色儿他、四川甘孜、四川康定,以上 13 个牛马商队在民国十八年(1929 年)驮牛达到 1000 余头,骑马 100 多匹,拥有资金约达银元 10 余万。② 西道堂在其商队发展过程中,与当地各族人民结下了深情厚谊,西道堂一贯恪守信用,不欺不骗,公平买卖,赢得了藏族人民的信赖,为青海藏区经济繁荣昌盛作出了历史贡献。

必须注意的是回族大商人的崛起和河湟回族军阀的出现有着直接的关系,河湟回族大商人一般都是依附于回族军阀的,比如清末民初发家的民族工商业家马辅臣祖辈务农,但到了 1902 年,马辅臣 18 岁时开始拉脚贩运脚户的生活。1913 年由于受舅父马麒的赏识,被提拔为矿务马队管带,这个职务,便奠定了他此后大半生经营工商业的基础③,从此马辅臣依附于马氏家族在商业中大显身手,在帮助马麒家族敛聚了大量钱财的同时,他也不失时机地扩大和开拓了自己的商业、企业。还如西宁回族资本家马肇业 20 岁时在马麒部先后任"甘边宁海巡防马步全"机关枪营营长、十四营营长、军需处处长、湟源县税务局局长、西宁县县长等职。④ 到了民国二十三年(1934 年),当时河湟地区大的商业资本家就有 25 家,全系回族,资本金额约 1500 万元,中等商人 107 家(回七汉三),资本金额约 570 万元。⑤

最后,回族小商小贩的空前活跃和繁荣。"小商小贩是私营商业中人数最多的一个阶层,其中一半以上为回族。据青海省政协工商联小组资料,西宁地区小商贩户数约占商业户数的 95%,从业人员约占商业总人数的 77%。农村小商贩的比例高于城市。"⑥从事民间商贸的商人之中回族小商小贩在整个

① 子亨:《中国伊斯兰教西道堂史略》,《西道堂史料辑》,1987 年。
② 子亨:《中国伊斯兰教西道堂史略》,《西道堂史料辑》,1987 年。
③ 李文实:《怀念马辅臣先生》,《青海文史资料选辑·缅怀集》,1989 年。
④ 《西宁东关大寺志》,甘肃文化出版社 2004 年版,第 255 页。
⑤ 翟松天:《试论青海解放前的社会性质》,《青海社会科学》1987 年第 4 期。
⑥ 杨景福:《青海商业志》,青海人民出版社 1989 年版,第 134 页。

民间商贸的链条上处于最底层,而且也是人数最多的一个阶层。无论是河湟各城镇、农村,还是在茫茫的藏区草原上都有他们繁忙的身影。清末河湟回族大起义失败之后,清廷强行将各商业城镇的回族迁入远离回族聚居区和城镇的浅山、半浅山地区,地少且贫瘠,随着政治形势的好转,回族人口的增长,耕地狭小,农业生产的收入远远不能满足人口的增长,生活环境的大变化,回族善经商的传统又慢慢恢复,迫使广大回族以经商来弥补农业收入之不足,从而使从事民间商贸的回族商人人数激增,民间商贸空前繁荣起来,无疑是回族的民族地方性经济模式,几乎整个民族都在从事民间贸易。由于当时的回族社会刚刚从动乱中恢复,以前的生活资料和资本都荡然无存,再加上回族资本家的出现及其对商品贸易的垄断,一般的城市和农村回族群众则只能进行一些本微利薄的小商品经营,以弥补农业收入之不足,勉强维持生计。如在西宁周围农村"回民特性,善经商,不避险阻,兼有团结力……其职业,汉回农业约居十之七,商业约居十之二,工业及杂业约居十之一"。① 还如"大通地区回族小商小贩的从业人员,大都是城乡下层劳动人民,一般都没有多大资本"。②

城乡回族小商小贩的经营方式不同:在城镇的一般都有固定的店铺,或在固定的地点露天摆摊营业,有的开小作坊,如糖坊、粉坊、醋坊,还有的经营小吃点、招待店等,基本脱离了农业生产;乡下则是没有固定营业地点的流动商贩,又称为"货郎"和"货郎子"。他们经营的范围很广,凡农牧民日常生活、生产所需的,几乎无所不包,而且经营的方式也很灵活,他们不仅销售而且还收购农牧品,可以用现金购买,也可以用从农区收买的粮食、鸡蛋等产品换牧区的皮毛畜产品,也可以用牧区的畜产品换农区的农产品,如果长年奔走于自己熟悉的商道上遇见熟悉的人还可以赊欠。通过他们零星分散的农牧产品集中起来,运往城市。由于各方面因素的制约和影响,这类商人多属于兼业性质的商贩,他们在从事商业活动的同时并未完全从农业生产中分离出来,亦商亦农是其生产经营的主要特征。如大通的小商贩"分散在农村,大多数是亦商亦农,时做时歇,以农为主,随季节兼营小商贩"③。这种小贩,虽然表面上似乎

<hr />

① 《西宁县风土调查记》,《青海风土概况调查集》,青海人民出版社1985年版。
② 任国安:《大通民间贸易琐记》,《大通文史资料》第三辑,第146页。
③ 任国安:《大通民间贸易琐记》,《大通文史资料》第三辑,146页。

在经营商业,而实质上是出卖劳动力,所谓赚钱,实际上还是自己往返挑运的工资而已(下文第五章第二节对此有专门论述)。回族小商贩"因为资金少,只能零星进货。为保证经营的品种,加速资金周转,普遍采取'勤进快销'的办法。不少小商贩和批发商之间还建立了有条件而又比较固定的赊欠关系,无钱也可以进到急需商品"。①

2. 回商之特点

首先是回族商人的垄断性。从回藏贸易的产生之日起,回族商人始终起着主导的作用。由于回族受伊斯兰教的影响,本生"善营利",颇重视经商,故而在民间商贸中处于支配的地位,即"最活跃的是回族商人"。另外,回族在河湟各地落户,明代已经形成,"亦农亦商"的社会经济形态,回族从事商业活动几乎是全民性的,在民间商贸的各行各业中都有他们的身影。清末民初随着民间商贸的兴起,回族商人在商业活动中不仅起着主导的地位,而且也在这一特殊民族贸易的黄金季节里,出现了在某些商业领域的"垄断"地位。"甘肃、青海的重要贸易,如羊毛业,如与番人间的各种贸易,回教徒占有极重要的地位。"②在河湟地区"按现在情形来说,回民操藏民的重要经济权","而汉民则逶迤于各种人之间"③。著名记者范长江在《中国的西北角》一书中说"拉卜楞的商业十之八九在回人手中"。清末民初,青海的羊毛生意打开了青海近代化的大门,河湟回族商人在羊毛生意中大显身手,"在羊毛贸易兴旺的中国19世纪末20世纪初,他们中的许多人都扮演了中间人这一重要的角色……甚至在后来的1910年和1920年北洋政府软弱无力时,回回商人曾像中央机构一样控制了全国的羊毛贸易"④。在当时外商的眼里,"唯一参与收购羊毛和另外一些草原土特产品的民族"是"操纵着朝东运输羊毛的回回们"⑤,与之羊毛有关的运输业——收购、择晒、打包、驮运、筏运等分支行业都

---

① 任国安:《大通民间贸易琐记》,《大通文史资料》第三辑,第146页。
② 白寿彝:《西北回教谭》,《经世战时特刊》第39、40期合刊。
③ 李安宅:《论西北藏民区应用创化教育》,《甘肃科学教育馆学报》1940年第2期。
④ [美]詹姆斯·米瓦德著,李占魁译:《1880—1909年回族商人与中国边境地区的羊毛贸易》,《甘肃民族研究》1989年第4期。
⑤ [美]詹姆斯·米瓦德:《1880—1909年回族商人与中国边境地区的羊毛贸易》,李占魁译,《甘肃民族研究》1989年第4期。

是河湟的回回商人,同时也带动了与其相关的车马、饭馆、脚户、茶水、清真小吃、理发、修理等服务行业。小商小贩回族更是"十之八九"。

其次是营销活动的群居性和非专职性。河湟回族聚居的河湟谷地山多,耕地面积狭小,特别在浅山、半浅山地区,地少且贫瘠,随着回族人口的增长耕地狭小,农业生产的收入远远不能满足人口的增长,他们只好以经商来弥补农业收入之不足,几乎全民从事商业活动,清末民初,这种特殊的民间贸易又迎来了它繁盛的黄金季节,原来的商业网络不仅得到了恢复,而且随着回族商人移民的大量涌入藏区,清前期兴起的民间商贸的新型商业城镇更加繁荣,回族商业社区更加巩固,这时又出现了新型的寺院城镇,以这些寺院城镇为新的商业网络点,商业网络涉及了更远更深的藏区,从而把整个藏区纳入到商业活动的网络之中。回族商人在这些新的商业城镇及周边地区安家立业,逐渐形成了自己新的回族商业社区,这无疑体现了回族商人的群居性。非专职性,这一点主要指小商小贩,历史上小商小贩并不是河湟回族固有的经济特征,是清末回族起义之后特殊历史时期的产物。清末回族大起义之后,回族原有的土地、财富被没收,强行将各商业城镇的回族迁入远离回族聚居区和城镇的浅山、半浅山地区,为了生存,为了减轻人口带来的压力,他们依然"亦农亦商",他们农忙时来家务农,在贫瘠的土地上从事农业劳作,在农闲时又出外游走农牧区进行营销活动,由于没有足够的资本进行商品贸易,故而只能采取小商小贩的形式,并非像山陕商人那样,专门从事市场营销活动的专职人员,这是回族商人的非专职性。

再次是回族商人的灵活适应性。回族商人最大特点是"习番语之人",回族商人大都娴熟藏语,这不仅是因为回族居住地与藏区接近,"至接近蒙、藏之处则多用蒙藏语"①,更为重要的是回商要深入藏区做生意,如不懂得藏语(安多),势必对经商不利。至今在河湟回族中还流行一句谚语,叫"学了藏语值银子",可见学会藏语利于对藏区的贸易。"其家属能操蒙、番语,常衣蒙、番衣,亦有私相结婚者。其人在不蒙、不番、不汉之间,杂于毛皮革履中,指为蒙,若亦蒙,指为番,若亦番焉。"②回族商人为了完成交易学习藏话且很娴熟,

---

① 《西藏志》。
② (光绪)徐珂撰:《清稗类钞·羌海歌家》,中华书局1984年版。

为了便于贸易双方适应各自的生活习惯,彼此尊重各自的禁忌和宗教信仰,通婚现象普遍存在,久而久之共同的东西越来越多,和谐的程度越来越高,更加有利于商业贸易的进行。

最后是回族商人的开拓性。"邑人与蒙番通商往来,冰天雪地中,终岁辛勤,不以为苦,荒漠绝塞,寇盗出没,而以冒险深入,怒马快抢,驰驱峻之间,习以为常。"①青藏高原地域辽阔,人口稀少,条件艰苦,在这种高寒、复杂、恶劣的自然条件下没有一个吃苦耐劳、敢于克服困难,在逆境中树立良好的商业道德和商业作风精神,很难立足,而在清末民初的民间贸易新的开拓中,河湟回族商人做到了这一点。

综上所述,近代正是由于省内外各民族民间商人为主导的经济实体广泛分布于青海农牧区城乡各地,他们或定点经营为坐商,或走街串巷甚至深入茫茫草原为行商,在多层次的流通环节上提供各种服务。马克思指出:"商人资本的任何一种发展,会促使生产越来越具有以交换价值为目的的性质,促使产品越来越转化为商品。"②通过青海各民族民间商人的商业活动将"各种产品转化为商品",沟通了城乡间经济联系,实为商贸网络中最繁忙和最关键的要素。这些落居于城镇的过载行、大小商号、歇家,或奔忙于高山峡谷间,穿梭于乡村和部落之中的小商小贩、商队,围绕着市场需求,按照新方式组织参与商品贸易,形成了从城市到广大乡村和部落的商品购销网。就像一只只不知疲倦的蜘蛛,将近代青海城乡市场一根根、一条条地编织成周密的商业网络体系。他们的商业活动,将无数分散、零星的小生产者的涓涓细流汇而总之,形成商品流通的洪流,在区域城乡经济发展中起着不可或缺的作用。关于网络经营者与城乡市场间商品流通的关系,如图5-1所示。

在这里我们不能忽视的是,以上所述都是商人在资本积累过程中对青海近代商品经济流通及区域城乡经济发展中所起的作用,那么当积累了资本后他们对青海近代社会经济的发展又起到了什么作用? 由于历史文献资料匮乏,我们只能从商人资本的部分流向简要讨论一下商人对当地社会经济发展所起的作用。首先从商人资本流向教育看,其中的回族商人将很大一部分资

---

① 《湟源县风土调查录》,《青海风土概况调查录》,青海人民出版社1985年版。
② 马克思:《资本论》第3卷,人民出版社1975年版,第365—366页。

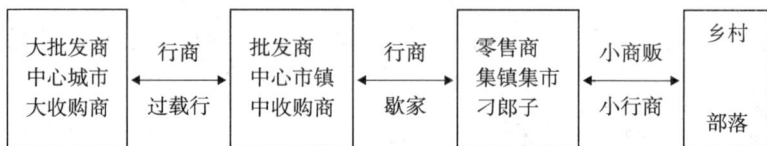

图 5-1　商人与城乡市场间商品流通的关系

金投入到伊斯兰教发展和回族教育上,见表 5-5。

表 5-5　青海回教促进会调查

会别	委员长姓名		会员数目	所在地
	正	副		
青海省回教促进会	马步芳	刘骏臣	1400	西宁
西宁上庄第一回教促进分会	马生华	马宝库	192	上庄
西宁鲁沙尔第二回教促进分会	马兴泰	马贵	364	鲁沙尔
门源县回教促进分会	马得昌	马永龄	119	门源
大通县回教促进分会	马永昌	韩生福	481	大通
民和县回教促进分会	马毓善	马元	915	民和
化隆县回教促进分会	马应彪	肖生林	690	化隆
循化县回教促进分会	马为善	马麟	814	循化
互助县回教促进分会	马书铭	苏万叶	89	互助
贵德县回教促进分会	马朝选	马元海	270	贵德
湟源县回教促进分会	马俊臣	马文焕	107	湟源
乐都县回教促进分会	沈兆霖	马长清	36	乐都
同仁县回教促进分会	杨增华	林配敏	31	同仁
共和县回教促进分会	马永清	马钰	30	共和
总计	—	—	5548	14 处

资料来源:文郁:《青海省宗教的调查》,《海泽》1934 年第 6、7 期。

从表 5-5 可知,由青海各地回族大小商人为会员的回教促进分会共有 14

处,会员有 5548 人之多,他们共同关心着青海回族的教育事业。除回族商人外,当时的地方大商人也是将很大一部分资金投向教育事业,如"1918 年,在湟源县县长陈泽藩的倡议下,为开发民智,培育人才,拟建立新式小学一处,当即由湟源绅士朱绣、杨治平和富商李耀庭大力援助,捐献巨资,动员全县商民富有之家,竭力扶持,从 1919 年动工至 1920 年,在前清副将协台衙门旧址,建立起一座规模壮观、措置适当、设备齐全的小学校一座。"到 1926 年湟源巨商李耀庭捐献"白银 1 万两(约合白洋 14000 元),作为故里教育基金"。在李耀庭的义举下湟源其他商人"人人义行于色,分别报名捐助,约计 8000 余两"。①

商人资本除流向教育事业上外,还流向牧业上。民国时期在青海一方面天然草场广阔,来往人少,是分散资财、不引人注目的良好经营场所;另一方面是办牧场投资少,效益高有"牛生牛,三年五条牛"之说,商人纷纷投资于牧业上。

> 宁区商人,在青海内部蒙藏牧区,从事大规模之畜牧业者亦多湟源鲁沙尔之商人,为其商业之补救计,求得蒙藏王公头目之允许,蓄养马牛羊驼诸畜,致力于商牧兼营之事业。如湟源顺义德商号在蒙旗可鲁科贝勒牧地,共畜有骆驼二三百匹,专用于运输,每年收入亦大。其他商人蓄养小股牲畜者,都不受限制,甚为自由。商人在青海蒙藏两旗牧区内,得自由牧畜,蒙藏民族不加限制,转且协助保护者,非政治力保障使之然也。其在青海内部得有今日之稳固地位,莫不出于商民自身开发进取之热情。商民不惜牺牲自家性命财产,忍寒冒险,以与盗贼猛兽斗。今与蒙藏各族,上自王公头目,下至妇孺,其能感情融洽,迁有无者,商人努力之结果也。②

商人投资畜牧业促进了青海牧业的开发,对草场退化、牲畜改良都起到一定的作用。如西宁最著名的大商号裕丰昶"为了发展畜牧业,创建一所初具规模的牧场,廖玉堂不惜高价先后从甘南、祁连、门源皇城滩等地引进了一批良种公母种马和健壮牛羊幼畜,他还在甘肃积极调研荷兰奶牛和澳大利亚的

---

① 贺勋:《湟源绅商李耀庭》,《青海文史资料选辑》第十七辑。
② 张元彬:《青海蒙藏两族牧地之区分》,《新亚细亚》1933 年第 5 卷第 6 期。

美力奴等良种绵羊,准备等待环境许可时,在青海试行畜牧业改良"。还如该号"精心培育走势漂亮的黑色、黄色、红枣骝、黑枣骝等纯色良马得以闻名,倾销于拉萨市场"。①

第二节　商人与青海农牧经济的扩展

从上文可知,近代青海民间商人为主导的经济实体广泛分布于青海农牧区城乡各地,他们或定点经营,或走街串巷,通过他们的商业活动将"各种产品转化为商品",沟通了农牧区城乡间经济联系,这些落居城镇或奔忙于高山峡谷、茫茫草原间,或穿梭于乡村和部落之中的商人们,围绕着市场需求,按照新方式组织参与商品贸易,形成了从城市到广大乡村和牧区的商品购销网,是商贸网络中直接联结农牧民家庭经济的重要载体,是近代青海地方民族地区经济开发的主导力量,下面拟对民间商人与近代青海农牧民家庭经济变迁的关系与作用进行论述。

近代,正是缘于国内外市场旺盛需求,在进出口贸易的引导及巨额利润的驱动下,随着市场触角不断向边远农牧区延伸,各地从事民间自由贸易的商人纷纷携带资金和技术依托于城镇商业网络源源涌入昔日较为沉寂偏僻的民族地区,开辟新的经营场所和寻找利源。商人们逐末求富的种种活动,对近代青海各民族生活区域产生了一系列深远的影响。从上文论述可知,商人不仅仅只是地方生活物资的供给与调剂者,而且对民族地区区域市场的形成、地方手工业产品的改良与推广等社会经济生活的多个方面,起着不可替代的作用。商人资本的运作,日益把广大小生产者卷入世界市场的旋涡中。外来进口商品的贸易和消费,以及投入市场或出口的商品农作物和畜产品的生产、运销连接着他们。于是,各民族农牧民与商人就这样被连接在一个经济关系网上,在市场结构的各个层次上相互发生着作用。民族地区的市场经济也因此得以逐渐发展、繁荣起来。市场的开拓和流通的扩展,许多农牧产品和手工业品进入流通市场成为商品,致使民族地区农民家庭生产活动具有了商品生产性质,导致了他们家庭生产劳动方式开始发生由传统向现代的转变。如民和县"农村

---

① 天顺:《廖氏兄弟与裕丰昶》,《青海文史资料集粹·工商经济卷》,2001 年,第 175 页。

副产品,除各种粮食外,川口镇的粗陶器;上下川口、东望乡、马厂原乡、西望乡的瓜果(瓜以西瓜,果以沙果最著);总堡乡的葱、麻;南望乡、三王乡、西望乡、红嘴乡、王权乡的核桃;钟秀乡七里乡的药品——党参尤为著名。又每年可制褐子(一种毛绳织的布,坚固耐用)15000余疋,毛毡五万余条,约值五万余元,羊皮九万余张,牛皮六万余张,约值九万余元,油七十余万斤,值十万元,均向甘肃及其他各县作大量的输出,农民总算直接间接有了相当的收入。"①具体体现在②:1. 农牧民家庭农牧业经营领域的扩大;2. 农牧民非农牧经济的成长;3. 商人资本支配下的农牧民生产经营方式。可见,在近代民间商贸的作用下,民间商人通过其商业活动成功实现了对各民族共同体内部的渗透或整合,这种交易方式已转化为各民族农牧民所普遍认可的一种经济交换形式,即市场交换(marketexchnage)。于是民商与各民族交易的意义,除了带来财物位移的结果外,还使得市场交换与互惠和再分配两种交换形式一起作为各民族内部的社会整合模式(thepatterns fintergration)而存在,共同成为近代青海民族社会系统的重要支柱,在共同体内部起到协调和整合人们的社会经济交往方式,稳固社会结构的作用。③

一、商人与农牧业生产经营领域的扩大

近代以来随着消费形态的变动及其市场化趋势的发展,必然引发民族地区农牧业家庭生产结构与经营方式的变化。按照"市场效应"规则,为了应付越来越多的货币需求,农牧区家庭的生产经营重点也朝着市场价值较高的领域转移。在这里,农牧业经营领域的扩大主要是指农牧业生产在市场需求的引导下实现了经营结构多元化。包括农区经济作物的广泛种植和粮食生产规模的进一步扩大,以及牧区畜牧养殖规模的不断扩大和土特产品的开发利用。就是指农牧产品的商品化问题。在自给自足自然经济占主导地位的封建社

---

① 《民和县农村经济》,《青海各县农村经济》,丘咸初稿,中华民国二十三年版,西藏青海省图书馆地方文献部。

② 参见陈炜:《近代广西城镇商业网络与民族经济开发》,巴蜀书社 2008 年版,第 267 页。

③ 波拉尼从互惠、再分配和市场交换三个概念去解释少数民族共同体的内部经济运行,请参见:P. alnyi K. , Arensberg, C. M. nad Pearson, H. W. (ed.) 1957, *Trade and Marketin The Early Empires*, Ne, York:The Free Press of Gleneoe, p. 250。

会,生产是为了消费,多余的部分也是为了自己消费而进行交换,谈不上是商品生产。直到近代,随着开埠通商后城镇商业网络在民族地区的形成和不断扩展,特别是商人资本在当地的日趋活跃,"对商品从一个人手里到另一个人手里的转让,对社会的物资变换起中介作用"。① 使越来越多的各民族农牧户开始脱离自然经济的藩篱,自觉或不自觉地融入到这一商贸网络中来,农牧民家庭的经营结构受此触动开始发生结构性变化。

商人的商贸活动首先刺激了商业性农业的出现和发展。近代青海河湟农区的各民族种植的经济作物主要有鸦片(后禁种)、油菜籽、胡麻、烟叶、瓜果蔬菜等。近代以来,鸦片由于市场需求的促动,商人大量从事购销,成为发展最快的一项商品性作物。据《青海历史纪要》记载:"清朝末年,甘肃境内大量种植罂粟。西宁道属七县除丹噶尔、大通、巴燕戎三县地处高寒,不适种植外,西宁(包括今湟中、平安、互助)、碾伯(包括乐都、民和)等县的水地,多种罂粟,少种谷类。"而且"当时西宁地区的吸烟风,虽无河西、宁夏、陇东、陇南之盛,但文武官吏、标营弃兵、绅、商、工、农各界及衙役、乞丐,无论男女,很多吸烟成瘾。城市胜于乡村,汉民盛于回、藏,相习成风"。② 足见市场需求量之大,当时经营该业而致富者,亦不乏其人,故而在市场的驱动下,清末农户开始大力种植罂粟。到了民国初期,"据当时估计,每年产烟土700余万两,征收烟苗税银二十万两以上"。③ 而当时"西宁道属7县人口,共计不过四五十万,耕地面积不到200万亩④,平均每亩产烟土3.5万两,罂粟种植的增加,实际上是当地农民在市场比较利益的驱动下对原有种植结构进行重新调整的结果。对农民而言,进行罂粟种植的机会成本,要比传统的谷物种植小,或者说有更大的比较优势,能获得更多的经济收入。但鸦片对社会的危害是巨大的,就吸食者来说不仅靡费钱财,且严重损坏身心健康,使很多原来的殷实之户陷入穷困,甚至倾家荡产。对刚刚起家的马氏政权来说"深感宁海军人数有限,实力微弱,为扩充兵力,必须首先解决军粮与兵源问题"。于是到1915年,时

---

① 马克思:《资本论》第3卷,人民出版社1975年版,第314页。
② 青海省志编纂委员会:《青海历史纪要》,青海人民出版社1979年版,第100页。
③ 青海省志编纂委员会:《青海历史纪要》,青海人民出版社1979年版,第100页。
④ 王剑萍、王中兴:《民国时期青海禁烟幕》,《青海文史资料选辑》第十一辑。

任甘边宁海镇守使和蒙番宣慰使的马麒下了"烟税宁可不收,毒卉绝不容留"①的决心,下令禁止种烟,改种粮食、蔬菜。经过数年的坚持查禁,到1918年、1919年,各县烟苗已基本禁绝。人称西宁为"一片干净土"②。但是,面对高额利润的种植业,商人和农户是不会轻易放弃的,吸食者也不可能改良的。从大量的文史资料来看,农户铤而走险种植罂粟在整个民国时期一直是存在的,只不过更为隐蔽而已,伴随始终也就是政府的禁烟令。如"禁种初期,尚有部分富户为图高利而偷种,西宁镇、道两署会同,每年春季派愿下乡,履亩检查,如发现烟苗,勒令铲除,或派马队踏毁,改种晚秋谷物,并科(课)以重罚。"③到了民国二十年(1931年),鸦片的市场需求量依然很强劲,"当时社会上,尤其是汉人中间吸鸦片的恶习很盛。上自官僚地主,下至乞丐妓女,大都吸烟成癖,与官办'烟膏局'以及私贩烟土者,结成不解之缘"。据1936年《青海省政府工作报告》载:自6月以来共查获烟具900余副,烟土1700余量,查获吸毒犯250人,烟贩3人。同年7月,在"乐都、民和、南山缉获烟犯马有才等,命令就地枪决。这次查获烟土13000余两"。1943年"仅在西宁地区所查获的烟贩(包括贩卖和吸食者)就有四五百人,罚款总数为银币10余万元,同时没收大烟土2000余斤"。1945年"由西宁东关'峻德号'商店派'脚户',持西宁商会'护照'的一张凭据,载运大烟土共11驮子,取道民和境界,企图由大河家渡黄河,运往洮、岷等地区销售"。④据此我们可认为在相同单位条件下,种植罂粟的预期收入要比粮食高几十倍。由此,我们不难理解经济作物种植在少数民族地区大规模兴起的经济动因。

此外,油菜籽、胡麻和烟叶也是近代青海河湟农区各民族农户种植较为普遍的经济作物。

近代一方面随着市场对青油的需求量增加,另一方面油菜性耐寒,生产期短,适应范围广等原因,油菜籽在河湟农区的种植分布也越来越广泛,各县农户几乎都普遍种植,清末民初在丹噶尔"本境制造者十之七八,余皆来自宁属

---

① 王剑萍、王中兴:《民国时期青海禁烟幕》,《青海文史资料选辑》第十一辑。

② 《从显微镜中看青海禁烟内幕》,《新青海》1934年第3卷第6期。

③ 青海省志编纂委员会:《青海历史纪要》,青海人民出版社1979年版,第100页。

④ 王剑萍、王中兴:《民国时期青海禁烟幕》,《青海文史资料选辑》第十一辑。

迤西各乡。合计每年十万斤,售于蒙番者十之三四。每斤价二分,共银六千两"①。进入民国后,湟源的"油源主要来自本县农村。年上市量 10 余万斤(老秤 24 两为一斤),其中 40% 销往牧区,其余用于本县副食行业及居民食用"②,青油不仅满足广大牧区还远售兰州等地,市场需求量越来越大,1936年各市场青油和菜籽销售见表 5-6 和表 5-7。

表 5-6 1936 年三大寺院城镇市场青油和菜籽销售情况

城镇市场	单位	数量	平均价(元)	总价(元)
拉卜楞	斤	62000	0.20	12400.00
湟源	石	600 石	25.00	12300.00
结古	斤	200 斤	1.00	200.00
总计	—	—	—	24900.00

资料来源:马鹤天:《甘青藏边区考察记》,甘肃人民出版社 2003 年版,第 58、237、292 页。

表 5-7 西宁县四年间青油东输兰州量

年别	输出数量(万斤)	每百斤价值(元)	每百斤运费(元)	每百斤赢利(元)
民国十八年	34	20	3	7
民国十九年	32	30	4	11
民国二十年	35	25	4	11
民国二十一年	26	20	3	7

资料来源:陆享林:《青海省帐幕经济与农村经济之研究·第四章农村经济概况·第四节农产物之销售状况·西宁县农产物之运销》,台湾成文出版有限公司 1977 年版,第 56 页。《中国地政研究所丛刊,民国二十年代中国大陆土地问题资料》,中华民国二十二年版,西藏青海省图书馆地方文献部。

在市场比较利益的驱动下,全省各地均有种植。而且到了民国后期,牧区海北地区、青海湖周围地区逐渐成为油菜的主要产区。东部农业区的闹山地

① (光绪)张庭武修,杨景升纂:《丹噶尔厅志》卷五。
② 杨生祥:《湟源牙行漫谈》,《湟源文史资料》第四辑,1997 年,第 37 页。

区和柴达木地区也都种植油菜。如个别年份,仅由互助县销往兰州的青油达五六千担。①

表5-8　民国后期青海省油菜种植面积与产量

年份	面积(万亩)	总产量(万公斤)	亩产(公斤)
1935 年	46.40	2395.0	51.62
1942 年	81.40	3420.0	42.01
1947 年	92.80	4060.0	43.75
1949 年	18.43	456.5	24.77

资料来源:《青海省志·农业志、渔业志·农作物生产·油料作物·油菜》,青海人民出版社 1993 年版,第 115 页。

从表5-8 可以看出,农户的油菜种植面积逐年增加,1949 年因解放战争急剧下降。

胡麻也是青海优质的油料经济作物,农户种植历史悠久,清顺治《西宁志》中就有关于河湟农区种植胡麻的记载:"苗梗如麻,而叶圆锐光泽,嫩时可蔬,道家多食之。俗用以供油。"近代种植的面积更广,贵德"胡麻、亦名油麻。茎方,叶圆锐,秋开白花,节节结角,长者寸许。子有黑白二种,皆可压油"。② 民国二十五年,全省种植胡麻 4.2831 万亩,总产量91.6 万公斤,平均亩产 21.4 公斤。到了民国三十八年种植面积增加到了 14.37 万亩,占全省油料作物种植面积的 43.8%,总产量 393.5 万公斤,亩产27.4 公斤。③

烟叶也是近代青海输入牧区的大宗农业产品。河湟地区的乐都县等县农户多营此业,产量十分可观。仅仅乐都"上、下教场村又有两三户人家相继开办了烟业作坊"④,因市场的需要,制烟技术在河湟地区传播开来,那么种植烟

① 《青海省志·农业志、渔业志·农作物生产·油料作物·油菜》,青海人民出版社 1993 年版,第 115 页。
② 姚均纂修:《贵德县志简本稿》,青海省图书馆藏油印本,第 37—38 页。
③ 《青海省志·农业志、渔业志·农作物生产·油料作物·胡麻》,青海人民出版社 1993 年版,第 115 页。
④ 林中厚:《乐都上烟坊始末》,《青海文史资料选辑》第十七辑。

业农户也是逐渐增多,"原料来自县内各地,碾伯、岗沟各村尤多"①。到了清末民初据《丹噶尔厅志》记载:"每年约十余万斤。本境制造者十之三,由宁郡碾伯各处运来者十之七。皆售于蒙番,本境吸食者仅什一而已。每斤水烟以一钱计,共银一万两。"②

表5-9 1936年三大寺院城镇市场销售的烟

城镇市场	品种	单位	数量	平均价(元)	总价(元)
拉卜楞	纸烟	条	2300	2.80	6440.00
湟源	黄烟	担	40	50.00	2000.00
结古	纸烟	条	450	4.00	1800.00
总计	—	—	—	—	10240.00

资料来源:马鹤天:《甘青藏边区考察记》,甘肃人民出版社2003年版,第58、237、292页。

由上,拉卜楞市场上销售纸烟为"2300条,总价为6440元",湟源黄烟出口牧区为"40担,每担50元",共2000元,玉树结古镇输入"纸烟450条,总价1800元"。③总计为10240元,市场需求是很大的。乐都生产的纸烟,"由于烟线金黄,味道喷香,数量充足,所以畅销贵德等地市场"④,近代贵德就曾是这一带烟叶外销牧区的集散地,也是民商汇集之地,贵德烟,"多是纸烟、水烟、黄烟、卷烟叶、鼻烟"。⑤

另外,在近代以来,伴随着青海城镇的兴起,城镇人口数量出现急剧增长,形成了对蔬菜和瓜果的巨大需求,商人大量贩卖刺激了农户对蔬菜、瓜果生产的持续增长。而且种植蔬菜和瓜果的收入也是一笔可观的收入,比种植相同亩数的农作物产值高的多,见表5-10。

---

① 林中厚:《乐都上烟坊始末》,《青海文史资料选辑》第十七辑。
② (光绪)张庭武修、杨景升纂:《丹噶尔厅志》卷五。
③ 马鹤天:《甘青藏边区考察记》,甘肃人民出版社2003年版,第58、237、292页。
④ 林中厚:《乐都上烟坊始末》,《青海文史资料选辑》第十七辑。
⑤ 解成林:《解放前贵德的工商业》,《青海文史资料集粹·工商经济卷》,2001年,第327页。

表5-10　乐都县每亩产值价值

每亩植产值价值（单位：元）乡名		永丰	平等	冰沟	协和	进化	复兴镇	瞿昙寺	维新	顺治	寿乐	洪水	阿鸾	共和	马营	双塔	集鸾	东岗	赵家	泽润	高庙镇	西平	石嘴	通济	静觉	同仁	引胜	双沟	来仁	芦花	双堡
上等田	粮食	3	4	3	8	10	3	7	3	2.5	1.5	3	3	5	5	3	3	4	3	3	3	5	3	3.5	3	3	3	2	5	5	2
	菜蔬	3	—	—	3	12	4	5	1.5	2	2	—	—	—	—	—	—	—	—	3	—	7	—	4.5	2.5	1.5	3	—	2	—	—
	果品	5	2	—	—	15	4	—	—	—	1	8	8	—	—	8	4	10	—	4	9	5	8	5.5	—	—	—	0.8	—	—	—
	饲料	4	3	2	5	8	3	5	2	2	—	2	2	3	3	3	2	3	2	2	2	3	2	2.5	2	2	3	1	4	3	1.5
中等田	粮食	2	3	1	5	7	2	5	2	1.5	1	2	1	3	3	2	2	3	2	2.5	2	2.5	2	2.5	2.5	2	2	1	3.5	3	1
	菜蔬	2	—	1	—	10	2.5	3	1	1	1.5	—	—	4	—	—	—	—	—	—	—	5	—	3.5	2	1	2	1	1.5	—	—
	果品	5	1.5	—	4	12	2.7	3	—	—	0.8	4	4	—	2	4	6	6	—	3	4	4	4	4.5	—	—	2	0.8	3	2	1
	饲料	3	1.5	0.8	2	6	1.5	4	1.8	1	—	1	0.8	1.5	2	1	1	1	1	2	0.8	2	1	1.5	1.5	—	1	1	2	2	0.8
下等田	粮食	1	1	0.4	4	3	1	3	1.5	0.8	0.8	1	0.8	1.5	2	1	1	1	1	2	0.8	2	1	1	0.5	0.5	1	0.5	1	2	0.5
	菜蔬	1.5	—	—	1	2	1.5	—	0.5	0.8	—	—	—	—	—	—	—	—	—	—	—	3	—	2.5	1.5	—	—	—	1	—	—
	果品	2	1	—	6	6	1.5	—	—	—	—	3	3	2	—	3	3	3	—	2	2	3	2	3.5	—	—	1	0.4	—	—	—
	饲料	1	0.8	—	3.5	4	1.5	3	1.5	0.5	0.5	0.5	0.5	1	1	0.8	0.8	0.8	0.8	1	0.8	0.5	0.5	1	1	1	1	0.4	2	1	0.5

资料来源：《乐都县农村经济》、《青海各县农村经济》、丘咸初稿，民国二十三年版，西藏青海省图书馆地方文献部。

由表 5-10 可以看出,进入民国后,在市场利润的驱动下,种植蔬菜和瓜果的亩产值远远大于种植农作物,于是河湟地区农户已开始有意识地增加蔬菜和瓜果的生产和品种。清末丹噶尔城"惟就附郭园圃售于城市者,约计其数,每年共银两千两"。那么"自宁郡附郭园圃内运来,如萝卜、白菜初生之时皆资焉,韭则全资宁郡之产,余如大头菜、葱、蒜之属,每年五六百担,约共售银一千两"。所需瓜果,"(瓜如西瓜、菜瓜,果如杏、榛、梨、桃、柿、苹果等)自兰州及碾伯、贵德各处运来,专资本境食用。每年约三百余担,每担五两,共银一千五百两"。① 据《西宁商业志》载:"清末民初直至 1949 年,西宁地区的居民一日三餐能够吃到新鲜蔬菜的时间,只有春夏秋 3 季。各菜铺一到冬天,仅出售粉条、豆芽、豆腐、干菜、酱菜。"②

表 5-11　西宁城区菜铺 10 余家

菜店　地址　资金	菜店　地址　资金
薛家菜店。位于大什字,资金 200 银元	杨家菜店。位于小什字,资金不足 200 银元
童家菜铺。位于大什字,资金 200 银元左右	秦家菜店。位于小什字,资金 100 余银元
高家菜店。位于小什字,资金 200 银元左右	北小街口尚有 3 家至 4 家由回民开设的小菜店

"此外,约有 300 户农民,在农事间隙肩挑、驴驮入城,沿街叫卖蔬菜的。全市还有两个瓜果、蔬菜交易市场:1. 贺家果子店。位于东关清真大寺以东,由乐都县贺某开设。2. 冶家果子店。位于杨家巷口。"③面对巨大的西宁市场,不仅西宁近郊农村"近年来菜蔬产量极多:如萝卜、莴笋、白菜(内有莲花白一种,尤为特色)葱、蒜、韭菜、瓜等在近郊一带农民多有种植"。④ 而且河湟各地农区的农民依据市场的需求或引进新品种(各县市所种品种见表 5-12)

---

① (光绪)张庭武修,杨景升纂:《丹噶尔厅志》卷五。
② 《西宁市志·商业志》,兰州大学出版社 1990 年版,第 58 页。
③ 《西宁市志·商业志》,兰州大学出版社 1990 年版,第 58 页。
④ 《西宁县农村经济》,《青海各县农村经济》,丘咸初稿,民国二十三年版,西藏青海省图书馆地方文献部。

或增加产量,积极生产蔬菜、瓜果,并将其源源不断地运销到西宁来。民和和化隆还有贵德县河谷地区的各族农户主要从事农业生产,一般还兼营园艺业。民国时期贵德的菜园中有"白菜、笋子、葱、蒜、小蒜、韭菜、茄子、芹菜、萝卜、甜菜、洋芋、苦豆、蘑菇、菠菜、辣椒、芫荽等"①。由于民和地区和化隆靠近黄河的甘都、群科地区气候温和,有黄河的灌溉,水源充裕,农耕历史悠久,到明朝时农业、园艺业已相当发达,尤其到了民国时期这里已是"枣梨成林,膏腴相望"。民和和乐都在青海素有"瓜果之乡"的美称,在漫长的历史中农户培育的瓜的品种有"王瓜、西瓜、番瓜"②三大类,果品更是多达二三十种,其中民和的冬果梨、薄皮核桃驰名省内外,"三红"苹果色泽鲜、味香浓、质细腻,到了清末民初"碾伯瓜果甚多,并出核桃、瓜子。享堂之瓜不亚皋兰,农民颇获其利"③。化隆的酥梅、贵德的长把梨和接杏在民国初期也是很知名的水果,贵德长把梨"小而味甜,冬间运宁出售,每年不下千余驮"。④ 市场对瓜果需求量逐年增大,到了民国中期仅湟源"在城关万安街开设果子店两处,经营的水果有西瓜、香瓜、桃、杏、梨、李、花青、沙果、秋子等,货源来自乐都、民和、贵德、兰州等地……每年进各类瓜果约300—500担(每担100市斤)"。⑤ 还如当时西宁"尤其各个瓜果店梨,更是车来人往,拥挤不堪。(当时西宁每天过往马车不下500辆,驮畜近六七百头在市内运行,经营业务的繁忙景象可以想见)。"⑥

表 5-12　青海各县市蔬菜瓜果调查

县市	蔬菜	瓜果
西宁	甜菜、青菜、萝卜、菠菜、韭菜、莲花菜、茄子、菜瓜、芦菜、葱、蒜	李子、杏、花青、沙果、黄瓜
湟中	白菜、萝卜、甜菜、菠菜、韭菜、芦菜、番瓜、菜瓜、葱、蒜	花青、沙果、李子、杏、西瓜、黄瓜

①　姚均纂修:《贵德县志简本稿》,青海省图书馆藏油印本,第38—41页。
②　(康熙)《碾伯所志》,《青海方志资料类编》,青海人民出版社1987年版,第328页。
③　(光绪)邓承伟修,来维礼等纂:《西宁府续志》卷十。
④　(光绪)邓承伟修,来维礼等纂:《西宁府续志》卷十。
⑤　杨生祥:《湟源牙行漫谈》,《湟源文史资料》第四辑,1997年,第37页。
⑥　任景民:《西宁的过载行业》,《西宁城中文史资料》第三辑,1990年,第130页。

续表

县市	蔬菜	瓜果
乐都	辣椒、白菜、韭菜、萝卜、青菜、菠菜、莲花菜、茄子、番瓜、蒜、菜瓜、甜菜	沙果、花青、杏、李子、桃、西瓜、香瓜、哈密瓜、梨、木秋子
民和	白菜、菜瓜、青菜、萝卜、菠菜、莲花菜、茄子、辣子、葱、蒜、甜菜、番瓜	沙果、花青、杏、李子、西瓜、黄瓜、哈密瓜、枣、核桃、桃、苹果
贵德	白菜、青菜、菠菜、辣子、萝卜、茄子、莲花菜、葱、蒜、菜瓜、甜菜、番瓜	桃、梨、杏、木秋子、李子、花青、沙果、黄瓜、菜瓜、西瓜
循化	辣子、青菜、白菜、菠菜、萝卜、茄子、莲花菜、菜瓜	杏、李子、花青、沙果、木秋子、梨、桃
互助	白菜、萝卜、甜菜、韭菜、葱、蒜、青菜、菠菜、菜瓜	杏、李子、花青、沙果、西瓜、黄瓜、木秋子
大通	白菜、萝卜、甜菜、韭菜、葱、笋、蒜、菜瓜	杏
湟源	白菜、萝卜、甜菜、葱、蒜、笋、菠菜、菜瓜	杏
化隆	白菜、萝卜、甜菜、莲花菜、韭菜、笋菜、葱、蒜、番瓜、菜瓜	杏、花青、沙果、李子、木秋子、西瓜、香瓜、黄瓜、梨
共和	菠菜、白菜、萝卜、菜瓜、葱、蒜、韭菜、笋菜	西瓜、哈密瓜

资料来源:青海省政府建设厅编:《青海省建设概况》第六章"农业概况",第五节"本省农业之分布",1946年。西藏青海省图书馆地方文献部。

从表5-12可知我们现有的蔬菜品种民国时期在河湟地区已经普遍种植,在市场利润的驱动下,原本牧区的共和县,在适宜农业种植的河谷地区,不仅农业得到发展,而且园艺业也快速发展起来,农民普遍种植菠菜、白菜、萝卜、菜瓜、葱、蒜、韭菜、笋菜、西瓜、哈密瓜。另外,值得一提的是,在市场需求下在农户的园艺中都普遍种植花椒,尤其贵德产的花椒颗大粒饱,皮色鲜红,芳香浓郁,含油量高,品质佳,深受顾客的青睐。

民国以来,尤其在青海建省前后,一方面伴随着青海城镇各种行业的兴起,城镇消费人口数量出现急剧增长,形成了对粮食消费的巨大需求;另一方面兰州市场和广大牧区市场也需要从青海农区输入粮食,粮食价格逐年上涨,如图5-2所示。

从图5-2可知,民国二十六年至三十年市面上的粮价是逐月逐年的增长,民国二十六年一月的价格是5.4元到了十二月涨到了7.9元,而从第二年

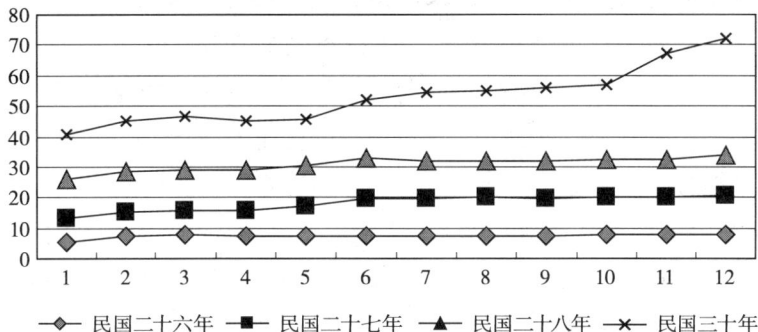

图 5-2　青海省西宁县民国二十六年至民国三十年
（1937—1941 年）各月份小麦市价对比

资料来源：《青海省西宁县二十六年三十年各月份小麦市价表》，《西宁等县（市）粮食调查及其价格》，
民国三十年（1941 年）油印版，西藏青海省图书馆地方文献部。

的一月 7.96 元涨到了十二月的 12.8 元，依次到了民国三十年十二月居然涨
到了 76.6 元，比同年一月涨了 35.6 元，比 4 年前的民国二十六年涨了 72.2
元。粮价的提升无疑刺激了农户对粮食生产的持续增长，"青海农产品之种
类，以小麦为最多，约有一百万亩，年产约二十万石（每石重七百斤）。次为青
稞，约六十万亩，年产约九万石。又其次为豌豆，约二十万亩，年产约三万石。
又次为菜籽，约十万亩，年产约二十万石。其次为燕麦、大麦、荞麦、玉蜀黍、蚕
豆、马铃薯等。每年所产之主要农产品，多销售于各地，小麦、豌豆十分之四五
销售兰州，菜籽在大通、互助二县制成青油，十分之六七销售于甘肃全省，青稞
十分之七八销行草地番民"。[1]

在民国十六年至民国二十三年间，市场对粮食的需求一直逐年增加，农户
的种植面积也不断扩大，粮食供应不仅能够满足青海农牧区市场，而且还销往
甘肃兰州一带。省内形成了以西宁和湟源为中心的省内较大粮食交换市场。
如在西宁从事粮食买卖有两种商人，一种为"斗行，这是一种充当粮食籴粜双
方中间人的行业。1937 年前后，经营这一行业的，文化街有 3 家，勤学巷有 8
家，中南关有 4 家，共 15 家"；[2] 另一种"小粜实际上是二道贩……新中国成立

---

① 　马鹤天：《甘青藏边区考察记》，甘肃人民出版社 2003 年版，第 156 页。
② 　金成钧：《旧时西宁的粮面市》，《西宁城中文史资料》第一辑，1988 年，第 79 页。

前经营小枭的有王应堂、张得安、宋海南、任立章、马义邦、王前斋以及谢、杨、邓、陈、梁、祁、滕等姓共约 30 余户"。① 粮食主要消费对象是"全城七八十家面铺；40 多户酩流（一种本地特产低度酒）铺；10 多家甜醅铺；还有几家烧房（酿白酒的作坊）。其次为收入较好的公务员、商人、匠作人、市民，都是籴粮或购面的对象。另外 10 多户跑兰州的脚户，养走马走骡的人家，以及养驴养骡的菜园子家，需籴入豌豆作饲料"，"粮食交易的旺季是每年 9 月至 12 月，每天约籴出 120 '大石'（每大石合 1500 斤）。4 个月可吞吐 4400 '大石'，折 2160 万斤。淡季每年籴出平均约 45 '大石'。全年 8 个月，吞吐 10600 多 '大石'，折 15903 万余斤。全年粮食成交额在 3753 万斤左右"。② 如在拉卜楞商业辐射范围内的粮食交易情况见表 5-13。

表 5-13　拉卜楞商业辐射范围内的粮食交易情况

年份	输入斤数	总额	占总输入百分百	备注
抗战前数年平均	200000	14 万元	36%	丁德明之统计
民国二十八年	200000	40 万元	47.65%	李式金调查
民国二十九年	2500000	175 万元	77%	—
民国三十年	7000000	700 万元	86%	自 1 月至 9 月

资料来源：李式金：《拉卜楞之商业》，《边政公论》1945 年第 4 卷第 9—12 期合刊，第 44—51 页。

青海的粮食输出省外也是巨大的，"境内水田甚多，为甘肃产粮之区。惟气候甚寒。岁只一收。然人民稀少。一年之耕，可供三年之食，故商贩多运粮东下，售于兰州"。③ 仅在平安县就有很多商人将粮食运出青海销售。"1932 年，甘肃兰州一带因遭受特大旱灾，农民逃荒，粮价飞涨，贩粮有利可图。所以平安地区出现了一批粮贩子。诸如白家村的李常全、李常郁、李常顺，沈家村的沈万明、沈万奇、沈万元，平安西村的祝显贵、祝显福、孙元龙等，这些人一般家道宽裕，手头有钱。他们在农村和斗市大量收购小麦、油籽，买上皮筏、雇来

① 金成钧：《旧时西宁的粮面市》，《西宁城中文史资料》1988 年第一辑，第 79 页。
② 金成钧：《旧时西宁的粮面市》，《西宁城中文史资料》1988 年第一辑，第 79 页。
③ 曹瑞荣：《青海旅行记》，西藏青海省图书馆地方文献部。

水手,经湟水、黄河,水运包头、天津等地出售,大赚其利。"①这期间青海西宁输入兰州的粮食见表5-14。

表5-14 西宁县四年间粮食输出兰州量

年份	输出数量（石）	每石价值（元）	每石运费（元）	每石赢利（元）
民国十八年	5800	60	6	6
民国十九年	7800	40	4—5	8
民国二十年	7800	40	4—5	8
民国二十一年	2000	20	5	13

资料来源:陆享林:《青海省帐幕经济与农村经济之研究·第四章农村经济概况·第四节农产物之销售状况·西宁县农产物之运销》,台湾成文出版有限公司1977年版,第56页。《中国地政研究所丛刊,民国二十年代中国大陆土地问题资料》,中华民国二十二年版,西藏青海省图书馆地方文献部。

从以上各表可以看出,由于粮食供不应求,当地市场上粮食收购也一度有所上涨,并通过市场机制作用传入农业区。于是在市场比较利益的驱动下,农户亦开始有意识地增加粮食生产,而且牧区的开垦也在不断地扩大,到民国二十年共和县恰不恰乡已经完全从牧业变为农业,"此地原为蒙古日里克贝勒辖地,后归公,五十年前开始开垦,现全为农民。此乡多藏民,大半系四五十年前自巴戎县移来,数年前尚以畜牧为副业,因民国二十年以来,连年兽疫流行,羊全病死,迄今纯为农业矣。农产品小麦为主,青稞、豆类次之,盖此地两面为崖,风少而暖,又有恰不恰水可资灌溉,以故农业甚宜。"②还如"都兰、玉树二县,近亦正在划区放垦,积极推进",兹将蒙藏两族已垦之地调查列表,见表5-15③。

---

① 牟正德:《解放前平安镇德商业状况》,《青海文史资料集粹·工商经济卷》,2001年,第351页。

② 马鹤天:《甘青藏边区考察记》,甘肃人民出版社2003年版,第245页。

③ 陆享林:《青海省帐幕经济与农村经济之研究·第二章帐幕经济概况·第二节帐幕经营之状况·垦牧之经营》,台湾成文出版有限公司1977年版,第677页。《中国地政研究所丛刊,民国二十年代中国大陆土地问题资料》,中华民国二十二年版,西藏青海省图书馆地方文献部。

表 5-15　青海蒙藏两族已垦之地调查

族别	旗族名称	全区面积（方里）	已垦面积（亩）	灌溉水源	备注
蒙族	南左末旗	5000	600	恰不恰河	沙地、多沙
	南右末旗	7000	2000	境内小河	多沙、沙碱
	西后旗	30000	500	水源甚多	肥美
	南右后旗	8500	10000	湟水上游	膏腴
	北左末旗	30000	1000	盐地支流	可耕
	东上旗	13000	300	水源甚多	可耕
	北右旗	10000	400	伊克乌兰河	碱湿
	西左后旗	15000	200	那莫浑河及白河	可耕
	西右中旗	18000	200	哈拉湖河	较劣
	北右末旗	12000	500	布隆吉河	肥美
	辉特南旗	2000	1700	恰不恰河	肥美
	喀尔喀南右旗	3000	400	境内河流	肥美
藏族	札武族	3000	1000	通天河南	肥美
	达拉族	2600	550	—	—
	布庆族	4000	500	—	—
合计		173100	19850	—	—

资料来源:陆享林:《青海省帐幕经济与农村经济之研究·第二章帐幕经济概况·第二节帐幕经营之
　　　　状况·垦牧之经营》,台湾成文出版有限公司1977年版,第677页。《中国地政研究所丛刊,
　　　　民国二十年代中国大陆土地问题资料》,中华民国二十二年版,西藏青海省图书馆地方文献
　　　　部。

　　到了民国二十四年青海的粮食作物种植面积达636万亩,总产量达
5.193亿公斤,创历史最高水平①,当时的青海粮食商品化程度由此可见一斑。
这里我们必须注意的是近代历史上青海主要几种粮食作物的最高产量恰恰是
以1937年全国在进入伟大的抗日战争,全国进入统治时期为分水岭的,也就
是说,从清朝末期开始到1937年的自由贸易期间,青海的粮食产量是逐年递
增的,到了1937年全国进入统制期后其总产量快速下滑,逐年递减。

---

　　① 翟松天:《近代青海经济史》,青海人民出版社1998年版,第36页。

表5-16　1937年前后青海粮食作物种植面积与产量

年份	面积(万亩)	总产量(万公斤)	亩产(公斤)
1935	636.2	51930.00	81.63
1942	620.6	46450.00	75.00
1947	600.6	36375.00	60.56
1949	458.5	29573.50	64.56

资料来源:《青海省志·农业志、渔业志·农作物生产·简述》,青海人民出版社1993年版,第89页。

从表5-16可以看出,到1949年青海全省粮食作物种植面积比1935年减少了177.7万亩,下降了38.7%,总产量减少了22356.5万公斤,降低了43.1%,亩产量下降17.1公斤,这无疑说明近代历史上自由的民间商贸的快速发展,促使了青海农作物的广泛种植及商品化,给长期僵化的农家经济带来了活力和生机,表明原本以自给自足为特征的小农经济开始出现变化,逐渐朝着市场化、商品化方面发展。同时也在强有力的说明民间商贸自由的重要性。

近代随着青海民间商贸对广大农区经济的冲击,城镇与农区经济联系日益加强,广大农民本能地意识到了传统农业种植结构对增加收入的局限,看到市场生产给其收入带来的实惠,市场意识逐步得到增强。于是,他们主动顺应了经济发展的需要,生产经营亦由原来的全面种植转变为主要生产一种或几种产品,并根据市场行情灵活调整作物的种植种类和面积,以期从中获得更多的利益,我们以民国后期传统主要农作物小麦、青稞、豌豆和其他非主要农作物谷子和糜子、燕麦、荞麦以及引进新作物玉米、马铃薯为例。

表5-17　小麦种植面积和产量

年份	面积(万亩)	总产量(万公斤)	亩产(公斤)
1935	245.6	21535	87.5
1940	237.9	15150	63.5
1942	240.0	18960	79.0
1947	254.2	13470	53.0

续表

年份	面积（万亩）	总产量（万公斤）	亩产（公斤）
1949	133. 88	734	57. 8

资料来源：《青海省志·农业志、渔业志·粮食作物·小麦》，青海人民出版社 1993 年版，第 99 页。

表 5-18 青稞种植面积和产量

年份	面积（万亩）	总产量（万公斤）	亩产（公斤）
1933	154. 10	12785	83. 00
1937	164. 70	14110	85. 67
1942	154. 20	11765	76. 26
1945	139. 10	8350	60. 03
1949	128. 54	7565	58. 85

资料来源：《青海省志·农业志、渔业志·粮食作物·青稞》，青海人民出版社 1993 年版，第 99 页。

表 5-19 豌豆种植面积和产量

年份	面积（万亩）	总产量（万公斤）	亩产（公斤）
1935	90. 50	6785	75. 00
1938	90. 90	5010	55. 36
1942	77. 60	5070	65. 34
1945	70. 30	3315	47. 00
1949	61. 03	2910	47. 68

资料来源：《青海省志·农业志、渔业志·粮食作物·豌豆》，青海人民出版社 1993 年版，第 101 页。

表 5-20 谷子和糜子种植面积和产量

年度	谷子			糜子		
	面积（万亩）	总产量（万公斤）	亩产（公斤）	面积（万亩）	总产量（万公斤）	亩产（公斤）
1935	19. 7	940	47. 72	22. 0	1380	62. 72
1940	21. 5	1025	47. 67	17. 0	1065	62. 65
1944	31. 5	2815	89. 37	22. 2	2390	107. 66
1947	26. 9	1640	60. 97	22. 8	1780	78. 07

资料来源:《青海省志·农业志、渔业志·粮食作物·其他·谷子、糜子》,青海人民出版社 1993 年版,
第 112 页。

　　从上面四个表可以看出,民国后期青海的主要农作物小麦、青稞和豌豆的
种植面积、总产量、亩产在逐年递减,而同时谷子和糜子的种植面积、总产量、
亩产却在逐年递增,另外还有燕麦和荞麦种植面积、总产量、亩产也在逐年递
增,如燕麦"民国二十四年至三十六年年平均种植面积为 58.1 万亩,总产量
3130 万公斤。民国三十六年种植面积 61.4 万亩,总产量 3955 万公斤"①,还
如荞麦,据《青海省农业调查》载,"民国二十五年(1936 年)青海种植荞麦
1.231 万亩,其中乐都 8589 亩,化隆 1385 亩,民和 1141 亩,西宁、循化、贵德等
县也有少量种植,总产量 53.2 万公斤"。② 那么相应的小麦、青稞、豌豆在总
的粮食生产比重就下降了,如小麦,"至 1949 年小麦种植面积在粮食生产中的
比重,由民国二十四年的 38.6% 下降到 26.9%,总产量由占粮食的 41.5% 下
降到 26.2%"。③ 这充分说明了广大农民主动顺应了经济发展的需要,生产
经营亦由原来的全面种植一两种农作物转变为主要生产几种产品,并根据市
场行情灵活调整作物的种植种类和面积,以期从中获得更多的利益,本能地意
识到了传统农业种植结构对增加收入的局限,看到为市场生产给其收入带来
的实惠,市场意识逐步得到增强,如清末种植燕麦便是,"燕麦原属野草之类,
以其仁之结实者可制为炒面,且味极甘,农家每资为正粮,其秕者饲畜,或不待
成熟而割饲马牛。以种植最易,而且不待类壅也,故种者亦颇获厚利"④。不
仅是谷子和糜子的种植面积、总产量、亩产在逐年递增,而且这一时期青海新
引进的农作物马铃薯和玉米种植面积也在不断的增长。"早在 18 世纪末青
海就有尕白马铃薯和紫旱马铃薯的栽培。"⑤据民国二十五年(1936 年)《青海

_____

　　① 《青海省志·农业志、渔业志·粮食作物·其他·燕麦》,青海人民出版社 1993 年版,第
112 页。
　　② 《青海省志·农业志、渔业志·粮食作物·其他·荞麦》,青海人民出版社 1993 年版,第
114 页。
　　③ 《青海省志·农业志、渔业志·粮食作物·小麦》,青海人民出版社 1993 年版,第 110
页。
　　④ (光绪)张庭武修,杨景升纂:《丹噶尔厅志》卷四。
　　⑤ 《青海省志·农业志、渔业志·粮食作物·马铃薯》,青海人民出版社 1993 年版,第 111
页。

农业调查》记载,全省种植面积8.905万亩,总产2275万公斤,到了1949年,按《青海省志·农业志》,青海省部分年份马铃薯种植面积为38.61万亩,总产量5312.5万公斤。种植面积增长了4倍多,总产量也增长了一半以上。青海于20世纪初开始种植玉米。据民和县农林局调查记载:民国八年(1919年)民和县官厅赵木川地区农民,从甘肃临夏引进黄玉米(硬玉米)试种,民国三十六年史纳村的农民又从窑街引进黄玉米试种,很快种植面积扩大起来,如玉米"民国二十四年至三十六年,全省年平均种植1.1万亩,民国二十五年种植最多为1.3万亩,总产量125万公斤,亩产94公斤"。① 此时的油料种植面积中油菜在逐步减少,而胡麻的种植面积也在逐年增加。

　　靠近城镇居住的各民族农户,因交通便利气候适宜,在市场利润的吸引下,积极与外界存在有较为密切的经济联系,其经济作物的种植占家庭农业收入中的比重一般较高,甚至出现有部分专事种植经济作物的家庭。如乐都县"每年如果丰收,此项农产虽多之小麦、油菜、青稞、大麦,运往甘肃皋兰永登一带,蔬菜瓜果在运往本省西宁及附近各县。而水果中之西瓜、沙果在本省由极著名,如在石嘴乡、西平乡、映河乡、教场乡、本城镇、雨润乡、通济乡、春和乡等,水产均极多,且间有产于草者,一年可产八千七百余元"。② 而对地处偏僻的大多农户而言,他们在受市场规律影响从事经济作物种植的同时,并未完全放弃粮食的生产,且往往把自家粮食生产与经济作物种植两者相结合,在保证自家粮食消费的基础上根据市场需求和价格调节经济作物的生产比例,如在互助县民国二十一年的各农作物收入分别为"青稞四万余石、大麦五百余石、小麦二万余石、山芋六千余石、豆类一万余石、胡麻二千余石、菜籽三千余石"。③ 且表现在何种经济作物的市场需求大、经济收益较高,农户就会自发地更多地种植和生产这类作物,如互助县青稞和青油都是该地输出大宗商品,"互助盛产稞麦及油菜籽、为数极多,稞麦可以造酒,菜籽可以榨

---

　　① 《青海省志·农业志、渔业志·粮食作物·其他·玉米》,青海人民出版社1993年版,第112页。

　　② 《乐都县农村经济》,《青海各县农村经济》,丘咸初稿,中华民国二十三年版,西藏青海省图书馆地方文献部。

　　③ 《互助县农村经济》,《青海各县农村经济》,丘咸初稿,中华民国二十三年版,西藏青海省图书馆地方文献部。

油,故互助以出产油酒驰名于全省"。① "油产量六万余斤,值一万余元,运行于西宁、兰州各处所有产出的胡麻、菜籽都成为油的原料"。② 再如化隆县从事菜籽种植是农户当时除淘金以外最能赚钱的行业,农户"将从大量土地中所产的油籽加工成青油,长期贩运至兰州,兑换货物,亦是发财暴富的一条途径"。③

表5-21　民国二十一年互助县粮食输出量

品种	运销地点	运销数量	价值	总价
稞麦	西宁	6000 石	每石 10 元	60000 元
小麦	西宁	4000 石	每石 20 元	80000 元
青油	兰州	6000 担	每担 20 元	120000 元

资料来源:陆享林:《青海省帐幕经济与农村经济之研究·第四章农村经济概况·第四节农产物之销售状况·互助县农产物之运销》,台湾成文出版有限公司1977年版,第56页。《中国地政研究所丛刊,民国二十年代中国大陆土地问题资料》,中华民国二十二年版,西藏青海省图书馆地方文献部。

表5-22　民国二十一年化隆县稞麦、小麦输出量

销售地点	销售数量	运输工具
西宁	500 石	驴骡驮运
兰州	3500 石	牛皮筏顺黄河载运
循化、同仁	2000 石	驴骡驮运

资料来源:陆享林:《青海省帐幕经济与农村经济之研究·第四章农村经济概况·第四节农产物之销售状况·化隆县农产物之运销》,台湾成文出版有限公司1977年版,第56页。《中国地政研究所丛刊,民国二十年代中国大陆土地问题资料》,中华民国二十二年版,西藏青海省图书馆地方文献部。

---

① 陆享林:《青海省帐幕经济与农村经济之研究·第四章农村经济概况·第四节农产物之销售状况》,台湾成文出版有限公司1977年版,第56页。《中国地政研究所丛刊,民国二十年代中国大陆土地问题资料》,中华民国二十二年版,西藏青海省图书馆地方文献部。

② 《互助县农村经济》,《青海各县农村经济》,丘咸初稿,中华民国二十三年版,西藏青海省图书馆地方文献部。

③ 赵继贤、李长福:《化隆的油脚户》,《青海文史资料集粹·工商经济卷》,2001年,第411页。

近代青海民间商贸与社会经济扩展研究

　　上述表5-21和表5-22这种生产状况真实地折射出近代青海河湟地区农业商品化生产有所发展而又发展不够充分的情形。尽管如此,经济作物的广泛种植及商品化给长期僵化的农家经济带来了活力和生机,表明原本以自给自足为特征的小农经济开始出现变化,逐渐朝着市场化、商品化方面发展。列宁曾经指出:"商业性农业就是商业性的资本主义生产。"近代青海河湟地区这种商业性农业的出现和发展,可以使农业派生出一些商品生产项目,从而形成更多的与农业相脱离的手工业部门,这样就促进了社会分工的扩大与农村商品生产的发展,有利于资本主义的萌芽。

　　另外我们必须注意的是在河湟商业性农业发展的过程中,不能忽视一个重要方面,在市场利润的吸引下农户的家庭养殖业也在不断扩大,其也是农业生产的一个重要补充部分,这是青海河湟这个农牧过渡地带特殊的地理环境所影响下的农业经济的特殊形态。清前中期河湟城镇的回族商人中有一种专门从事牛羊肉屠宰和运销的商人——"羊客",他们深入牧区贩运牛羊,搞活了农牧区之间的经济往来,"口外河北蒙古以游牧为业,羊只无人易买,未免生机维艰,定议章程,准令河州县羊客与河北蒙古买羊易货,止准在西宁县属日月山卡以内。东科儿寺、丹噶尔及大通县属乌什沟察汉、俄博等处,互助交易"。① 清末民初,随着城镇人口的增加,市场上对牛羊肉的需求不断增大,再加上对羊皮的外输量的剧增,以回族为主的羊客生意也火爆起来,而且那些适宜家庭养殖的农村,也是商业较为发达的县份,家家加大养殖力度,在商业利益的驱使下规模不断扩大。我们以农业最为发达的乐都县和民和县为例,通过表5-23看看农户的养殖情况:

———————

　　① 《清末青海地方禀批》,道光三年,西藏青海图书馆地方文献部。

258

表5-23　乐都县农户畜产价值

畜产价值（单位元）乡别		永丰	平等	冰沟	协和	进化	复兴	碾昌	维新	顺治	寿乐	洪水	阿鸳	共和	马营	双塔	集鸳	东鸳	赵家	泽润	高庙镇	西平	石嘴	通济	静觉	同仁	引胜	双沟	亲仁	芦花	双堡
主地	家畜	—	400	—	—	—	—	—	350	300	—	—	—	—	—	—	—	—	—	—	—	—	—	—	—	—	—	100	—	600	—
	肉畜	—	100	—	—	—	—	—	100	70	—	—	—	—	—	—	—	—	—	—	—	—	—	—	—	—	20	50	—	100	—
	家禽	—	30	—	—	—	—	—	20	20	—	—	—	—	—	—	—	—	—	—	—	—	—	—	—	—	15	10	—	10	—
自耕农	家畜	50	100	50	100	100	100	75	100	60	100	40	50	50	100	53	40	25	80	25	100	50	50	30	50	90	50	50	120	120	60
	肉畜	20	20	20	12	30	50	15	35	20	80	10	30	20	50	15	20	10	15	20	30	30	20	18	15	15	10	20	50	50	20
	家禽	10	10	7	5	5	10	5	20	15	10	10	10	15	5	8	10	10	5	10	10	15	15	10	10	8	12	8	8	5	6
半自耕农	家畜	30	50	40	60	50	50	33	70	30	65	30	30	30	80	35	35	20	40	15	50	30	20	20	30	45	30	30	75	50	30
	肉畜	10	10	15	10	10	15	10	15	10	50	8	20	10	40	10	15	7	5	15	20	20	8	8	10	10	5	10	30	30	10
	家禽	5	10	7	3	5	5	4	8	10	5	7	5	10	3	5	7	3	3	8	5	10	10	8	8	6	8	6	4	3	3
佃户	家畜	10	—	10	30	—	—	20	20	10	25	10	5	5	50	10	10	10	20	5	20	5	5	5	10	20	10	10	35	20	20
	肉畜	5	—	5	5	—	5	8	5	5	30	5	10	5	30	5	5	5	7	5	10	5	3	5	5	3	—	5	15	10	5
	家禽	2	—	5	1	5	5	2	2	5	3	5	5	5	2	3	5	7	1	7	3	5	5	5	4	4	5	5	2	2	2

资料来源：《乐都县农村经济》，《青海各县农村经济》，丘咸初稿，民国二十三年版，现藏青海省图书馆地方文献部。

表5-24　民和县农户畜产价值

乡名	地主家畜	地主肉畜	地主家禽	自耕农家畜	自耕农肉畜	自耕农家禽	半自耕农家畜	半自耕农肉畜	半自耕农家禽	佃户家畜	佃户肉畜	佃户家禽
北望	15		—	10		—	5		—	3		—
保和	70	20	3	55	15	2	20	13	1	15	11	5
新安	70	47	8	63	36	7	28	27	3	19	15	2
同仁	80	8	10	54	19	5	40	15	4	20	5	2
安乐	25	15	—	18	10	3	12	8	2	10	5	1
丹阳	70	18	—	40	16	—	25	12	—	10	8	5
官亭镇	85	15	—	60	12	—	40	10	6	20	8	7
永乐	30	5	2	20	3	—	10	11	—	5		—
永平	30	15	2	20	10	—	10	5	—	6	2	—
峡门	70	40	8	45	30	4	25	75	2	15	15	1
巴洲	—	30	8	50	20	5	40	15	2	30	10	2
西和	120	—	—	90	—	—	50	—	—	20	—	—
西沟	50	—	—	30	—	—	20	—	—	10	10	2
普化	55	30	7	40	25	5	32	15	3	15	10	2
下川口	—	—	—	—	—	—	—	—	—	—	—	—
永宁	95	18	8	62	12	4	48	9	3	30	2	2
享堂镇					35	5		15	3		5	2
崇义	50	8	—	35	6	—	20	5	3	10	3	—
南望	80	15	4	75	13	5	58	10	3	40	8	2
进化	84	42	12	69	26	9	40	27	6	18	21	2
塘儿原	65	35	10	45	25	8	25	15	5	15	8	3
平等	56	15	5	45	12	4	30	10	4	20	8	5
自由	30	15	3	25	12	4	20	10	4	15	8	5
永生	30	8	5	20	3	2	10	2	1	5	1	1
永安	30	6	1	20	4	2	10	3	1	5	1	1
永和	30	5	2	20		2	70		1	40		1
川口镇	50	80	5	10	70	7	50	4	15		3	—
钟秀	45	—	—	30	—	—	27	—	—	40	—	2
杏儿	60	30	—	75	25	—	60	—	—	40	10	2
静宁	130	—	—	80	—	—	50	—	—	20	—	2
常年	50	—	—	45	—	—	40	—	—	16	—	2
牛岔	40	—	—	35	—	—	32	—	—	16	—	2
德化	40	—	—	35	—	—	27	—	—		—	2
七里	40	15	—	35	13	—	28	10	4	20	9	5
西门	25	—	—	20	—	—	16	—	—	14	—	2
南门	30	25	4	25	18	5	20	12	5	12	8	2
华果	30	—	—	25	—	—	20	—	—	2	—	7
五权		23	3		20	4	17	8	4	6	15	7
东和		30	—	45	35	—	20	7	8	15	6	5
马家	60	—	—	45	—	—	30	—	—	20	—	2
大塘	20	—	2	15	—	2	10	—	3	8	—	2
北望	—	—	—	35	25	8	30	18	3	25	10	2
大平	—	—	—	50	15	5	28	8	3	10	8	2
南山	100	82	9	85	64	8	63	35	5	48	19	3
芦花	85	60	5	72	48	3	54	27	3	37	15	2

资料来源:《民和县农村经济》、《青海各县农村经济》，丘感初稿，民国二十三年版，西藏青海省图书馆地方文献部。

从表 5-24 可以看出,农业较发达的民和、和乐都两县,以乡为单位,其中的自耕农和半自耕农家庭养殖比地主和佃农要普遍,每户的畜产价值也高,即便是土族生活的地区家庭养殖也是很普遍,在土族聚居区"购买牲畜到西宁和兰州这样的城里屠宰,是有利可图的,穆斯林实际上垄断了买牛的生意,汉人垄断了买猪的生意,无论穆斯林还是汉人肉商,都买羊"。[①]

同样商人的商贸活动也刺激了商业性牧业的出现和发展。如"黑羔皮为本省名贵之特产,产于环海及海南各蒙藏区域,汇于贵德、湟源、鲁沙尔等地,再总汇于西宁,熟制成甫,运销省外。东南人士来西北者,无不购带而回,以为珍奇,但以物品之名贵,遂使价格昂贵。一般蒙藏人民为利所趋,竞相宰杀。"[②]牧民受市场利润的驱动,他们的畜牧产品输出也是逐年增加,主要体现在两个生产领域:其一出产的畜产品增多,其二就是刺激了藏区生物性资源即药材的开发。至于青海整体畜牧产品的输出情况我们在各章节中都有所涉及,我们这里仅以 1933 对外输出为例,见表 5-25。

表 5-25　1933 年青海对外贸易输出重要畜产品统计

商品	输出量	单价(元)	价值(元)
羔羊皮	290 担	200	71000
狐皮	12 担	500 余	6000
沙狐皮	14 担	240	3360
狼皮	22 担	400	8800
山羊皮	210 担	40	8400
老羊皮	500 担	20	10000
羊毛、驼毛	18100 担	百斤 34	14769600
马、骡	1470 匹	平均 56	82320
牛、驴	1500 头	15	22500
羊	11100 只	2	22200

① [比]Louis Schran 著,李美玲译:《甘青边界蒙古尔人的起源、历史及社会组织》,青海人民出版社 2007 年版,第 182 页。

② 青海省政府建设厅编:《青海省建设概况》第八章商业概况,1946 年。西藏青海省图书馆地方文献部。

续表

商品	输出量	单价（元）	价值（元）
鹿茸	120 斤	10	1200
麝香	10 斤	200	2000
大黄	6100 斤	20	129000
合计	（每担 240 斤）	—	15136380

资料来源：顾执中、陆诒：《到青海去》，商务印书馆 1934 年版，第 304—306 页。

我们再把视角放在玉树地区，"玉树区之产物，以牛皮、羊皮为大宗，药材、毛牛、毛毡、野牲皮等次之，除日用外，多为输出品"。[1] 1936 年，玉树"年出口羊毛约 500 万斤（每百斤 20 元），驼毛 100 万斤（每百斤 40 元），羊皮 50 万张，羔皮 100 万张，牛皮 7000 张，牛 4000 余头（每头 15 元），羊 2 万余只（每只 3 元）"。[2] 那么我们把视角缩小到以部落为单位，每年的畜产品与药材量出售又是如何，见表 5-26、表 5-27。

表 5-26 部落每年的输出畜产品如下

部落	牛皮	羊毛	羔皮、羊皮	毛毡	牛尾	狐皮	沙狐	猞猁
单位	张	斤	张	条	个	张	张	张
扎武族	1500	20000	800	1300	2000	130	300	—
布庆族	800	20000	500	600	1000	100	—	—
安冲族	200	3000	200	500	200	10	—	—
隆保族	400	18000	200	400	400	30	—	—
四格吉族	1000	80000	800	1500	1350	150	500	30
佑寿各族	1360	160000	1000	2000	1500	200	1000	200
拉秀族	1000	20000	800	1000	1200	100	—	50
拉达族	400	18000	300	400	300	30	—	—
加迭喀族	2000	150000	1000	1000	2000	300	560	20
称多文保族	500	15000	200	100	200	30	100	—
固察族	100	12000	100	100	100	30	—	—

---

[1] 振天：《玉树——康藏高原之枢纽》，《和平日报》1948 年 10 月 31 日。
[2] 马鹤天：《西北考察记》，新亚细亚学会出版社 1936 年版，第 283 页。

续表

部落	牛皮	羊毛	羔皮、羊皮	毛毡	牛尾	狐皮	沙狐	猞猁
上下年错族	1000	130000	800	800	1000	100	300	30
囊欠族	800	30000	300	—	500	100	200	30
上下中坝	1000	150000	1000	1000	1000	200	300	
苏尔莽族	300	5000	—	100	200	30	—	—
拉卜族	800	120000	1000	1000	500	10	300	
合计	—	—	—	—	—	—	—	—

资料来源:振天:《玉树——康藏高原之枢纽》,《和平日报》1948年10月31日。

表5-27 每年输出的药材

族名	知母(斤)	贝母(斤)	虫草(斤)	麝香(颗)	鹿茸(架)
扎武三族	500	100	500	600	20
隆布族	—	—	—	100	—
拉秀族	300	300	200	200	10
四格吉族	3000	20000	1500	100	10
佑寿各族	200	200	200	100	10
加迭喀族	500	500	600	50	10
上下年错族	5000	4000	5000	50	10
固察族	1000	1000	1500	50	—
称多文保族	1000	1000	100	30	5
拉卜喀纳	1000	500	800	50	—
昂次族	20000	15000	20000	100	
上下中坝族	2000	2000	2000	100	
苏尔莽族	1000	1000	1000	50	
安冲族	—	—	500	50	
合计	—	—	—	—	

资料来源:振天:《玉树——康藏高原之枢纽》,《和平日报》1948年10月31日。

我们再把视角缩小到以户为基本单位,算算每户平均每年将多少畜产品投入到市场上,我们同样以振天:《玉树——康藏高原之枢纽》一文中的户数为准。我们以户数最多的拉秀族部落和户数中等的上下年错族部落以及户数最少的拉卜族部落为例。

表 5-28 每户每年的输出畜产品

部落	牛皮	羊毛	羔、羊皮	毛毡	牛尾	狐皮	沙狐	猞猁
单位	张	斤	张	条	个	张	张	张
拉秀族 1700 户	1000	20000	800	1000	1200	100	—	50
每户平均量	0.59	11.76	0.47	0.59	0.71	0.06	—	0.03
上下年错族 760 户	1000	130000	800	800	1000	100	300	30
每户平均量	1.32	171.05	1.05	1.05	1.32	0.13	0.39	0.04
拉卜族 100 户	800	120000	1000	1000	500	10	300	—
每户平均量	8	1200	10	10	5	0.1	3	—

资料来源:据振天:《玉树——康藏高原之枢纽》一文数据计算所得,《和平日报》1948 年 10 月 31 日。

从表 5-28 的分析可以看出,牧民在市场利润的驱动,不仅加大了畜产品输出,而且对藏区生物性资源药材的采集力度也在逐年增加。据俞湘文调查,拉卜楞平均每户牧民拥有 167.35 只羊、41.14 头牛、11.08 匹马、1.74 条狗[1],以每只羊产羊毛 1.5 斤计算,则每户可收获羊毛 251 斤,以每百斤 10 两白银计算,则每户家庭每年从羊毛输出中可得 25 两白银。又据当时人调查统计,"拉卜楞寺属大小十三庄牧民 5700 户所养牲畜之统计,有马 35750 匹,牛113750 头,绵羊 1169000 只,山羊 21000 只"[2]。根据此数据可得出拉卜楞寺属牧民,平均每户拥有羊 209 只,则每户可收获羊毛 313.5 斤,每户家庭每年可从羊毛贸易中获得 31 两白银。正是缘于国内外市场旺盛需求,在进出口贸易的引导及巨额利润的驱动下,随着市场触角不断向边远牧区延伸,各地从事民间自由贸易的商人纷纷携带资金源源涌入昔日较为沉寂偏僻的边远牧区,开辟新的利源。商人们逐利求富的种种活动,对近代青海牧区牧民生产活动产生了一系列深远的影响。

---

① 俞湘文:《西北游牧藏区之社会调查》,《中国西北文献丛书》第四辑《西北民俗文献》卷二十二,第 373 页。

② 徐旭:《西北建设论》,上海中华书局 1944 年版,第 63 页。

二、商人与非农牧经济的成长

近代青海的非农牧经济主要是指当时的各民族农牧民家庭经济中,直接的农牧业生产之外其他非农牧性质的产业。它包括家庭成员副业性质的家庭手工业和出门"搞副业"从事其他兼业两种形态。非农牧经济对于维系近代青海各民族农牧家庭经济生活发挥了重要作用,其收入亦是家庭收入中不可或缺的组成部分。

1. 农牧民的家庭手工业

近代在农牧区通过各族商人的经营活动,以贸易为纽带,改变了过去的相对隔绝状态,使农牧民不由自主地投入到商品经济发展的洪流中,开始更快地同新经济因素发生联系。以城镇商业网络为基础的民间自由贸易开展为青海各民族家庭手工业品生产后提供了广阔的市场空间。随着农牧业商品化生产增长和商品流通领域的扩大,家庭手工业也开始脱离自给自足的自然经济轨道,向商品化方向发展。到"1949 年 9 月,农村兼营副业性手工业约 7000人"。① 如"撒拉族聚居区的手工业不发达,循化县手工业工匠有三百余户,五百余人……商业性的手工业种类不多,主要有铁匠、木匠、石匠、鞋匠、毡匠等几种……撒拉族的工匠,大部分没有脱离农业。如毡匠、褐子匠,每年手工业生产的收入,只占全家收入的百分之二十到百分之四十。"② 还如在乐都县"有引胜乡等的柳条器具年可产六百余元,北区一带的草纸年可产五六十元,皮革年产四千五百余元,菜油生产一万四千余元,毛织品中的栽绒毯、褐布、毡衣、毡帽(其格式与呢帽无异,惜过粗而已)毛手套、毛袜等均于农村收入有多少辅助"。③ 这不仅表现在生产产品的种类有所增加,更体现在手工业商品化程度的进一步提高。如当时民和县手工业产品中价值较高的有:年产毛褐 1.5万条,毛毡 5 万条,共价值约 5 万元;羊皮 9 万张,牛皮 6000 张,共价值 9 万余元;酒醋 5 万余斤,共计值 1 万余元;清油 70 万斤,共计值 10 余万元。仅这些产品年值约 25 万元以上。乐都县手工业户有 318 户,年产烟草 400 担,行销

① 《青海省志·手工业志·改造与调整·个体手工业》,黄山书社 1994 年版,第 14 页。
② 该书编写组:《撒拉族简史》,青海人民出版社 1985 年版,第 65 页。
③ 《乐都县农村经济》,《青海各县农村经济》,丘咸初稿,民国二十三年版,西藏青海省图书馆地方文献部。

于贵德、湟源、西宁等地。鞣制羊皮5000张,牛皮1000张,榨油7万斤(价值1.4万元)。化隆县年产菜油30万斤。互助县年产烧酒15万斤,除行销本省外,还远销甘肃一些地区。湟源县也是本省皮毛加工中心之一,年产羊皮10万余张(价值5万余元),熟牛皮2100余张。这些产品远销平津一带。湟源县有些作坊制作皮靴,行销牧区。贵德县年产皮毛类制品1.3万件,其中皮靴6000双,毛织品(毛毡、毛袜等)8200多件。共和县年产的纹褥、毛褐、皮鞋等毛皮制品,产值在2.7万元以上。[①]"虽然手工业很落后,但在当时的国计民生中却占着重要地位,农牧业生产资料中,90%以上是手工业产品,城乡人民生产、生活资料中,80%以上也是手工业产品。"[②]

从上文可以看出,近代青海农牧民家庭从事手工业生产的项目主要有皮毛加工、榨油、制盐、乳产品加工等,还有手工加工制品等。而以前四项最具特色且规模最大、最具普遍性,下文拟主要对它们进行探讨。因为皮毛加工、榨油、制盐业、乳产品加工最大的特点就是充分利用了当地丰富的农牧资源而发展起来的,并且这类手工业一开始就主要面对市场,与市场联系密切,商品化程度较高。同时,也是民商贸易的主要商品,具有一定代表性。

皮毛加工业是近代青海农牧民家庭经营的重要产业,具体包括毛纺织品,如毛褐、毡、口袋、地毯[③];皮货制品如裘服、藏靴、皮绳等[④]。皮毛加工业与其他各业不同之处在于,它一开始就是商业经济性质的。在皮毛集散的城镇附近地区,大多都有农牧民家庭的皮毛手工业。如湟中县鲁沙尔镇附近加牙村的地毯业,清末,宁夏地毯工匠大、小马师傅来加牙村,村民马得全、杨新春二人拜其为师,学习栽织地毯技艺。杨、马两家的地毯手艺,世代相传。民国二年(1913年),加牙村有职业学校1处,与村民共做马褥、地毯。全村妇女皆能捻线栽织,产品花样新奇、精致,有时在湟中及甘肃武威等地年销售约达6000余条。[⑤] 到了新中国成立前夕"该村80%的人都会编织,系祖传技术,花朵秀丽,质地优良,远胜于宁夏同类产品。销路颇广,除供应本县附近藏区外,并远

---

① 顾执中、陆诒:《到青海去》,商务印书馆1934年版,第311页。
② 《青海省志·手工业志·改造与调整·个体手工业》,黄山书社1994年版,第14页。
③ (光绪)张庭武修,杨景升纂:《丹噶尔厅志》卷四。
④ (光绪)邓承伟修,来维礼等纂:《西宁府续志》卷十。
⑤ 翟松天:《青海经济史近代卷》,青海人民出版社1998年版,第103页。

销于甘肃的武威、张掖、夏河，西藏等地，国外亦争购之"①。还有康城川（今湟中县大才乡的康城、汉东、措隆、冰沟、前沟、后沟村等回族聚居的山川，史书亦称做康缠）各村回族传统的民族手工业康城靴。到了清末，制靴技艺更加精湛，到了民国已经形成了回族传统的制靴工艺。②

在牧区"制皮工业，蒙藏区域用手揉，沾水不硬，而油腻甚大，内地用缸浸，油腻净尽，而沾水则硬，亦随环境之宜也。至于所用材料，则手揉用酥油及碱。缸熟用盐硝。蒙藏区域家家能之"。"其中又以玉树、囊谦、称多所产之白褐子，花褐子等为最佳，染色极精，经久不脱，产量亦富，每年运销于西康者甚多。"③如在玉树结古镇"藏民妇女，几人人能之，或捻毛线，或织毛布，或编毛衣及帽袜手套等。据云此毛编手工，最初系某一人自印度学得者，今普遍全玉树矣。廉价物美，毛袜每元可购六双，毛衣裤每套仅五元"。④ 民国时期，青海回族的毛纺制品毛毡、毛帐房、口袋、毛氆氇也是享有盛名的。毛毡以牛羊毛为原料，用手工擀制而成，毛毡可以铺床、做靴、做帽等，其防寒、防潮的特性在青海使用较为合适，民国时期青海化隆回族自治县的毛毡较为有名，用当地土种羊毛擀制，柔软而富弹性，白色似玉，黑色如墨，表面光滑，牢固耐用，同样也是驰名河湟。

榨油业是近代青海农民家庭经营较为普遍的手工业。"各农村均设有油房，农家将油菜籽运去榨油，每石油菜籽，约出油二百斤，油房业主征收十分之一手续费。"⑤我们从上文论述已知，近代随着市场对青油的需求量增加，再加上油菜性耐寒，生产期短，适应范围广等原因，油菜籽在河湟农区的种植分布也越来越广泛，各县农户几乎都普遍种植，这为他们提供了家庭经营的另一项

---

① 中国科学院民族研究所、青海少数民族社会历史调查组编：《青海湟中县回族社会历史调查报告》，《青海回族调查资料汇集》，1964年。

② 笔者于2007年冬季到当地进行社会历史调查资料，编入《青海回族史》，民族出版社2009年版。

③ 青海省政府建设厅编：《青海省建设概况》第七章"工业概况"，1946年。西藏青海省图书馆地方文献部。

④ 马鹤天：《甘青藏边区考察记》，甘肃人民出版社2003年版，第297页。

⑤ 陆享林：《青海省帐幕经济与农村经济之研究·第四章农村经济概况·第五节农家副业》，台湾成文出版有限公司1977年版，第757页。《中国地政研究所丛刊，民国二十年代中国大陆土地问题资料》，民国二十二年版，西藏青海省图书馆地方文献部。

重要的手工业——榨油业。总体看来,榨油业在青海地区出现较晚,但在市场需求的刺激下,其发展却很迅速。以青海水油磨增长为例,清末时河湟农区的油磨数量已经很可观,见表5-29。

表5-29 全省各县额征磨课油梁表(清宣统二年以前)

类别\地名	磨别	座数	税则(两)	征课(两)	油梁	税则	征课
西宁	山水磨	406	0.600	243.600	山油梁 90 条	0.600	54.000
	旱水磨	880	0.300	266.400	旱油梁 239 条	0.300	71.700
碾伯	全水磨	186	0.400	74.400	大油梁 22 条	0.400	8.800
	旱水磨	700	0.200	140.000	小油梁 199 条	0.200	39.800
丹噶尔	旱水磨	170	0.300	38.100	—	—	—
循化	水磨	81	0.400	32.400	—	—	—
		25	0.300	7.500	—	—	—

资料来源:《甘肃通志稿·财赋二税编》。

到了清末民初,仅大通县几乎村村都有水油磨,而且数量可观,见表5-30。

表5-30 大通县水油磨情况

地区	水油磨数量(盘)
河东川六堡	138
河西川八堡	148
河南川十堡	58
河北川八堡	120
河北川红山堡	59
共计	523

资料来源:(民国)《大通县志》民国八年甘肃政报局排印本,第1部,第48页。

从表5-30可知清末时西宁共有油磨329座,而到了民国初,仅大通县就有523座,说明市场对青油的需求,必然影响集镇的供求和商人的收购活动,从而通过民间贸易形式刺激青油生产,青海农户普遍建立水油磨,从事青油的加工生产,如在化隆县"从北山峡谷中流出三支河溪,一是流经昂思多,红卡哇、梅加、建有 17 座油坊;二是流经地滩、拉干、巴燕、谢家滩,建有油坊 24 座;三是流经石大仓的大尖沿、拉水峡入黄河,建有油坊 13 座。这 54 座油坊,保证了青油加工和输出,确实方便了当时油脚户的贩运……据知情人士谈,从农历 9 月起到来年 3 月止,一座油坊每昼夜一座油坊可纯获利硬币 5 元,3 座油坊可获利 15 元,以全年 7 个月(203 天)计共得纯利 3045 元,其数可为惊人矣"。① 如在西宁,据《中国经济年鉴·工业》(第　·回)数据记载,1933 年西宁的榨油业有 74 家,资金 44000 万元,职工 150 人,年产量为 256.4 万斤,以市价每斤 0.3 元计算,年产值为 76.92 万元。据顾执中 1933 年统计,青海全省青油输出量为 4250 担,每担 50 元,总价值为 212500 元,另据《西宁商业志》载到 1941—1948 年仅从西宁东运青油就有 5000 担,足见市场需求之大。而且在市场供需关系的影响下,青油的价格一直在涨,尽管同时期的其他商品也在涨,但青油的涨幅要大许多,如 1937 年 10 月 12 日青油价格是 24 金圆券,而青盐是 6 金圆券,是其 4 倍。(如图 5-3 所示)这更进一步证明了青海农户适应市场需求纷纷建立水油磨,从事青油的加工生产,如在湟源"清道光时,有水磨、油坊 82 盘(座),光绪末期发展到 128 盘(座)。民国二十三年时,有水磨、油坊 189 盘(座)"。②

表 5-31　青油价格　　　　　　　　　　　单位元(法币)/市担

民国三十一年一月五日	民国三十二年一月四日	民国三十三年十二月二十七日	民国三十四年一月八日	民国三十五年一月七日	民国三十六年一月六日	民国三十七年一月五日	民国三十七年十月十二日(金圆券)
200	430	2000	4500	1.8 万	7.5 万	160 万	24

资料来源:《物价周报》,存青海省档案馆。
注:金圆券 1 元折合法币 300 万元。

---

① 赵继贤、李长福:《化隆的油脚户》,《青海文史资料集粹·工商经济卷》,2001 年,第 411 页。

② 《湟源县志·粮食加工》,陕西人民出版社 1993 年版,第 283 页。

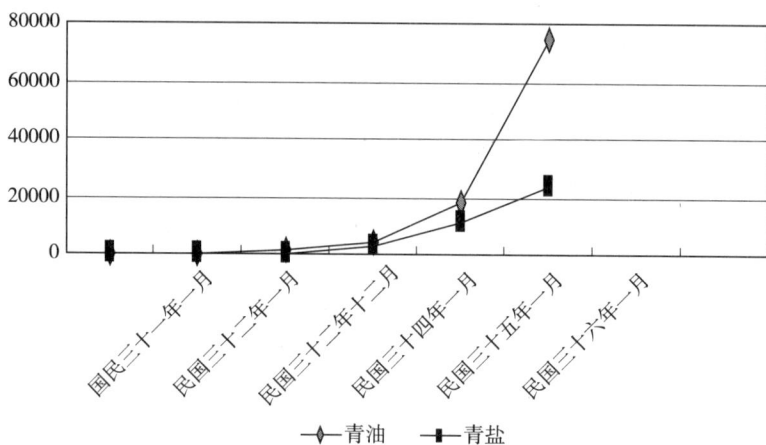

图 5-3 青油、青盐价格对比

资料来源:据《物价周报》整理所得,存青海省档案馆。

表 5-32 青盐价格报 单位元(法币)/市担

民国三十一年一月五日	民国三十二年一月四日	民国三十二年十二月二十七日	民国三十四年一月八日	民国三十五年一月七日	民国三十六年一月六日	民国三十七年一月五日	民国三十七年十月十二日(金元券)
54.90	125	600	2150	10750	23500	45 万	6

资料来源:《物价周报》,存青海省档案馆。

注:金圆券 1 元折合法币 300 万元。

　　世人皆知,青海盛产盐,近代随着省内外商贸的急剧增长,形成了青盐消费的巨大需求,如图 5-3 所示价格也在不断增长,刺激了农牧民对盐的生产。民国时期,在市场比较利益的驱动下,河湟地区农户亦开始有意识地增加土盐的生产,"第一次去青海的人,大约都会发觉公路旁边有两种新奇的东西:一种是约五立方英尺体积的土坑,名叫盐池;每次雨后,泥土里就天然渗透出盐质水,再经过日光晒干,就变成青盐,这是甘肃和青海接壤处的农村中重要副业之一。"[1]当时循化县的别列庄、化隆县甘都南山、互助县朱家庄、三其村,乐

---

[1] 止戈:《塔尔寺瞻礼》《旅行杂志》1945 年第 19 卷第 3 期。

都县羊肠沟、虎头崖,民和县享堂、吉家堡、嘴子村、白武家、张家村、李家村、核桃庄、米拉湾、大草沟、香水沟等处,均生产土盐。尤其以循化别列庄最为著名,在民国十九年有盐锅 15 口,月产土盐 4.5 吨。民国三十四年至三十八年,有产盐专业户 30 余户,盐工 35 人,另有兼制的农民 13 户,全年生产量约 70 吨左右。[1] 我们在讨论青盐的运销时已知,青盐产地在广大牧区,那么从清末民初时期“经商贩运到西宁、碾伯一带销售”,“每年约盐升三百余石,每升官价二钱三分,其银八千两”。[2] 而且青盐“其价因蒙古去来之多寡为涨落。贱时每盐一升易青稞一升,遇贵时即须半升、二升[3],到了民国时期,面对市场需求和高利润,有些牧区的统治者新立青盐税增加收入,规定“各家各户都要交一袋青盐,约六十斤。因之牧民不得不组织起来去茶卡驮盐,头人以此项盐税收入,运到阿坝换青稞、茶、布匹等”。[4] 面对市场利润的诱惑,牧民不可能长途跋涉只是为了给头人交税,他们更多的是把它当做了家庭手工业对待,尽管挖采青盐只是用“铁漏勺取之,水漏盐出,天然自成,无须经摊晒等手续”。[5] 但有些地区可能已是牧民家庭的主要收入,“贫苦蒙民向各该王领照挖盐,照票运往湟源、西宁一带售卖,易换布、粮”。[6]

乳产品加工主要就是牧民家庭生产的酥油。查阅各级城镇市场商品时,酥油频频进入我们的视角之中,如 1906 年从牧区运销到丹噶尔市场的酥油为10000 斤,以 24 两为一斤计算,市价为每斤 0.2 两白银,共 2000 两。[7] 1936 年拉卜楞市场上的酥油为 20000 斤,以市价每斤 0.50 元计算,共 10000 元。[8] 可见酥油在市场上的需求是非常大的,那么农牧民面对高利润自然在家庭生产中加大了酥油的产量,而且在果洛牧区酥油本身就是实物货币,是财富,“在

① 《青海省志·盐业志·生产》,黄山书社 1995 年版。

② (光绪)张庭武修,杨景升纂:《丹噶尔厅志》卷五。

③ (乾隆)杨应琚:《西宁府新志》卷十七。

④ 青海省编辑组:《青海藏族蒙古族社会历史调查》,青海人民出版社 1985 年版,第 105页。

⑤ 马鹤天:《甘青藏边区考察记》,甘肃人民出版社 2003 年版,第 164 页。

⑥ 马鹤天:《甘青藏边区考察记》,甘肃人民出版社 2003 年版,第 238 页。

⑦ 《湟源县志·商业》,陕西人民出版社 1993 年版,第 275 页。

⑧ 李式金:《拉卜楞之商业》,《边政公论》1945 年第 4 卷第 9—12 期合刊。

本地内部交换物资时,也常以酥油为计价的一般等价物"。① 面对财富,牧主也以"酥油税"名义促使牧民加大家庭的酥油生产量,然后将其投放到市场销售。

近代青海农牧民家庭从事手工业生产项目还包括手工业生活日用品,市场需求量也是巨大的。如在丹噶尔"茗流酒境内农家皆能制造,亦有专制、专沽者,乡间婚娶酒席皆资焉。年中熬制不下二千余缸,每缸以六钱计,共银一千二百两。"②囊谦牧民也在商人的收购下"产一种纸,用狼毒草做成,每一刀二十张,其每张长 22 寸,宽 15 寸,有粗细两种,多用于印经,仅供本地用。手工业除制纸外,妇女以捻织褐子布等及袜子为最要。本地牡牛颇多,其皮张多缝制箱子,牛皮每张售白洋两元,西宁则售达二十元左右"。③

另外民国时期,有些农牧村庄里还出现了农户专门生产一种手工制品的现象。如我们上文所说的"湟中县府加牙滩人民之家庭手工业,多世相传,品质极精。产量亦丰,本省所用之褥毯,几全为该地出品"。④ 还如大通县桥尔沟村的沙罐,据《大通县志·民族》载桥尔沟沙罐也是在民国时期发展起来的青海回族传统手工制品,这种沙罐出产于大通县桥头镇北的桥尔沟村农民之手,另外还有上治泉村的毛口袋、深沟村的刀子、窑沟庄的簸箕等。如玉树囊谦"产纸,其质为一种草根,制法先取其皮,次打烂煮之,再打成浆状,用一木框,底为纱布(毛织者),放入冷水中,然后用手将浆摊其上,置日光中晒干,揭下即成。如在纱布上用手细涂成薄纸,可写字,或印经用。如粗摊成厚纸,仅可作包物或手纸用。可谓当地藏民进步之一种手工。其他各族,未之闻也"。⑤ 以至于人们提起这些村庄往往会想到它的手工业品。专业手工业者的出现,是青海农区生产力与生产社会分工有所发展的结果,这些手工产品与集镇商人发生了不可分割的联系。市场价格的涨落,商人购销力度均直接影响到产品的销路,这些都与他们的生产生活息息相关。需要指出的是,近代青

① 青海省编辑组:《青海藏族蒙古族社会历史调查》,青海人民出版社 1985 年版,第 81 页。

② (光绪)张庭武修,杨景升纂:《丹噶尔厅志》卷五。

③ 李式金:《囊谦一瞥》,《边疆通讯》1944 年第 2 卷第 2 期。

④ 青海省政府建设厅编:《青海省建设概况》第七章"工业概况",1946 年。西藏青海省图书馆地方文献部。

⑤ 马鹤天:《甘青藏边区考察记》,甘肃人民出版社 2003 年版,第 394 页。

海农牧区受集镇经济辐射影响,其专业手工业者的出现仅是局部地区的现象,若从全面考察,大部分地区的手工业仍然从属于农家副业,具有从属性、个体性及分散性的特点。以上之外的其他手工业,门类繁多,举不胜举。每一地方都有一些带有地方特色的各类家庭手工业。比如驰名河湟的陈醋不只在湟源有,此时循化制造的陈醋也是享有名气的,"循化的陈醋著称于青海,每年计产四百三十余担,每担约十五元左右,其三十年或二十年的陈醋有如浙江绍酒一样色黑、质浓、而味美"。① 在此限于篇幅,不再展开论述。

上述论及的皮毛加工、榨油业、盐业等作为青海农牧民家庭手工业的重要组成部分,其商品化程度的不断加深,并不说明近代青海农牧民生活水平有了较大提高,实际上,相当多的地区农牧民从事加工生产,仍是作为家庭副业来对待,主要是为了满足其基本生活需求。当时"虽然手工业还很落后,但在当时的国计民生中却占着重要的地位,农牧业生产资料中,90%以上是手工业产品,城乡人民生产、生活资料中,80%以上也是手工业产品"。② 如在湟中县"制靴匠十分之九是回民,一般是在家制作后,背着成品在街上叫卖,收入仅能糊口"。③ 还如循化县"撒拉族的工匠,大部分没有脱离农业。如毡匠、褐子匠,每年手工业生产的收入,只占全家收入的百分之二十到百分之四十"。④ 可见,这些手工业产品的生产与出售,既解决了农牧民的日常生活所需,又相应地增加了农牧民的家庭收入。如在化隆"至于农民的副产品,有毛织品年约产一千元,砖瓦年约产七百余元,皮靴年约一万五千余元,甘都刀二千五百余元,酒麯二千余元,(角扎三庄、尕家九庄、西堡村、科才四庄、安大只哈、黑城子、均产青油)酱一万余元,(但这些产品自然不全部出自农村)"。⑤ 商人对近代青海农牧民家庭经营方式转变的影响是一个渐次展开的过程。在商人资本的运作下,小生产者会把越来越多的产品当做商品出售。久而久之,在价

---

① 《循化县农村经济》,《青海各县农村经济》,丘咸初稿,民国二十三年版,西藏青海省图书馆地方文献部。

② 《青海省志·手工业志·改造与调整·个体手工业》,黄山书社1994年版,第14页。

③ 中国科学院民族研究所、青海少数民族社会历史调查组编:《青海湟中县回族社会历史调查报告》,《青海回族调查资料汇集》,1964年。

④ 该书编写组:《撒拉族简史》,青海人民出版社1985年版,第65页。

⑤ 《化隆县农村经济》,《青海各县农村经济》,丘咸初稿,民国二十三年版,西藏青海省图书馆地方文献部。

值规律的作用下,小生产者就会自觉地为市场、为商人资本的收购而生产商品。这样,在整个青海农牧区的经济发展中,商品生产的比重就会增加,从而推动当时整个青海商品经济的不断发展。近代青海农牧民家庭手工业的商品化发展有助于改变农牧区农牧民闭塞守旧的生产、生活状况,增加市场意识与家庭收入,加深他们与市场的联系;同时也为城镇商业网络的运行流通提供了丰富的商品,为其进一步发展创造了条件。但我们不能因此对其评价过高。因为这种以副业性质为主的家庭手工业一般以一家一户为生产单位,生产规模小,生产工具简陋,效率低下,仅限于小商品生产的范畴,极易受原料供应和产品销售市场波动的影响,持续再生产能力也较低,这在一定程度上制约了青海农牧民社会经济的纵深发展。

2. 农牧民外出"搞副业"

有关青海农牧民的家庭副业可分为广义的副业和狭义的副业两种情况。广义的副业应当包括上面提到的家庭手工业,因为它是传统农业之外的行业,而狭义的副业则主要指家庭成员在农业生产和家庭手工业生产之外的其他各种副业现象——青海农民称之为出门"搞副业"。这也是下文即将围绕论述的内容。此种搞副业的基本特点是其工作场所一般并不在农牧民居住地之内,或是外出兼职、务工,或者是从事小商贩、外出经商等。

历史上,青海的回族农户尽管从明朝末期就萌发了从事淘金、经商等家庭副业现象①,但青海由于长期农牧分治,近代以前青海的各民族农牧民依旧在相对封闭的社会中从事农耕和牧业,许多地区的生产生活仍然与世隔绝。农业民族"唯知农耕"、"不事商贾",而牧业民族更是没有从事商业的意识,种植业和养殖业是各民族世代代赖以生存的职业。以农为本,重农轻商的观念,使他们的商品经济发展十分缓慢。近代伴随着民间商业贸易的自由化,城乡商业贸易的发展,以城镇市场为中心的经商风尚,经商人这一载体逐渐向四周传输与扩散,一些边远偏僻地区民众的家庭生产商品化日渐加强,产业结构逐步呈现多元化趋式,导致农牧民的职业观念和身份开始发生变化,体现在,他们开始摒弃传统的"不务于末,务本而已"的观念,逐渐从传统的种植业中分化出来转向农牧业以外一些新的行业。

---

① 参见《青海回族史》,第六章"社会经济",民族出版社 2009 年版。

　　另外不可忽视的是各民族的居住环境的变迁也促使了这种现象的出现,比如回族"清朝前期,西宁东南关三关是回民聚居区,从事商业和手工业,城郊有四十八个庄子住回民,从事农业生产。光绪二十一年(1896年),反清斗争失败后,有许多人逃往新疆,部分人藏于附近山中,也有部分人避居于湟中各地"。① 这些地方都是浅山、半浅山地区,地少且贫瘠,随着回族人口的增长,耕地狭小,农业生产的收入远远不能满足人口的增长,他们随着政治形式的好转,回族善经商的传统又慢慢恢复,"半年种地半年跑,半年不跑吃不饱"是河湟回族清末民初最真实的写照。西宁地区"惟回族好营商贩,邑多素封之户"②,"回民住在甘肃者,大多在穷山干沟,四野不毛,耕地不够分配,生活至苦。所以在生活逼迫之下,促成回教人经商出外,冒险习惯性"③,故此,生活环境的大变化,迫使更广大回族以经商来弥补农业收入之不足,从而使从事回藏贸易的回族商人人数激增,"青海境内回教民族,可分为三种,最有力量者为汉回(回族),人数较众,共约十数万,语言、文字、(除经典外)、衣服、居住均与汉人无异,惟不食猪肉、不饮酒、不吸烟为其特征,亦其优点也。汉回多从事商业,务农者较少,通行大道,开旅店和饮食店者甚多"。④

　　首先,农闲外出务工的农牧民。

　　在该类农牧民收入中,务工收入已成为其总收入中不可替代的一部分。近代随着青海皮毛贸易的兴起,商人进入牧区收购大量的"西宁毛",围绕皮毛的外运过程中的包装和整理,产生了一些新的职业,如剪毛工、拣毛工、洗晒工、打包工等,同时还促进了诸如驮运、筏运等分支行业的发展,并带动了与其相关的车马、脚户、饭馆、旅馆、茶水、小吃、理发、修理等服务业的发展。⑤ 这些新的行业需要大量的农牧工,为当地各民族农牧民的兼业创造了契机。如羊毛的最初生产中在剪羊毛旺季,富裕的牧民忙不过来就要雇用长、短剪毛

---

　　①　中国科学院民族研究所、青海少数民族社会历史调查组编:《青海湟中县回族社会历史调查报告》,《青海回族调查资料汇集》,1964年。

　　②　(宣统)《甘肃新通志》卷十一。

　　③　竹篱:《回教在甘肃》,《新甘肃》1947年第2卷第1期。

　　④　魏崇阳:《西北巡礼》,《新亚细亚》1934年第8卷第5期。

　　⑤　马学贤:《青海传统民族贸易中的回族商贸经济的形成与发展》,《青海社会科学》2004年第6期。

工,甚至要雇用一部分童工来补充劳力。如在果洛牧区剪毛工"用刀割羊毛、拔牛毛。一天一个好劳力大约能割三十只羊,给一只羊的毛作工资。有的地方割二十只羊(一般劳力一天劳动)给一只羊的毛作工资,则好劳力一天可得一只半羊的毛,即十斤左右。拔牛毛一般两人拔十五到二十头牛的毛,每拔十头给一头的毛作为报酬。在割羊毛、拔牛毛的季节,往往要雇许多童工,给成年工拉牛、赶羊,劳动一天只给一小撮毛,无一定标准"。① 那么在羊毛的整个运销中需要农民工更多。

农户在运输业方面的兼业包括筏运业和脚户、车户。筏运业方面,相当一部分农民在农闲时或常年在皮筏上出卖劳动力,在循化县撒拉族农户已成为筏运的专业户,"沿黄河下行之皮筏运输业,昔日为撒拉族之专业,每年由青海运至兰州。宁夏,远及包头之羊毛、皮货、木材之下放,皆由此族人承揽。以其人体格强健,水道之熟悉,故操黄河上游运输上之霸权,直至最近方告衰落"。② 青海的筏运业主要集中在民和川口地区,当时约有筏户五六十户,大致分布在川口东街、张家户、王家户、南庄子、吉家堡、米拉津、享堂和马场垣等地,其中6户拥有大筏(由120个皮囊组成)10多个,以当时每个皮袋值十二三元(银元)计,其资金在万元以上。资金少的,只要能凑足30个皮袋,也可承载运输③。在20世纪20—30年代,正是筏运业兴旺发达时期,筏户、水手增多,业务繁忙,来往奔走于西宁、兰州、包头之间。据青海考察团于民国二十二年调查,化隆有皮筏300只,循化有皮筏200只,每只可载货15000斤左右。当时西宁市东关栈房及滨河路一带,有筏子和羊毛、皮张的堆垛多处。

脚户是旧时西北地区以驮队形式从事贩运的一种行业。"乡村农民,每于农闲之时,驱牵驴骡,代人转运货物,名曰驮脚,或将骡马直接凭人使用,每头每日凭价八角至一元,所得运费及凭价,对于家庭生活之支出,殊有裨益也。"④在河湟历史上,脚户在民族构成上主要以回族为主。早在清末,各条商

---

① 青海省编辑组:《青海藏族蒙古族社会历史调查》,青海人民出版社1985年版,第90页。
② 杨涤新:《青海撒拉人之生活与语言》,《新西北》1945年第8卷第4—6期。
③ 张仕全:《川口的筏运行业》,《青海文史资料选辑》第十三辑。
④ 陆享林:《青海省帐幕经济与农村经济之研究·第四章农村经济概况·第五节农家副业》,台湾成文出版有限公司1977年版,第764页。《中国地政研究所丛刊,民国二十年代中国大陆土地问题资料》,中华民国二十二年版,西藏青海省图书馆地方文献部。

道上,回族"脚户"来往驮运各种物品,由于道路遥远崎岖,运输费用较高,故而"货价每增于运脚焉",又因运输工具的不同,路道危易不同,以及生活需要之不同,驮价也各异,"内地行路,每日每驮银七钱,两驮需一两四钱";藏区"驮价较内地几昂两倍",如果有歇家的凭证"处处可得蒙番优特,行程不致迁徙驮价不致昂贵也"①,故而"番地两驮仅费二号茶专一封,已足相抵矣。茶之重仅三斤,计价仅七钱,是两驮发一驮之价也"②。足见在藏区生活日用品的急需,驮价也是以物相抵,双方两便。近代以来,被强迫迁徙偏僻荒凉地区的大部分青海回族,普遍地少且贫瘠,农业生产的收入远远不能满足实际生活的需要,乃至出现"半年种地半年跑,半年不跑吃不饱"的情形,为此,回族饲养牲畜用来驮物。商人运货需要雇牲口,驮运货物的骡、马、驴等牲口需专人赶往运货地点,赶牲口的人一般跟在牲口后面,即吆喝牲口,又照看货物,只能用脚赶路;他们没有本钱做买卖,豢养一二牲口,靠受雇微薄收入糊口,于是出现了脚户这一行业。乡村脚户除农忙时节在家务农外,其余大部分时间都是以户为单位,带着牲口从事贩运。如大通县的脚户"一路上,牲口头上的花朵,随着步油,各种皮张以及麝香、鹿茸等土特产品交换茶叶、绸缎、布匹等生活用品"。③ 民国时期有的地方匪盗成患,商旅风险甚大。因此,脚户们往往组成一个集货物运输与商业贸易为一体的驮队集体远行。如"大通的脚户哥和青海其他地方一样,经常跋涉于甘肃、宁夏、陕西、四川、新疆等地。出发时驮着羊毛、皮货或青盐之类。运来的则是布匹、棉花、茶叶、干鲜食品及杂白货。"④

在漫长的岁月里,脚户们逐渐创立了驮队的制度,维护了脚户的共同利益,基本上保证了商旅活动的正常进行。驮队的组织结构由掌柜的、揽头和脚户三种成分组成⑤。掌柜的,集运输与贸易于一身,也被称为行商;是驮队的雇主,一个驮队往往是临时搭帮而成的。"掌柜的"负责货物交易时的定价,还负责处理旅途中的各种突发事件。"揽头"是从各驮帮的脚户中推举出来的赶骡能手,往往有较深的资历,机智、勇敢,深孚众望;其具体职责是率领头

① （光绪）徐珂:《清稗类钞·羌海歇家》,北京中华书局1984年版。
② （光绪）徐珂:《清稗类钞·青海商务》,北京中华书局1984年版。
③ 任国安:《大通民间贸易琐记》,《大通文史资料》第三辑,第146页。
④ 任国安:《大通民间贸易琐记》,《大通文史资料》第三辑,第146页。
⑤ 严梦春:《关于河州脚户的调查》,《民族研究》2004年第4期。

帮骡子行进,同时还负责指挥整个驮队。"脚户",是驮队中的普通劳力,在驮队中主要负责牦牛、骡子、马、驴的喂养、使用和照看;一名脚户必须学会几手过硬的本领,如收拾鞍鞯、编制笼头和鞭子、钉铁掌等,还要具备一定的兽医知识;为确保路途上的安全,脚户必须具有健壮的体力和很强的应变、协调能力;"自内地运入本境之货,运货皆资马驮,车亦罕有用者"①。而且有些路段牲畜驮着货物无法通过,只好由年轻力壮的脚户将沉重的货物扛在肩上,两侧各扶一人,侧身而行;此外,为避免发生意外,每当遇到狭窄路段,都必须由走在前面的脚户大声吆喝,让对面来的驮队暂且等候,以免狭路相逢,进退两难。青海脚户同云南回族马帮,是回民在艰难时顽强生存的真实写照。

车户的发展则与车道的改善是密不可分的。民国时期青海的车户主要为大马车车户,马麒在经营青海的民国前期"修路以便运转"的措施下,青海的车道逐步得到改善。当时的车道可分段通行大马车,山岭地带是难以通行的。车户一般都集中在各城镇郊区,在"在西宁近郊'三司令'(马步瀛)置有油坊水磨,配备有与众不同的运输大套车"②,西宁、大通和湟中的回族农民一般家中都有大套车辆,农忙务农,闲时跑运输。当时的马车有两种:一种为能充气的胶轮车,行驶较快,称"拉拉车",通行于城镇新修公路;另一种是大木轮车,因其轮有大铁钉,不允许行于新修公路,因而不能进城。传有逸事一则:有大通马车需进西宁为居民运送燃煤,用废胶轮胎钉于木轮上,交通管理人员不便做主,报于主席,据说,马步芳听知,为之解疑,笑说:"这是'杠骚'来了"。于是木轮车被允许上公路进城。"杠骚"是西宁一带土话,意即耍赖讹诈,后来西宁人便称这种钉有胶皮的木轮车为"杠骚车"。

在采矿业方面,农户的兼业包括进入金矿当沙娃和下煤井当矿工。至14世纪,已有关于回、汉农户开采祁连野牛沟及门源天桥沟沙金的记载③,民间小规模淘挖沙金已经出现。到了清朝前期,由于民间贸易的自由促使河湟回族人多方谋求生计及生财之道,祁连因富产"金玉宝物"而称八宝;门源有沙金山,"因之皆赤色,下产金沙,故名"。清乾隆年间,西宁地方官吏采取"官督

---

① (光绪)张庭武修,杨景升纂:《丹噶尔厅志》卷五。
② 马俊寿:《马步瀛欲建高楼大厦的前前后后》,《西宁城东文史资料》第一辑。
③ 翟松天:《近代青海经济史》,青海人民出版社1998年版,第132页。

商办"的方式,招商承开金矿,各族商人积极参与其中,而且规模最大的就在门源回族自治县境内的札马图金矿,雇有矿工 500 人。从清末民初开始,省内外市场对沙金的需求逐年增长,民间相应刮起采金风。无论是商人的投资与收购,还是参与采金的人数和规模都超过了以往。清末,在湟源"麸金由本境商人出口募工采挖,每年约五百余两,每两易银三十两,共银一万五千两。"①另"民国五年至八年采金者兴起,多为回族,就大通门源境内采金者人数达2300 余人,按人数而定给官府缴纳课金,每人每年征收课金 1 钱五厘,历年所解 250 两左右,若以每一金 2 两计算年产黄金 500 两以上。"②此时西宁的裕丰昶商号"收购沙金以来,经营数量逐年上升……大通、门源、上五庄、鲁沙尔等邻县零星收购沙金的商店及较远县镇的一些金客、金贩子,都是该店的常客。其沙金绝大部分售于兰州大金店,一部分卖给宁夏商人"。③民国中后期,青海的大部分金矿虽然被马氏政权控制,但民间采金也是相当盛行,尤以回族农户为甚,"回人在家务农者很少,有的在阿尔泰山一带挖金子,有的在别处做小生意,均有吃苦耐劳的心,跋山涉水的力"。④当时湟中县"大才乡的一二行政村,有百分之九十以上的农户从事挖金,冰沟村农民挖金者占80%以上。贾尔沟全村都挖金者或小商贩,土地成了半荒状态"⑤。大通县回族村庄"挖金生产占当地回民经济生活的 50%"⑥,青海其他地方的回族村庄亦是如此。

采金的组织结构由金头和金夫当时称"沙娃"两部分组成。金头包括两种,一种是经济实力较大者,拥有资金,也就是大商人,要备齐采金的马匹、账房、粮食、工具等,还要有能力组织自卫武装,拥有小型武器。金夫的来源有三种:第一种是那些无地农民,他们自愿受雇而来;第二种是负债的农民失去了人身自由为了还债不得不去为金头挖金;第三种农民则是被大大小小的金头

① （光绪）张庭武修,杨景升纂:《丹噶尔厅志》卷五。
② 祁郁春:《门源县工业发展史略》,《门源文史资料选辑》第三辑。
③ 天顺:《廖氏兄弟与裕丰昶》,《青海文史资料集粹·工商经济卷》,2001 年,第 186 页。
④ 《青海省大通县风土调查概况》,民国二十一年版,西藏青海省图书馆地方文献部。
⑤ 中国科学院民族研究所、青海少数民族社会历史调查组编:《青海湟中县回族社会历史调查报告》,《青海回族调查资料汇集》,1964 年。
⑥ 中国科学院民族研究所、青海少数民族社会历史调查组编:《青海大通县回族社会历史调查报告》,《青海回族调查资料汇集》,1964 年。

强抓去的。金夫的雇期为 8 个月,工资每人银元 100 左右,由金头一次交清。

近代以来,青海各族人民在采煤业上的投资比重也是很高的。青海的煤矿较多,采煤业主要在大通县,大通的煤矿"自明代,本地汉回集股开采"①。到了明末,产煤量逐渐增大,并把煤销售到西宁地区,"西宁北川口外白塔地方,出产石煤,系附近汉、土、番、回民挖取贩卖,以为生计。每驮纳税钱三十文,西宁府委员收解充饷,约计每年收银一千九百余两"②。1906 年在丹噶尔市场"石煤每年四五十万斤,自大通县属煤窑运来,本境销用。斤价六厘,共银三千两;煤砖亦自大通煤窑运来,本境销用。每年约两万块,每块以一分计,共银二百两"。③ 民国初期由于西宁城市人口的剧增,市场对煤的需求量越来越大,煤的价格也在逐年上涨,见表 5-33。

表 5-33　西宁 1912—1923 年煤价

年份	每吨价格(银元)	年份(年)	每吨价格(银元)
1912 年	1.508	1916	3.588
1913 年	3.510	1917	3.481
1914 年	3.568	1918	3.978
1915 年	3.446	1919	4.373
—	—	1923	7.000

资料来源:《西宁市志·商业志·物价》,兰州大学出版社 1990 年版。

由表 5-33 可知,1912 年在西宁市面上每吨煤的价格在 1.508 银元,到了 1913 年涨到了 3.51 银元,几乎每吨煤涨了 2 个银元,此后的 1914—1919 年都保持在每吨 3—4 银元之间,到了 1923 年煤价又几乎涨了一半达到了每吨 7 银元,面对巨大的利润商人开始大量投资于大通煤矿,"由本地回汉合股开采,品质极佳,不用透风,炉即能燃。除本地销售外,多运往西宁、湟源、碾伯各处,每月约输出煤八十万斤。向来因有汉六回六之成议,不肯不开"④,大通矿

---

① 《甘肃通志稿·民族八实业矿》,王昱主编:《青海方志资料类编》,青海人民出版社 1987 年版,第 337 页。

② 《清世宗实录》卷一一八。

③ (光绪)张庭武修、杨景升纂:《丹噶尔厅志》卷五。

④ 《甘肃大通县·风土调查录》,西藏青海省图书馆地方文献部。

区共有 12 个窑主开采,开窑 12 个,后增开 3 个,共 15 个,其中回族窑主占大半。1935 年,马步芳派牛、聂两位副官来到大通矿区,在私窑中间开掘直井 4 口,成为官窑;1938 年,马步芳就任青海省政府主席后,授权常驻大通县的骑兵旅长马步奎(马步芳堂弟)亲自办理煤矿事宜。同年 4 月,马步芳亲自来到矿山,收买了当时产量最多、质量最好的喜鹊山煤窑。1939 年,用了 36000 元就买下了矿山的 12 家私窑。在此基础上,于 1939 年成立了官办的"大通公平煤窑"。自此,大通煤矿就从私窑的自由竞争阶段转变为官僚资本的垄断经营了。除此之外,由于市场的需求,一些有煤矿的农村农户也组织开采,如在互助县五峰寺煤矿就是如此,"该窑由互助县政府发照经营,有井两对,分别由马圈沟北西庄七八人或十人集资合股开洞,最深处有 13 丈。凡有股份人家,每家来 1 人做工,不足者向外面雇工,其工资每班工 1 背斗半煤渣,余利之炭,按股均分"。其生产情况,一般为"每窑每班约 20 人,每昼夜可出煤 120 背篓,出炭井以 2 口计,每日出炭 240 背篓,可供给互助县各烧房烧酒及临近各村之用"。① 贫困农民进入煤窑当工人。工作一般分为三种:成年工、童工、盲人工;成年工在井下采煤,童工在井下背煤,盲人工一般在井上绞辘、拉煤和排水。煤矿工人的来源大部分是贫苦农民,有的则是破产的小手工业者,除此之外,还有一些农闲时自带干粮,至窑上劳动,以换取微薄收入的临时雇工。煤窑所产之煤运往本县及西宁、互助、乐都、贵德、湟源等地销售,还有少量运往兰州出售。当时各地每天来矿山拉煤者,马车有约二百辆,驴骡约千头。运输主要依赖畜力车,当时畜力车,多为木轮木厢结构,每车由 1—2 头牲口牵引,可载 500—800 公斤,城镇用煤多由当地"脚户"承运;乡民自用煤,大多是自备牲口驮运。当时,自"大通公平煤窑"每天运出的马车不少于 200 辆,驮运驴、骡上千头。②

农户进入哪些金矿当沙娃,还到哪些煤窑下井当矿工,见表 5-34。

---

① 王致中等:《中国西北社会经济史研究》下册,第 147 页。
② 青海师范学院历史系:《解放前的大通煤矿》,《青海文史资料选辑》第十一辑。

表 5-34 青海省矿产一览

产地	种类	已否开采	备考
共和县上郭密黄河沿岸一带	沙金	已开	每金夫一名每月课金一分五厘纯金,成分约百分之八十一强
化隆县只哈加及上什族木峡	沙金	已开	每金夫一名每年课金二钱,由省府派员提收
民和县黄河沿岸	沙金	已开	据云年产五六十两,恐不止其数
乐都县南山沿河一带	沙金	已开	每金夫一名年课金一钱
湟源县响河南山及东西盘道	沙金	已开	每金夫一名年课金一钱五分
玉树县娘搓固察安冲三族沿通天河岸	沙金	已开	成分七成以上,金课由百户抽收,数目不祥,据云年产约百两。实际恐多
门源县朱固寺属地转风窑楚玛尔栖尔免河西一道羊肠子河沙金城金羊岭札焉圈二寺滩天蓬河高崖牛沟大札麻等地	沙金	已开	成分百分之九十以上,每金夫一名年课金一钱五分
门源县班固寺	沙金	未开	近寺十里以内随地皆是,固属该寺地界,寺僧迷信把持,故未开采
化隆县阿米瞿侣山俗名八宝山及科产沟	金银铜铁锡五朱砂炭等	未开	金苗极旺。清季曾一度开采,因其他属藏民土什族及下六族迷信阻止,遂停止
化隆县东沟及甘都棠堡群谷峡	煤	已开	入地尺许随处皆是,唯交通不便不能售运他处
门源县克图沟人头沟瓜拉多罗煤窑沟脑沟甘沟鹦哥嘴	煤	已开	人头沟极富,周围二三十里皆有,唯交通不便,只供当地之需
大通县樵渔堡大小煤洞	煤	已开	据调查藏量约千万吨,年额约千万斤,行销本地及西宁、湟源、互助、门源、乐都、贵德等县,价值平均每百二十斤一元
西宁观音堂沟及小峡	煤	已开	
门源县土门青晒尔免拉洞山后鸽子沟等地	煤	未开	据调查藏量面积九万七千二百余方尺,唯矿脉深不易开采
湟源县茶浪	石炭	—	
同仁县沙布堮	铅	未开	—
湟源县响河照	铅	未开	—
门源县青石崖人头沟	银	已开	—
门源县野牛沟八宝一带	硫磺	已开	—
门源县小寺尔	玉	已开	俗名嘉牙玉

资料来源:赵昱等:《门源金矿调查报告》。转引自马鹤天:《甘青藏边区考察记》,甘肃人民出版社2003年版,第208页。

　　青海农户除在运输业和采矿业上的兼业外还到林场当伐木工。近代青海输出商品除皮毛外，还以木材见长。据顾执中《到青海去》记载，1933年青海对外贸易中输出的木材有：松木260根，以单价7元计，共1820元；伯木90根，以单价6元计，共540元；榆柳木320根，以单价4元计，共1280元。合计3640元。在清末的丹噶尔市场上"薪刍或樵诸山林，或取诸禾嫁之藁。城乡所需，原难合计，惟售于市者，每年约十万担。每担一钱，共银一万两。木炭自宁属拉沙尔及拉尔宁各庄山林内烧成运来，专资本境铁工、银工炉火之需。每年约一千余担，每担二钱，共银二百两"。① 在民和"商业，享堂有木商五处，由永登连城石峡内代运木料，砍伐搬运之人不下千余，销路甚广，亦可为巨商"。② 在门源"农业生产虽少，而全县的富源却多得很，今日可为农民略事补助者，有一森林，本县产森林的所在，有班固寺、林地估三百七十余亩，运往兰州销售，照壁山森林亦大，但现在已砍伐殆尽，仙米森林，占地八百亩，亦运往兰州销售，朱固地所属森林亦七百余亩，亦运往兰州销售，盖均利用浩门河的水利"。③ 在共和县"黄河一带森林极多，所有森林多由黄河运往兰州销售砍伐木材亦可略济农村的不足"。④ 可见大量农户到林场当伐木工。如循化县的撒拉族农户"大批农民到同仁、门源、互助、贵德和甘肃临洮去伐木，或往兰州、包头等地放运木头、羊毛。伐木是很重要的一种副业，他们的技术也较高。清水工每年到木场做工的人，要占该地青壮年总数的一半"。⑤ 再如民和"从事伐运木材之人不下千余，兰州等地的建筑用材大都取之于此"。⑥

　　其次，亦农亦商。近代以前河湟地区的回族已经形成了"亦农亦商"经济模式，"旧城堡为洮州旧地，较新城为繁复，其俗重商善贾，汉回杂处，藩夷往来，五方人民贸易者络绎不绝，土著以回人为多，无人不商，亦无人不农"。⑦

---

　　① （光绪）张庭武修，杨景升纂：《丹噶尔厅志》卷五。
　　② 《民和县风土调查记》，民国二十一年版，西藏青海省图书馆地方部。
　　③ 《门源县农村经济》，《青海各县农村经济》，丘咸初稿，民国二十三年版，西藏青海省图书馆地方文献部。
　　④ 《共和县农村经济》，《青海各县农村经济》，丘咸初稿，民国二十三年版，西藏青海省图书馆地方文献部。
　　⑤ 该书编写组：《撒拉族简史》，青海人民出版社1985年版，第64页。
　　⑥ 翟松天：《青海经济史近代卷》，青海人民出版社1998年版，第64页。
　　⑦ 《洮州厅志》。

步入近代后,亦农亦商更是受城镇经济辐射和外来商人影响,农户职业分化较高一级的形式,亦是思想观念潜变最为显著的体现形式。由于各方面因素的制约和影响,这类商人多属于兼业性质的商贩,他们在从事商业活动的同时并未完全从农业生产中分离出来,亦商亦农是其生产经营的主要特征。如大通的小商贩"分散在农村,大多数是亦商亦农,时做时歇,以农为主,随季节兼营小商贩"①。再如湟中邦巴集镇"工商业者的家庭成分:地主 12 户,富农 3 户,中农 36 户,贫农 1 户,贫民 21 户,小商 4 户,手工业者 13 户,商人 1 户,小土地出租者 1 户。由此可见,当地工商业者多为半农半商,全靠工商业为生者仅占 36%",②见表 5-35 同仁、尖扎两县涉及的亦农亦商行业有 5 个,共有 178 户,其中亦农亦商户数占总户数的 34.27%。

表 5-35　黄南州同仁、尖扎两县新中国成立初期商人亦商亦农情况

行业	经营方式	户数	就业人数	家室人口	亦农亦商情况
纺织品	独资	10	10	64	兼营农业 4 户,土地 23.2 亩
百货	独资	22	22	101	商兼农 5 户,农兼商 4 户
杂货	独资	67	71	270	商兼农 2 户,农兼商 28 户
食品	独资	33	35	144	商兼农 1 户,农兼商 4 户,醋户 1 户
摊贩	独资	46	46	193	以农为主 16 户
合计	—	178	—	—	61 户

资料来源:《黄南州志·商业》,甘肃人民出版社 1999 年版。

近代青海各民族社区内部出现了面贩、布贩、土货贩、酒贩、烟叶贩、牛羊贩、盐贩等各种小商小贩,他们肩挑背负,自乡间贩至城镇,朝去暮还,造就了城乡颇具繁荣的商业景象。在"湟邑人民半操商业,半操农业"。③ 如在乐都县"汉民工、农、士、商皆有之;番土民多以游牧,近年来亦有务农为业者;回民多从事贩运、小贸、屠宰,兼亦务农、商者。"④如在门源县,"据 1911 年调查,门

---

① 任国安:《大通民间贸易琐记》,《大通文史资料》第三辑,第 146 页。
② 青海省编辑组:《青海省回族撒拉族哈萨克族社会历史调查》,青海人民出版社 1985 年版,第 46 页。
③ 《湟源县风土概况调查大纲》,《青海风土概况调查集》,青海人民出版社 1985 年版。
④ 《乐都县风土概况调查大纲》,《青海风土概况调查集》,青海人民出版社 1985 年版。

源有小商小贩 30 余户"①。湟中县"小商小贩占商户中的绝大多数……在小
商小贩中,回民占的比例更大,约占百分之七八十。鲁沙尔、上五庄的回民男
子几乎都做过小生意"。② 再如"撒拉族聚居的循化、化隆和大河家地处于农
牧业交错地区,是农、牧业产品交易的要地;更主要的是这些地区可耕地不多,
只靠农业收入无法维持生活,因此副业性的小商贩活动日益扩大。如新中国
成立前夕街子、白庄的农户兼做小生意的较多。小商贩活动促进了不同地区
的物资交流,活跃了农村经济,加强了各族间经济联系"。③ 小商小贩的经营
形式可以分为两种:其一,是有固定的店铺,或在固定的地点露天摆摊营业,此
类商贩一般都在河湟各城镇的集市上,大都专营一类或两三类商品,如清真食
品、杂货、粉醋之类,农村小商店多设在交通便利的较大村,经营的商品除生活
用品外,还有农具;其二,就是没有固定营业地点的流动商贩,又称为"货郎",
在河湟城镇农业区担箱、驮箱、背箱装载民用小百货,走乡串户的小商贩称为
"货郎子",即《秦边纪略》所称"负提辇载"之类,在前述持续性贸易市场衰落
后,为维持生计,这类最小本经纪者转向更广阔的城镇街巷和农村庄户;他们
走到哪里就在哪里营业,手摇特制的如普通碟盘大小的"拨浪鼓",以其清脆
悦耳的响声招徕众人,携带的商品多为妇女用的小百货,如针线、头绳、料珠、
燃料之类,也有专门卖一种货物的,如食盐。他们经营的范围很广,凡农牧民
日常生活、生产所需的,几乎无所不包,不仅销售而且还收购农牧品,可以用现
金购买,也可以用从农区收买的粮食、鸡蛋等产品换牧区的皮毛畜产品,或用
牧区的畜产品换农区的农产品,如果长年奔走于自己熟悉的商道上遇见熟悉
的人还可以赊欠。他们态度平和热情,经营方式灵活,哪怕一个鸡蛋换几枚针
或一顶针,也是欢欢喜喜成交,因而颇受大众欢迎,在亲切的手摇鼓声中,人们
特别是难得出门的姑娘、媳妇们换(买)得自己需要的小日用品,货郎们在这
种细碎交易中也有蝇头小利可赚,在他们是聊以糊口的生计,而对平民大众则
弥补了日常需求的不足。还有一种与牧民进行交易的小商贩"叼郎子",他们

---

① 中国科学院民族研究所、青海少数民族社会历史调查组编:《青海省门源回族自治县回
族社会历史情况调查》,《青海回族调查资料汇集》,1964 年。

② 中国科学院民族研究所、青海少数民族社会历史调查组编:《青海湟中县回族社会历史
调查报告》,《青海回族调查资料汇集》,1964 年。

③ 该书编写组:《撒拉族简史》,青海人民出版社 1985 年版,第 65 页。

一般都在寺院城镇和牧区以低进高出的手段,与藏蒙牧民做小买卖,他们精通藏蒙民族语,能说会道,能见机行事,从坐商处赊欠批发一些布匹、粮食、小百货、农产品等后,交换藏蒙牧民的皮毛,再将毛皮售给皮毛商。

近代青海各民族农户兼业现象的出现可视为其早期思想观念由传统走向现代化的一次极其重要的社会变革。它标志着近代青海民族的生产、生活和交往打破了原有狭小的亲缘圈的限制,重农轻商的乡土观念得到一定程度的转变,商品经济意识有所增强;同时也预示着青海各民族向现代化迈出了重要的一步。正是这种以商人为主导的大规模民族经济开发的到来,促进了农村市场的培育和发展,为少数民族农户提供了非农性质的兼业以支撑自身农家经济运行的机会,进而有力推动了汉、回、藏、土、撒拉等各民族之间经济融合进程。但毋庸讳言,在分化速度、规模和结构上各民族地区之间还存在很大的差距。虽然他们居住地区也出现了一些个体工匠、手工作坊和商贩,乃至个别大商人,但人数少、规模小,还未足以从整体上改变其劳动力的就业结构,直到新中国成立前夕,大多数劳动力仍从事第一产业的生产劳动。

三、商人资本支配下的农牧民生产经营方式

据上述的分析可见,近代民间商贸的大规模开展,商人资本以多层级城镇市场为据点沿商业网络向农牧区不断渗透,农牧民家庭经济运行,具有了以上谈到的商品经济的外循环运行机制(生产—交换—消费)。区别于传统的以礼俗交往经济的内循环运行机制(生产—消费)①。除农牧业生产领域扩大和非农牧产业的增长外,农牧户家庭经济发展的外循环模式还体现在商人资本支配下的农牧民生产经营方式。这种经营方式的最大特点是商人资本支配下的商品经济运行机制。上文提及的两类情形仅是农牧民在外界商业渗透后,自身根据新的环境所作出的一些调整变化。仅是在产品销售时候依赖商人之收购,它与商人资本间的联系是单向间接的,缺乏一种互动性。而在商人资本支配下的农牧民生产经营方式中,则出现了商人资本和农牧民两类不同性质的生产要素直接相结合的新型互动组合模式。即商人通过产前贷与资金,提供生产原料和工具或其他生活用品等方式,进而对农牧民家庭经营农牧业、手

---

① 参见陈炜:《近代广西城镇商业网络与民族经济开发》,巴蜀书社2008年版,第284页。

工业的生产与销售直接控制支配。在这种格局下,商人变为包买商、工场主,农牧民则成为了雇佣劳动者。进而使其家庭生产逐渐脱离了自然经济范围,与商业资本牢牢结合在一起。商人预付资本使之成为农户生产过程中的必要资金,再通过包卖其制成品,形成农户在商品销售方面对商人的依赖。这在近代青海主要表现为商业资本以借贷预买、赊销预买、借贷赊销预买的方式支配农牧民家庭的农牧业以及家庭手工业生产,其中以借贷赊销预买的方式在农牧地区较为普遍。

首先,在广大牧区主要以赊销预买与借贷赊销预买的方式支配牧民家庭牧业,如商人用推销货品预付价款的方式收购羊毛。清末以来,“西宁毛”的销路渐广,省内外商人,开始入青海收购羊毛,因而促进了牧民对羊毛的收集增产。如在湟源“洋行、山陕京津等客商,必须委托当地‘歇家’,每年春夏先预付巨款或茶布粮食等前往牧区预定皮毛,秋冬交回羊毛皮张”。①

羊毛的交易方法:“过去洋商收毛,多在出口地与收集羊毛之歇家接洽,给予定银,俟秋季羊毛到后,再行文货。现时洋商既不在青直接收毛,此种现象,已成过去,不再具论。歇家收毛,分‘放账’‘收账’两种办法。”

放账法:歇家一名词,可与内地商人的总行或总经理相仿佛。彼等将羊毛运赴天津一带销尽后,即以其资本,贩运蒙藏两族所需要之砖茶斜洋布杂色绸缎……货于青,在一定时间内遣人运往此种货物,及青海特产之稞麦挂面酒油……,前往各产羊毛地“放账”。此种歇家收毛之人,藏人称为“客哇”,彼等将各种货物,运至一处,即插帐以居,每至一处,即设法认识一该地夙有声望之人,为之介绍当地居民,作种种交易,谓之[主人家],凡蒙藏人赊取货物者不记账,仅与毛商言明砖茶或斜布一方约一尺应给羊毛若干斤,再记于其账薄上,将依所言取毛,放账手续,即行完毕。

收账法:夏末秋初,为青海羊毛裁剪期,毛商即携带衡器,前往账户收毛,再行运回账房,整理成捆,存储待运,收帐手续,即行完毕。②

再如赊销预买在天峻牧区“商贩多来自湟源、湟中,其次来自张掖、酒泉。所带货物有粮食、茶叶、布匹、牛马鞍具、烟、酒、铁锅、锅叉、木屑、针线、哈达以

---

①　林生福:《湟源的民族贸易概况》,《湟源文史资料》1997 年第四辑,第 19 页。

②　穆建业:《青海羊毛事业之现在及将来》,《新青海》1933 年第 1 卷第 4 期。

及其他民族用品等"。他们推销货品的其中一个方法就是"先赊后购,这是最受欢迎的一种。商人在春夏之际,串账房到各处放卖,先不收钱,等到秋冬则收购皮毛土特产品而归"。① 如借贷赊销预买在果洛"如先交银两若干给地方人民,待来年再交货物,时间虽长而利息十倍。若以茶、布、盐等什物先行放出,一年或半年之后再收药材、麝香、羊皮、野生皮等,再转运内地或出口,其利尤大"②。

其次,在农区主要以借贷赊销预买、赊销预买、借贷预买方式等。

借贷赊销预买。如在湟源"贫农最多,每年二三月间,衣食缺乏,向富户或商号借贷,如布一匹值三元者作价六元,麦子值二十元者作价三十元,俟八九月间麦收后归还,因无金钱,仍以麦、豆付还。此时麦豆价廉,每石约十五元,即借一石还二石,如歉收不能归还时,另写借约,将水旱田作抵,利息普通为四分,期至次年八九月止。如再无力归还,即照约管地,或抵补现金若干,将地收买"。③ 在互助威远堡"如在柜台以粮食换买白酒或棉布时,1升粮食可换1斤白酒或2尺棉布,如果当时不给粮食,等到冬季,1升粮食只可换半斤酒、1尺布。这样赊欠放账的有鸿义德、世义德、永兴公、文盛成、统兴元、文钰合等三四十家"。④

赊销预买农业区部分工商户还以赊销欲买方式定向收购农产品,不仅控制了产品销售市场,也同时控制了原料市场,在广大农村有"专门赊销的商人。这种商人多来自威远镇和河州,主要赊销各种农具和必需的日用品。估计这种交换方式占整个农村市场销售额的一半左右,这种交换的进行是在粮食收割以前,商人拿各种农具及必需日用品等下乡,经保人作保赊销给农民,秋后粮食打完,即来收取粮食"。⑤ 如在互助东沟大庄"最突出的是威远镇的几个烧酒坊和一部分的布匹坐商。他们在每年春耕开始时,就携带大批布匹

---

① 曹清景:《天峻的商贸活动概要》,《青海文史资料集粹·工商经济卷》,2001 年,第 316 页。

② 黄举安:《进步中的果洛》,《中国边疆》1943 年第 2 卷第 10、11 期合刊。

③ 马鹤天:《甘青藏边区考察记》,甘肃人民出版社 2003 年版,第 239 页。

④ 李华亭:《威远堡私营工商业者经营概况》,《青海文史资料集粹·工商经济卷》,2001 年,第 342 页。

⑤ 青海省编辑组:《青海土族社会历史调查》,青海人民出版社 1985 年版,第 80 页。

和白洋,来东沟大庄一带预购粮食。贫苦农民从他们那里,先领到一些布和钱……每一个烧酒坊一年在东沟可收约一二百石,完全用作酿酒;每一个布匹坐商,一年在东沟预购得二三十石粮,完全倒卖给西宁或烧酒坊,从中牟利。如果把东沟、却藏滩、纳家一带的村庄都计算起来,新中国成立前每年被商业资本预购或交换的粮食,约在一千多石以上"。① 小商小贩如果长年奔走于自己熟悉的商道上遇见熟悉的人还可以赊欠预买。

借贷预买。如在互助威远堡"民国三十年至三十八年期间,丈地款、马款以及各种苛捐杂税逼得民众无路可走,部分工商业户趁火打劫,以 3—8 分的利息,向他们借贷。如烧房世义德,需要酿酒的粮食——青稞,即于民国三十二年拿出硬币 500 元,给却藏滩、泽林、东沟的农民贷放,一元硬币换青稞一斗(即 100 斤)春季放出,冬季收粮。当年还未起到第二年再还时要加 2 倍的利息,东沟姚马庄的姚占元,借世义德硬币 100 元,当年没有偿还,到第二年算账时,本息共算成青稞 16 石(即合 16000 市斤)"。②

商人资本开始与农牧民家庭生产的结合是它实现资本总量增长的新途径,此举既对近代青海农牧民经济的整体发展和生产方式的变革起积极的促动,凸显了受商业网络经济渗透影响农牧民生产经营的商品化、市场化趋向,又对商人的活动领域进行了开拓,具有一定的进步意义。但与其他经济发达地区相比,它的发展还是具有很大局限性。商人向农户提供贷款,它虽名为借贷资本,但相当部分却被农牧民用于满足基本生活消费,这无疑削弱了农户商品性生产的规模和效益,实质上仍是农牧区人们生活贫困和经济落后的一种体现,因而它对生产的促进作用是有限的。并且在这种"商人资本支配下的农牧民家庭生产经营方式"开发格局下,由于农牧民直接介入流通过程者少,商人资本完全控制了流通领域。紧接着,在生产领域,商人资本通过高利贷、预买等途径控制农牧民的生产过程,攫取高额利润,尤其借贷赊销预买则是三管齐下:用高的价格售货;又用高的利率记息;再用低的价格收入农牧产品。即在赊销的利润上,加上出放借贷的利息,再加上用农牧产品还账的利润。可

---

① 青海省编辑组:《青海土族社会历史调查》,青海人民出版社 1985 年版,第 78 页。
② 李华亭:《威远堡私营工商业者经营概况》,《青海文史资料集粹·工商经济卷》,2001年,第 342 页。

以说,在一次交易中,取得了三次利润。如"赊账销售的方式对当地人民剥削很重,商人在农民没有货币和粮食的时候,将商品以极高的价格记账赊给农民(价格里还包括有利息),到秋收后商人收取粮食和油料等。"赊货价格如下①:

一块土蓝布(窄面,三丈二尺),春夏赊销,秋后要四斗粮食(四百斤)。

若当时付款:一丈布=1.2斗粮。

1—2包香烟=1升粮食(10斤)。

3两红糖=1升粮食。

1.5白糖=1升粮食。

10斤盐=5升粮食(50斤)。

8捆线(约60多根)=1升粮食。

从价格构成分析,大部分利润被商人攫取,赊销商品是不公平的交易方式,结果,商人资本从中获取农牧区经济开发的主导权,农牧区商品经济形成依附性的发展道路,这无疑是造成农牧区自主发展动力不足的一个重要原因。

由以上分析观之,农牧区的开发离不开活跃的商人和民间自由贸易。在商人深入民族地区开发当地经济过程中,其利用资金和技术产业的双重优势,引发了农牧民家庭经济生活方式呈现由传统向现代的潜变,并促成了各民族融合认同于民间商人移民群体的发展势头。通过交往与接触的加深,各民族地区思想逐渐由封闭走向开放,一些地区牧民组成商队经商经营即是最好的例子。如此宽泛的民间贸易在打破民族地区社区孤立封闭发展格局的同时,也使近代青海民族经济在缺少政府导向开发的格局下出现了一个以民间商人群体为开发整体,在区域总体联系基础上进行全面开发的新阶段。然而,事物的发展总存在着两面性,民间商人主导的这种开发格局也带来了一系列负面影响。他们在促进各民族地区自然经济不断趋于解体的同时,相当一部分地区依然在自给自足的轨道上运行。商人们自身在青海致富经商,得以享受富裕生活的种种方便,最早沐浴于近代文明带来的观念变革、物质享受的同时,许多地方的民族群众却依然徘徊在生活水平低下、思想观念愚昧落后的传统

---

① 青海省编辑组:《青海土族社会历史调查》,青海人民出版社1985年版,第80页。

社会状态之中。而这种负面影响主要集中体现在如下方面：其一，由于民间商人控制了各民族生产消费的整个过程，使得大量剩余价值流入他们手中，少数民族仅获得其中少部分，这无疑成为青海近代民族地区金融枯竭和发展动力不足的一个重要原因。农产品、手工业品的商品化虽在一定程度上改善了农户的生活，但绝大多数农户生活仍较为贫困。近代青海民族地区土特产品的出口大多依赖国际市场，而商人则操纵了商品流通的整个过程。每逢市场波动，农牧民大多难以获取价格上涨带来的实惠，却要承担价格下跌转嫁的损失。其二，由于民间商人是在市场利润的刺激下涌入民族地区从事经济开发活动的，难免不同程度上存在盲目开发的倾向和追求一时之利的短期行为，而这些活动却在一定程度上对少数民族农家经济生活造成了长时段不良影响。最为典型的是鸦片的种植一方面虽然带来了短期家庭收入的增长，但它却是以严重损耗地力为代价的，不得不禁种。从长远看这种行为对于以农为主业的各民族农户来说，无异于杀鸡取卵，得不偿失。另外，民族经济开发高潮后所带来和遗留的一系列问题，尤其是生态环境问题，不能说与此无关，如"循化农村除农产品外，尚有曲卜藏、边都、卑塘、起台、韩家集、本城镇、白藏等乡的森林，可作为农村副产。可惜近年来多因只事砍伐，没有培养，一部分已成为柴林，而非森林了"。①

综上所述，近代以来，正是通过商人买和卖的活动，在各民族生产者与城镇市场中间构建起一座桥梁，使小生产者的产品变为商业网络中流通的商品，逐步地扩大了其生产的内容和范围，进而连接起青海城镇商业网络与国内市场乃至世界市场的流通，并日益改变着青海农牧地区经济闭塞落后的状态，极大地推动了近代青海地方民族的经济开发。

---

① 《循化县农村经济》，《青海各县农村经济》，丘咸初稿，民国二十三年版，西藏青海省图书馆地方文献部。

结　语

　　以上我们分五章,以青海民间商贸与地方民族社会经济扩展的互动关系为主线,对近代晚期1895—1949年青海民间商贸兴起的历史基础、嬗变动因、各级城镇商贸市场变迁和由各族商人为主导的民间商贸的变迁过程及运行机制等诸内容进行了详尽阐述与深入探讨。我们发现这一历史过程是近代青海省实现经济社会早期现代化的重要途径之一,梳理近代青海以民间商人为主导构建的民间商贸对地方经济扩展和开发这段迄今仍云雾遮挡的历史,探讨青海农牧过渡区域城市发展与区域社会经济变迁,总结其开发历程、特点、绩效与不足,有利于通过历史与现状的有机联系,完整地揭示出青海区域社会经济历史发展演变的脉络,有助于我们深化对当前青海农牧区生态保护、经济开发及城镇化发展的决策思考,为实现藏区人与自然的和谐发展、加快青海藏区和全省发展,增加各族人民的福祉无疑具有一定的借鉴和启迪意义。

　　纵观近代青海民间商贸发展的历程,不难发现近代晚期青海民间商贸,是在清朝、民国时期国家—地方社会变迁场域中民间商贸自由化这一社会重要背景下兴盛起来的。清前期国力强盛,将整个青海蒙藏牧区纳入到统一的多民族国家之中,逐于雍正十三年(1735年)停止"茶马互市",沿袭千年的官方专营的茶马制度的种种限制被取消,从此自由的民间贸易一直发展到民国中后期。清前中期民间贸易的自由促使湟水谷地涌现出了西宁、多巴、白塔儿(大通县城关镇)、丹噶尔(湟源)等新兴的回藏商业城镇,这些城镇为青海内部农牧区居民服务方面表现出了较高效率,如市场发育加快、经商队伍急剧扩大、商品种类和交易额也在不断的扩展,通过农牧区商品的流通,原来彼此孤立的农牧经济区域开始有了一定的经济联系,为近代青海民间商贸兴起奠定了历史基础。近代青海民间贸易快速兴起动因和嬗变条件则是皮毛贸易这一主"引擎"带动,在皮毛贸易带动下,清前中期发展起来的民间贸易作为特殊的商品流通方式也顺应了历史发展的潮流相应的发生了变迁,青海农牧区自然经济逐步受到了一定的冲击,皮毛贸易不仅带动了相关商业行业的发展,如运输业——收购、择晒、打包、驮运、筏运等分支行业,同时也带动了与其相关的城镇商业服务业,如车马、饭馆、脚户、茶水、清真小吃、理发、修理等,更是丰富了城镇市井文化。与此同时,由于大量的皮毛外运,各族人民或生产、或转运、或销售,积累了大量的财富,这些额外增加的收入主要用来购买省内外及国际市场上的生活和生产消费用品,致使青海的商业、金融运转正常,也加速了输入商品剧增、人民购买力旺盛,皮毛贸易是整个青海经济社会运转的中心力量。近代青海民间商贸兴起的历史表明:一个民族或地区长期落后,是由于长期封闭所致;一个民族或地区能够实现追赶,则是因为开放和不断地学习。对外开放与世界市场接轨是近代包括青海农牧区在内的整个中国社会经济早期现代化的主要因素之一。现今,在坚持对外开放的基础上,以市场为导向,充分发挥地区优势,积极参与地区与国际市场分工是实现青海等民族地区经济结构调整和可持续发展的重要途径。

于是,伴随着农牧产品商品化程度的加深,青海地区旧有的经济结构不断分解,新经济因素不断滋长,进而在消费和生产领域引发一系列连锁反应,促使整个青海农牧区域社会经济连成一体,整体走上发展的道路。

首先,民间商贸促进了青海农牧区早期城镇化道路。青海城市在其步入近代化的过程中,不仅起步时间比沿海地区差了半个世纪之久,而且商业力量在当地城市发展中的作用也远大于工业,并长期占据主角位置。自皮毛贸易兴盛以来,青海走上了因商而兴的道路,却未能像东南沿海沿江地区那样随即走上因工而盛的道路;相反新式工业发展极为缓慢,商业经济在城市经济发展中所占比重依旧居于高位。繁荣的商业促使西宁市井文化的产生与丰富,并刺激了西宁向近代化方向转变与发展,近代新的社会因素也在西宁竞相驻足,西宁从一个中小城市,向中等城市发展。1929年青海建省后,西宁作为青海的首府,成为全省的政治、经济、文化中心,逐步发展成为西北地区区域性城市,这是商业发展的必然结果。寺院城镇和军事城堡还有少数县治所在皮毛贸易的引擎之下,很快聚集了相当规模的城镇人口,固定经营店铺增多,市场规模不断扩大,市场无论在上市商品数额或是经商人数等方面均达到了相当规模,并具有相当的消费、生产和批发能力,往往占据优越的交通地理位置,是一定范围内协调商品交易的中心市场,是近代青海市镇市场体系的中级市场。中心市镇上连区域中心城市市场,下通基本集镇市场和农牧区集市,既是当地周边农牧区的商贸中心,对附近市场具有一定的支配力,同时又是一定范围内(一县或数县)的贸易中心和货物集散地。这一时期青海集镇的大量兴起,有效沟通了附近农牧民与市场的联系。它不仅为满足小农和牧民衣食日用方面的各种需要服务,同时还担负着保证小农和牧民经济生产与再生产正常运行的职能。它的存在与发展,有利于弥补农牧民生产之不足,有利于集镇附近农民经济作物种植面积的扩大和手工业商品化发展。这些集镇大多都具备商业功能,它一方面紧临着农村和牧区,经济、文化上与农村和牧区有着紧密的联系;同时,又是城市的基层组织,是城市与乡村联络的纽带。这样,近代晚期青海逐步形成了以西宁为中心城市商贸市场,以寺院城镇、军事城堡、县治所为中心市镇市场,以集镇为基本市场的多层次城镇商贸网络体系。在这个商贸网络的运行中,进出口商品的双向大规模流通改变了商品流通的旧有格局,使其逐渐由原来的传统封闭式经济联系模式向近代开放性市场经济体系转化。城镇是近代商人和商品等流通主客体聚集之处,也是城镇商业网络得以运行的重要据点。因而要加速民族地区经济开发,必须大力发展多层次的中心城镇,形成严密的城镇市场网络,建立联动发展的空间作用机制,促进区域共同发展。历史经验证明,要开发一个地区,首先要培育经济中心,通过不断壮大原有的经济中心和建设新的经济中心,使经济中心成为辐射源头,以线串点,以点带面,逐渐联成严密的城镇网络体系,才能全面推动区域经济发展。而城镇则是这样一种中心,它是各种生产要素和资源配置的最佳场所。当前青海民族地区要加快当地的经济开发,首要任务便是在建设好青藏高原中心区域城市西宁的基础上,通过各种方式重点增加中小城市的数量,形成大中小城镇比例协调、分布合理,分工协作与经济发展相适应的城镇体系。同时加强交通等基础设施建设,提高网络的运行能力。唯有如此,才能进一步加强城镇作为商业网络节点的辐射带动作用,推动青海民族地区经济的整体发展。可见,区域发展必须依靠中心城镇把区域内所有经济活动凝集为一个整体,没有这样一个凝集中心,区域经济就将成为一盘散沙。

其次,城镇商贸繁荣与商贸网络的运行辐射,促进了农牧民社会经济的变迁。由于近代河湟地区是汉、回、土、藏、撒拉等族杂居的地区,且各民族农牧民杂居分布在乡村,所以以河湟集镇为代表的中小城镇对当地各民族的经济文化生活有着巨大的辐射作用,集镇逐渐成为周边各民族聚集和交流的中心场所,城镇商贸不仅促进了各民族间的经济交往与融合,也为农牧民经济的扩展提供了生产技术、资金和信息,而且加速了各民族生产与消费体系的开放,有力地推动了各民族间经济交往与地区经济开发,河湟城镇商贸促进了各民族的和谐共生。此时由河湟回族主导的民间商业活动涉及更远更深的牧区,从而把整个牧区纳入到民间商贸的网络之中。回族商人在这些新的商业城镇及周边地区安家立业,逐渐形成了自己新的回族商业社区。回族商业社区沟通了河湟城镇与农牧区之间的经济交往,促进了河湟农牧区商品经济的发展,改变了人们的经济生活,促使回族农业人口向城镇其他行业转化,其文化功能主要表现在回族伊斯兰文化的整合功能和文化传承功能,为民国初期青海伊斯兰教伊赫瓦尼的传播、形成以及伊赫瓦尼在河湟地区的兴盛奠定了文化基础。回族民商在中原—河湟各镇—牧区的游离经商以及在牧区安家,开发工农商业,在青海地区民族经济开发中的所起的作用是一个长期而深刻的历史过程,通过民间自由贸易,回商的经商及开发工农业最终促使藏—回—汉外部贸易向内部转化这一特殊历史变迁的完成,引起了青海内部社会,经济运行形式的演变,遂促使青海东部与西部农业经济文化区域与牧业经济文化区域在青海小环境中结合,无疑回族商人是因商而兴的城镇化道路的重要推动者,回族商业社区更是城镇的重要组成部分。随着民间商贸的兴盛及城镇商贸的辐射,广大牧民家庭生活资料消费开始了结构性变革,不仅各类家庭消费品品种在增加,而且消费数量也在增长,所需商品种类繁多,商品需求结构向多样化发展的趋势。还促进了蒙藏牧民思想意识的变化,尤其是商贸的频繁往来直接催生了普通牧民的经商意识。牧民还从与外来行商的接触中逐步掌握了一些基本的经商之术,而且此时牧民的商贸资本组成方式和经营模式也是很完善。随着牧民对外来商品的依赖和本地土特产品大量的外运,推动了牧民的生产结构的变迁,一方面畜牧狩猎的生产方式逐渐缩小,定居且以农业为生产方式逐渐扩大;另一方面牧民从事的畜牧生产也相应的进行了结构调整,逐渐形成了具有地方特色的畜牧养殖业,形成了一地一品的名贵产品。由此可见,青海境内的各民族有着不同生产方式、不同宗教信仰、不同语言及文化背景,他们之间能和谐共生,其动力、根源和基础就是——民间商贸,这种历史上形成的各民族互补共生模式保证了各民族的生存和发展。民间商贸在统一的多民族国家形成中有着极为特殊的历史作用和贡献,在加强牧区与内地的经济文化等方面的交流,促使藏区经济繁荣,消除某些政治上的离心力,则是其他行业无法取代的,因而民间商贸对近代以来青海各民族间的经济交往与融合,对解读历史上乃至今天青海各民族间社会经济生活的稳定与民族团结具有重要启示意义。对外开放,参与经济全球化是世界经济发展的大趋势,民族地区人的思想和观念亦要与之相适应,以主动的姿态融入到时代发展的潮流中。沉重的历史向我们昭示:只有转变传统观念,消除极端民族意识和宗教意识,才能克服少数民族地区狭隘的地方意识;只有打破封闭保守的传统观念,以开放的态度对待现实和未来,才能打破地方局限性。同样也只有真正树立起市场所需要的变革意识、开放意识,青海各民族地区的经济才能发展起来,才可能实现社会持续稳定的发展。

再次,民间商贸的繁荣给青海传统的商人结构带来了深刻的影响与剧变。从事商贸的商人既有传统商人的延续,又有近代资本主义商业因素影响下的商人的转变及其壮大。随着商业经济的迅速发展,城镇人口增加,随之农牧产品价格上涨,农牧民购买力有了提高,青海地方民众的现实生活开始由封闭逐渐走向开放,商品观念渐强。外省客商入青海经营亦日益增多,在他们的示范带动下,越来越多的青海本地人开始大规模地加入到经商活动中来,并开始在人数上赶超外省商人,本省商人的兴起还带动了青、藏两省区民间贸易的发展。在追逐高额利润的刺激下,越来越多的牧民开始大规模地加入到经商活动中来,经商致富已是藏族社会普通认同的社会风尚,商人是受人尊敬的,藏传佛教寺院不仅积极组织喇嘛僧人参与经商活动,而且寺院专门设立了较为完善的商业管理机构。回族内部不仅出现了脱离农业而专门从事商业的商人阶层,而且其规模随着贸易的繁荣不断地扩大,回商中不仅有倾倒地方的商业资本家,也有走街串巷的小商小贩,整个民族都参与到了民间商贸的黄金季节之中。这样本省各族商人成为城镇商业经营者的重要组成部分。与此同时,回族官僚商业资本逐渐兴起到民国末期逐步垄断商业,民间商人依旧顽强的坚持着商贸活动。这一时期,省内外汉族商人、回族商人、藏族商人和寺院商业、洋行等,他们或为行商、坐商,或为批发商、零售商、小商小贩,或从事过载行业、大小行业商铺(店)、歇家等行业支撑着近代青海民间商贸的正常运行。

通过他们的商业活动将"各种产品转化为商品",沟通了城乡间经济联系,实为商贸网络中最繁忙和最关键的要素,将无数分散、零星的小生产者的涓涓细流汇而总之,形成商品流通的洪流,在区域城乡经济发展中起着不可或缺的作用。新的世纪,如何通过制度创新为民族地区工商业经济发展保驾护航和创造条件,如何协调并充分发挥民间商人在促进地区经济联系,推动区域经济开发中的作用,是当前政府所需要重点关注和着力解决的问题。

最后,民间商贸调整了近代晚期青海各民族的产业结构、从业结构,稳固了社会结构。当时的地方大商人将很大一部分资金投向教育事业促进了地方教育的发展,投资畜牧业促进了青海牧业的开发,对草场退化、牲畜改良都起到一定的作用。更为重要的是,通过他们的商业活动将"各种产品转化为商品",沟通了农牧区城乡间经济联系,这些落居城镇或奔忙于高山峡谷、茫茫草原间,或穿梭于乡村和部落之中的商人们,围绕着市场需求,按照新方式组织参与商品贸易,形成了从城市到广大乡村和牧区的商品购销网,是商贸网络中直接联结农牧民家庭经济的重要载体,是近代青海地方民族地区经济开发的主导力量,他们促进了农牧民家庭农牧业经营领域的扩大和农牧民非农牧经济的成长,由此我们可以看出,近代青海民族地区经济发展均离不开本地土特产品的种植、开发,因此我们加速青海民族地区经济发展,必须科学有效地利用和开发本地资源,大力培植特色经济。因此,现今我们要搞好民族地区特色经济开发,必须从实际出发,立足于可支撑的资源基础,发现和创造市场需求,提升资源特色和市场潜力,努力培育好特色经济。立足于民族地区"丰富的生物多样性,民族多样性"的资源优势,坚持以市场为导向,以优势资源、特色资源为依托,建立区域性特色经济,走规模化、产业化和集约化道路。惟其如此,才能最大限度地将青海民族地区自然资源优势转化为商品经济优势,加快民族地区经济发展。而且尤为重要的是,在商人资本支配下的农牧民生产经营方式中,则出现了商人资本和农牧民两类不同性质的生产要素直接相结合的新型互动组合模式。即商人通过产前贷与资金,提供生产原料和工具或其他生活用品等方式,进而对农牧民家庭经营农牧业、手工业的生产与销售直接控制支配,进而使其家庭生产逐渐脱离了自然经济范围,与商业资本牢牢结合在一起。可见,在近代民间商贸的作用下,民间商人通过其商业活动成功实现了对各民族共同体内部的渗透或整合,这种交易方式已转化为各民族农牧民所普遍认可的一种经济交换形式,即市场交换。于是民商与各民族交易的意义,除了带来财物位移的结果外,还使得市场交换与互惠和再分配两种交换形式一起作为各民族内部的社会整合模式而存在,共同成为近代青海民族社会系统的重要支柱,在共同体内部起到协调和整合人们的社会经济交往方式,稳固社会结构的作用,值得我们深入思考和借鉴。

总而言之,伴随着近代青海民间商贸的不断扩张和兴盛,以城镇商贸为依托,以各族商人为主导的民间商贸在农牧区的大规模开展,使各民族间的经济文化交往也在日益增强,促进了各民族的和谐共生,更为重要的是自由的民间商贸给青海各民族的产业结构、从业结构以及社会生活由传统迈向近代化转变带来了机遇,并为近代青海各民族经济扩展提供了一定限度的空间,有力地推动了青海地方民族经济开发和社会变迁。逐使青海东部与西部农业经济文化区域与牧业经济文化区域在青海小环境中结合,为近代青海建省奠定了物质基础,并走上了一条因商而兴的特殊城镇化道路,这种早期的城镇化历程启示是:我们必须立足现实,正确选择青海民族地区尤其是青海藏区经济发展的模式,着力关注发展问题与生态问题的平衡与协调,深化对当前青海农牧区生态保护、经济开发及城镇化发展的决策思考,实现藏区人与自然的和谐发展。

主要参考文献

一、文献史料

1.《清史稿》,中华书局 1977 年版。

2.《清实录》,中华书局 1987 年影印本。

3. 马塞北:《清实录穆斯林资料辑录》,宁夏人民出版社 1988 年版。

4. 马小琴、喇秉德:《青海回族史资料集》,青海人民出版社 2002 年版。

5.《青海方志资料类编》,青海人民出版社 1987 年版。

6.《青海地方旧志五种》,青海人民出版社 1989 年版。

7. (清)徐珂:《清稗类钞》,中华书局 1984 年版。

8. (清)李天祥纂:《碾伯所志》,1957 年北京师范大学图书馆据抄本复制本。

9. (清)查郎阿、刘于义修,许容纂:《甘肃通志》,台湾文海出版社据清乾隆元年刻本影印本。

10. (顺治)《西宁志》,1957 年据顺治刻本的油印本。

11. (清)杨应琚纂修:《西宁府新志》,青海人民出版社 1988 年版。

12. (清)龚景翰纂修:《循化志》,青海人民出版社 1981 年版。

13. (光绪)张庭武修,杨景开纂:《丹噶尔厅志》,清宣统二年甘肃官报书局排印本。

14. (光绪)《采录大通县乘帙稿》,《青海方志资料类编》,青海人民出版社 1987 年版。

15. (光绪暨民国)邓承伟、来维礼等纂:《西宁府续志》,青海人民出版社 1985 年版。

16. (宣统)升允等修,安维峻等纂:《甘肃新通志》,清宣统元年刻本。

17. (清)梁份:《秦边纪略》,青海人民出版社 1987 年版。

18.（清）文孚著，魏明章标注：《青海事宜节略》，青海人民出版社 1993 年版。

19. 青海省政协学习和文史文员会：《青海文史资料集粹·工商经济卷》，2001 年。

20.（民国）《新青海》，中央民族大学图书馆古籍部。

21. 吴丰培编：《豫师青海奏稿》，青海人民出版社 1981 年版。

22. 青海省志编纂委员会：《青海历史纪要》，青海人民出版社 1987 年版。

23.《青海各县农村经济》，丘咸初稿，民国二十三年版，西藏青海省图书馆地方文献部。

24.（民国）姚钧纂修：《贵德县志简本》，青海省图书馆藏油印本。

25.（民国）姚钧纂修：《贵德县志稿》，青海省图书馆藏抄本。

26.（民国）刘运新修，廖椂苏等纂：《大通县志》，民国八年甘肃政报局排印本。

27.（民国）刘郁芬修，杨思等纂：《甘肃通志稿》，甘肃图书馆据民国二十年原稿本油印本。

28.（民国）青海省建设厅编：《青海省建设概况》，民国三十五年九月，西藏青海省图书馆地方部。

29.（民国）周希武：《玉树调查记》，《青海方志资料类编》，青海人民出版社 1987 年版。

30.《清末青海地方禀批》，道光三年，西藏青海省图书馆地方文献部。

31.（民国）佚名：《青海省各县风土地概况调查记》（中国西北文献丛书编辑委员会编，兰州古籍书店影印出版发行，1990 年，总 135 册辑 19 卷第 1 页）。

32. 林鹏侠：《西北行》，宁夏人民出版社 2000 年版。

33. 范长江：《中国的西北角》，新华出版社 1980 年版。

34. 马鹤天：《甘青藏边区考察记》，甘肃人民出版社 2003 年版。

35. 刘文海：《西行见闻记》，甘肃人民出版社 2003 年版。

36. 侯鸿鉴：《西北漫游记》，甘肃人民出版社 2003 年版。

37.《民国青海历史资料·国民政府蒙藏委员会调查报告》，中国第二历史档案。

38.《北洋政府时期青海历史资料》,中国科学院历史研究所第三所南京文史资料整理处选编,1951 年油印本。

39. 青海省政协学习和文史委员会:《青海文史资料选辑》全辑。

40. 西宁市政协文史资料研究委员会:《西宁文史资料选辑》全辑。

41. 城东区政协文史资料研究委员会:《西宁城东区文史资料选辑》全辑。

42.《青海历史纪要》,青海人民出版社 1979 年版。

43. 青海少数民族社会历史调查组编:《青海回族调查资料汇集》,1964 年。

44.《民和县回族社会历史材料汇编》,1959 年油印本,民和档案馆藏本。

45.《青海风俗简志》,青海人民出版社 1987 年版。

46.《西北民族宗教史料文摘·青海分册》,甘肃省图书馆。

47.《西北民族宗教史料文摘·甘肃分册》,甘肃省图书馆。

48.《西宁市志》,陕西人民出版社 1996 年版。

49.《门源县志》,甘肃人民出版社 1993 年版。

50.《化隆县志》,陕西人民出版社 1994 年版。

51.《平安县志》,陕西人民出版社 1996 年版。

52.《民和县志》,陕西人民出版社 1993 年版。

53.《祁连县志》,甘肃人民出版社 1993 年版。

54. 许公武:《青海志略》,商务印书馆印行,民国三十年版。

55. 杨景福主编:《青海商业志》,青海人民出版社 1989 年版。

56. 中国藏学研究中心青海省档案馆合编:《青海省档案馆所存西藏和藏事档案史料》,中国藏学出版社 1998 年版。

57. 青海省商业史志编委会:《青海省商业史料汇编》第六册《青海商业志》,西藏青海省图书馆地方文献部,1988 年。

58.(民国)刘运新修,廖偲苏纂:《大通县志》,《中国西北文献丛书》第55 册。

59.(民国)赵万卿纂:《贵德县志》,《中国西北文献丛书》第 57 册。

60.(民国)张丁阳撰:《拉卜楞设治记》,《中国西北文献丛书》第 99 册。

61.(清)阔普通武撰:《湟中行记》,《中国西北文献丛书》第 107 册。

62.(民国)边事月刊社编:《玉树近事记》,《中国西北文献丛书》第

107 册。

63.（民国）顾颉刚：《西北考察日记》，《中国西北文献丛书》第 107 册。

64. 佚名：《甘肃全省调查民事习惯问题报告册》，《中国西北文献丛书》第 120 册。

65.（民国）周希武：《玉树土司调查记》，《中国西北文献丛书》第 120 册。

66.（民国）聂守仁编撰：《甘肃大通县风土调查录》，《中国西北文献丛书》第 121 册。

67.（民国）曹瑞荣：《青海旅行记》，《中国西北文献丛书》第 123 册。

68.（民国）曹瑞荣：《玉树志略》，《中国西北文献丛书》第 123 册。

69.（民国）张文郁：《拉卜楞视察记》，《中国西北文献丛书》第 124 册。

70.（民国）杨希尧：《青海风土记》，《中国西北文献丛书》第 125 册。

71. 顾执中、陆诒：《到青海去》，《中国西北文献丛书》第 126 册。

72.（民国）魏明章：《青海纪略》，《中国西北文献丛书》第 141 册。

73. 青海民族学院民族研究所编印的《青海民族史料汇集》(1981 年版)

74. 王昱、李庆涛：《青海风土概况调查集》，青海人民出版社 1985 年版。

二、相关专著

1. 崔永红、张得祖、杜常顺：《青海通史》，青海人民出版社 1999 年版。

2. 崔永红、翟松天：《青海经济史》，青海人民出版社 1998 年版。

3. 邱树森主编：《中国回族史》，宁夏人民出版社 1996 年版。

4. 赖存理：《回族商业史》，中国商业出版社 1988 年版。

5. 孙振玉《回族社会经济文化研究》，兰州大学出版社 2004 年版。

6. 党诚恩、陈宝生：《甘肃民族贸易史稿》，甘肃人民出版社 1988 年版。

7. 南文渊：《伊斯兰教与西北穆斯林社会生活》，青海人民出版社 1994 年版。

8. 朱世奎：《青海风俗志》，青海人民出版社 1994 年版。

9. 魏永理主编：《中国西北近代开发史》，甘肃人民出版社 1993 年版。

10. 段继业：《青海社会文论》，青海人民出版社 2001 年版。

11. 高永久：《西北少数民族地区城市化建设研究》，兰州大学出版社 2003 年版。

12. 方行、经君健、魏金玉:《中国经济通史》,经济时报出版社2001年版。

13. 纳文汇、马兴东:《回族文化史》,云南民族出版社2000年版。

14. 高占福:《西北穆斯林社会问题研究》,甘肃民族出版社1990年版。

15. 许先隆:《诸马军阀集团与西北穆斯林问题研究》,宁夏人民出版社2001年版。

16. 况语林:《中国近代少数民族经济史稿》,民族出版社1992年版。

17. 杨效平:《马步芳家族的兴衰》,青海人民出版社1986年版。

18. [美]默利尔·亨斯博格,崔永红译:《马步芳在青海1931—1949年》,青海人民出版社1994年版。

19. 谢佐:《青海民族关系史》,青海人民出版社2001年版。

20. 陈炜:《近代广西城镇商业网络与民族经济开发》,巴蜀书社2008年版。

21. 王相钦、吴太昌:《中国近代商业史论》,中国财政经济出版社1999年版。

22. 张海朋等编:《徽商研究》,安徽人民出版社1995年版。

23. 唐力行:《商人与中国近世社会》,商务印书馆2003年版。

24. 罗群:《近代云南商人与商人资本》,云南大学出版社2004年版。

25. 张忠民:《前近代中国社会的商人资本与社会再生产》,上海社科院出版社1996年版。

26. 李甫春:《中国少数民族地区商品经济研究》,民族出版社1984年版。

27. 喇秉德、勉卫忠等:《青海回族史》,民族出版社2009年版。

三、相关论文

1. 高占福、喇海青:《甘、青两省回藏贸易问题探讨——也谈开发青藏高原的途径问题》,《甘肃民族研究》1988年第3—4期。

2. 马平:《近代甘青川康边藏区与内地贸易的回族中间商》,《回族研究》1996年第4期。

3. 张世海:《民国时期安多地区的回藏贸易》,《回族研究》1997年第2期。

4. 高占福、喇海青:《甘肃临夏和青海东部地区回族的商业贸易》,高占福:《西北穆斯林社会问题研究》,甘肃民族出版社 1990 年版。

5. 马学贤:《青海传统民族贸易中的回族商贸经济的形成与发展》,《青海社会科学》2004 年第 4 期。

6. 刘晨光:《青藏高原地区藏族与回族经济合作的深层次分析》,《青海社会科学》2002 年第 1 期。

7. 喇海青:《河湟回族经济史研究》,《青海回族》,1995 年。

8. 勉卫忠:《清前期河湟回藏贸易略论》,《西北第二民族学院学报》2005 年第 2 期。

9. 勉卫忠:《清前期回藏贸易的渊源及商人》,《青海回族论文集》,民族出版社 2004 年版。

10. 断继业:《青藏高原地区藏族与穆斯林族群的互动关系》,《民族研究》2001 年第 2 期。

11. 李德宽:《西北回族"复合型经济"与宏观地缘构造的分析》,《回族研究》2003 年第 4 期。

12. 妥进荣、张世海:《论回藏关系》,《回族学论坛第一辑·回族学与 21世纪中国》。

13. 费孝通:《临夏行》,《瞭望》1987 年第 23 期。

14. 东噶仓·才让加:《近年来回族在青藏高原地区的商贸活动述论》,《回族研究》1997 年第 4 期。

15. 马占奎、丁化:《临夏回族商业的发展历史及特点》,《回族研究》1994年第 2 期。

16. 王永亮:《西北回族经济活动史略》,《回族研究》1996 年第 2 期。

17. 南文渊:《伊斯兰文化与青海穆斯林经济》,《青海商业经济》,1991 年。

18. 赖存理:《回族商业的发展对我国边远民族地区开发的贡献》,《开发研究》1987 年第 5 期。

19. 张克非:《清代西北回族经济结构初探》,《西北史地》1987 年第 1 期。

20. 马寿千:《清代前期回族的经济发展》,《宁夏社会科学》1987 年第2 期。

21. 赖存理:《民国时期回族的小商小贩》,《社会科学参考》1988 年第

4 期。

22. 马学贤:《解放前青海回族的经济结构》,《社会科学参考》1990 年第 20 期。

23. 任斌:《洋务运动时期的青海工商业》,《青海民族学院学报》, 1883 年。

24. 赵珍:《近代青海的商业、城镇与金融》,《青海社会科学》2002 年第 5 期。

25. 渠占辉:《近代中国西北地区的羊毛出口贸易》,《南开学报》2003 年第 3 期。

26. 马明忠、何佩龙:《青海地区的"歇家"》,《青海民族学院院报》1994 年第 4 期。

27. 谢佐:《回族在青海经济中的作用和地位》,《青海回族》,1997 年。

28. 南文渊:《青海高原上的穆斯林城镇社区》,《回族研究》1994 年第 4 期。

29. 勉卫忠:《回藏贸易中的盐业问题》,《盐业史研究》2007 年第 3 期。

30. 胡铁球:《歇家概况》,《宁夏大学学报》2006 年第 6 期。

31. 勉卫忠:《清末民初西宁回族商业发展与城市变迁》,《首届中国回商大会论文集》2008 年。

32. 勉卫忠:《寺院城镇的兴起及其功能》,《柴达木开发研究》2008 年第 2 期。

后 记

　　青海西依青藏高原并与之毗连一体,是高原向东部中原地区的过渡镶嵌地带,介于青藏牧区和中原农区之间,是农区和牧区的接合部,是历史上东西贸易的商品流通走廊。研究农牧过渡阶段的民间商贸具有重要价值。从本科起笔者涉足这一地区民间商贸的资料收集和研究,至今也有多年。现呈现在读者面前这本小册子便是笔者博士论文阶段的研究成果。现在书稿将付印,欣喜之余,心中饱含着难以言表的感激之情。因为本书稿的初成融入了自己的心血与汗水,而且还凝聚着更多人的思想与智慧。

　　衷心感谢恩师尚衍斌先生 10 年来的悉心培养,在读本科、硕士、博士期间所取得一点一滴的进步都凝聚着先生的心血。他手把手教会笔者从事历史研究并进入角色的诸多方法,使笔者由一个史学研究的门外汉得以窥学术之门,成为深入其中的探路者,并时时督促笔者不得松懈。师恩似海,难于言表,先生崇高的品格,严谨的治学态度,广博的学识、不倦的求索与诲人精神将永远激励笔者在今后的工作学习中以此为动力,不断鞭策自己奋发向上,努力进取。回想起来,每一次长谈,每一次耐心的指导,每一次无微不至的关怀,耳提面命,言传身教,历历在目,记忆犹新。令我受益良多,终身难忘。本书稿从题目的初步选定到最终完成,都凝结着恩师太多的心血与精力。特别是在书稿初稿完成后,恩师更是在遥远的莫斯科通过网络从结构、理论创新、学术规范与用语等方面给予了悉心指导与点拨,不仅为书稿最终定稿打下了坚实的基础,而且也使我从中受益匪浅,提高了分析问题,驾驭史料,运用理论方法等方面的能力。恩师在培养我们做学问的同时也教会我们做人的道理,从而使我在学识、人品等方面得以全面进步。

　　衷心感谢中央民族大学历史文化学院的李桂芝、达力扎布、赵令志、祁文瑛、杨楠、陈楠、李鸿宾、苍铭、彭武麟、王素色和民族学与社会学学院的丁宏等诸位老师,为我的 10 年学习与生活搭建了坚实的平台;是老师们的辛勤耕耘,使笔者步入神圣的科学殿堂;是老师们的"传道、授业、解惑",使我在人生的道路上实现新的跨越。衷心感谢那些教育、关心和帮助过我的老师们,唯有今后刻苦的学习,努力的工作,才能不辜负他们的恩情。

永远留念与感谢伴我 10 年生活学习的同窗们,祝他们幸福美满。

感谢本书稿资料收集过程中,在青海省图书馆地方文献部和青海省档案馆得到有关领导和老师们的配合与帮助。感谢我的家人,尤其是父亲他在十分艰难的环境下用辛勤的汗水抚育我成长,并不断鼓励和帮助我一步步实现自己的心愿,我深知任何感激之词与他的巨大付出相比都是微不足道的,唯有刻苦的学习、努力的工作才能不辜负他的舐子之情。

本书承青海师范大学人文学院历史系博士点建设出版基金资助,在此谨向校、院、系有关领导表示衷心感谢,尤其感谢的是院长杜常顺教授对本人工作关心及对本书的出版一直以来的关注,没有他的大力支持,本书不会很快付印的。

最后,青藏地区历史研究是一个难度很大,涉及面很广的课题,因笔者学识粗疏、资质驽钝,文章距"义证精确,发挥透彻"之理想追求尚多有差距,细究起来仍有许多不尽如人意的地方。文章对一些重要的问题还缺乏深入的探讨,而且在论文的见解中,可能还存在一些疏漏和不妥之处,敬请专家和学者批评指教,这些只有在今后的研究和写作中加以弥补了。

勉卫忠

2011 年暮秋　于西宁南关清风院

责任编辑:王世勇

图书在版编目(CIP)数据

近代青海民间商贸与社会经济扩展研究/勉卫忠 著.
　—北京:人民出版社,2012.3
（青年学术丛书）
ISBN 978 - 7 - 01 - 010820 - 9

Ⅰ.①近⋯　Ⅱ.①勉⋯　Ⅲ.①商业史-研究-青海-近代　Ⅳ.①F729.5

中国版本图书馆 CIP 数据核字(2012)第 063491 号

近代青海民间商贸与社会经济扩展研究
JINDAI QINGHAI MINJIAN SHANGMAO YU SHEHUI JINGJI KUOZHAN YANJIU

勉卫忠　著

人民出版社 出版发行
（100706　北京朝阳门内大街 166 号）

北京瑞古冠中印刷厂印刷　新华书店经销

2012 年 3 月第 1 版　2012 年 3 月北京第 1 次印刷
开本:710 毫米×1000 毫米 1/16　印张:19.5
字数:306 千字　印数:0,001-2,000 册

ISBN 978 - 7 - 01 - 010820 - 9　定价:45.00 元

邮购地址 100706　北京朝阳门内大街 166 号
人民东方图书销售中心　电话 (010)65250042　65289539